国际政治论坛

恐怖主义溯源
（修订版）

Origins of Terrorism: Perception of Chinese

王逸舟 等／著

社会科学文献出版社
SOCIAL SCIENCES ACADEMIC PRESS (CHINA)

目 录

修订版导读	恐怖主义面面观	……………	1
引　言	反恐斗争需要追根溯源	……………	1
第一章	恐怖主义概念的界定	……………	1
第二章	当代恐怖主义的类型	……………	37
第三章	南北分裂与恐怖主义	……………	64
第四章	大国关系与恐怖主义	……………	94
第五章	国家战略与恐怖主义	……………	130
第六章	族际冲突与恐怖主义	……………	155
第七章	宗教问题与恐怖主义	……………	202
第八章	三大战事与恐怖主义	……………	239
第九章	谁，为什么从事恐怖主义活动 ——国外恐怖主义研究综述与启示	……………	267
后　记		……………	298

目　　次

修订版导读　恐怖主义面面观 …………………………… 1
一　国际恐怖主义是信息化时代各国面临的重大挑战 ……… 2
二　国际恐怖活动的组织者是真正的逻辑与心理
　　分析大师 …………………………………………………… 3
三　国际恐怖主义者既不是"冷血动物"，也绝非
　　"游击战士"或"抗暴烈士" ……………………………… 5
四　国际恐怖主义具有超过法理的残忍、极度的
　　隐秘和明确的政治目标三要素 …………………………… 7
五　国际恐怖主义的谱系不能漏掉国家恐怖主义的
　　形态 ………………………………………………………… 9
六　国际恐怖主义现象折射出国际政治的某些
　　深层次、结构性矛盾 ……………………………………… 11
七　国际恐怖主义的高发区域与冷战结束后的国际
　　动向密不可分 ……………………………………………… 13
八　国际恐怖主义的根除是一种综合治理，不可能
　　以速战方式解决 …………………………………………… 15
九　国际恐怖主义的应对可以有完全不同的安全
　　策略与思想 ………………………………………………… 17
十　国际恐怖主义也是对中国的重大威胁 ………………… 18

引　言　反恐斗争需要追根溯源 … 1

第一章　恐怖主义概念的界定 … 1
　一　恐怖主义的概念与界定 … 1
　二　恐怖主义的由来与历史演变 … 11
　三　恐怖主义的特点与根源 … 18
　四　恐怖主义与国际关系 … 27

第二章　当代恐怖主义的类型 … 37
　一　极端民族主义类型的恐怖主义 … 39
　二　宗教极端主义发展而来的恐怖主义 … 45
　三　邪教恐怖主义 … 52
　四　极右恐怖主义 … 56
　五　其他类型的恐怖主义 … 59

第三章　南北分裂与恐怖主义 … 64
　一　全球化中的南北分裂 … 66
　二　南北分裂与世界经济的内在矛盾 … 74
　三　国际恐怖主义为何异军突起 … 82
　四　小结：重建还是毁灭？ … 89

第四章　大国关系与恐怖主义 … 94
　一　大国关系与恐怖主义：研究的角度与方法 … 94
　二　殖民主义统治：国际恐怖主义的起源 … 102
　三　超级大国争霸：国际恐怖主义的发展 … 104
　四　超级大国独霸世界：国际恐怖主义的增强 … 112
　五　美国"9·11"事件：大国关系调整的契机 … 119

第五章　国家战略与恐怖主义 … 130
　一　国家战略与恐怖主义产生的关系 … 130
　二　根除恐怖主义需要什么样的国家战略 … 151

第六章　族际冲突与恐怖主义 ·············· 155
一　种族主义与恐怖主义活动 ·············· 155
二　民族冲突与恐怖主义活动 ·············· 164
三　种族、民族冲突的历史原因和现实动因 ········ 182
四　民族主义极端性与恐怖主义 ············· 187

第七章　宗教问题与恐怖主义 ·············· 202
一　宗教与恐怖活动 ·················· 203
二　民族、宗教冲突中的恐怖主义 ············ 215
三　宗教极端主义与恐怖主义 ·············· 225
四　邪教恐怖主义 ··················· 236

第八章　三大战事与恐怖主义 ·············· 239
一　概念界定与相关背景知识 ·············· 240
二　中东战争与恐怖主义 ················ 242
三　阿富汗战争与恐怖主义 ··············· 251
四　海湾战争与恐怖主义 ················ 258

第九章　谁，为什么从事恐怖主义活动
　　　——国外恐怖主义研究综述与启示 ········ 267
一　国外恐怖主义的研究思路与方法 ··········· 267
二　作为政治暴力的恐怖主义 ·············· 270
三　文明冲突与恐怖主义 ················ 277
四　意识形态与恐怖主义 ················ 280
五　恐怖主义的国际根源分析 ·············· 289
六　恐怖主义者的个人特征、个人倾向研究 ········ 291

后　记 ························· 298

修订版导读
恐怖主义面面观

关注国际时事和专业分析的读者，经常会提出一些很有道理的问题：为什么这些年来国际上反恐的力度好像越来越大，但其结果给人的感受却是"越反越恐"？未来国际恐怖主义会逐渐消失，还是可能长久存在，甚至更加猖獗？一些看上去很年轻的恐怖分子，为什么甘愿以自己的性命为代价，制造骇人听闻的公众血案？他（她）们到底想要达到什么目的，在什么情况下才会罢休？为什么各国政府和反恐部门做了那么多的防范工作及打击行动，却不能彻底制止恐怖袭击活动的发生？各式各样的国际恐怖主义行为到底如何界定，能否像某些声音所宣称的那样，这其中存在某些合理的甚至正义的成分？比如讲，那些制造恐怖事件的人是"游击战士"或"抗暴烈士"吗？为什么对此会存在着大相径庭的判断，例如，巴勒斯坦执政的"哈马斯"政权被以色列和西方一些国家列入"恐怖组织"黑名单，而巴勒斯坦有很多人认为以色列也在制造国家恐怖主义，在这种局面下，到底应该相信谁的判断？究竟各国政治家、学术界和专业部门有无关于恐怖主义的统一的、"科学的"定义？假使有，是什么？如果没有，又为什么？国际恐怖主义能够用现有的军事和外交手段加以有效抑制吗，还是如某些论断那样，世界某些地区的贫困化与日益增大的南北差距，是培养恐怖主义情绪和基地的"温床"，也就是说"很难断根"？有些人认为，国际恐怖主义的滋生与蔓延，与当今世界某些地域的政治、文化及宗教信仰有很大关系。这种判断有道理吗？此外，新的、逐渐流行的所谓"非传统安全威胁"的分析范式，对于探究国际恐怖主义的新现实、新动向是否足够，恐怖主义算是什么类型的安全威胁？最后必须追问的是，越来越富裕、越来越强大也越来越多地面对包括恐怖主义在内的"三股势力"威胁的当代中国人，如何根据本国国情与需要，也因应国际社会要求承担更大国际责任的呼吁，建立自主而有效的相关理论和对策。这些紧迫而严肃的问题，体现着中国和平崛起进程中必然面临的重大挑战，是中国学者不可回避的重大课题。

一 国际恐怖主义是信息化时代各国面临的重大挑战

恐怖行为古而有之，中外皆然。例如，"荆轲刺秦王"便是国人耳熟能详的古老传说，讲的是受雇用的刺客对君王实施暗杀的故事；近代史上著名的法国大革命，不仅萌生了拿破仑摄政及其大军铁骑踏欧的进程，拉开欧洲资产阶级革命的序幕，而且缔造出严酷无比的罗伯斯庇尔专政，首创"恐怖主义"（terrorism）这个词语。然而，恐怖主义真正成为国际性的现象，仅仅是20世纪后叶的事情。在最近的几十年间，世人一方面见证了信息化时代的到来，见到了电脑、电视、固话、手机之类的普及，网络手段的大规模扩展，信息流量的"爆炸"及其他各种传播媒介的革命性变化，另一方面感受到全球化时代各个国家、各个民族、各种文化和宗教信仰之物理距离的拉近与相互审视碰撞的加剧。国际恐怖分子正是在这样的新背景下登台演出，制造了一起又一起震惊全世界的血腥事件。这里的"震惊世界"名副其实。没有信息化时代的到来，不会有如此强烈的视觉冲击和心理震荡。回想第二次世界大战结束前，西方大国军队所拥有的当时最高水平的信息化装备，无非是固定电话、电报机、报话机和无线发报机，等等，掌管和享用这些装置的只是少数高级军官和技术人员，信息量相当有限；一般民众和公共媒体获悉消息的渠道不仅少之又少，获取的速度也很慢。那时若某个恐怖分子实施自杀性爆炸，造成的惊骇可能不超过一个村庄或一个街区。今天情形则完全两样。通过电视、手机短信和网络传媒，恐怖袭击造成的可怕画面被迅速传递到整个国家、周边地区乃至国际社会，哪怕恐怖行动成本很小、直接伤亡不大，其效果也可能被急剧放大百倍乃至千万倍，从而引发公众的焦虑、股市的震荡、军队的调动和政治的更迭。愈是在发达地区（例如欧美日等国家），愈是在关键时刻（如上下班或某个节目播出时刻），冲击波愈是强烈，后果愈是严重。对于信息的快速传播，任何国家和政府，哪怕是最强大国家的机构，都无法实施彻底的封锁。实际上，与老式的恐怖行为不太一样，现在越来越多的国际恐怖主义势力要的正是信息传递效果，而具体的自杀、杀人、劫获、爆炸目标可能只是辅佐性的；有时，恐怖分子甚至不必真的动手，只需要制造谣言或发表电视录像，也能造成类似效应。从更广地角度观察，这种"多米诺骨牌"效应，或"蝴蝶振翅引发的大洋彼岸海啸"后果，并不只限于国际恐怖主义，而是出现在所有被称为"全球性问题"、"全球性挑战"、"全球性危机"的现象上，如全球难民危机、全球粮食危机、全球债务危机、全球传染病危机、全球金融危机等；只不过恐怖袭击更加血腥、更有对抗性、更不易达成妥协，因而也更容易带来受创感。对各国政府和国际社会而言，困难的地方还不只是针对具体的恐怖活动的组织者实行有效打击，而是如何应对此类事件带来的心理伤害和恶性传播，防止正常的工作和生活秩序被它挟持。之所以把现在的国际恐怖主义称作"新型恐怖主义"，很大程度上就是因为信息化时代的这种特殊性，它与过去的封闭时代完全不同，也不能与某个反社会疯子制造的孤立恐怖事件相提并论。国际恐怖主义毒瘤的生长，由当代信息革命萌动催生，与全球一体化如影随形，并将存在一个较长的历史时期。

二　国际恐怖活动的组织者是真正的逻辑与心理分析大师

与一些人想象的完全不同，国际恐怖组织的头目绝非偏执症、孤独症、狭隘人格症等心理疾病的患者，相反，国际恐怖主义机构设立和行动策划从组织学角度衡量有很高水准，可以说精密得像德国制造的机械；它们的组织者往往是世界视野开阔、历史知识丰富、身手相当敏捷、思维反应迅速的高智商人士，在各自表面从业的领域大半收入颇丰、地位甚高，比如受人尊敬的医生、工程师、教授、牧师或曾经的军队教官，等等。也正因为如此，发生在莫斯科大剧院和地铁、别斯兰第一中学、伊拉克的若干"巴扎"（市场）、阿富汗的某个政府大楼或伊斯兰清真寺的恐怖袭击或"人弹"攻击或定时炸弹爆炸背后的，如我们现在逐渐明白的那样，总有像瑞士钟表一样精准的时刻计算，有像最优秀的武器拆卸和爆炸专家一样的技能，有像五角大楼军事战略和情报部门那样掌握的充足信息，还有对各国政府官僚机构和强力部门运作方式（包括永远慢半拍的反应速度）的了然于胸。最重要的一点在于，国际恐怖组织和基地的那些大头目们，都可列入"心理分析大师"的范畴。他们能够洞察人性的弱点和官僚制度的缺陷，尤其是懂得人类心灵深处的脆弱和痛苦之源；他们知道如何使外表上强大的军队束手无策、什么时候使虚张声势的政府官员哑口无言，知道如何让男人哭泣、让女人残忍、让小孩子甘当盾牌，知道如何令公众的情感极度地波动并令大众媒体的报道和渲染有助于制造不安定的氛围。总之，国际恐怖主义分子不光是讨价还价的能手，还是心理推测的专家，是政府特有的无能性和强力部门某些"短板"的无形掌控者，是针对后者"软肋"的有力出击者。看看五角大楼1979年在伊朗实施武装营救人质的"蓝光军事行动"的惨重失败（一架军用直升机与一架军用运输机相撞并坠毁伊朗沙漠，导致美特种部队被迫取消行动计划），对比一下22年后发生的"9·11"事件（19名恐怖分子劫持了4架美国民航客机，对世贸大楼、五角大楼等美国标志性建筑发动袭击，造成3000人死亡和数百亿美元的经济损失），世人不能不惊叹号称世界上最强大的军队与其死对头之一在效价比、精密度、组织性方面的某些差距。当人们仔细阅读（譬如说）一个被掳去给车臣匪首做妾的17岁女孩最终是如何自愿作为"黑寡妇"充当人弹的全程报道时，当专业人士深入分析每日每时发生在阿富汗、伊拉克、巴勒斯坦等地的难民营和村庄里的"洗脑流程"时，当笔者十多年前有机会接触一位极度痛恨以色列人的占领和西方大国不公正立场的巴勒斯坦大学物理学教授（他自称不是一个"行动主义者"），听他长篇大论地抨击当今的国际政治格局（尤其是他所说的"大国阴谋"）时，不禁大为感叹，原来，在我们平日接触和了解到的世界之外，还存在另外一种政治态度和现实选择的世界、一个全然不同的心理分析和逻辑体系、一个让习惯于主导秩序和氛围的正常人大感震惊的安排与气氛。对于后面这样一些东西，只有通过深刻、全面、长久的心理分析（包括持续的学习、暗示、修正和理解过程），才有可能逐渐懂得它们，洞察其内在的道理。然而，问题恰恰在于，多数国家、多数机构、多数民众，只是用也只能用"正常的"、普通的思维看待它们，因而不适应、不理解，更不懂得如何应对。这是国际社会及多数国家与国际恐怖势力作战时的一种不对称处：后者懂得前者的运行规则和问题所在，善于对社会大众和政府部门进行心理和逻辑分析，因而攻击有效且进退自如；而前者没法谅解也不愿意细察处于"阴暗角落"的那些恐怖主义者究竟如何想、为什么这样做，因而始终找不到对付后者的有效办法。这里，笔者强调的地方是，与个体性、非理性、反社会的孤立恐怖行径不同，凡是制造重大危机、产生严重后果的国际恐主义者，都有着非同一般的逻辑推导能力和心理分析专长。

三 国际恐怖主义者既不是"冷血动物"，也绝非"游击战士"或"抗暴烈士"

经常听到有评论说，恐怖主义者都是一些与常人大相径庭的"冷血动物"，他们杀人不眨眼，或自杀无惧色，让见者甚至闻者无不惊悚胆寒。这种评论之所以获得广泛的认同，是基于一个众所周知的现实，即：国际恐怖主义者袭击的很多目标，既不是战场上的军队，也不是官方的设施，而是手无寸铁的平民百姓，是无辜的受害群众，不少甚至是弱势的妇女、儿童。与此相反，国际上有另一种奇特的见解，认为所谓"国际恐怖主义者"的帽子，完全是强大的敌对势力及其御用媒体扣上的，纯属西方帝国主义霸权国的歪曲捏造。持这种见解的人士提出，被国际主流媒体特别是霸权一方蛮横指责的这些对象，实际上是争取正义的游击战士（如用各种非常规手段驱逐占领者、争取重返家园的巴勒斯坦"吉哈德旅"或"哈马斯组织"），或是甘愿自我牺牲、献身伊斯兰"圣战"事业的烈士（如伊拉克和阿富汗经常发生的那些自杀性爆炸的制造者）。依笔者看，这两个极端的评价都有失公允，均没有揭示全部真相和察觉事物的本质，更无助于思考解决问题的正确方向。"冷血动物"的说法当然自有其道理，因为它站在受害者一方，表达了对无辜死伤者的同情。然而，多数公众持有的这种看法，却忽略了施暴者一方的复杂心理，缺乏对后者心灵深处爱恨情仇的深究，从而不可能真正理解恐怖分子的动机。在2010年3月莫斯科地铁自杀性爆炸后不久，俄罗斯有关部门公布了这次爆炸事件的两个"人弹"之一——17岁的俄达吉斯坦少女阿卜杜拉赫马诺娃的身世及照片。调查人员从这个年轻漂亮的"黑寡妇"死后残留的一张纸片上，见到了"天堂见"的字样，那是她写给已被俄联邦执法部门击毙的她的丈夫——反政府武装小头目穆罕默多夫的最后留言。小残片上究竟包含了多少情与仇，大概只有阿卜杜拉赫马诺娃本人知晓；但人们可以肯定，这个少女当然不可与蛇、昆虫或蜥蜴之类的冷血动物为伍，她像正常人一样有属于自己的爱情和梦想，只不过当代俄国的奇特历史和政治命运使她走上了迷途，被引导向与整个社会对抗的不归之路。从另一方向观察，那些滥用"游击战士"伟大称呼的说法，看上去大义凛然、正义在胸，似乎是在为受压迫者张目，其实大谬而无道、自毁其前程；真正追求正义、英勇抗击强敌的游击战士，在当代国际关系里一直史不绝书，如中国革命战争年代的"武工队"、"铁道游击队"，以及20世纪60年代活跃在热带丛林、顽强抵抗法国人和美国大兵的越南民兵，他们从来不用滥杀无辜者的方式玷污旗帜和作践自己，而且始终对此有严格的纪律约束和明确的政治说明。看上去都是在反抗强大的国家机器和压迫者，游击战士与恐怖分子截然不同。现实地讲,这一标尺可用来衡量充斥当代国际政治画面的各种爆炸与冲突事态的性质,同理适用于"烈士"称谓的使用与指向,我们切不可混淆阿卜杜拉赫马诺娃之流与刘胡兰等英雄,前者只是个人的殉情与复仇,后者代表着伟大的愿景和牺牲精神,她们之间对于身后的最广大人民的爱与恨,乃黑白之异、天壤之别。

四 国际恐怖主义具有超过法理的残忍、极度的隐秘和明确的政治目标三要素

分析至此,需要对国际恐怖主义有一个普适性的界说。撇开后面将要分析的特殊案例,我认为,就全球范围发生的绝大多数情形而言,国际恐怖主义必须具备三个基本特征:首先,恐怖主义者制造的事态,其血腥场面和惊骇程度,远远超出社会大众对一般流血事件尤其是战场伤亡的心理预期,也超越了各种法律(不论是国际法还是多数国家的内部法律)允许的限度。恐怖主义的行径没有法律的约束,而国家间战争的创痛则有法律的底线。军事冲突是指国家军队之间的正面对抗,它们以使交战的另一方接受己方要求而非伤害平民和已缴械官兵为目标;对此,近代以来的各种国际法均有明确约束。战争造成的死伤虽然触目惊心,各国政府和公众对它们却有某种预期,军人自己对战场上可能的牺牲更不必说有足够的心理准备。相反,恐怖分子则尽可能造成超出常人所能预期的伤害,为此不惜使用一切能够想到的手段,包括非法的、卑劣的、受到正常国家法律和国际公约禁止的野蛮方式,如故意杀害无辜平民或虐待战俘,投毒或毁坏关键的民用生活设施,用儿童、妇女充当"人弹"或"诱饵"等;尤其是,恐怖主义袭击造成的伤害,是受害者本人及其家属毫无思想准备的和完全不能接受的。在这里,"恐怖"一词体现着恐怖主义者最直接的表征,折射着这类极端分子对各国法律准绳和公众道义尺度的极度轻蔑。恐怖主义的第二个突出特点,是其组织形态具有

高到可怕的隐秘性，袭击方式带有极其强烈的突发性和不可预测性。像世人从无数电视画面和文字资料里见到的那样，恐怖主义者往往来无影、去无踪，他们可能藏身于普通的职业岗位和老百姓中间，可能藏匿在社会日常结构完全不起眼的某个角落；恐怖分子一旦出手，总让受害者始料未及并惊骇万分，令强力部门猝不及防且防不胜防。没有超乎凡人想象的隐秘性，不会有各种恐怖组织的生存力。在这方面，越是重要的国际恐怖主义组织，越是善于利用当代社会的各种信息技术藏匿自己，其隐蔽能力、反侦察手段也越强。想想看：震惊美国及全球的"9·11"事件，前后就策划了数年之久！有关恐怖分子经历了从设计方案、筹措经费、学习驾驶飞机、勘探标志性建筑到实施攻击等一系列极其复杂的过程；这一切竟然是在美国及西方的情报部门毫无察觉的情况下进行的，听上去简直不可思议。国际恐怖组织的第三个特征，是它们通常会制定出深思熟虑的政治纲领，对自己的博弈目标想得非常清楚，而且多半它们会把这种政治诉求公之于众。这也是恐怖组织与个体性、孤立的某个反社会疯子的主要区别之一。福建南平八名学童遇害案的杀手郑民生，仅仅因恋爱受挫，与同事、家人关系不和，悲观厌世，进而产生行凶杀人恶念；在美国近年来一再发生的恶性枪击案中，绝大多数凶手都是出于类似的动机而犯罪。反观国际恐怖事件的动因则截然不同。众所周知，拉登宣称，只有当美国大兵和西方占领者从伊斯兰土地上撤出后，"基地"组织才不会再发动"9·11"事件那样的袭击，美国公众和美国的国土才会是安全的；活跃在中东一带，被以色列划入恐怖主义黑名单的"吉哈德"和"哈马斯"等巴勒斯坦组织的主要要求是：以色列国从所占领的巴勒斯坦领土上撤回到1967年以前的边界，然后巴以之间开始真正的和谈与和解进程，否则绝不放下手中的武器，绝不保证以色列的平民和民用设施不受攻击；车臣叛匪头目在电视录像和其他媒体上一再提出，俄联邦同意车臣分离之日，便是令俄罗斯公众胆寒的袭击事件终止之时。国际恐怖势力的这些政治目标，深深灌输到其各级组织的所有成员的头脑里，也被国际媒体一而再、再而三地渲染报道，成为世人皆知的东西。

需要再次强调的是：孤立的、反社会的恐怖行为，性质上只属于无政治目标的单纯治安案件；国际恐怖主义组织则具有特殊意识形态的心结，其政治色彩极其浓厚，实质是一种极端政治势力。总之，"超过法理的残忍"、"极度的隐秘"和"明确的政治目标"，是当代国际恐怖主义的三大要素。尽管在不同的恐怖主义事件里，三要素的分量有所不同，给人的感受存在差异，但只要归类为国际恐怖主义，必须同时具备这三者，缺一不可。

五 国际恐怖主义的谱系不能漏掉国家恐怖主义的形态

讨论国际恐怖主义的定义及其范围时，不能不提到一个有争论的问题，即：是否存在"国家恐怖主义"这样一种东西？在主流媒体、多数专家、国际社会大部分成员那里，提到"恐怖主义"，首先令人想到的是蒙面枪手、隐蔽的敌人、自杀性袭击者，指的是违反法律的、对抗政府的卑劣行为，是极端的少数人面对比自己强大千百倍的国家机器和社会多数成员时使用的凶恶挑衅。简言之，恐怖主义是各国政府的死对头，同国家形象、地位及作用是完全不挂钩的。不能不承认，这种最先由某些西方大国强力推介的看法，传播甚广、深入人心，成了很多人心中的恶魔形象。然而，笔者想指出的是，世界是由多种对立的利益与需求构成的，"恐怖主义"的定义绝非只有一种，某些声音虽然比较弱、受众面比较小，但同样值得关注。例如，一些处于弱势位置的国际政治行为体，以及为他们辩护的专家学者，反复提醒世界注意，国家机器同样可以施暴，政府同样可以不顾法律的束缚和道德的规范，对平民百姓和民用设施进行有意的攻击与滥杀。在巴勒斯坦（以及伊拉克、阿富汗）等热点地区，这类看法有广泛的民意基础。那里的人们经常指责说，以色列军队和警察实施的"定点清除"行动，常常造成平民居住区的大面积伤亡；尤其在政府公开宣扬的"以牙还牙、以暴易暴"方针的助推下，以色列强力部门不惜使用某些被国际公约明令禁止的武器及手法，对巴勒斯坦袭击者实行各种形式的高压、恫吓。世人还见到,在越南战争期间,为封锁"胡志明小道"等越共物质运输线,美国军队大量使用被日内瓦公约禁止的汽油燃气弹,不仅摧毁了成片的森林、稻田和农舍,还使众多越南老百姓的身心严重受创。史书也告诉人们,世界近代史上最早的"恐怖主义",正是法国大革命时期雅各宾专政对大众施加的极端政策。当时,"红色恐怖主义"被当成坚决的暴力镇压的同义语,数以千计的人因"反革命罪"命丧断头台。在当代,20世纪三四十年代的德国希特勒政权、20世纪70年代中期执政于柬埔寨的红色高棉政权,也曾用无视国际公约的残忍手段,像奥斯威辛集中营里发生的毒杀犹太人事件,像在肉体上消灭有产阶级和僧侣的野蛮做法,都造成了国家恐怖主义局面。综合考虑,笔者有如下看法:首先,"国家恐怖主义"在现实中有迹可查,在理论上也是成立的。国际恐怖主义的光谱不能完全排除国家恐怖主义这一部分,哪怕后者在数量上只占一小部分。比较理性、准确、全面的界说,应当梳理分析各种恐怖主义,而不能顾此失彼,只听分贝高的那种声音。其次,鉴定什么是国家恐怖主义,什么不能算国家恐怖主义,必须谨慎审视、因事制宜,切忌大而化之、笼而统之。举例分析,对于1999年中国驻南使馆遭到美国炸弹摧毁一事,各方众说纷纭,难断其性质。从整个进程观察,美国政府在事发后对此事的表态相当关键:克林顿政府向中国一再道歉,声称此事既不是白宫的决策,也绝不符合美国国家利益。最终在美方赔偿和处罚有关肇事者之后,两国关系逐渐回到正轨。假使美国政府一味庇护肇事者、拒绝向受害一方道歉,如同美国里根政府在20世纪80年代击落伊朗客机后的蛮横立场那样,从国际法角度就有理由认定美国在此事上充当了国家恐怖主义的角色。而其复杂性在于,即使美国政府道歉和赔偿,也不能使某些利益集团在轰炸中国驻南使馆这件事上彻底摆脱干系;法理意义上的认定标准,事实是,也只能是根据此案与国家当局公开宣布的政策是否吻合。从研究者角度说,永远不要停止对于事件全部真相的追索;一旦发现与现有判定不一致的证据,有关美国政府在此事上是否承担国家恐怖主义罪责的法律程序就要重新启动,历史画面就得重新描绘。国家恐怖主义可以是某个国家在特定时间、针对特定目标的一种违法方式,但人们不能因此简单地把这个国家界定为恐怖主义国家。前者是后者的必要但非充分条件。"恐怖主义国家"仅仅适用于下述情形:恐怖主义成为全面贯彻的国家指导方针,恐怖主义被最高决策层认为合理且合法,恐怖主义被经常且大量使用,恐怖主义得不到舆论谴责和法律追究。据此衡量,希特勒的德国和波尔布特的柬埔寨比较接近"恐怖主义国家"概念,而一些美国士兵在越战、伊战期间对平民的杀戮,里根政府时期对伊朗民航客机的摧毁,以色列军队对巴勒斯坦极端分子的清剿,更像"国家恐怖主义行径"。从国际政治和外交的立场出发,公正而严谨的态度是必要的:我们既抵制反政府的恐怖主义者的野蛮袭击,也反对国家层面输出的非法暴力;既不能纵容、默许国家恐怖主义方针,也须辨认它与恐怖主义国家的异同。对于形形色色恐怖主义的客观认定,是遏制对无辜百姓的伤害、保障人权和法律有效性的前提,是推动21世纪国际关系进步的需要。

六 国际恐怖主义现象折射出国际政治的某些深层次、结构性矛盾

不少新闻媒体和课堂教材提示人们,国际恐怖主义是当代国际社会肌体长出的一个毒瘤。这句话说对了一半,重点指向国际恐怖主义的危害性;但它没有告诉我们,为什么恐怖主义会生长出来且难以遏制。在笔者看来,国际恐怖主义这种反人类的罪行并非偶然,它是现有国际关系和权力构造的一种扭曲表达,折射出国际政治秩序的一些深层次、结构性的矛盾。马克思主义早就指出,特定的政治和意识形态总是特定的经济和社会形态的产物,国际关系里出现的各种斗争和冲突虽然各有原因,深层次的根源是国际政治权力构造的失衡。国际恐怖主义现象很能说明问题。世人不难注意到,国际恐怖势力和团伙活跃的那些地点,多半是社会经济长期停滞不前、外部打压与内部动荡交织一块、各种矛

盾累积甚久而且没有解决希望的国家和地区。经济落后与持续的贫困化、年轻人缺乏教育和就业机会、社会组织和管理方面混乱无序，是诱发野蛮气息和好斗风格的沃土。但是，这些现象仅仅是滋生和培养恐怖主义分子的必要条件，绝非充分条件。我们看到，世界上一些与世隔绝、自给自足的非洲丛林社会，缺乏信息的流动与对外部的了解，生活和文化水平低下，部落长者安排各种事务，众人不觉困苦、悠然自得。这里，甚至没有太多的抱怨与需求，更不会有恐怖活动和自杀意识。研究证明，只有当信息大量流动、周边和国际上的消息快速传递到本国，人们不仅实际贫穷落后，而且已感受到这种状态的根源时，只有当各种努力收效甚微，外部的救助微弱、缓慢，内部的执政者腐败、无能，受压迫者普遍有一种无助无望、"破罐子破摔"的心态时，恐怖主义思想才开始滋长，杀人或自尽方式遂成为"黑暗地带"的选择。现实确实是这样：在缺乏国际关注、受打压最严重的贫困地区，最有可能出现恐怖袭击；各种矛盾的激化导致更多激进势力的产生，尤其绝望者中间产生恐怖主义分子的比例较高。从另一个方向观察，国家恐怖主义政策在某些时候、某些场合的实施，大多与某些国家内部强势利益集团（如美国的新保守主义派别，以色列政界的利库德集团，或者某些西方大国国内有重大影响力的军工集团）在对外政策上主张的强硬立场有关，与这些集团对国际决议和国际法的蔑视，对国际社会多数成员愿望的毫不尊重有关。这些势力有时隐蔽、有时公开地宣扬种族仇恨学说，有些人身在决策机构、有些人躲藏在幕后推进强硬的单边主义报复方针，他们有些时候无视国际决议的存在，有些时候利用了国际法律的漏洞。这些构成强大而危险的西方好斗集团，恰好与中东的"圣战"组织、阿富汗的"基地组织"和塔利班之流形成对立的两极势力，彼此仇恨、蔑视又相互叫板、刺激，都为消灭对方而无所不用其极，事实上形成对国际社会多数国家和社会公众的双重、双向威胁。它们之间的以牙还牙、以暴易暴，酿成某种恶性循环、不可收拾的态势。不同极端势力之间的仇恨与对抗，带来的只是平民百姓的遭殃；每一次的袭击报复，都为下一轮的更大的恐怖活动创造条件。就当代国际权力构造而言，最重要的一个问题是，很多事情明明不公正、不合理，以联合国为主要代表的国际大家庭经常束手无策，少数国家的霸权主义和强权政治却大行其道。面对不同类型的恐怖主义行径，在少数西方强权的威逼利诱下，安理会最终通过的决议总是把矛头对准蒙面枪手或自杀性袭击这类"懦弱、卑鄙"的恐怖主义活动及背后的策划者，却从未制裁甚至很少讨论如何制裁实施国家恐怖主义的国家；即使个别情况下国际社会对于国家恐怖主义行径有谴责、有追究，但谴责的声音往往不与实质的制裁挂钩，追究的结果多半不了了之。这种不公正的国际局面加深了处于不利境地的国家和民众的幻灭感，也为国际恐怖组织的仇恨性宣传提供了把柄，把更多的人推向制造麻烦和暴乱的行列。

七　国际恐怖主义的高发区域与冷战结束后的国际动向密不可分

分析当下国际恐怖主义的态势，必须考虑冷战结束以来的总体国际背景。据我看，20世纪90年代初期的苏联解体、东欧剧变及两极格局的消失，促成二战结束之后国际关系最重大的变革与调整。它不只带来全球经济一体化的迅猛发展，促进了各国的投资、贸易和人员往来，以及其他一些积极变化，还造成一系列新的麻烦和问题，包括国际安全领域的新挑战。就国际恐怖主义这个话题而言，冷战结束后有几个值得注意的重大国际动向，分别带来国际冲突的热点集群和恐怖主义的多发区域：第一，民族分裂主义倾向抬头并逐渐蔓延，助长了分离主义式的国际恐怖主义。这一倾向主要表现在前苏东地区，在那里，最近的一二十年间，新出现了几个新国家（单是苏联就分成15个彼此独立的主权国家，南斯拉夫则一分为六）。尤其是，分离的过程伴随着狭隘、排他的民族情绪和激进痛苦的决裂措施，引发原先各联邦国家内部不同民族和宗教之间新的猜疑与敌意。到现在，由此引起的"多米诺骨牌"效应仍未完结，例如在俄罗斯内部一些较小的少数民族（特别是那些隶属不同地域和宗教文明的北高加索各个加盟共和国）内部，原有社会经济发展水平差距带来的心理失衡和不满情绪早已存在，近来更在内外一些别有用心势力的推波助澜下，政治分裂主张和民族分离思潮渐成气候。在这一地区，具有分离主义色彩的国际恐怖主义势力最为活跃，如在俄罗斯联邦内部车臣、印古什、达吉斯坦等地猖獗的反叛武装和"黑寡妇"。第二，"伊斯兰弧带"成为全球主要高危地带，激进势力在这里被外部因素激怒并逐渐坐大。当苏联解体、两极对峙局面终结后，以美国新保守主义势力为代表的西方强权得意忘形，自恃放眼天下无敌手，瞄准新的打击和改造目标，开始了新的"十字军东征"。这就是众所周知在世纪转换之际大肆推行的美国"布什主义"，一种傲慢强硬、军事优先、无礼公法的对外打压方针，其首要目标是清剿所谓的"伊斯兰极端势力"；加上"9·11"事件的烘托加温，美军及西方盟友在伊拉克、阿富汗展开大规模军事行动，在中东、中亚和一些阿拉伯国家高举反恐旗帜，安插亲美势力，兴建军事基地，强力推广"美式民主"。这一动向的直接后果之一，是使原本矛盾重重的伊斯兰世界更加动荡不安、困境加剧，"文明冲突论"由少数西方谋士的预言变为紧张焦虑的现实，以巴以冲突、伊拉克战争和阿富汗战争为标志点的大片地带成了新一代国际恐怖主义的重要温床；借用埃及总统穆巴拉克的名言，"一个本·拉登没有被抓住，成百上千的本·拉登追随者却产生了"。第三，南亚地区各种历史积怨相聚爆发，这一地区成为继苏东地区、伊斯兰弧带之后的全球另一热点群。历史上，南亚便是人口高度密集、资源争夺剧烈、种姓教派对立、边界冲突不断、有关国家长期反目的一个地区。冷战时期美苏全球对抗的巨大阴影在某种程度上抑制和掩盖了这些复杂问题及其影响。两极格局结束之后，上述各种旧的、受到压抑的矛盾重又发作，加上"塔利班"势力在阿富汗和巴基斯坦的壮大，以及印度和巴基斯坦新一轮军备竞赛等因素的刺激，南亚各国内部的极端势力好似吸食鸦片一样兴奋活跃，各种恐怖袭击不断增多，方式手法不断翻新。这里面既有反叛武装对政府军及政府官员的伏击，也有边界地区对对方村民的野蛮骚扰，还有孟买恐怖袭击等典型国际恐怖主义案件，以及一些印度教教徒和伊斯兰教教徒围绕信仰及社会地位问题展开的争斗厮杀；问题之复杂，情形之差异，实在难以一一记述。不管怎么说，南亚是恐怖主义势力的猖獗地带乃不争之事实。上述三地情况不太一样，但有共同点，即：都有难以解决的痼疾，都受到国际因素的冲击，都是恐怖主义的多事之地。

八 国际恐怖主义的根除是一种综合治理，不可能以速战方式解决

众所周知，美国、以色列是遭受极端恐怖势力威胁最严重的国家，这两个国家也是世界上为数不多的直接动用军队大力反恐的国家。对美、以近年来的反恐进程进行反思，有两点值得重视的教训与启示。首先，面对国际恐怖主义的威胁，不能由军人主导整个反恐进程，军事无论如何不能成为唯一手段；对军事武力的使用必须慎而又慎，弄不好会带来大量无辜平民伤亡，从而激发出更多的恐怖分子和恐怖事件。"9·11"事件之后，布什政府表现出过分重视军事力量而忽视外交作用，过多使用武力而轻视战场外的博弈的倾向，使得美军深陷伊拉克和阿富汗两大泥潭，各方面都付出了沉重的代价。虽然美军技术和装备占有压倒性优势，正面作战时也取得了速胜，但美国及其西方盟国在军事胜利之后的综合较量中却节节败退：误杀了众多平民，让反美极端势力坐大，外交手段与军事战略不匹配，不论在占领地还是国际社会都争取不到人心，扶植的当地政权政绩上乏善可陈、缺乏公信力。"布什主义"给超级大国自己套上了难解的多条绳索。美国在中东地区的铁杆小兄弟以色列也面临类似的处境：以色列军队的飞机和枪炮越来越先进，巴勒斯坦难民营的仇恨怒火也越烧越烈，冤冤相报、以暴易暴的恶性循环越发不可收拾。总之，军事力量在国际反恐斗争中的局限性暴露无遗。其次，必须认识到，反对国际恐怖主义乃综合性的较量，很像是一场持久的国际博弈和人民战争，其间包括反恐者自身体制、机制及各方面关系的考验和

改进。上面提到，军事手段只能治标而不能治本。真正想要治本，必须依靠合格的对外战略、智慧、勇气和政治意愿，这里面既有对国际权力、道义和走势的充分认知，也有对自己和对手的优势与劣势的正确评估，还必须加上"外交优先军事"、"经济辅佐反恐"、"谈判有失才有得"等组合策略。例如，就上面提到的美国、以色列的反恐斗争来说，系统完备的治本之策，应当涉及对联合国及国际社会的游说和对主要大国的协调（交易），涉及静悄悄的军事斗争准备与积极有效的外交谈判之双管齐下，涉及对目标国民众的争取人心工作和孤立极端势力的广泛持续努力，涉及投资民生工程、经济建设项目和教育文化事业乃至妇女儿童地位的改善，涉及大胆和富有创造性的妥协与退让方案（例如在巴以纷争地带实现"以土地换和平"，在伊拉克和阿富汗推进民选自治的当地进程，及至探讨与塔利班内部"温和势力"谈判合作的可能性），涉及主动将反恐程序、手段、机制对接国际法和国际惯例的尝试，涉及对往届政府反恐方针的失误之处的道歉和纠正，涉及在各种国际和多边场合倡导比较合理、公正的议案以缓和紧张局势的努力，等等。只有当恐怖主义的仇恨与蛊惑宣传失效，民众不认可自杀性攻击和各种爆炸袭击的合理合法性，社会舆论总体上倾向于和谈与合作的解决办法时，持久的和平才会到来，恐怖主义才会从公众的视野中消失。自然，与军事打击的速效不同，综合治理的过程比较缓慢、复杂，成效有时很难测量，还会牵扯到对自身的反思和纠错，因而可能遭受政治上的反对意见，影响选民选票的偏好，被恐怖主义极端势力认为是软弱和有机可乘；假使对这一切没有充分的思想准备，反恐进程又会自觉不自觉地回归老路，标本兼治也成了一句空话。笔者从比较客观的立场观察，在现有的国际秩序和力量格局下面，期待美国、以色列这样的西方强国从根本上调整自己的心态、在政策上作出大的改变，是不太现实的；冷战结束以来这些年西方列强对伊斯兰世界的打压，已造成积重难返的后果，正所谓"冰冻三尺，非一日之寒"；包括国际恐怖主义袭击在内等各种大的问题，仍然会在未来相当长一段时期困扰国际社会，危害有关各方的安全与稳定。

九　国际恐怖主义的应对可以有完全
不同的安全策略与思想

　　近一二十年间，国内外有关传统和非传统安全问题的讨论逐渐增多，大大丰富和发展了安全学说。就国际恐怖主义这一特殊议题而言，在各种新的分析见解里，至少以下几点是有启发作用的：第一，安全是综合的。随着时代的进步与情况的变化，安全早已超出军事的范畴，变成一种综合性的事务，即所谓的"综合安全"；它涉及诸如社会经济、政治法律、文化宗教、环境生态、信息技术、战略资源等各个领域面临的重大挑战。维护安全也不再只是军人的责任，而成了一种需要广泛参与和科学统筹的使命。如果说传统安全（如守卫疆土、防止外敌入侵）主要是在战场上决定胜负的话，那么非传统安全（涉及军事斗争领域之外的各种新威胁）更多是没有硝烟的较量。国际恐怖主义现象既是传统安全问题，也是非传统安全挑战。这种思想提醒各国政治家和军人注意，反恐进程不可孤军冒进，更不能"单打一"；消除国际恐怖主义的威胁，除开军队、警察、安全部门等的作用外，必须有其他部门的重视和社会公众的参与。第二，安全是共生的。在复杂多变、险象环生的国际环境下，不同的安全导向会产生大相径庭的后果；比较有利的安全目标及安全状态，不应是孤立的、绝对的、零和式的，而应是相互的、相对的和共享式的。用比较通俗、简明的话讲，追求自身安全利益的时候，也要设身处地替他人着想，保持各方安全利益的理解与平衡；如果大家都这样考虑和努力，安全保障的水平就会不断提高，安全状态也更加持久。这一见解启迪世人，不能仅从恐怖主义受害者的方向考虑问题，还要从恐怖主义施暴者一方找出病因；防范及改善的努力应当是双向的、同步推进的。第三，安全是建构的。与旧时的安全理念与强权政治逻辑不同，新的安全观强调把安全视为一个动态发展的、不断培育的过程；也就是说，安全状态不是给定的，相反是可以调整变化的，既可能变得更好，也可能变得较糟，这主要取决于施动者的主观愿望和实际行动。这种学说被称作"安全化"理论。其典型的一个事例是,很多国家都存在天然水资源的短缺,这本是一个自然地理现象,然而在少数国家和地区它酿成了流血冲突和恐怖事件("被安全指数化"),在其他国家和地区它仅仅引起局部的搬迁过程与水价的变动("去安全危险化"),其中的奥秘在于处置水资源短缺的不同观念、体制及做法(即不同的建构过程)。水资源的上述故事,也适用于分析恐怖主义问题:恐怖主义不是天生的、给定的,而是后天的、人为培养的;增强还是化解敌意,可以有完全不同的政治意愿和实际努力。第四,安全是可变的。理论逻辑和经验现实都表明,安全的内涵与边界是可变的,在特定的时间、空间和条件下发生各式改变。例如,就国际恐怖主义来讲,它既是传统安全问题,涉及军队和武装力量的使用,也是非传统安全问题,譬如说涉及传统军事方式的作战形式(如生态恐怖主义、电子恐怖主义,等等),涉及战场上通常不会涉及的社会心理(包括恐怖主义产生的大众文化及语言基础);而且,观察国际恐怖主义这个特殊案例就会发现,传统安全与非传统安全概念的界限有时是模糊的,它们是随时可能发生转换的。新的安全理论对于这种转换过程给予了更多重视和说明,拓展了安全空间和安全思维的灵活性。第五,安全是一种"大政治"。决定安全与否的关键因素不是军事家,不是外交官,而是政治决策层,是后者对安全形势的评估及认知,处理安全问题时的政治意愿和动机,以及解决问题的智慧与能力。安全状态的实现,在这里主要不是武器技术、威慑方式、战略原则等器物层面的问题,而被视为一种复杂的政治决策过程,被当成包含国际政治势力的斗争和国内利益集团的平衡之双重博弈。安全是政治的另一种延续和展示。例如,同样面对所谓恐怖主义国家、"基地"组织及塔利班势力,"布什主义"和"奥巴马新政"构成了美国应对这些挑战与危险的不同的"大政治"。

十　国际恐怖主义也是对中国的重大威胁

对于中国而言,国际恐怖主义是一个正在加大的威胁。具体来说，根据笔者的判断，中国总体面临的周边麻烦和危险，在新世纪以来的这十余年间，逐渐呈现一种"按下葫芦起了瓢"的趋势，即：中国东部及东南方向一度比较严峻和紧迫的若干重大威胁，如台湾海峡的对峙局面、朝鲜半岛的冲突可能性以及南中国海一带的主权纠纷，受到了有效抑制；这些属于传统安全问题的难题，尽管尚未从根本上得到解决，但它们在中国与各方的共同努力下保持了一种"可控"状态，至少在可预期的未来不大容易出现爆炸性局势。但是，在中国的西边尤其是西北方向，以"基地组织"和塔利班为代表的反美武装日益崛起，加上前些年美国及其西方盟友在"布什主义"引导下强力推行的军事打击和占领政策，阿富汗、巴基斯坦、伊拉克等国乃至中亚、西亚、中东、北非（所谓"伊斯兰弧带"）的一些极端势力和恐怖组织变得十分活跃，这些势力和组织既有强烈的反现状政治诉求，也不时发动各种恐怖主义袭击；值得注意的是，长期蛰伏在中国境内（尤其是西北部少数民族集聚地区）的某些分裂主义势力、极端主义势力和恐怖主义势力，受到境外特殊形势的刺激与一些外部势力的支持，开始明确提出自己的政治诉求，并付诸打、砸、抢、烧、杀等危险恐怖的各种行动。令国人震惊的"3·14"事件和乌鲁木齐"7·5"事件，就是这方面最强烈的警示讯号。问题的严重性在于，与东面面临的军事斗争难题不同，"三股势力"的崛起及其威胁，明显具备非传统安全挑战的特点：极端势力和恐怖分子混于人群之中，使强力部门对之打击、遏制十分艰难；袭击手段和袭击过程猝不及防，暴露出传统安全部署的"软肋"；原有或新增的宗教民族矛盾、经济及教育方面的差距等社会问题，加重了政府解决事端的难度；中国与伊斯兰国家围绕反恐斗争的磋商和合作刚刚起步，相互的理解、信任有待加深；巴基斯坦、阿富汗等邻边国家的形势不稳，极端势力和恐怖威胁的咄咄逼人，均超出我方能够介入和掌控的范围。不得不承认，中国与俄罗斯及一些中亚国家最近十多年间建立的"上海合作组织"，尽管早已意识到"三股势力"对各国的严重威胁，并且采取了联合军事演习、通报相关情报等措施，但这方面合作的象征意义大于实际作用，参加联合演习的坦克和军人并不能有效威慑存在于地下的极端势力和恐怖组织，互通的信息主要限于战场指挥协作及军事技术接轨的层面。近一时期先后在中国、俄罗斯发生的严重骚乱与恐怖袭击，证明了已有的预防针不足以免疫，国际恐怖主义是一种还在不断加大的威胁。从全球范围观察，虽然奥巴马竭力从伊拉克、阿富汗以及"大中东"撤身，但这一过程十分艰难，很难实现，因为：美国不可能坐视伊朗核能力朝着伊朗人期待的方向发展；以色列及其美国犹太人不会让白宫、国会和美国舆论放弃对以色列这个铁杆盟友的全方位帮助；海湾地区巨大的石油储备和重要的地理位置，决定了超级大国势必保持对这一地区的主导性介入；伊拉克的新政权基础不稳，美国的全身而退可能使这个国家重新陷入战乱和恐怖主义之中；卡尔扎伊政府与塔利班武装斗法的乏力，使美军在阿富汗处于进退两难的困境。也就是说，在未来相当一段时期，整个伊斯兰弧带依然是"高温"、"高危"状态，美国及其西方盟友与极端势力的较量及其结局依然带有很大的不确定性，而这场斗争在很大程度上决定着国际安全形势的好坏和国际恐怖势力的消长。正是从这个意义上，中国西面的安全形势比起东边的情形，更难判定，从而更不让人放心。同样是核扩散的危机，朝鲜核问题的处理更多是一种区域性的博弈，而伊朗核问题的应对更像是一种全球性的较量；同样是面对安全威胁，中国的军事力量比较熟悉和心中有数的瞄准目标多半在东面邻区，而不太熟悉、不太有准备的新挑战、新威胁越来越多在西部萌生。因此，笔者认为，学会应对"三股势力"的威胁，恰似打造新时期中国人安全观念和安全体制的"磨刀石"。

王逸舟

2010年4月18日完稿于香山陋舍

引 言
反恐斗争需要追根溯源

2001年"9·11"事件之后,美国《新闻周刊》有一期专门讨论恐怖主义问题的专辑。其中不乏针对阿富汗塔利班和本·拉登的宣传"攻势"和美国式爱国主义的大量说教,一如美国主流媒体过去的表现;不过,在这一期的封面上,编者提出了一个重大而有意义的疑问:"Why they so hate us?"("他们为何如此恨我们?")看上去提问者有些茫然不知所措,至少是尚未找到满意的答案。但我认为,它可以被看做一个严肃的、有理由的发问,且不论答案如何,都体现出美国人的切肤之痛,表达出一种探究事理的态度。从更广泛的意义上讲,如果人们认真思考和接受教训,则可以发展成一种有益的反省,既提示了现今人类面临的难于预测的可怕伤害,同时揭示出现有的国际体制的严重缺失。

环顾后冷战的世界,恐怖主义已成为世界各国面临的一个公害,包括中国在内的许多国家(菲律宾、俄罗斯、中亚诸国、南亚诸国、土耳其、西班牙、法国、德国以及英国,等等)都曾经或正在受到恐怖主义这样那样的伤害或威胁;在"9·11"事件发生之前,没有人能够想象出恐怖主义的破坏力和残忍性。"9·11"事件不仅是对超级大国美国的史无前例的一次打击,也是对所有国家和人类尊严的一种蔑视与挑战。它理应受到世界的谴责。然而,值得思索的是,与其他国家相比,美国人(以及以色列人)这方面面临的麻烦最多,受到的压力最大,他们可能是今日世界生活在比较富足的环境里却又最缺乏安全感的人。尤其是近些年来，几乎每周甚至每天，传播媒介都有关于恐怖活动在他们生活的国度里发生或者是面临类似威胁的报道。尽管恐怖主义造成的死伤人数与某些战争或灾荒相比，绝对数字不一定大，但前者带来的阴影却可怕得多，而且捉摸不定又挥之不去，它不仅使当事国的民众的担忧日增，使他们正常的工作和生活节奏受到冲击，也给世界其他国家的正常交往造成无穷麻烦（比如人们坐飞机的不安全感急剧上升），给国际经济和社会发展增加许多不确定性和不安定感。这种情形在"9·11"事件之后凸显出来，既成了美国人面临的头号挑战，也成为目前国际社会不得不花大力气处理的难题。

本文认为，恐怖主义之所以如此猖獗，是与特定的国际体制、与某些国家的特殊政策和做法有联系的，正是这些特定的国际体制和国家政策，比如美国主导的国际安全与政治制度，超级大国的霸权主义和单边主义，以及在美国庇护纵容下发展出的以色列对待阿拉伯国家（尤其是对待巴勒斯坦）的铁血政策，以及由此带来的众多矛盾和冲突，成为各种国际恐怖主义滋生蔓延的主要温床或催生剂。恐怖主义的残忍与压制性体制的压迫成正比关系，恰如老话所说，"压迫愈重，反抗愈烈"。这里绝无替恐怖主义的冷血行为做任何开脱的意思；包括本人在内，本书的所有作者都对极端的暴力手法尤其是恐怖主义行为和它们对无辜者造成的各种伤害深恶痛绝。任何正常的、有人性的人，都不会对2001年9月11日发生在纽约世贸大楼上的惨景无动于衷，都不会不对无辜死难者及其家属表示深切的同情。但是，那些无辜者的丧生（特别是那些英勇救援者的丧生），绝不应只是召唤出人的怜悯与愤怒，也不应仅仅使人们施加一种震惊之余的打击报复，它更应要求人们做出认真的思考与反省，采取严肃的纠偏和正误。看看国际恐怖主义的猖狂，看看今天国际社会围绕反恐斗争展开的各种辩论和行动，任何有一定思考能力的人，都不难得出一个结论：要制止这种残忍的行为，避免未来发生类似的惨剧，必须找出祸水的源头，挖掘出恐怖主义的根子，对之加以彻底铲除。包括美国人在内，越来越多的人相信，"9·11"事件证明，这个世界存在着大的政治问题,存在着新的民族间、国家间冲突的深厚基础,存在着以前人们注意不够的深层次的宗教矛盾和意识形态心结,存在着国家战略和对外政策上的各种严重失误和巨大盲点,存在着理论解释和概念界定上的根本分歧,以及由这种分歧引起的加剧的政治误解和暴力对抗;如果不对此加以重视和解决,恐怖主义还会蔓延和肆虐,还会造成更多类似的悲剧。

"9·11"事件之后国际传媒曾经报道的一则消息很能说明问题。本·拉登通过设立在卡塔尔的"半岛"电视台发表声明,宣称只有当美国改变它对中东和海湾地区的侵略政策,只有当美国庇护下的以色列完全撤出它通过历次战争占领的阿拉伯领土,美国和以色列的民航客机和类似纽约世贸大楼那样的高层建筑"才会是不受袭击的和真正安全的"。国际恐怖主义的这位代表性人物和策略大师,可以说狡猾到了无以复加的地步,他抓住了后冷战时代美国全球战略中的致命弱点之一,也击中了以色列现行强硬政策的软肋;他想以此获得阿拉伯世界下层民众的共鸣与同情,同时约束美国反恐行动的手脚。且不论他是否能如愿以偿,本·拉登的谋略从反面证实了我们的分析结论,即对现有国际体制的缺失不修补,一些深层次的矛盾不缓解,国际恐怖主义便难以遏制,美国和其他国家也无法实现其所期待的安全防范。就是说,所有国家包括超级大国的自身安全,与现存的国际秩序和制度安排是密不可分的。人们更可顺势推理下去:实力政策不能解决一切问题,军事手段始终是有局限的,它们尤其无法解决国际关系中的政治矛盾和意识对立;单打独斗的方式,残酷破坏的手法,尤其是使无辜者遭受连累的结局,不论是恐怖主义的野蛮爆炸和报复,或是国际反恐联盟的超越正当反恐行动界限的任何做法,不仅不会使打斗者如愿以偿,而且将使之丧失广泛的道义同情;保障各国自身的安全,既要建立可靠的国家保障手段,也要依赖国际的有效合作,更需要为此发展出相应的安全理念和安全机制,发展出更高的道义标准和行事尺度。得道多助,失道寡助,任何人不应忘记这一法则。

正是为了全面而深入地追踪恐怖主义的来龙去脉,在理论上探索和给出中国学者自己的答案,我们在"9·11"事件之后便迅速组织了《恐怖主义溯源》课题组,成员包括了世界经济与政治研究所、宗教研究所和民族研究所的十位专家学者;在研究和探讨过程中,特别是在最后阶段的写作过程里,我们分别从不同角度切入,对恐怖主义的基本概念,恐怖主义的各种类型,大国关系与恐怖主义的联系,南北分裂局面与恐怖主义的滋长,国家战略与恐怖主义的催生,种族、民族冲突与恐怖主义的关系,宗教问题对恐怖主义的影响,以及二战后的三大著名战事同恐怖主义的发生,做了系统、细致的探测和透视,显示出恐怖主义的根深蒂固且盘根错节的各个层面,揭示出这一现象的复杂性和多变特征,反复提示了理论概念的相对性与可变性;为了让读者比较全面地比照中外研究者的异同,还附上了国外学者对恐怖主义根源的讨论。与时下已经出版的同类作品相比,本书更加注重的,既不是各种资料的时效性和各种故事的生动性,也非具体的对策建议和外交方略,而是理论的探讨、概念的推敲、多学科分析工具的运用以及分析说明的深度,特别是中国人自身探讨这一现象应有的视角。

首先,举一个例子,说明加强对恐怖主义根源的理论探究的必要。

读者从本书各章的分析和情况介绍不难看出,在西方的各种定义里,有的强调恐怖主义是弱者对强者的一种特殊反抗手段,或者说是非国家行为体对抗国家暴力机器的一种特殊行为,这一定义看上去符合当今世界的多数情况,但它排除了国家恐怖主义存在的可能。从历史上考察,它也无法解释最早的恐怖主义形式——1793年法国大革命时期的雅各宾专政,因此等于放过了国家纵容、支持甚至直接参与的恐怖主义形态。照这种认识,国家可以胡作非为而不被视为恐怖主义(比如美国在越战期间用汽油弹轰炸,或者某些国家的特工在第三国用炸弹袭击敌对国的政治家和外交官,或者假设未来战争中国家使用国际法明令禁止的生化武器等大规模杀伤性武器)。况且,历史上还有"红色恐怖"、"白色恐怖"等说法,它们经常与政权的胡作非为有关。另外,有的定义认为，恐怖主义是一种秘而不宣的战争方式，是超越常规形式、没有规律可循的打击。这种看法的弱点是，它没有确定恐怖主义的性质，仅仅从外表勾勒了恐怖主义行为的某些特点，殊不知，这些特点可能为其他非恐怖主义的作战形式所共有，比如未来的军事行动越来越有可能是以"灰色方式"或某些"不对称样式"出现的。有的定义把侧重点放在恐怖主义的政治目标上，指出它往往有特殊的政治目的和以制造大范围的恐慌为特征；但有哪一种大规模的暴力方式是没有政治目标的呢？否则就不会有克劳塞维茨的名言"战争是政治的继续"了。同理，制造恐慌亦不可看做恐怖主义所独有，国家的许多镇压方式尤其容易带来大面积的社会紧张和心理恐慌，但你不可以将后者简单说成是恐怖主义。也有的人看重恐怖主义的非理性、非人性，即它多半以攻击平民百姓为达到目的的主要方式，是对人类良知的挑战。这也是一个含糊不清、边界不明的定义，它既没有讲明谁是攻击的发动者，也没有告诉我们对军事设施的不宣而战，比如这次"9·11"事件里对五角大楼的袭击算不算恐怖主义，以及国家战争机器对他国民用设施的打击和对无辜百姓的伤害算不算恐怖主义，为何有些人认为对莫斯科一些大楼的爆炸袭击不算恐怖主义，而对纽约和华盛顿的爆炸袭击却是恐怖主义，诸如此类。

即便我们将所有这些要素混杂在一起，也不一定得出令人满意的结论，不一定能够适合新形势下国际斗争的需要。比如说，"恐怖主义是经过预谋的，有政治目的，且针对非军事目标的，由非国家的集团或秘密组织进行的暴力活动"。这里明眼人一看就知道是官方的定义，而且多半出自西方最强大的国家。它事实上永远排除了国家恐怖主义的可能，也给予非国家组织的恐怖活动提供了豁免权。总而言之，现有的主要是西方学者的多数定义的最大问题是，它们仅仅关注暴力现象本身，特别是针对发达国家的那种宣泄式的个体的报复行动，而很少去发掘恐怖主义现象的深层次根源，尤其忽略了其文化宗教意蕴和现存国际制度造成的对立情绪，从而放弃了对恐怖主义的历史洞察，排斥了恐怖主义概念及其理解的相对性。这里并不是说这些定义一定是不对的、任何时候都不可以用的，而是说它们是不完全的、有偏见的、经常掺杂了特殊利益和价值判断的。与国际上某些流行的说法不同，本书的作者们特别强调，任何界定都不可能涵盖有史以来的全部恐怖主义，基于不同的政治倾向和利益得失，人们必然会对恐怖主义抱有不同的见解。在恐怖主义与战争之类的暴力手段之间，既有明确的不同，也有若干相互交叠的"灰色地带"。因此人们不应当为时下一些"声音比较大"或影响比较广泛的定义所迷惑，要懂得各种"恐怖主义"概念的相对性。

其次，更重要的也许是，中国是一个独立自主的大国，也是社会主义国家和发展中国家，中国还是联合国安理会常任理事国，过去也受到过恐怖分子的袭击，今天和未来同样无法确保能免除这种公害的威胁（例如西部边疆渐起的"东突"势力的威胁），所以，中国不仅对包括反恐怖斗争在内的整个国际安全负有重要责任，更对建立公正合理的新秩序和建立防止恐怖主义的深层次基础负有重要责任。当我们国家的外交部发言人反复宣示"中国反对一切形式的恐怖主义"时，我们确实应该仔细斟酌一下，它到底有什么意义，什么叫"一切形式的恐怖主义"，如何挖掘出这一范畴的各种内涵，在此基础上提出充分的学理依据，在国际舞台上发出我们的声音，为中国更好地参与国际反恐怖主义斗争以及在这一斗争中维护自身的国家利益做出应有的贡献。在确定这一特殊范畴时，既要充分估计它的严重危害和发展趋势，又要参照历史上有过的案例和解说，还特别应该考虑到它的时代特点和文化宗教变量，以及国家恐怖主义与非国家的恐怖主义、一般恐怖主义形态与所谓"带颜色的恐怖主义"、针对平民百姓的恐怖主义与针对国家机器及其代表人物的恐怖主义、弱者对强者的恐怖主义和（可能有的）强者对弱者的恐怖主义、恐怖的行为与恐怖主义，诸如此类的术语间的微妙差异及联系。或许现在我们一时还拿不出十全的定义，或许出于策略的需要尚无法在国际场合系统宣示，或许短时期内没有可能得到国际上广泛的认可，但朝着形成一个有中国特色的反恐怖主义理论学说的方向努力，一定是有价值的、有意义的。

探究恐怖主义的深层次根源，多视角探索上面提到的各种理论难题，解说相关的复杂变量和不同层面，讨论当前国际恐怖主义与反恐斗争的艰巨性和长期性，是本书的主要目标。读者不难看到，一些重要却缺少共识的问题，是本书不同章节着力之处，比如恐怖主义与反恐斗争是否与个别美国学者所说的"文明冲突"有关，"宗教原教旨主义"、"宗教极端主义势力"和"由宗教原因诱导出的恐怖主义"等概念之间究竟有何异同；种族之间、民族之间的差别为什么在当代国际政治的复杂条件下经常演化成（或被激化为）一些类似恐怖主义的极端做法；国家的外交和战略及大国之间的战略如何在特殊背景和区域造就了国际恐怖主义的"温床"；如何在揭示当代恐怖主义的严重危害性和防止将恐怖主义目标不受节制地扩大之间保持必要的平衡；恐怖主义的古典概念与当代变种之间是如何通过长期的历史进程而转化和层化的；为什么哪怕不是出于任何政治方面的理由，对恐怖主义的界定也显得十分敏感而复杂，不同国家、不同地区和有着不同利害关系的研究者为何很难拿出统一的国际恐怖主义定义，以及中国学者为什么特别关注南北差异和某些分裂局面的形成对国际恐怖主义的滋生带来的影响；马克思主义者和社会主义国家为什么尽管对一些国家受压迫的民众抱有深切的同情，却不赞同使用类似恐怖主义的手段达到改善处境的目标；我们为什么强调改变现有的国际政治经济和安全秩序，等等。坦率地讲，这中间的大多数问题，连本书各位作者自己也不一定有成熟的答案，我们也不相信任何绝对正确的、不容置辩的定论。国际关系的历史毕竟不是个别国家或少数学者创造的。即便是对那些比较有把握和做出了某些结论的问题，本书作者也不想把自己当做布道者，而是希望以重新探讨、尝试解析的态度及写法，带动读者的思考过程和参与热情。

从作者队伍看，本书写作组聚集了中国社会科学院一批活跃在当代国际政治和战略、国际安全、国际关系史、宗教学、民族学研究领域的中青年专家，多学科的切磋和"不同工具箱"的综合运用是此书的一个优势。从时代重点看，这本书虽然也涉及了世界宗教史、一些民族之复杂关系的演进、国际关系在近代的发展以及恐怖主义的"历史进化"等内容,但作者们的笔墨主要用于与当代恐怖主义的发生相关的一系列问题,尤其是体制性因素和南北关系方面的因素。从风格特色讲,如前所述,尽管《恐怖主义溯源》也有大量的文献资料和具体事件的陈述,但它的重心是理论逻辑的分析和深层次根源的发掘。不难想象,读者阅读本书之前可能会有很高的期许,但愿他们不致太失望。当然,由于成书时间较短、反复斟酌和共同探讨不够的缘故,书里的所有章节不一定都达到了高的标准,有些作者的叙述可能会有一定的重复交叉;但总体上讲,我们相信本书是有一定的理论深度和多学科综合优势的,并代表着当今中国学术界研究恐怖主义比较前沿的认识,能够也应当在读者的书架上站得住。须指出的是,作者们来自中国社会科学院不同的研究所,从事不同领域的研究工作和课题,学术上也有不同的见解和方法,因此本书不能保证各章观点之间不会出现一些分歧,但我们相信,所有作者在认识恐怖主义根源的问题上具备了相当大的一致性,而这正是我们这个课题组愉快而有成效的合作的基础。本书作者中的大多数人,均为各研究所的学术骨干和学科带头人,在这段时间里他们为了完成课题组的任务,不得不放弃原先的许多事情,包括一些十分重要而迫急的工作。在此,我想对他们表示敬意和谢忱。自然,全书设计框架上的缺点,以及各章之间内容及风格上可能的不一致,完全是我个人能力不足或考虑不周所致,这方面的缺失与毛病,还望读者们不吝批评和指教。同时,我们更盼望本书能够带动有关国际安全的新一轮的学术争鸣,能够推动中国理论界对于恐怖主义的更深入的研究,有更多的志同道合者加入理论探索的行列。

不必说,一部作品的诞生,包含的当然不止作者本身的努力。因此,我还要特别代表课题组全体成员,对中国社会科学院科研局的大力支持,对承诺出版本书的社会科学文献出版社谢寿光社长,以及本书的责任编辑张大伟等同志致以不能缺少的谢意。

(北京大学国际关系学院教授 王逸舟)

第一章
恐怖主义概念的界定

自冷战结束以来,恐怖主义的凸显,构成了世界局势不稳定的一个重要因素。自20世纪90年代以来,几乎每年都要发生重大的恐怖事件。无论是原本十分稳定的国家,还是一直处于动荡之中的国家,都受到了这股浪潮的冲击。2001年发生在美国的"9·11"特大恐怖袭击事件,作为一个标志性事态,表明恐怖主义已构成了一种极其严重的全球性威胁。面对这样的形势,世界各国都别无选择,只能以极大的力量进行这场往往看不见敌人的"地下战争"。

面对当代日益严重的恐怖主义威胁,我们有必要了解什么是恐怖主义,了解它的理论界定,了解它的主要表现与特点,并且了解它的可能走势。

一 恐怖主义的概念与界定

从理论上概括与界定恐怖主义,首先应当了解恐怖主义的现象。理论的界定是对现象的抽象。

1. 恐怖主义的主要现象

恐怖主义作为一种暴力形态,有非常复杂的现象和各种不同的表现。其中比较典型的表现有以下一些形式。

第一,暗杀。这是最古老和最传统的恐怖活动形式。公元前44年古罗马统治者尤利乌斯·恺撒(Julius Caesar, G.)被刺,就是历史上的著名事件之一。在中国古代，荆轲刺秦王也很著名。汉朝的司马迁在撰写《史记》时，特别写了一篇《史记·刺客列传》，说明刺客在当时不仅活跃，而且有一定的影响和地位。在漫长的历史发展过程中，这样一种暴力形式始终存在。在当代，暗杀仍然是恐怖分子的常用手段。例如，1991年5月，斯里兰卡泰米尔分离主义极端分子暗杀了印度总理拉·甘地，1993年5月又暗杀了斯里兰卡总统普雷马达萨。1995年6月，埃及总统穆巴拉克在前往埃塞俄比亚首都亚的斯亚贝巴出席非统组织首脑会议的路上，遭到了不明身份的恐怖分子的袭击，随行人员多人受伤，但穆巴拉克幸免于难。同年11月，以色列总理拉宾在一次集会上被犹太极端分子刺杀身亡。

第二，劫持人质。这种恐怖活动形式与暗杀的历史一样久远。据《史记·刺客列传》记载，荆轲刺秦王失败后，遗憾地说："事所以不成者，以欲生劫之，必得约契以报太子也。"意思是说想劫持秦王为人质，以逼迫秦国对燕国作出让步。在《史记·刺客列传》中，也记载有成功的劫持事件。春秋时期齐桓公在与鲁庄公的一次"峰会"上，被鲁国的曹沫持匕首劫持。在这种情况下，齐桓公不得不许诺"尽归鲁之侵地"。[①] 在当代，劫持人质事件不仅继续存在，而且规模与危害都达到了前所未有的程度。例如，1995年车臣恐怖分子在布琼诺夫斯克占领了一家医院，劫持了1000多名人质，造成了100多名无辜平民死亡，迫使俄政府暂停军事行动，与之进行谈判。1996年12月，秘鲁反政府游击队组织"图帕克·阿马鲁革命运动"趁日本驻秘鲁使馆举行庆祝活动之机，劫持了在场的400多人为人质，其中包括很多国家驻秘鲁的大使和外交官。这一事件持续了126天。最后秘鲁军警人员采取行动，击毙了全部恐怖分子，才结束了整个事件。

第三，爆炸。这是从19世纪末开始出现的恐怖活动方式。据记载，1893年11月8日，一名西班牙无政府主义者在巴塞罗那一家剧院向观众投掷了两枚炸弹，炸死22人，炸伤50人。1894年2

---

① 司马迁：《史记》第8册，中华书局，1982，第2515、2535页。

月，在巴黎发生了一系列无政府主义者制造的咖啡馆和街头爆炸事件。据考证，1947年在巴勒斯坦发生了第一起汽车爆炸事件，而恐怖分子第一次在飞行途中炸飞机则是1955年。[①] 在当代，爆炸事件是发生频度最高、造成破坏和伤亡程度最大的恐怖活动形式。例如，1993年2月，美国纽约世贸中心大楼被炸，6人死亡，1000多人受伤，经济损失达5.5亿美元。同年3月，印度孟买在两个小时之内发生了14起爆炸事件，共造成317人死亡，1200多人受伤，30多辆汽车被炸，直接经济损失25亿美元。1995年4月，美国俄克拉荷马城联邦政府大楼被炸，造成168人死亡，400多人受伤。1998年8月，美国驻肯尼亚和坦桑尼亚大使馆被炸，造成257人死亡，5000多人受伤。

第四，劫持交通工具。这类恐怖活动包括劫持飞机、公共汽车乃至轮船。据考证，第一起劫持飞机事件发生在1931年，而第一起带有政治性的恐怖主义劫机事件则发生在1968年。[②] 在当代，劫机事件仍层出不穷。例如，1991年3月，一架新加坡航空公司的客机被劫持，经谈判无效后，新加坡反恐怖突击队采取行动，将劫犯全部击毙。1994年12月，一架法航A300客机被阿尔及利亚的伊斯兰原教旨主义极端分子劫持，在劫机者开始杀害人质的情况下，法国宪兵突击队采取行动，击毙了劫机者，救出了人质。在2001年的美国"9·11"事件中，恐怖分子共劫持了4架美国民航客机，并利用这些飞机作为武器，撞击纽约世贸中心大楼和华盛顿五角大楼，造成了3000多人的死亡。

第五，武装袭击。这是指武装分子向平民发动突然的袭击。在冷兵器时代，这种屠杀是经常发生的。中世纪的著名事件"圣巴托罗缪之夜"就是发生在法国的一次教派之间的大屠杀。在当代，这种恐怖袭击方式主要是用自动枪向人群扫射。例如，1994年2月，一名以色列恐怖分子在希伯伦市闯进易卜拉欣清真寺，向

---

① Max. Taylor and John Horgan (ed.), *The Future of Terrorism*, London: Frank Cass, 2000, pp. 54–59.

② Max. Taylor and John Horgan (ed.), *The Future of Terrorism*, London: Frank Cass, 2000, p. 54.

正做祈祷的巴勒斯坦人疯狂扫射，造成66人死亡，400多人受伤。1997年9月，一群恐怖分子突然向停在开罗市中心博物馆外面的一辆旅游巴士发动武装袭击，造成9名游客和1名当地司机的死亡，十几人受伤。11月，在埃及古城卢克索，一群恐怖分子对游客大开杀戒，先是用冲锋枪扫射，随后又用刀乱砍，共杀死游客60人。

第六，生化袭击。在古代，就有各种投毒事件。在当代，这是指一种利用最新科学技术的恐怖袭击方式。例如，1995年3月，日本奥姆真理教的恐怖分子在东京地铁施放沙林毒气，造成5500多人中毒，12人死亡。在2001年美国"9·11"事件发生之后，美国的多个地方，包括国会等重要部门，特别是邮件处理机构，连续发生多宗炭疽邮件事件，造成多人感染，并有数人死亡。此后，这一生物恐怖袭击范围不断扩大，并蔓延到了世界其他国家。

以上所列举的这些暴力事件，都是恐怖分子所进行的比较典型的恐怖活动。这些恐怖活动尽管有不同的形态，但都是使人感到恐怖的行为。这一点是它们的共同特点。

2. 恐怖与恐怖主义

在探讨"恐怖主义"的概念之前，首先需要对"恐怖"的概念做一点分析。在汉语里，"恐怖"主要是指一种心态。《辞源》解释"恐怖"的意思是"极度恐惧"。《现代汉语词典》对"恐怖"的解释是："由于生命受到威胁而引起的恐惧。"显然，它们的解释是一致的。在英语里，"恐怖"（terror）除了有与汉语相同的意思即"极度害怕"之外，还包括"恐怖统治"的意思。所谓"恐怖统治"，是特指法国大革命期间的"雅各宾专政"，意思是指"无情地处决威胁革命政权之人"。[1] 从这两种语言的词义来说，"极度害怕"可以说是"恐怖"的基本的和普遍的含义。从这个含义出发，"恐怖活动"实际上就是指使人感到极度害怕的行为，或者说是使人感到生命受到威胁的行为。

---

[1] Judy Pearsall (ed.), *The New Oxford Dictionary of English*, Oxford: Claredon Press, 1998, p.1915.

恐怖分子进行恐怖活动，造成人们的恐怖心态，是有一定的目的与动机的。要对恐怖活动进行分析，就要区别不同的目的与动机。作为一种暴力形式，首先应对它进行政治与非政治的区分。进行这样的区分是为了确定恐怖活动的属性，也为进一步探讨"恐怖主义"奠定基础。

一般来说，如果行为者的行为是出于某种反社会心理，所要实现的目的是个人报复、泄私愤或是为了勒索赎金等，那就属非政治行为。在西方国家，很多发生在校园或公司等场所的枪击事件，就属此类。例如，1996年3月13日，在英国的小城邓布兰就发生了一起校园枪击惨案。当26名小学一年级的孩子正上体育课的时候，一名全副武装的男子突然向他们开火，13名小学生和他们的教师被当场打死，另有12人受伤，其中1名小姑娘在被送往医院的途中死去。这个疯狂的射手最后自杀身亡。这一事件是很可怕的恐怖事件，但没有政治背景，属于突发的和偶然的严重刑事犯罪事件。

与这类情况不同，如果行为者的打击对象是一个国家的政府，或是一个种族、一个民族，或是一个教派，目的是迫使受伤害者做原本不会做的事，诸如改变政治态度或对内、对外政策，则这种行为就属政治行为了。北爱尔兰共和军在英国搞的恐怖活动就属典型的政治行为。哈马斯在以色列制造爆炸事件，北非的伊斯兰原教旨主义极端分子屠杀外国游客，也都属于政治行为，因为他们的目的是要迫使有关的政府改变政策。德国的新法西斯主义者，即所谓的光头党，纵火伤害外国移民，也是政治行为，因为他们的目的是要搞排外，搞种族主义。在2001年的"9·11"事件中，尽管恐怖分子在事后没有公开宣布他们的目的，但人们都知道，他们是以"美国"为攻击对象：纽约世贸中心是美国资本主义的象征，而五角大楼则是美国军事力量的中枢神经所在。

人们通常认为，恐怖主义属于政治性的恐怖活动。以上所列举的种种具有政治性质的恐怖活动，大都可定性为恐怖主义。然而，并不是所有具有政治性的恐怖活动都可定性为恐怖主义，因为"主义"应是指一种系统的、持续的和有组织的行为。在这个意义上，恐怖主义实际上与"恐怖的体系"（a system of terror）是相对应的。在这里，system 有"制度"、"组织"、"主义"等含义。因此，孤立、偶然的行动，即使带有政治性，也不是恐怖主义，只能算恐怖活动。只有具有组织性与系统性的恐怖活动才是恐怖主义。在美国"9·11"事件中，恐怖分子的行为就充分表明了这一点。为了实施劫持多架客机并撞向不同的既定目标的计划，恐怖分子做了长期的策划和准备，他们的计划非常周密。

为了进行概念分析，我们可以先做这样的界定，即非政治性的恐怖活动通常属于一般的刑事犯罪，而政治性的恐怖活动则有可能成为恐怖主义活动。只有系统的政治性恐怖活动，才可列为恐怖主义。

然而，仅仅做这样的界定是远远不够的，因为恐怖主义除了具有恐怖性、政治性与系统性之外，它还具有自己的特殊的形式。事实上，正因为恐怖主义作为一种暴力行为具有复杂多样的表现形式，因此才造成了这个问题的歧义。

3. 恐怖主义的界定

基于不同的政治倾向和不同的视角，人们必然会对恐怖主义持不同的看法，提出不同的概念界定，而且会做出不同的阐释。从已有的文献来看，有关恐怖主义的界定之所以至今形不成一个可以得到广泛认同的界定，原因就在这里。各种不同的界定，强调了不同的因素。

我们可以看看以下一些有关恐怖主义的界定。

卡尔·多伊奇认为，广义地说，恐怖主义是个人或集团使用暴力行动或威胁以改变某些政治进程的结局的策略。[1]

英国1974年的反恐怖法案是这样说明恐怖主义的：基于政治目的使用暴力，旨在使公众或公众的一部分处于恐怖之中。[2]

---

[1] 卡尔·多伊奇：《国际关系分析》，周启朋等译，世界知识出版社，1992，第244页。

[2] 转引自 Walter Laqueur, *The Age of Terrorism*, Little, Brown and Company, 1987, p.145。

美国国务院2000年4月公布的报告《全球恐怖主义模式——1999年》提出了这样的恐怖主义界定："恐怖主义"一词意指亚国家集团或秘密代理人攻击非战斗人员的蓄谋的、具有政治动机的暴力行为，这种行为通常是为了影响公众。①

以色列前总理内塔尼亚胡（Benjamin Netanyahu）号称是"反恐怖主义大师"，他在《与恐怖主义战斗》一书中提出，恐怖主义是精心策划的、有系统地对公民的攻击，是为了政治目的制造恐怖气氛。他在这个界定之外还提出了一个鉴别恐怖主义的标准，即恐怖分子的攻击目标与其不满越少联系，其行为就越具有恐怖主义性质。②

荷兰学者施密德（Alex Schmid）在1988年出版的著作《政治恐怖主义》中考察了109种有关恐怖主义的不同界定，对它们所强调的不同因素进行了研究。

施密德所列出的要素是比较多的，对恐怖主义进行界定，是否需要考虑这么多的因素，是一个值得讨论的问题。事实上，施密德本人的对恐怖主义的界定，就涉及了这22项因素中的大部分："恐怖主义是（半）秘密的个人、集团或国家行为者，出于特殊的、犯罪的或政治的原因，通过反复的暴力行为导致忧虑的方法。同暗杀相对照，它实施暴力的直接目标并不是它的主要目标。暴力的直接牺牲者通常是任意选择的目标（机会目标），或者是从目标人群中挑选出来具有代表性或象征性的目标，这些目标成了信息的发生器。在恐怖主义者（组织）、受到危害的牺牲者和主要目标之间，以恐吓和暴力为基础传达信息的过程，是要操纵主要目标（观众），使之成为恐怖的目标、要求的目标或注意的目标，而这些取决于它的主要追求是胁迫、强制还是宣传。"③（见表1）

---

① U. S. Department of State, *Patterns of Terrorism – 1999*, April 2000.
② Benjamin Netanyahu, *Fighting Terrorism*, New York: Farrar Straus Giroux, 1995, pp. 7 – 8.
③ Alex P. Schmid, Albert J. Jongman et al., *Political Terrorism: A New Guide to Actors, Authors, Concepts, Data Bases, Theories, and Literature*, New Brunswick, Transaction Books, 1988, p. 28.

表1 有关恐怖主义的109种界定中各种要素所占的百分比

	要　素	百分比
1	暴力	83.5
2	政治性	65
3	对恐惧感的强调	51
4	恐吓	47
5	（心理的）影响与预期的反作用	41.5
6	牺牲品——与目标的差别	37.5
7	有目的、有计划、有系统和有组织的行动	32
8	战斗方法,战略与策略	30.5
9	超常规,破坏公认的准则,不受人道主义约束	30
10	强制、敲诈与劝诱服从	28
11	公开性方面	21.5
12	任意的、非个人的、偶然的特性;不分青红皂白	21
13	平民、非战斗人员、中立者、局外人成为牺牲品	17.5
14	胁迫	17
15	强调牺牲品的无辜性	15.5
16	作恶者为集团、运动、组织	14
17	象征性方面,向他人示威	13.5
18	暴力发生的难以预测性	9
19	秘密、隐蔽性	9
20	反复性;暴力的系列与运动特性	7
21	犯罪性	6
22	对第三方的要求	4

资料来源：Alex P. Schmid, Albert J. Jongman et al., *Political Terrorism: A New Guide to Actors, Authors, Concepts, Data Bases, Theories, and Literature*, New Brunswick, Transaction Books, 1988, pp. 5－6。转引自 Bruce Hoffman, *Inside Terrorism*, New York: Columbia University Press, 1998, p. 40。

作为一个概念的界定，施密德的阐述显然过于复杂了。实际上，通过进一步进行概括与归纳，我们可以看到，恐怖主义的最主要特点就是使用暴力、制造恐怖气氛和有明确的政治目的。皮尔逊（Frederic S. Pearson）和罗切斯特（J. Martin Rochester）认为，恐怖主义至少具有三个要素：第一，实际使用或威胁要使用非常规暴力；第二，具有政治动机；第三，其伤害对象与其主要目标几乎没有直接联系，具有很大的随意性。[1] 就第三个要素而言，我们在现实政治中确实可以看到这样的现象，恐怖主义者为了实现其组织的目标，诸如民族分离，他们可以袭击毫不相干的游客，袭击民航飞机和公共汽车。

恐怖主义作为一种使用暴力的行为，在某些方面与战争是很相似的，因为它们都是以暴力手段迫使对手屈服于自己的意志。对于"9·11"事件，美国总统布什就称之为"战争"。然而，从概念上讲，恐怖主义与战争毕竟不是一回事，因为这两种暴力的使用对象有明显的不同。一般来说，战争的主要打击对象是军事人员和军事设施而非平民和民用设施。尽管也有例外，但公认的战争规则是这样的。而恐怖主义则不同，恐怖主义的打击或伤害对象，主要是非武装人员，是普通公民。有时他们也袭击军人，但基本是在非战争状态下，诸如袭击乘坐民航飞机和公共汽车的军人。在"9·11"事件中，恐怖分子驾机撞击世贸中心和五角大楼，就属于这种情况。在这里，战争是武装者反对武装者，而恐怖主义则是武装者反对非武装者。

当然，就现实情况而言，恐怖主义与战争有时也不容易分清楚。在当代的国际冲突中，不时会出现带有恐怖主义特点的战争和带有战争特点的恐怖主义。例如，作为一种战争类型的游击战，在形式上就很像恐怖活动，它常常包括暗杀、绑架、爆炸、偷袭等行为，而且也往往会造成某种恐怖气氛。霍夫曼（Bruce Hoffman）在界定恐怖主义时，就特别区分了恐怖主义与游击战。他认为，在得到广泛认同的意义上，游击战是由较大的武装团体进行的，这种团体通常是作为一个军事单位行动，其攻击对象是敌人的军事目标，并且力图夺取一定的领土和对一定的区域或人口行使某种主权。与之相反，恐怖主义者并不是以一个公开的军事单位行动，不想夺取领土，通常避免与军事力量进行战斗，并

---

[1] Frederic S. Pearson and J. Martin Rochester, *International Relations*, Fourth Edition, New York: The McGraw-Hill, 1998, pp. 448-450.

且极少对一定区域或人口行使主权。① 实际上，判断一种暴力形式是游击战还是恐怖主义，最根本的标准还是要看它的行动对象。只要它是针对敌方军事目标的，它就是战争的一部分。

有时，在冲突中也会出现战争行为与恐怖主义行为交织在一起的情况，或是两种属性难以进行判断的情况。就前者而言，是指行为者的行为包括两部分，既有战争的部分，也有恐怖主义的部分；后者是指行为者的行为难以进行明确的分类，既带有恐怖主义的特点，又带有战争的特点。例如，在黎巴嫩与以色列冲突和巴勒斯坦与以色列冲突中就存在这样的复杂情况，其中既包括针对军队的游击战和正规战，也包括针对平民或政治领导人的恐怖主义行动。

以打击对象作为标准来区分恐怖主义行为与战争，我们只能进行大概的判断，因为任何一次战争都不可能不伤害平民。在黎以冲突中，以色列对黎巴嫩真主党的报复行动就造成了黎平民的很大伤亡，这种不分青红皂白的行为，事实上与恐怖主义行为很难区分。

在战争中以平民为消灭对象的极端事例，是第二次世界大战中法西斯德国和日本对受害国平民的大屠杀。这种行为作为地地道道的恐怖主义，给人类历史留下了最悲惨的一页。

其实，战争与恐怖主义交织在一起，并不是一种少见的暴力模式。例如，20世纪90年代在波黑和卢旺达爆发的战事，就伴随着极其野蛮的恐怖性大清洗。当然，随着历史的进步和科学技术的发展，现代社会的战争行为已越来越注意避开民用目标。

基于以上的分析，我们可以对恐怖主义作出这样的界定：恐怖主义是暴力实施者基于政治目的对非武装人员（包括军队非战斗人员）有组织地使用暴力或以暴力相威胁的行为，其目的是以特殊的手段把一定的对象置于恐怖之中，逼迫其做原本不会做的事情。这个定义强调了恐怖主义的政治性，其暴力的有组织性，制造心理影响的目的性，并且强调了恐怖主义是不同质客体之间

---

① Bruce Hoffman, *Inside Terrorism*, New York: Columbia University Press, 1998, p.41.

的一种关系。在一般的情况下,这个界定是可以区分恐怖主义与和非恐怖主义的。

当然,正如有的学者所指出的,由于恐怖主义存在极其复杂的情况,因此任何界定都不可能涵盖有史以来的全部恐怖主义。[①]如图1所示,在恐怖主义与战争之间是存在一个相互交叠的灰色地带的。这一部分行为的情况是复杂的,通常不能简单地定性为战争行为或恐怖主义行为。再者,由于战争本身也存在不同的性质,因此人们往往会出于不同观念作出不同的价值判断。比如,进行自卫和从事反侵略战争,情况就比较特殊。在这中间对侵略者使用了非常规手段应当怎样看,就难以进行简单的判断。显然,对于某些历史问题应当历史地去看,而对于现实的复杂问题则还需要结合国际法原则进行更全面的分析。

图1 暴力行为、战争与恐怖主义关系示意图

二 恐怖主义的由来与历史演变

讲到恐怖主义的由来,有的外国学者认为可追溯到两千多年前中国古代的军事家孙武,认为孙武明确地提出了恐怖主义的原

[①] H. B. Mishra, *Terrorism: Threat to Peace and Harmony*, Delhi: Authorspress, 1999, p.1.

则，即"杀一儆百"。① 这种说法的根据大概是孙武指挥吴国宫女操练阵法的典故。历史记载，吴王阖闾读了孙武的十三篇兵法之后，为测试他的实际才干，选出 180 名宫女让他操练。在操练中，孙武为整肃军纪，杀掉了两个视军事命令为儿戏的吴王宠姬。② 现在来看，孙武的做法充其量只能算是执法过严，与一般意义上的恐怖主义是不相干的。

人们一般认为，比较确切的恐怖主义概念是出现于法国大革命中。当时的革命者雅各宾派，为了消灭原来的权贵，采取了极其严酷的镇压措施，史称"红色恐怖"。其后，保王党得势，反过来屠杀革命党，又造成了一种"白色恐怖"。据拉考尔（Walter Laqueur）考证，恐怖主义（terrorism）概念最早出现在 1793 年 3 月至 1794 年 6 月之间，是"恐怖统治"（"reign of terror"）的同义语。按照一本 1796 年出版的法语词典的说法，雅各宾派在谈论他们自己的时候，时常以积极的意义使用该概念。③ 当时的革命领导人罗伯斯庇尔（Maximilien Robespierre）甚至把恐怖与美德和民主的理想联系在一起。他认为，"恐怖就是正义，它迅捷、严肃、坚定，因此它是美德的发扬光大"。他说："没有美德，恐怖就是罪恶；没有恐怖，美德就是无助的。"他相信，为了民主的胜利，在革命时期美德必须与恐怖联系在一起。

1794 年 7 月 27 日发生的"热月政变"，结束了雅各宾专政。罗伯斯庇尔等人被送上断头台之后，这个概念就被赋予了"滥用权力"的含义。不久，这个概念就在英语中流行起来，并开始被当做一个贬义词。英国政治理论家伯克（Edmund Burke）在推行这个概念的流行中起了重要作用。他对法国大革命持明确的反对态度，并且把恐怖主义者称为"恶魔"（Hell hounds）。④

---

① Richard Clutterbuck, *Terrorism in an Unstable World*, London: Routledge, 1994, p. 3.
② 《孙子本传》，《诸子集成》第九册，河北人民出版社，1986，第 1 页。
③ Walter Laqueur, *The Age of Terrorism*, Little, Brown and Company, 1987, p. 11.
④ Bruce Hoffman, *Inside Terrorism*, New York: Columbia University Press, 1998, pp. 15 – 17.

在这里我们看到,"恐怖主义"一产生,就是个褒贬不一的概念。在以后的历史进程中,这个概念大体上经历了两种含义的转变:一种含义是指下层民众在进行共和主义、民族主义和反殖民主义斗争中所使用的暴力手段;另一种含义则是指上层统治者对下层民众进行统治所使用的暴力手段。有一种说法把这两种恐怖主义称为"政府恐怖主义"(government terrorism)与"抵抗恐怖主义"(resistance terrorism)。①

在法国大革命之后,不时有一些进行反抗斗争的团体坦言自己是"恐怖主义者",宣称他们的策略是"恐怖主义"。在19世纪,意大利共和主义者卡尔洛·皮萨卡内(Carlo Pisacane)提出了后来为许多恐怖主义组织所奉行的原则,即"以行动做宣传"("propaganda by deed")。他认为,思想产生于行动而不是相反,人民受到教育并不会自由,他们自由才会受到教育。暴力之所以必不可少,不仅在于使事业吸引公众注意,而且也是为了在革命之后教育并最终集结群众。小册子、海报和集会都不可能有效地取代暴力的说教。②

1878年一小群俄国立宪党人建立的民意党(Narodnaya Volya),为了反对沙皇的统治,就奉行了"以行动做宣传"的信条。对民意党人来说,"以行动做宣传"的含义就是选择作为专制独裁国家体现者的特定个人作为攻击目标。他们认为,沙皇、王室主要成员以及政府高官等就具有这样的象征性价值。在这个团体中有一个内在的集体信念,即在追求目标的过程中,不应流一滴多余的血。然而,尽管他们极其小心和精心地选择目标,却仍然会遗憾地伤及无辜。1881年3月1日,该组织成功地刺杀了沙皇亚历山大二世。在这一事件之后,该组织遭到了沙皇政府的残酷镇压,成员几乎全部被秘密警察逮捕、审判和处死,而他们的行动似乎也没有达到进行宣传的目的。

---

① Boaz Ganor, *Defining Terrorism: Is One Man's Terrorist Another Man's Freedom Fighter?* September 23, 1998, http://www.ict.org.il/.

② Bruce Hoffman, *Inside Terrorism*, New York: Columbia University Press, 1998, p. 17.

民意党人刺杀沙皇事件之后4个月，一些激进分子在伦敦召开了一次"无政府主义大会"。大会支持以暗杀和诛杀暴君作为实现革命变革的手段。为了鼓励和协调世界范围的无政府主义者的活动，会议决定建立一个"无政府主义国际"，即"黑色国际"。实际上，这个"国际"并没有做成任何事情，但它却造就出了某种与其实际效果不相称的恐惧。

在19世纪80年代和90年代，反对奥斯曼帝国统治的亚美尼亚民族主义运动，也频频使用恐怖主义手段。通过反复打击殖民机构和安全部队，反抗者们一方面是要唤起本土的支持，另一方面也是为了得到国际社会的关注、同情和支持。在这个时期，马其顿革命组织（Macedonian Revolutionary Organization）也在今天的希腊、保加利亚和塞尔维亚等地区采取了行动。这些采取暴力形式的反抗斗争，都具有争取民族独立的内涵。

霍夫曼认为，到20世纪30年代，恐怖主义的含义发生了重要的变化。在这个时期，它较少指革命运动或是指以政府及其领导人为目标的暴力，而是较多地用以描述专制主义国家对其人民的大规模镇压行为。当时，在德国和意大利等国就发生了这样的事情。德国纳粹党和意大利法西斯党就使用了这样的暴力。希特勒和墨索里尼动员和雇用以"冲锋队"和"黑衫队"为名的暴徒，在街头大搞暴力恐怖活动，恐吓政治反对者，造成了一种"恐怖的统治"。当时墨索里尼面对恐怖主义的指责，把这种恐怖统治行为说成是"社会卫生学"，认为对犹太人、共产党人以及其他"国家敌人"的广泛迫害，就像医生处理病菌一样。正是凭借着这样的恐怖统治，希特勒和墨索里尼都掌握了国家政权。[1]

作为德国纳粹重要一员的赫尔曼·戈林（Hermann Goering），在1933年讲过这样的话："任何法制想法都不能削弱我的措施。任何官僚机构都不能削弱我的措施。在这里，我不担心司法审判。我的使命仅仅是摧毁和消除。这一场斗争将是反对混乱的斗争，

---

[1] Bruce Hoffman, *Inside Terrorism*, New York: Columbia University Press, 1998, p. 24.

我不会用警察的力量来引导这场斗争。资产阶级的国家将做这一件事。毫无疑问,我将最大限度地运用国家和警察的力量。亲爱的共产党人,不要得出错误的结论。在这场生死斗争中,我将抓住你们的脖子,我将要引导的那些人就是褐衫队。"① 戈林的这番话,清楚地表明了恐怖统治的运作。

霍夫曼认为,从20世纪40年代开始,恐怖主义又同另外一种政治斗争相联系了,这就是争取民族解放和反对殖民主义的暴力斗争。② 这种斗争遍及亚洲、非洲和中东。在以色列、肯尼亚、塞浦路斯和阿尔及利亚,都出现了以恐怖主义为手段的民族主义政治运动。③ 对于这样的暴力斗争,站在不同立场上的人,自然会有不同的态度。被一些人称为"恐怖分子"的人,可能被另外一些人称为"自由战士"。在相当长的时间里,在第三世界国家与西方国家之间,就经常发生这样的争论。实际上,这种争论直到今天仍然在持续。

1972年11名以色列运动员在慕尼黑奥运会上被恐怖分子杀害,该事件发生后,联合国秘书长瓦尔德海姆明确提出,联合国再也不能做默不作声的旁观者了,而应该对这种发生于世界各地的行为采取实际行动。在联合国中,大多数国家支持瓦尔德海姆的态度,但也有少数国家,特别是阿拉伯国家,也包括其他一些亚非国家,对之持反对态度。这些国家认为,遭受外国压迫的人民,为把自己解放出来,有权按照自己的意愿,采取包括暴力在内的各种手段。一些第三世界国家的代表在为自己的立场辩护时,强调了两个论点:第一,所有真正的解放运动全都被它们的斗争所反对的政权谴责为"恐怖主义",例如,纳粹就把反对德国占领

---

① Bruce Hoffman, *Inside Terrorism*, New York: Columbia University Press, 1998, p. 24.
② 据认为,20世纪40年代的犹太复国主义组织"斯特恩帮"(Stern Gang)是最后一个公开宣称奉行"恐怖主义"的组织。此后,尽管仍然有组织公开倡导使用恐怖手段,但它们都不再把自己称为"恐怖主义者",而使用诸如"城市游击队"等称呼。参阅 Bruce Hoffman, *Inside Terrorism*, New York: Columbia University Press, 1998, pp. 28-29。
③ Bruce Hoffman, *Inside Terrorism*, New York: Columbia University Press, 1998, pp. 25-26.

的抵抗运动称为"恐怖主义者"。所以，如果联合国谴责"恐怖主义"，那就是支持强者对于弱者的权力，支持已确立之实体对于挑战者的权力，因而成为现状的维护者。第二，问题的要点不在于暴力本身，而在于导致暴力的深层原因，即被压迫者的苦难、挫折、冤屈和失望。对于那些得不到基本人权、尊严、自由和独立的人，对于那些反对外国占领的国家，是不能用"恐怖主义"的概念的。[1]

在许多第三世界国家看来，参与反对殖民压迫或西方统治的斗争或运动的人，是"自由战士"而不是"恐怖主义者"。在1974年的联大辩论中，阿拉法特指出，革命者与恐怖主义者的不同点在于他们的战斗理由。对于基于正义的理由，为了使自己的国土获得自由和解放而对侵略者、定居者和殖民者进行战斗的人，是不能称之为恐怖主义者的。[2]

在阿拉伯世界的政治家看来，争取民族解放的斗争与恐怖主义是完全不同的两回事。法塔赫领导人阿布·伊亚德（Abu Iyad）就表明过这样的态度：他反对恐怖主义，但是恐怖主义与政治暴力是两种不同的现象，决定因素是政治动机，目的可以证明手段的合理性。

叙利亚前领导人阿萨德的态度是：他们支持的是民族解决运动而不是恐怖主义。他说："我们永远反对恐怖主义。但是，恐怖主义是一回事，而反对占领的民族斗争则是另一回事。无论如何，我们都支持民族解决运动所发起的反对占领的斗争。"

1987年第五届伊斯兰首脑会议决议重申，绝对需要把由个人、团体或国家进行的残忍和非法的恐怖主义行为与受压迫民族反对外国占领的任何种类的斗争区别开。神圣之法、人类价值和国际惯例认可这样的斗争。

1998年4月阿拉伯联盟的部长会议再次重申了这一主张。题

---

[1] Bruce Hoffman, *Inside Terrorism*, New York: Columbia University Press, 1998, pp. 31-32.

[2] Yassir Arafat, "Address to the UN General Assembly (November 13, 1974)," in Walter Laqueur (ed.), *The Israel-Arab Reader: A Documentary History of the Middle East Conflict*, New York: Bantam, 1976, p. 510.

为《反对恐怖主义斗争中的阿拉伯战略》的文件强调：目标在于"解放与自决"的交战行为，不属于恐怖主义。①

以上这些观点概括起来就是：只要是反对外国占领和争取民族解放，使用暴力就不是恐怖主义。目的的正义性可以证明手段的合理性。

西方学者对这种观点有两种态度。一种态度是通过区分恐怖主义与自由战士，证明恐怖主义者根本不是自由战士。例如，以色列前总理内塔尼亚胡就是这种态度。他的论证是：自由战士绝不故意攻击无辜，不会爆炸运载非战斗人员的公共汽车，不会绑架并屠杀学童、行人或外国访问者，但恐怖主义者却这样做。另一种态度认为根本不应区分恐怖主义者与自由战士，做这样的区分就等于是接受了这样的命题。②

在这里，我们看到，恐怖主义作为一个历史的概念，曾长期伴随着政治性的争论，这个层面的争论所涉及的是暴力冲突背后的政治动因。争论的要点就是：受压迫者或谋求解放者反对不平等、不公正的政治秩序，无论是国内秩序还是国际秩序，是不是可以采用自己认为适当的手段。在这场争论中，人们的根本分歧实际上表现为目的与手段之争。一种观点关注的是恐怖主义的暴力形式，而另一种观点则关注的是它的政治内容。这种情况在很大程度上正是以民族解放斗争为背景的国际关系的产物。

当然，我们也应该看到，尽管直到今日在国际关系中仍然存在强调斗争内容正义性的观点，但随着历史的发展，公开支持恐怖主义暴力形式的人已越来越少了。恐怖主义滥杀无辜的残忍性、毁灭性与反人类性，特别是"9·11"事件对人们心灵的震撼，使得世界各国人民已形成了谴责与反对恐怖主义的一致态度。在今天，已没有国家再从积极的意义上肯定恐怖主义了。这种变化可以说正是人类社会历史进步的产物。人们对暴力，特别是滥用暴

---

① Boaz Ganor, "Defining Terrorism: Is One Man's Terrorist Another Man's Freedom Fighter?" September 23, 1998, http://www.ict.org.il/.

② Boaz Ganor, *Defining Terrorism: Is One Man's Terrorist Another Man's Freedom Fighter*? September 23, 1998, http://www.ict.org.il/.

力已持日益反对的态度。

用历史的观点考察恐怖主义，我们就要看到，这样一种"主义"自产生以来，其内涵、历史角色、人们对它的态度、国际法对它的约束等都不是一成不变的。最初，它曾表现为一种革命的手段。其后，它有时表现为反抗斗争的手段，有时也可能是滥用的暴力。在今天，它所表现出和可能表现出的毁灭性（使用大规模杀伤性武器），已明显地构成了一种对全人类的威胁。

从历史作用来说，从资产阶级革命、无产阶级革命、民族解放运动再到今天的和平与发展时期，它显然在不同的历史时期扮演了不同的角色。不管在历史上它起过什么作用，至少在今天它是一种破坏和平与稳定的消极角色。即使在中东，这种行为的作用也是消极的。巴以和平进程的中断，以色列右翼固然有决定性影响，但恐怖主义事件的影响也是不可低估的。

从国际法的角度来说，对暴力手段的约束也经历了历史的变化。在《联合国宪章》确立以前，对国家使用暴力是不存在任何法律约束的。行使暴力无须得到任何国际机构的授权，也不需要事后得到正当性证明。国家完全可以使用暴力手段保护或推进其利益。但《联合国宪章》确立之后，情况就不同了。国际法已对国家间的暴力行为做了严格的约束（尽管未必受到遵守）。而且，自 20 世纪 60 年代开始，联合国各种反对恐怖主义的公约、决议也陆续推出，并逐步形成了反对恐怖主义的国际体制。在当今的国际关系中，恐怖主义作为一种暴力行为，无论就国家而言还是就非国家行为体而言，都是一种非法的手段，是犯罪行为。这一点也是历史发展的产物。

三　恐怖主义的特点与根源

恐怖主义作为一种暴力形式，具有许多特殊的行为特点。这种特点与恐怖主义产生的根源是密切相关的。恐怖主义者之所以会采取这种特殊的暴力手段，通常有复杂的原因。这种原因可能是理性的，也可能是非理性的；可能有社会的因素，也可能有心理的因素；可能有文化的因素，也可能有历史的因素。作为一种极端的暴力形式，它往往具有自己的特殊的意识形态。

1. 恐怖主义的行为特点

恐怖主义行为的最基本的特点，就是隐蔽性。即使恐怖分子在行动之前公开发出恐吓，其行为也仍然是隐蔽的。人们通常不知道恐怖分子在哪里，他们可能在哪里采取行动及其采取什么行动，其行动的直接目标是什么。这种情况造成了恐怖主义行为的突发性与任意性。这种突发性与任意性的效果，就是造成社会的一种恐怖心态。

在2001年"9·11"事件发生之前，美国遭受了一连串据认为是"恐怖大亨"本·拉登所策划的恐怖主义袭击，这些袭击对美国造成了很大的恐怖影响。2001年6月，美国得到可信情报，本·拉登组织要对美国目标发动大规模袭击，但不知道事件将发生在什么地方，或是针对什么目标。为了防止再度发生像2000年美国"科尔"号军舰被炸那样的事件，美国不得不采取全线的防御态势：6艘美国军舰从美国第五舰队总部所在地巴林驶向外海；2200名正在约旦训练的海军士兵提前结束训练；一项海军陆战队的演习被取消；在海湾地区的20多艘美国军舰不得靠岸；2万多名美国军事人员的行动受到限制；美国"星座"号航空母舰受命驶入波斯湾；红海的一支两栖陆战队进入战备状态；美国设在土耳其南部的吉尔利克空军基地进入高度戒备状态。除了这些军事部署之外，美国国务院还发出了"全球警告"，要求所有美国海外机构保持高度警惕。此后，美国关闭了驻塞内加尔和巴林的大使馆，并加强了美国国内各重要单位的警戒。美国政府还提醒美国在海外的公民，应保持低调，出行时必须不断改变行程和进出时间，来路不明的邮件千万不要打开，尽量不要把车辆停在无人看护的地方，等等。然而，尽管美国作出了全面周到的部署，但没有料到恐怖分子的袭击方式竟是劫持美国国内的民航客机撞向纽约世贸中心和五角大楼。

就恐怖分子的袭击活动而言，其牺牲目标的确定有时是很有选择性的，诸如暗杀选定的政府官员乃至国家最高领导人。埃及前总统萨达特和以色列前总理拉宾就是在这样的袭击中遇害的，他们是恐怖分子选定的明确目标。然而，在多数时候，恐怖主义分子的袭击是不分青红皂白的，他们的伤害对象是任意的。在公共场所制造爆炸事件，就是一种没有任何特定伤害对象的行为，只要炸弹爆炸了，造成了伤亡，其目的就达到了，至于受伤害者是谁，他们是不考虑的。在"9·11"事件中，尽管纽约世贸中心和五角大楼是恐怖分子事先选定的明确目标，但他们所伤害的人员却是任意的。

关于恐怖主义滥杀无辜的问题，有一种观点认为，在历史上，例如19世纪一些具有"革命"目标的恐怖主义者，最初是不愿意滥杀无辜的。他们的主要暗杀目标是政府领导人，暗杀这样的人是为了进行社会变革。然而，随着官僚国家的发展，恐怖主义者发现，现代政府具有连续性，刺杀政府要人，即使是君主，也不一定能导致政府政策的改变。因此，恐怖主义就出现了新的趋势，即实施间接的打击方法。在20世纪初，恐怖主义者就开始攻击原先被认为是无辜的人，以便制造政治压力。这种间接的攻击可以造成一种公共焦虑气氛，破坏政府的信心。这种活动的不可预测性和明显的随意性，使得任何政府都不可能保护所有可能的牺牲者。由于政府不能提供公众所要求的保护，因此处于恐惧状态的人民就会要求政府作出妥协以便使恐怖主义组织停止其攻击行动。[1]这样一种推理未必能解释恐怖主义组织滥杀无辜的所有行为，但确实在某种程度上反映了历史的现实。

在当代，恐怖主义者进行任意的袭击，往往是出于这样一种心理，即他所攻击的那个社会的所有成员都是有罪的，因此，任何一个人都可以成为攻击对象，即使该人是无辜的，为了神圣的目标，以之作为牺牲也是应该的。一些宗教极端主义的恐怖分子，其心理就是这样。他们是把攻击对象看做"异端"和"邪恶社会"。[2]

---

[1] http://www.terrorism.com/terrorism/bpart1.html.
[2] Max. Taylor and John Horgan (ed.), *The Future of Terrorism*, London: Frank Cass, 2000, p. 58.

这样的一种心理，导致了其行为的不加区分性和残忍毁灭性。这种特性也可以说是反道德性。以这样一种心理为指导，恐怖主义者在行事时是蔑视任何战争规则和惯例的，他们对所有现存道德都不屑一顾，他们的手段极其残忍。对他们来说，任何人都不享有不可侵犯的权利。他们可以不加区别地袭击任何人和任何设施。

在20世纪90年代，北非的伊斯兰原教旨主义者，为达到自己的政治目的，常常不择手段地使用暴力。他们不但袭击本国的政府要人，而且袭击在本国居住的外国人以及无辜的外国游客，其目的是要挟外国政府停止对本国政府的支持。在阿尔及利亚和埃及发生的一系列事件就属于这种情况。前面提到的卢克索恐怖袭击事件和开罗市中心博物馆恐怖袭击事件，就是这类事件的典型。

以暗杀著名的西班牙巴斯克分离主义组织"埃塔"（ETA），自20世纪60年代开始其恐怖活动以来，已杀死了800多人。最初，其主要暗杀对象是法西斯分子。1973年，该组织用炸弹除掉了佛朗哥原定的接班人、政府总理卡雷罗中将，曾使西班牙人民感到高兴。但随着恐怖活动的升级，他们就开始伤及无辜了。佛朗哥法西斯统治结束之后，他们为了实现分离的目标，继续大搞暗杀活动，而且越来越带有任意性。当头目们下令"杀死一个将军"时，那就意味着打死任何一个将军都行。

恐怖主义活动的任意性，可以说是来自于这样的假定，即屠杀无辜可以散布恐慌，从而造成政治、社会和经济的混乱。实际上，恐怖主义对社会的影响力就在于其袭击的任意性，因为如果没有任何人是特别的攻击目标，那么就没有任何人是安全的。这种任意性可以使社会的所有成员都处于恐怖气氛之中。

为了造成最大的社会震动，有时恐怖主义组织会袭击广泛的目标。法国"直接运动"的攻击行动就具有这样特点。自1979年5月袭击法国雇主联合会总部开始，该组织相继袭击了法国移民委员会总部、以色列银行、国际货币基金组织、欧洲航天局驻巴黎机构、雷诺汽车公司、法国电气公司以及法国劳工部等目标。在这些行动中，该组织充分利用了舆论的力量，每次行动后都发表长篇声明，通过现代化的新闻媒体，造成了很大的社会影响。

造成公开的社会影响，这是恐怖主义的需要。如果恐怖主义暴力不为人知，其行动就不可能造成恐怖气氛。因此，恐怖主义者在进行目标选择的时候，会特别考虑目标的象征价值。事实上，其攻击目标的象征价值越大，造成的公开性就越大，与此同时，它所造成的恐怖气氛也越大。

由于恐怖主义者从事恐怖活动，其主要目的是给攻击对象造成心理影响，因此恐怖活动毋宁说是一种心理战。它是要从精神上打垮对方，从而实现自己的政治目标。在"9·11"事件中，恐怖分子就达到了这样的目的。惨痛的打击使美国人第一次发现，美国的安全受到了前所未有的严重威胁，历史上从未受到过外敌攻击的大陆本土，世界经济和军事的"心脏"，现在突然变成了国际战争的前线。在这场看不见敌人的战争中，全体美国人都成了敌人打击的对象。正如有的评论所指出的，一向高枕无忧的美国人的心灵已被"伤感"、"不安"与"恐惧"所侵蚀，表面平静的美国生活已经被罩上了阴影。美国股市大跌，航空业和旅游业首先陷入困境，就是这样一种情况的反映。尽管事件发生后美国全国上下同仇敌忾，决心同恐怖主义斗争到底，但人们对安全和经济的信心显然受到了重创。

2. 恐怖主义产生的原因

恐怖组织选择恐怖主义的攻击方式，可能会有各种各样的原因。

从理性选择的角度来看，恐怖主义者进行恐怖活动有可能是理性思考的结果，即通过评估采取行动的成本与利益，认为不存在比恐怖主义代价更低而效果更高的手段，并因而付诸实际行动。在分析行动的危险与代价的过程中，恐怖主义者会评估其目标抵御攻击的能力，评估自身所属群体支持这种努力的能力，以及目标社会可能对此作出的反应。在评估中间，中心问题就是：恐怖主义者应不应该为了所向往的目标在既定的社会条件下采取恐怖主义行动。由于恐怖组织为了达到其目标可能造成相当大的恐怖气氛，造成令社会无法容忍的后果，因此其行为很可能导致摧毁其事业乃至其自身的结果。对恐怖主义者来说，判断错误就意味着灭亡。一旦他们的行为超过了社会公众的忍耐限度，使得整个社会群起而攻之，他们也就难以生存下去了。在 20 世纪 70 年代，乌拉圭的极"左"游击队组织"图帕马罗"，阿根廷的"人民革命军"和庇隆主义极"左"城市游击队等，都是因为错误估计了大众的反应而最终灭亡的。

从逻辑上来讲，恐怖主义大多是强者压迫弱者的产物，也可以说是弱者反抗强者的产物。马加利特（Avishai Margalit）在论述恐怖主义时，把"镇压"（repression）与"恐怖"（terror）作为对偶概念，认为前者是强者对弱者使用暴力，而后者是弱者对强者使用暴力。显然，当弱者不能以合法手段改变现状的时候，它就只能诉诸非法的乃至极端的手段了。通常，恐怖主义的活动方式是以一个小组织来对抗一个国家的政府，其强弱对比是显而易见的。伊斯兰原教旨主义极端组织以恐怖主义手段打击以色列，打击美国等西方大国，就是典型的弱者对强者使用暴力。[①]

对于政治较量中的弱者来说，开展恐怖活动无疑是最便利的选择。威尔金森（Paul Wilkinson）认为，在当代的国际体系中，恐怖主义之所以变得如此普遍，一个主要原因就是，对于任何群体或政权来说，它都被证明是一种低成本、低风险，并且可能是一种高收益的斗争方式。[②] 显而易见，袭击敌对方的要人乃至普通公民，炸毁一辆公共汽车或公共建筑物，在现代通信的条件下通过新闻媒介可以立即造成极大的国际影响，这远比组织一支正规军进行战斗要容易得多。由于恐怖主义通常采用任意的攻击方式，不用辨认无辜者，因此他们就有了无限多的攻击目标。这种广大无际的选择范围，使得恐怖分子能够以最低的危险获取最大限度的成功。如果恐怖分子的行动犯错或是失败，他们也可以否认自己有任何责任。正因为恐怖主义具有这样的"优点"，因此许多极端分子在不能用其他手段对社会秩序进行政治变革时就转而走上

[①] Avishai Margalit, "The Terror Master," *The New York Review*, Sep. 7, 1995.
[②] Max. Taylor and John Horgan (ed.), *The Future of Terrorism*, London: Frank Cass, p. 66.

了恐怖主义道路。

从社会原因来说，恐怖主义者之所以要搞恐怖主义，通常是因为他们对一个社会抱有一种强烈的绝望情绪和不满情绪。这种不满可能是少数民族对多数民族的不满，是小国对大国的不满，是出于教义对异端的不满，也可能是对自己的政治地位和社会现状的不满。在某种程度上，恐怖主义是一种社会危机的产物。

在斯里兰卡，以恐怖袭击著称的泰米尔猛虎组织，其兴起的原因是民族冲突导致的社会危机。这个组织是比较典型的坚持民族分离主义的反政府武装组织。他们所代表的泰米尔人，在斯里兰卡是少数民族，只占人口的18%；占多数的民族是僧伽罗人，占人口的74%。1983年，斯里兰卡首都科伦坡爆发了反泰米尔人的暴动，造成了3万多人丧生，两个民族间的战争从此开始。"泰米尔猛虎组织"除在战场上与斯里兰卡政府进行军事对抗之外，还进行了大量的恐怖主义活动，包括多次暗杀斯政府领导人。

阿尔及利亚的伊斯兰原教旨主义者开展反政府的恐怖活动，其主要起因是政治冲突。在1992年1月的大选中，伊斯兰救亡阵线按照西方的民主选举程序，获得了压倒性胜利，但当局却宣布取消大选，剥夺了该组织上台执政的机会，不仅如此，还宣布该组织为非法组织，迫使它不得不转而走上暴力斗争的道路。

20世纪90年代在美国曾一度活跃的极右派民兵组织，它们搞恐怖主义主要是出于种族主义。在这些组织中的白人至上主义者、新纳粹分子和立宪党人对社会充满仇恨。他们多数来自美国中产阶级的下层或农民，衣食不足，失去了土地，且债务负担沉重。他们认为黑人、西班牙裔、亚裔美国人侵犯了他们的传统优越地位，而这一切都是美国政府造成的，因此他们把美国政府作为首要的攻击目标。

从心理的原因来说，恐怖主义者对自身生活与成就的不满，会造成一种特殊的心理状态，即他们存在的理由就是献身于恐怖主义活动。尽管没有明显的证据证明恐怖主义者是心理变态，但事实上他们都是"真正的信徒"（"true believer"）。他们从不考虑这样一点，即他们可能是错的，而别人的观点可能是对的。他们是以"我们对他们"的模式来确立自己的反社会观念。对恐怖主义者来说,不属于他们群体的人都是恶魔。他们渴望通过暴力释放自己的永恒的愤怒。①

在其团体内部,团体性也是一个重要的心理因素。拥有强烈内部动因的恐怖主义组织认为必须持续不断地证明自身的存在是有道理的。因此,恐怖主义者必须以暴力行为保持团体的自尊与合法性。他们要求一致,不容忍异议。忠于团体的需要使得他们拒绝放弃,不接受妥协。他们认为谈判即使不是背叛,也是有损他们的名誉的。他们的这种心理特点可以解释为什么恐怖主义组织易于分裂,而且分裂者往往会具有更大毁灭性。② 例如在英国,当爱尔兰共和军停火之后,又出现了继续战斗的"真正的爱尔兰共和军"。

恐怖主义的精神逻辑使得其宣称的目标几乎是不可能达到的。由于成功会威胁其成员的心理状态,会使一个组织失去存在之必要,因此,一旦恐怖组织接近其目标,它就倾向于再定义其目标。它们总是拒绝承认其成功,并继续战斗。③

3. 恐怖主义的意识形态

恐怖主义作为弱者反抗强者的活动,可能有各种各样的思想理论渊源。其中历史最悠久、影响最大的也许是流传于欧洲的一种思想传统,即臣民有反抗暴君的权利。

早期的基督教教父提出,暴政必须抵制,因为它违反了神圣之法与自然之法。他们认为,统治者的任务就是维持正义,因此,暴君没有权利得到遵从。12世纪索尔兹伯里的约翰(John of Salisbury)最早对诛戮暴君提出了明确的辩护。他说,在好国王和暴君之间存在根本的区别,前者遵守法律,是其人民幸福的捍卫者,而后者的统治则仅仅凭借暴力。他的名言是:"篡夺宝剑者理应死于剑下。"("He who usurps the sword is worth to die by the

---

① http://www.terrorism.com/terrorism/bpart1.html.
② http://www.terrorism.com/terrorism/bpart1.html.
③ http://www.terrorism.com/terrorism/bpart1.html.

sword."在这里,"sword"亦有"权力"的意思。)①

生活于16~17世纪的西班牙耶稣会神学家和政治哲学家马里亚纳(Juan de Mariana)认为,国王的权力是建立在与人民的契约基础之上,如果国王违反了契约,就可以也应该撤换他,而且任何普通公民都可以杀死他,如果必要的话甚至可以毒死他。②

当代的恐怖主义者可能并不崇尚"自然法"和"契约论",但他们的反抗逻辑无疑与之有某种相似性或相关性。无论他们的手段多么极端,他们肯定都有一套为自己的行为进行辩护的哲学,而他们的勇气和动力,正是来自于这样的哲学。

近十几年来发展迅速的伊斯兰原教旨主义,在不同的国家有不同的表现,共同点都是以伊斯兰原旨教义为指导思想。它们对现代社会持根本的否定态度,宣称要以伊斯兰原旨教义规范现代社会,以《古兰经》和圣训作为立法的主要来源。其中的激进派别,主张进行暴力斗争。近年来在以色列连续制造自杀性爆炸事件的哈马斯运动,就是一个这样的激进组织。这个组织呼吁人们对犹太复国主义者进行圣战和建立伊斯兰国家。

20世纪70~80年代,发达资本主义国家的一些极"左"派组织,诸如日本的"赤旗军"、前西德的"红军"、意大利的"红色旅"、法国的"直接行动"等,其指导思想都是要打击资本主义。例如,1979年成立于法国的"直接运动",作为一个极"左"的恐怖主义组织,先后制造了80余起骇人听闻的恐怖事件。它的一个重要头目宣称:"在巴黎,我们将要以具体的实践行动,来清洗美帝国主义与西欧资本主义的腐化,再创另一个巴黎公社。"顾名思义,这个组织的宗旨就是要通过具体的行动对法国社会造成直接的影响。

拉丁美洲一些国家的游击队,诸如秘鲁的"光辉道路"等,则是要进行"武装革命"。

---

① George H. Sabine and Thomas L. Thorson, *A History of Political Theory*, Dryden Press, 1973, p. 235.
② Avishai Margalit, "The Terror Master," *The New York Review*, Sep. 7, 1995.

在恐怖主义的思想库中，可能有各种各样的"哲学"，诸如极端民族主义、原教旨主义、新法西斯主义或种族主义。宣传和灌输这些意识形态，是要鼓动起狂热的战斗精神，而这种精神正是恐怖分子最有力的武器。

以"泰米尔猛虎组织"为例，该组织近年来的活动有两大特点：一是其军队构成主要为年轻妇女和学生，年龄大多在16~22岁，最年轻者据说只有14岁；二是其战士视死如归，往往与攻击对象同归于尽。"泰米尔猛虎组织"的这种特点，一方面反映了斗争的残酷性，即许多年龄较大的泰米尔人都牺牲了，不得不把青少年送上战场；另一方面，这种情况也反映出狂热是泰米尔人最可怕的武器。泰米尔族的年轻人正是在狂热的状态下义无反顾地走上前线，前仆后继。

"泰米尔猛虎组织"的行为特点，反映了其独具特色的民族主义与英雄主义教育。许多泰米尔人从儿童时代起就被告知，自1948年斯里兰卡独立时起，占人口多数的僧伽罗佛教徒便歧视泰米尔人；在1956年、1958年和1959年的种族暴乱期间，数以百计的泰米尔人惨遭杀害；在20世纪70年代，军警在贾夫纳半岛拷打和杀害了许多泰米尔妇女和儿童。这种教育在他们的头脑中深深地埋下了种族仇恨的种子。在崇尚烈士的氛围的熏陶下，很多人长大后成了视死如归的战士。

四 恐怖主义与国际关系

恐怖主义作为国际政治中的一种极端的暴力现象，对国际关系有重要影响。美国"9·11"事件的影响已充分表明了这一点。这种影响的凸显，预示着国际社会将在今后面对着更为严峻的恐怖主义的挑战。

1. 恐怖主义对国际、国内政治进程的影响

恐怖主义组织采取恐怖行动，最根本的目的是要对政治进程施加影响，改变政治现状。它们的行为方式可分为两种：一种是通过滥杀无辜造成恐怖气氛，间接影响政治进程；另一种是通过打击既定目标，直接改变政治进程。犹太极端分子刺杀以色列前总理拉宾，目的就在于直接改变巴以和平进程，巴勒斯坦激进组织在以色列袭击公共目标，目的是通过制造恐怖气氛，间接地改变巴以和平进程。

恐怖主义施加影响的目标，可能是国内政治进程，也可能是国际政治进程。俄罗斯车臣分离主义分子搞恐怖活动，是要改变国内的政治进程，即从俄罗斯分离出去。伊斯兰激进组织袭击美国目标，则是要改变国际政治进程，迫使美国改变其中东政策。当然，有时国内政治进程与国际政治进程是相互关联的。例如，爱尔兰共和军所搞的恐怖主义活动，既是一个英国内政问题，又是一个关系到北爱地位以及英国与爱尔兰关系的国际政治问题。

就国际关系而言，恐怖主义的影响是不可低估的，有时这种影响甚至是决定性的。20世纪初，第一次世界大战的爆发，就起因于奥国皇储弗朗兹·斐迪南大公在萨拉热窝被刺。这起暗杀是由民族主义学生普林西普执行的，但整个行动却是由塞尔维亚战争部情报处精心组织和支持的。这一事件导致了奥匈帝国与塞尔维亚之间的战争，并进而导致了第一次世界大战的爆发。

20世纪80年代卡特竞选连任总统之所以败于里根，据认为未能解决伊朗人质危机是一个重要原因。

在20世纪90年代，哈马斯运动频繁进行的袭击以色列人的恐怖主义活动，对中东和平进程亦产生了很大的影响。据民意调查，1993年巴以签订《奥斯陆协议》之后，有61%的以色列人是支持该协议的，反对者只有31%。但是，在1995年1月发生炸死22名以色列军人的爆炸事件之后，支持协议者就下降到了35%。1995年2月的民意测验表明，52%的以色列人支持态度强硬的利库德集团的内塔尼亚胡，支持拉宾的只有38%。1995年11月，拉宾总理在和平集会上被犹太右翼分子刺杀之后，以色列国内支持和平进程的人曾大大增加，但1996年2~3月间哈马斯恐怖分子在以色列境内连续制造数起自杀性爆炸事件之后，支持和平进程的人又明显下降了。马加利特指出，几十人的哈马斯恐怖分子，也许可以决定未来谁将成为以色列的总理。也就是说，如果他们频繁地进行恐怖活动,以色列人民就可能支持对巴勒斯坦人持强硬态度的人,反之,则可能支持推进和平进程者。[①] 1996年以色列的大选就证实这一说法。强硬派领导人内塔尼亚胡之所以能击败佩雷斯上台执政,固然有多种原因,但哈马斯年初在以色列制造的多起恐怖事件无疑起了重大作用。

当然,对恐怖主义的影响也不能高估,因为从长远来看,恐怖活动是不可能从根本上改变历史进程的。

多伊奇在分析旨在消灭个人的传统恐怖主义的作用和影响时认为,通过刺杀政界要人改变历史进程的行为,其作用是极其有限的,原因在于人口众多的庞大组织有它们自己的巨大惯性。例如,1884年刺杀沙皇亚历山大二世的行为取得了成功,但结果只是沙皇亚历山大三世取而代之,专制独裁制度依然如故。美国总统肯尼迪、印度总理英迪拉·甘地遇刺后,其国家政策都没有改变。他还指出,19世纪70~90年代,在俄国、意大利、西班牙以及拉丁美洲一度活跃的以恐怖主义为手段的无政府主义组织,尽管在若干次轰动一时的暗杀行动中得手,但从未在任何一个国家夺得政权。[②]

不过,在分析恐怖主义的政治影响时,我们也必须注意这样的事实,即在一定的历史条件下,恐怖主义有可能成为触发突然事件的导火索。

1994年4月6日晚,卢旺达总统哈比亚利马纳和布隆迪总统恩塔里亚米拉乘坐的飞机在抵达卢旺达首都基加利机场上空时,突遭地面火力袭击而坠毁。机上两位总统、随行人员及机组成员全部遇难。这无疑是一起恐怖事件。

事件发生后,胡图族人组成的总统卫队乘乱绑架并杀害了女总理乌维林吉伊马纳和三名反对派部长。虽然临时政府很快就建立了,但已控制不了局势。属于图西族的卢旺达爱国阵线武装和属于胡图族的政府军之间发生了大规模武装冲突,随之发生了两

---

① Avishai Margalit, "The Terror Master," *The New York Review*, Sep. 7, 1995.
② 卡尔·多伊奇:《国际关系分析》,世界知识出版社,1992,第246页。

部族之间在全国范围的仇杀。在首都，占人口多数的胡图族民兵手持砍刀、棍棒和长矛，在政府军控制区追杀图西族人，有时一次就杀死上千人，其中包括许多儿童。在爱国阵线控制的地区，图西人则以牙还牙，大肆屠杀胡图人。在这场历时3个多月的大屠杀中，估计有50万人死亡，有400万人沦为难民。据联合国儿童基金会估计，这场战乱造成了25万儿童的死亡，使15万儿童变成孤儿。涌入邻国的难民，由于生活条件恶劣，卫生状况极差，造成瘟疫流行，又使得十多万人死于霍乱和痢疾。除了这些直接的后果之外，大屠杀无疑给两个部族造成了深深的仇恨心理。卢旺达所发生的这起恐怖事件，可以说在历史上造成了最惨重的后果。然而，时至今日，到底凶手是谁，仍是个谜。

美国"9·11"事件作为一次前所未有的特大恐怖袭击事件，其深刻影响无疑也将是史无前例的。尤其是对原本已处于疲软状态的美国经济，这次恐怖袭击事件很可能成为触发美国经济衰退的转折点。

2. 恐怖主义的发展趋势

面对当代的恐怖主义浪潮，特别是面对2001年"9·11"事件这样的惨烈悲剧，人们也许最关心的就是明天的情况会怎样，关心国际恐怖主义会有怎样的发展趋势。在这里，有这样三个方面是值得注意的。

①以宗教极端势力为背景的恐怖主义很可能出现较大的上升趋势，而这种恐怖主义的破坏性和杀伤性是不受制约的。

有研究表明，自冷战结束以来，以宗教极端势力为背景的恐怖主义无论是组织的数量还是活动的影响都在急剧上升。霍夫曼认为，在1968年之前，没有哪个国际恐怖主义集团带有宗教属性。从1979年开始（以伊朗伊斯兰革命为起点），现代宗教恐怖主义出现在国际政治舞台上。1980年，在总共64个恐怖组织中，只有2个是宗教恐怖集团。此后，这一比例就开始上升。1992年，在发动恐怖袭击的恐怖组织中，宗教恐怖集团约占1/4（11比48），到1994年达到1/3（16比49），到1995年达到将近1/2（26比56）。到1996年这一数字又有所下降，只占28%（13比46）。然而，尽管组织的数字下降了,但该年度最引人注目的 13 起恐怖袭击事件中,就有 10 起是这些组织所为。①

霍夫曼认为,从总体上来看,有宗教背景和动机的恐怖主义事件,通常更暴烈,造成的杀伤更大。② 例如,在 1995 年发生的恐怖事件中,虽然有宗教原因的事件只占 25%,但死亡在 8 人以上的恐怖事件都是"宗教"恐怖组织所为。事实上,1993 年纽约世贸中心爆炸案、1995 年的俄城爆炸案和东京地铁毒气案、1998 年的东非美国使馆被炸案,再加上这次"9·11"事件,都是有宗教动因的恐怖事件。这些事件的规模和对人员的伤害表明,"宗教"恐怖主义比世俗恐怖主义更有可能进行不受限制的杀戮。

"宗教"恐怖主义通常有不同于世俗恐怖主义的价值体系、合法性和正当性的机制以及道德观念。对"宗教"恐怖主义者来说,暴力是一种神圣的行为,是在履行神的旨意,因此不受任何政治、道德等方面的制约。显然,"宗教"恐怖主义唯一的合法性来源就是宗教。如果他们认为杀戮异端是神的命令,他们就会毫不犹豫地大开杀戒。在这一点上,可以说他们与世俗恐怖主义是不同的。世俗恐怖主义通常不愿意进行无限制的攻击,因为那不符合他们的政治目标。从他们的政治目标出发,他们希望更多的人去看而不是去死。所以,他们通常的杀戮尽管可能是任意的,但却是有限度的。然而,"宗教"恐怖主义却可能对敌人发动大规模的攻击,他们不仅认为这样做在道德上是对的,而且认为这样的行为对于实现其目标也是有利的。上述几起恐怖事件,特别是"9·11"事件之所以特别惨烈,原因就在这里。

再者,由于"宗教"恐怖主义并不谋求得到民众支持,而只求得到教派自身的支持与认可;不谋求改善目标体系,而是要摧毁目标体系,因此他们很可能并不张扬其宗旨与目标。近年来的

---

① Ian O. Lesser, Bruce Hoffman, John Arquilla, David Ronfeldt, Michele Zanini and Brian Michael Jenkins, *Countering the New Terrorism*, Rand, Washington D. C., 1999, p. 17.

② Ian Lesser, Bruce Hoffman, John Arquilla, David Ronfeldt, and Michele Zanini, *Countering the New Terrorism*, Rand, Washington D. C., 1999, pp. 17 – 19.

一系列重大恐怖爆炸事件，事后都没有人出来承担责任，可能就有这方面的原因。

"宗教"恐怖势力的上升，表明国际恐怖主义浪潮已进入了一个暴力日益增大、流血日益增多的阶段。恐怖袭击事件所造成的史无前例的伤亡情况，使得人们日益感到，恐怖主义使用大规模杀伤性武器的可能性是存在的。

②使用大规模杀伤性武器的"超级恐怖主义"，已成为当代国际社会面临的现实威胁。

在1990年之前，各种各样的恐怖主义组织不论采取怎样的形式和造成怎样的破坏，其手段都是传统的，所使用的武器都是常规的。分析家们大多认为恐怖主义使用大规模杀伤性武器的可能性是比较小的，把这种情况称为"危害很大但可能性很小的"恐怖主义。理由是：第一，发展这种武器比较复杂；第二，政治、道德考虑会起制约作用。然而，自从1995年日本奥姆真理教的极端分子在东京地铁施放沙林毒气后，一种新型的恐怖主义幽灵就出现了，这就是使用大规模杀伤性武器的恐怖主义。从2001年"9·11"事件的破坏性中我们也可以看出来，如果恐怖分子拥有大规模杀伤性武器，他们很可能会毫不犹豫地使用。

所谓大规模杀伤性武器（WMD—weapons of mass destruction），是指化学武器、生物武器、放射性武器或核武器等（简称CBRN）。由于使用这种武器的恐怖行为会造成极为严重的危害和后果，因此也被称作"超级恐怖主义"（super-terrorism）。按照有些学者的界定，"超级恐怖主义"是指应用CBRN武器，并使受伤害者达到10万人以上的恐怖主义。对于这样的恐怖分子，人们称之为"最终的恐怖主义者"（ultimate terrorist）是恰如其分的。[①] 毫无疑问，不可能有更具毁灭性的恐怖主义了，使用CBRN武器的恐怖主义确实是达于顶点了。与传统恐怖主义造成最大恐怖气氛的特点全然不同，这种超级恐怖主义谋求的是杀死尽可能多的人，达

---

① GAO, *Analysts Slam Super-Terrorism Response Plan*, Friday, May 12, 2000, www.speakout.com.

到最大的毁灭效应。

一些学者认为,当代的新恐怖主义者出于对特定国家、文化或种族的仇恨,与几十年前的传统恐怖主义者相比,对于使用大规模杀伤性武器更少犹豫。日本的奥姆真理教使用化学武器,已使5000多人受到伤害,如果恐怖分子使用生物或核武器,那么危害性就会更大。现在人们尤其担心生物恐怖主义(bioterrorism)。有一种说法,在高技术的实验室,用1美元的成本,微生物学家就可以制造出足以对1平方公里的人畜造成伤害的生物物质。因此,生物武器被认为是一种"穷人的武器"。① 有一种估计认为,如果用飞机把100公斤炭疽菌培养液洒在华盛顿的上空,就会造成100万人死亡。

核恐怖主义是与生物恐怖主义具有同等毁灭性的威胁。人们发现,自冷战结束以来,核武器和核裂变物质的走私和扩散的危险性大大增加了。这使人们有理由把对常规武器的担心升级为对核武器的恐惧。人们担心,一旦恐怖分子获得了核武器或是核材料,人类就将进入所谓的"超级恐怖活动时代"。在俄罗斯和欧洲的一些国家,已发现了一些核材料走私案件,这些现实印证了人们对核扩散危险的担心。近日有报道说,本·拉登已公开号召穆斯林用核武器进行圣战。

当然,对于这种新恐怖主义威胁,在"9·11"事件之前人们是存在不同的评估和看法的。有一些研究机构,特别是美国的研究机构(例如兰德公司研究恐怖主义的专门机构),对于这种有别于传统的新恐怖主义是极其重视的,高度评估了其危险性,认为美国在不远的将来很可能受到使用这种大规模杀伤性武器的恐怖分子的进攻,因此主张做好充分的准备。但也有不少学者认为,对所谓的"新恐怖主义",不应夸大其词,做过高的评估。例如,就生物恐怖主义而言,付诸实施就远非易事,一是生物武器的制造技术极其复杂,能掌握这种技术的人很少;二是制造生物武器,制造者本身所冒的风险甚至更大,在苏联时期,就发生过这样的

---

① "The Invisible Enemy," *The Economist*, Nov. 16th, 2000.

严重事故；三是在目前为止，所有的生物恐怖主义威胁，基本上都是恶作剧。①

当然，面对"9·11"事件之后出现的以炭疽邮件为形式的第二波恐怖袭击浪潮，人们显然必须重新评估这种新的危险。事实表明，生物恐怖主义已成为一种现实的威胁。这种威胁通过邮件就可以轻而易举地扩散到世界各地，可以到达任何重要的政府部门，并且可能以看不见的方式对任何人造成生命危害。要反对这种恐怖主义，人们必须开展新形式的斗争，必须有新的手段与新的观念。

③恐怖主义组织正日益形成一个全球的网络，这种网络没有权力的中心，而只有不同的节点。与这样的"网络恐怖主义"进行斗争，对各国将是更大的挑战。伴随着信息技术的发展与传播，国际恐怖主义也出现了新的形式。如果说以往的恐怖主义组织形式是分层和等级的结构，那么新形式的恐怖主义组织则是一种网络结构。在这种网络结构中，不再存在居于中心的"伟人"领导，取而代之的是漫散和分权式的组织体系。由于现代的信息传播不受国界限制，联系的渠道都是跨国的和全球的网络，因此非国家行为体成为最大的受益者。正是借助于这样的条件，恐怖主义的跨国网络也得到了大发展。

与传统的等级结构的恐怖主义相比，网络恐怖主义可能是更难对付的一种暴力模式。有学者认为，哥伦比亚的跨国毒品卡特尔之所以难以打败，阿尔及利亚原教旨主义的宗教复兴运动在政府的持续镇压下之所以能够坚持下来，主要原因就在于它们有一种网络式的结构。对一个复杂的网络来说，任何一个环节被破坏都不会影响其他环节的正常运转。

对于2001年"9·11"特大恐怖袭击事件，美国一方面认定本·拉登是幕后的主要策划和组织者，同时也清楚地知道它的敌人并不是一个单一的集团，而是一个可能散布在几十个国家、由数千人组成的恐怖主义网络。早在1999年，兰德公司出版的一本

---

① "The Invisible Enemy," *The Economist*, Nov. 16th, 2000.

研究报告就指出：尽管本·拉登资助在阿富汗的宗教极端分子，并且指挥一些行动，但他显然不能也没有控制一切。毋宁说他是在协调和支持若干分散的行动。他代表这一网络中的一个节点。采取任何行动压制他都不可能压制整个网络。没有本·拉登的介入、领导和资助，这个网络也能采取许多行动。杀死或抓住本·拉登，这个网络会受影响，但它仍然会继续运转。[1]

恐怖主义的网络化，使得反恐怖主义的斗争也发生了变化。网络战争（netwar）就是新形势下的一种冲突形式。1998年美国驻东非的两个大使馆被炸后，美国进行了导弹报复。这个事件被认为是这类战争的开始，即在一个主要大国和恐怖网络之间发生了"战争"。事实上，美国以导弹来对付网络敌人是不能奏效的。对付网络恐怖主义，最好的办法就是建立反恐怖的网络。而要建立全球的、完整的反对恐怖主义的网络，就必须建立一个反对恐怖主义的大联盟。显而易见，进行网络战争，采取军事行动是必不可少的，但开展多边外交也同样重要。

2001年"9·11"事件发生后，全球范围的反恐怖斗争已经展开。美国前总统肯尼迪说过，"人类必须消灭战争，否则战争将消灭人类"。面对今天的恐怖主义，我们也许应该说："人类必须消灭恐怖主义，否则恐怖主义将消灭人类。"毫无疑问，这是一场必须进行的斗争，而这场斗争将是长期的和艰苦的。问题在于，恐怖主义是看不见的敌人，任何场所都可能成为恐怖分子袭击的目标，任何社会空间都可能成为恐怖分子的藏身之所。一个国家即使以超过对方数百倍乃至数千倍的力量与之进行战斗，也未见得就能打赢这样一场"灰色战争"。

在当代，要战胜恐怖主义，就必须清除滋生恐怖主义的土壤。事实上，只要存在可能激发恐怖主义的国际冲突和国内冲突，就可能出现恐怖主义。只要相关的国家成为冲突的一方，就可能面对着恐怖主义的威胁。任何国家不管防范手段多么严密，都不可

---

[1] Ian Lesser, Bruce Hoffman, John Arquilla, David Ronfeldt, and Michele Zanini, *Countering the New Terrorism*, Rand, Washington D. C., 1999, p. 63.

能完全杜绝恐怖主义。只要成为恐怖主义的反对目标，就难免会遭受恐怖主义的攻击。

要清除恐怖主义滋生的土壤，建立切实有效的防范机制固然重要，但建立公正平等的国际秩序则更重要。实际上，只有实现了国家间、民族间、社会间的持久和平，实现了南方国家与北方国家共同的经济发展，才有可能从根本上消除恐怖主义对国际安全的威胁。

（中国社会科学院世界经济与政治研究所
研究员　李少军）

第二章
当代恐怖主义的类型

恐怖主义从行为者的性质来说可以分为两大类，即政府行为和非政府行为。当今世界大量存在、国际社会重点打击的属于非政府的恐怖主义行为。

政府恐怖行为也被称为国家恐怖主义，可以分为两类：一种是对内的恐怖主义；另一种是对外的恐怖主义。

一国政府以恐怖手段推行其国内政策、维持其对内统治，如20世纪30~40年代，希特勒在德国的法西斯统治。由于这是一种统治者用公开甚至是合法的方式对被统治者实施恐怖主义行为，有些机构和学者称之为国家恐怖主义（state terrorism），但为了与当今世界恐怖主义最主要的类型相区别，称其为恐怖统治更为贴切。有西方学者将20世纪70年代的阿根廷、智利、希腊和80年代的一些其他拉美国家政府，用暴力和恐吓进行国内统治的现象称为"恐怖"以区别于非国家体的"恐怖主义"。[1] 现在，用恐怖手段维持对内统治的现象已十分少见。

理论上讲，一国政府以恐怖手段对付另一国，属于国家恐怖主义。[2] 1996年8月，美国出台"达马托法"，制裁向伊朗、利比亚投资的外国公司，其理由就是这两个国家搞恐怖主义。在此之前，联合国认为苏丹政府应对刺杀埃及总统穆巴拉克的恐怖事件

---

[1] Bruce Hoffman, *Inside Terrorism*, Columbia University Press, 1998, p. 25.
[2] Benjamin Netanyahu, *Fighting Terrorism*, p. 52.

负责，并决定对之进行制裁。但是，国家恐怖主义是否存在值得商榷。首先，国家恐怖活动被称为"主义"就意味着政府在相对稳定地执行着一项用恐怖手段达到外交目的政策。在现实世界中，即使是阿富汗、苏丹这样与国际社会基本隔绝的国家，也不会宣称自己的外交政策是国际恐怖主义或者含有国际恐怖主义的内容；相反，无一例外地反对恐怖主义。其次，各种恐怖主义定义的共同点都将受害主体定位在无辜人群。迄今，还没有一国政府对其他国家的平民在和平时期实施恐怖行为的典型事例出现。再次，有些非政府恐怖主义组织乃至个人的恐怖活动极可能有外国政府的背景，如20世纪60~70年代发生在一些第三世界国家的、以暗杀手段试图推翻政府，以及联合国对苏丹政府的谴责等。但是，涉嫌国家政府都断然否认自己与这些恐怖行为有关。美国将苏丹、利比亚、朝鲜等7国称为"无赖国家"（rogue countries），有关恐怖行为是"国家支持的国际恐怖主义"（state - sponsored international terrorism），[①] 而非"国家恐怖主义"；一些国家认为，美国在恐怖主义问题上实行双重标准，其轰炸利比亚，袭击苏丹和阿富汗（1998年）的行为是国家恐怖主义；但是，多数其他国家官方并不持此观点，甚至完全相反，认为这是打击恐怖主义。因此，将国家恐怖主义分为一类后，在举证上是困难的。

  非政府恐怖主义主要是指集团或个人的行为。实际上，国际政治中的恐怖主义现象主要是指这样的非政府行为。从趋势上看，恐怖组织越来越松散化，甚至是无组织的个人出于共同的政治、宗教或社会原因，为进行某个具体的恐怖行动而形成的临时集体。非政府行为的恐怖主义大体上也可以分为两类，即国际恐怖活动和国内恐怖活动。国际恐怖活动是暴力或暴力威胁行为的跨越国界的输出，这种情况自20世纪70年代起，波及世界许多国家。国内恐怖活动是仅限于恐怖主义分子在本国疆界之内的恐怖行为。

[①] 兰德公司的有关报告：*First Annual Report to The President and The Congress of Advisory Panel to Assess Domestic Response Capabilities for Terrorism Involving Weapons of Mass Destruction.* 15th December 1999 （www.rand.org/organization/nsrd/terrpanel/）。

非政府组织和个人的恐怖活动作为恐怖主义的最主要存在方式，是极其复杂的。对其进行分类时主要依两种标准：一类是按照恐怖分子的行为方式和手段；另一类是依恐怖主义行为的动机和根源。前者将恐怖主义分为传统恐怖主义（谋杀、袭击军营、绑架、劫持飞机等）、超级恐怖主义（使用大规模杀伤性武器、生化武器以及类似"9·11"事件的行为）、网络恐怖主义、电磁恐怖主义[①]等。由于恐怖组织进行恐怖活动的手段日趋多样化和现代化，如此进行分类，人们会发现不同的类别会出现大量相同的组织。后一种分类法较为普遍，既易于研究不同恐怖主义产生的原因；也方便了解它们的发展变化过程。依这种分类方法，自冷战结束以来，比较活跃、影响比较大的有如下几类。

一　极端民族主义类型的恐怖主义

民族主义在近代民族国家形成后逐渐形成，在20世纪开始全面发展。需要说明的是，民族主义不是一个贬义词，也与恐怖主义没有直接联系，只有民族主义极端组织和个人才从事恐怖主义活动。种族主义的恐怖活动也不应归入本类别。种族主义通常是指社会中占统治地位的种族，对其他种族的歧视和压迫。国内外官方及学术界一般将持种族主义观点的极端组织和个人所进行的恐怖活动视为新法西斯或极右恐怖主义。

考察民族主义就需先理解什么是民族。客观上讲，民族是具有共同的种族、语言、宗教信仰、政治文化经历和生活地域的人群，但有相当一些民族缺少上述条件中的一项或几项，仍然是世界公认的民族；在主观上，这些人具有集体意识、独特情感作为其民族构成的内聚性因素。

民族主义是一个民族社会要求的产物，如政治要求、经济要

[①] 恐怖主义分子利用电磁脉冲发生器造成计算机、通信、供电等系统瘫痪，从而形成灾难性后果。中国现代国际关系研究所：《国际恐怖主义与反恐怖斗争》，时事出版社，2001，第30~32页。

求、文化要求、宗教要求等，但本质上民族主义是在政治要求驱使下的一种政治运动，运动的目的是为本民族谋求一个政治实体，要么建立独立国家，要么实现自治。民族主义是一个十分复杂的问题，在某些时间、地点和背景下，它是合理、进步的；而在其他一些情况下，它又是破坏和平与发展的力量。所以，必须具体情况具体分析。

分析绝大多数民族主义的政治追求，我们可以得出以下两点：①本民族的独立或高度自治；②本民族人民及生活地域并入境外同民族国家。但这种要求的现实性和可操作性是一个十分重要的问题。简单说，现在全世界大约有6000多个语言群体，2000多个民族，但得到联合国承认的民族国家仅有180多个。这就是说世界上的绝大多数民族没有也不可能全都有自己的单独国家。拿苏联来说，104个民族中有15个按照自己的意愿与俄罗斯达成协议实现了其民族主义政治目标，但还有89个未取得国家地位。这些民族的总人口为2560万，约占苏联总人口的10%，如果都要求独立，只能将俄罗斯引入持久战乱之中。旷日持久的车臣战争就是一个典型。民族主义可以建立国家，但同时也会强行分裂已有国家。

历史积怨造成的对其他民族的仇视、对独立或自治前景的向往，以及某些宗教背景，使得民族主义很容易激发非理性的、偏执的民族情绪。在用和平手段达到政治目的无望或难度很大的情况下，这种情绪就构成了各种从事恐怖主义行为的极端民族主义组织或分子的思想基础。波黑穆斯林领袖伊泽特贝戈维奇曾经说：如果我们要号召人民，用民主作为口号，至多只有几百名知识分子走出来；如果是为了民族的目的，那么会涌现出上万的人。[①]

从恐怖主义的历史与现实看，极端民族主义乃是恐怖主义最持久的根源之一。早在19世纪80~90年代，在衰落中的奥托曼—哈普斯堡王朝的东土耳其地区，就出现了以恐怖主义为斗争方式的亚美尼亚民族运动。该组织以不停顿地打击政府和军队设施的办法，力图引起国内外社会的关注、同情和支持。差不多同一时

---

① 李少军：《国际安全警示录》，金城出版社，1997，第251页。

期,"内马其顿革命组织"(IMRO)在现在的希腊、保加利亚和塞尔维亚地区也十分活跃,并成为一个以进行政治暗杀为主的组织。1914年6月28日,由知识分子和大中学生组成的"青年波斯尼亚"组织成员普林西普在萨拉热窝暗杀了哈普斯堡大公弗朗兹·斐迪南,该暗杀行为成为第一次世界大战爆发的导火索。

极端民族主义类型的恐怖活动虽然危害严重、分布广泛,但对于此类恐怖组织在认识上存在着分歧,一国的民族分裂活动,别国往往出自不同的目的把其与争取民族自决权相混淆。而对于由土地争端所引发的恐怖活动,当事国则常把它与反对入侵者相联系。还有些国家则或多或少地把别国内部的这种恐怖活动作为一张牌,长期加以利用。尤其是西方一些国家从本国利益出发,在国际反恐怖斗争中采取双重标准,更加阻碍了反恐怖斗争的合作。

当今世界上比较有影响的民族分离主义恐怖组织有:斯里兰卡"泰米尔猛虎组织"、"爱尔兰共和军"、西班牙"埃塔"和俄罗斯车臣的分离主义势力,等等。

这些组织的共同特点是:第一,往往都拥有一定的群众基础和强大的资金支持。无论是在斯里兰卡泰米尔人聚居区、英国北爱尔兰、西班牙巴斯克地区和俄罗斯车臣地区,恐怖主义组织都有相当的居民支持率,同时还有大量持矛盾心态的居民(既反对恐怖组织的一些破坏正常社会生活的做法,又对他们的目标和民族精神表示赞赏或同情)。第二,许多从事恐怖主义的极端民族主义组织得到了外国势力的支持。如俄罗斯车臣恐怖分子、南联盟境内的科索沃解放军、巴勒斯坦民族激进主义组织等都得到外国势力明里暗里,在活动资金、武器、训练基地、技术方面的支持或帮助。第三,不少从事恐怖活动的极端民族主义组织具有强烈的宗教色彩,或者说与宗教极端恐怖主义相互交织。对此本文另外涉及。第四,它们在恐怖攻击对象上经历了相同或类似的变化。由直接打击政治目标,如国家政治、军事领导人,转向打击经济目标和一般平民。除了后一种方式能够使统治集团在经济上蒙受损失和在社会上制造恐怖气氛,使政府受到来自经济界和一般民众的压力外，对前者的打击难度越来越大也是转变打击对象的原因之一。第五，由于此类组织数量众多、分布广泛，对国家安全、社会安定和经济发展造成的威胁和损失也是巨大的。

"泰米尔伊拉姆解放猛虎"组织是斯里兰卡的一个分离主义组织。1947年斯里兰卡独立后，占人口多数、信奉佛教的僧伽罗人独享统治权，信奉印度教的泰米尔人的不满情绪日益增长。"伊拉姆猛虎"是1976年从泰米尔联合解放阵线分裂出来的一个青年秘密组织，"伊拉姆"在泰米尔语中是"斯里兰卡"之意。该组织主张用武装暴力的手段达到在斯里兰卡东北两省成立泰米尔独立国的目的。它有坚强的战斗力，曾与5万印军打了两年游击战，2000年又与斯里兰卡政府军在大象关进行了激烈的阵地战。在国外它有广泛的组织网络，其主要基地在印度南部。该组织是靠暗杀起家的，组织严密，纪律严明，所使用的手段极其残暴，嗜杀成性。"猛虎"首领是凡鲁比拉·比拉巴卡伦，该组织的成员都宣誓效忠于他。他命令所有被捕的成员都要服氰化钾自杀。部下对他绝对服从，在该组织内形成一种秘密的个人崇拜。他若认为谁是"猛虎"事业的绊脚石，就不择手段地将其搬掉。该组织曾对僧伽罗人和穆斯林进行过血腥大屠杀。近年还谋杀了不少政界领导人，其中包括斯里兰卡国防国务部长拉扬·韦杰拉特纳和印度领导人拉·甘地。

"爱尔兰共和军"是一个准军事性质的极端激进组织，成立于1969年。作为新芬党的秘密武装组织，其目标是将北爱尔兰从英国分离出去，建立统一的爱尔兰共和国。该组织有三个派别：正统派、临时派和爱尔兰民族解放军。后两派更强调以恐怖手段达到统一爱尔兰的目的，常常采取联合行动。"爱尔兰共和军"在英国各地建立秘密据点，实行单线联系，每个据点有4~5人，实施狙击、暗杀、绑架、爆炸和抢劫银行、邮局等活动。该组织的恐怖活动主要是针对英国及其驻欧洲国家的军事基地，目标包括英国政府高级官员、英国驻北爱的军队、警察以及皇家准军事组织。爆炸活动多发生在火车站、地铁和商业区。爱尔兰共和军有着广泛的国际联系，不仅与西欧一些国家的恐怖组织关系密切，而且同非洲和亚洲某些国家的极端分子也有联系，同时，也参与国际上的一些恐怖活动。该组织招募的新成员往往被派到中东恐怖主义组织的营地受训。"爱尔兰共和军"受到爱尔兰裔美国人的支持，他们不断向该组织提供资金和武器。

"埃塔"是1959年从"巴斯克民族主义党"中分裂出来的武装组织，主张以武力谋求建立"巴斯克社会主义共和国"。成立之后，以法国南部的巴斯克地区为基地，用暴力手段反对佛朗哥独裁集团。20世纪70年代以后，组织内强硬派占据上风，"埃塔"成为一个完全的恐怖组织，走上了极端民族主义道路。此后，"埃塔"策划了近3000起恐怖事件，杀害900多人，致2000多人受伤，造成的经济损失超过15亿美元。"埃塔"有1万多人，积极参加恐怖活动的核心分子为数不多，只有300多人，组成20多个"突击队"。"埃塔"有完整的领导体系，领导权力主要集中于20多人的核心集团，称之为执行委员会，下设情报管理、边境管理、后勤系统、行动部门等多个部门。"埃塔"的领导系统实行"岗位补缺制"，如果某个领导成员被捕或死亡，其副手就自然顶替并行使领导权。

位于俄罗斯境内的车臣民族分裂分子的恐怖活动自20世纪90年代中期起规模不断扩大，震惊俄全国乃至全世界。该组织恐怖活动手段之一是绑架人质。仅1996年1月9日，600多名车臣非法武装人员潜入达吉斯坦自治共和国首府马哈奇卡拉西北方向某市的一所医院，扣留3000多名人质；16日，在土耳其东北部的特拉布宗港劫持准备驶往克里米亚的一艘客轮，将242名乘客和工作人员扣作人质；17日，一名恐怖分子在西西伯利亚劫持一辆载有28名当地石油工人的大轿车，并要求提供一架直升机飞往达吉斯坦俄军正在攻打的五一镇。手段之二是爆炸。1996年6月11日晚，一辆载有250多名乘客的地铁列车在隧道内发生爆炸，三节车厢被严重炸毁，导致4人死亡，12人受伤；7月11日凌晨，一辆无轨电车驶向市中心的普希金广场时发生爆炸，4人受伤；7月12日，另一辆电车被炸，28名乘客受伤；8月12日，一列车在伏尔加格勒附近被炸，1人死亡，8人受伤；8月20日，达吉斯坦共和国首都发生爆炸,该共和国财政部长和另外3人当场身亡,8人受伤;11月10日,莫斯科南部一墓地发生炸弹爆炸,参加悼念活动的150多人中有13人死亡,26人受伤;11月16日凌晨,达吉斯坦境内一居民楼被炸,共有67人遇难。手段之三是政治暗杀。1996年,在暗杀中受伤的有:车臣共和国副总理、国家杜马自民党议员团副主席、莫斯科市长竞选伙伴、俄罗斯国家体育基金会负责人等;被暗杀身亡的有:车臣共和国副总理的两名随从、6名国际红十字会医护人员、导弹设计师斯米尔诺夫、公共电视台驻塔吉克斯坦记者等。

  1994年,在非洲的卢旺达和布隆迪爆发的骇人听闻的大规模种族仇杀,也应被视为由极端民族主义情绪引发的恐怖主义行为。在卢旺达和布隆迪这两个中部非洲人口稠密的内陆小国,部族冲突由来已久。1世纪,游牧的图西族人来到这里,用武力建立了两个封建王国,统治早已在这里定居的占人口大多数的胡图人。1890年,卢旺达和布隆迪一起沦为德国殖民地,第一次世界大战前后又都成为比利时的"保护地"。在历史上,西方殖民者为了加强自己的统治,曾一再利用胡图人与图西人之间固有的部族矛盾,挑拨离间,以达到其"分而治之"的目的。1992年,卢旺达与布隆迪同时摆脱比利时的殖民统治而赢得独立,但部族之间的矛盾非但没有平息,反而愈演愈烈。多年来,两国国内的部族冲突不断,时局动荡,经济得不到长足发展;同时战争导致大批难民涌入周边国家,严重影响了地区和平与稳定。

  1994年4月6日,卢旺达和布隆迪两国的胡图族总统同机遭遇空难身亡,导致布隆迪政局激烈动荡,并触发了卢旺达历史上最大规模的种族清洗。在布隆迪,数万人在冲突中丧生,70万胡图族难民流落他乡,其中20万人来到扎伊尔东部地区。在卢旺达,100万图西人在这场种族大清洗中惨遭胡图人杀害,但流亡乌干达的图西族爱国阵线的难民武装最终赢得了战争。由于害怕上台执政后的图西族报复,近200万胡图族人沦为难民,其中110万人逃难到扎伊尔东部。

二　宗教极端主义发展而来的恐怖主义

许多已经消失和现存的恐怖主义组织都表现出很强的宗教意识，特别是其成员的宗教背景往往说明了组织的政治立场、价值观念乃至行动特征等。在民族主义运动中，以色列独立前的犹太恐怖主义组织、穆斯林主导的阿尔及利亚民族解放阵线（FLN）、天主教徒组成的爱尔兰共和军、斯里兰卡的泰米尔猛虎组织等都有深刻的宗教根源。但是，这些组织都是以世俗政治、社会和经济利益为出发点，追求的最主要目标是民族分离或民族独立。宗教极端主义的不同之处在于，宗教信仰高于一切，驱使它们从事恐怖活动的是精神而非世俗因素。

带有明显宗教狂热色彩的恐怖活动是当代世界危害最为严重的恐怖主义类型之一。宗教极端恐怖主义决不仅限于中东地区和伊斯兰教，世界上几个主要宗教内都有极端分子。

从历史上看，宗教极端型恐怖主义可以追溯到两千多年前，犹太教的狂热信徒以谋杀、大规模破坏等手段反抗罗马人的统治。宗教在这个世界上一出现，极端教派和个人就与恐怖主义结下不解之缘。英文单词"刺客"（assassin）源自1090～1272年穆斯林什叶派伊萨梅里（Ismaili）分支。该组织在占领抗击叙利亚地区基督教十字军的斗争中为刺客壮行的仪式叫"Assassin"。

基督教和伊斯兰教都曾经并正在为打着自己旗号的极端组织和个人所困扰。宗教极端型恐怖分子所追求的往往是超自然和来世的目的，把恐怖活动看成是神圣的职责与义务，"神"的精神和旨意使他们无节制的暴力恐怖行为得到了"合法化"的解释。刺杀以色列总理拉宾的犹太教极端分子伊噶尔·阿米尔曾说："我丝毫不后悔，因为我是奉上帝的命令行动的"。[①] 这些人往往将异教徒视为"神"的异己乃至敌对势力，并力图建立单一宗教国家。

20世纪中叶以前，西方国家的殖民统治者将基督教意识形态

[①] Bruce Hoffman, *Inside Terrorism*, Columbia University Press, 1998, p. 87.

带到世界各个角落,虽然遇到了一些东方宗教的抵抗,但出于宗教原因的恐怖主义还主要是小规模、地域性的。民族解放运动使亚非出现了大量新独立的伊斯兰国家,有些还是政教合一的神权国家。虽然宗教和恐怖主义之间有着历史渊源,在20世纪40多年的冷战时期,政治意识形态的对垒、两大阵营对中间地带的争夺以及民族独立和分离的呼声,掩盖了宗教意识形态方面的矛盾,宗教极端主义势力甚至被美国或苏联利用以达到自己的政治、军事目的。1980年,伊朗伊斯兰革命被某些美国学者认为是宗教极端恐怖主义泛滥的开端。但是,即使那一年,全球64个恐怖组织中仅有两个是宗教型的,民族极端主义类型的则占到一半。而到了1994年,49个国际恐怖主义组织中有1/3(16个)可被归纳为宗教极端主义类型。[1]

20世纪90年代冷战结束以后,冷战和社会主义与资本主义意识形态对立所抑制的宗教问题凸显出来。在冷战重灾区的中东、中亚,宗教极端恐怖主义在民族、领土、文化等因素的共同作用下迅速发展,并呈蔓延之势,矛头直指当今世界唯一超级大国美国及其盟友。宗教极端思潮的泛滥,一是反映了西方国家在历史上和现实国际关系中,在宗教、种族和政治问题上对落后国家的压迫与不公正;二是表现出少数人对宗教意识形态中"神"的话语的狂热和偏执,以及理想与现实巨大反差所导致的绝望、扭曲和变态。

宗教极端型恐怖活动之所以经常造成巨大伤亡,源自他们的内心精神世界与外在世俗现实之间在价值体系、道德概念、世界观等方面的巨大不同。他们认为在现实状态下,暴力是达到神的心愿所必需的,自己信奉的是唯一真神,信仰不同者是异己乃至敌人。因此,他们的目的比世俗恐怖分子更抽象。这从圣战一词本身就可看出。此外,世俗恐怖分子常常将其行为认作是改变一个基本可以接受的制度中的坏的部分或在其基础上发展出一个新的制度;而宗教极端恐怖分子则并不把自己看做这个体系中的一

---

[1] Bruce Hoffman, *Inside Terrorism*, Columbia University Press, 1998, pp. 90-91.

分子，这个体系本身一无是处。作为局外人，他们要彻底摧毁现存的邪恶制度。这就使他们恐怖活动的行动规模更大、手段更残忍、打击的目标更宽泛。

1. 伊斯兰原教旨主义极端组织的恐怖主义

目前，国际上最活跃、规模最大、影响最广泛的宗教极端恐怖主义是伊斯兰原教旨主义极端组织和个人所从事的恐怖活动。他们在伊斯兰世界内部要建立最"纯洁"的政教合一的神权国家；在国际上要进行"圣战"，铲除西方异教徒的"邪恶"势力对伊斯兰国家的威胁和渗透。

西方学者认为，伊朗革命在伊斯兰世界激起了一股新的对内回归古兰经正统教义、对外抗击西方特别是美国对中东地区的渗透的运动。穆斯林什叶派中的一些人认为，为使先知穆罕默德转世，只有真正执行伊斯兰法才能使伊斯兰世界获得合法性。为此目的，暴力和强制不仅是允许的，有些时候还是必须的。1980年3月，伊朗宗教领袖霍梅尼在伊斯兰革命后第二年的伊朗新年集会上宣称："我们必须向全世界输出我们的革命，必须摈弃不这样做的想法。因为，不仅伊斯兰不承认伊斯兰国家间的区别，这也是所有受压迫人民的共同事业。我们必须排除艰难险阻向大国和超级大国清楚地表明我们的立场，向它们示威。"①

现实世界秩序对伊斯兰法的背离以及必须进行深远变革的思想，清楚地表现在一些穆斯林什叶派神学家的著作中。"今天的世界来源于他人的塑造"，阿亚图拉·B. 奥萨德（Ayatollah Baqer al-Sadr）写道："我们有两个选择：或者顺从——伊斯兰的灭亡；或者摧毁它——按照伊斯兰的要求重建。"1992年被以色列直升机射杀的黎巴嫩抵抗组织前领导人侯赛因·穆萨维说："我们的斗争不是让敌人承认我们或给予我们什么；我们的目的是彻底消灭敌人。"② 试图在阿尔及利亚建立伊斯兰共和国的武装伊斯兰组织

---

① Imam Khomeini, *Islam and Revolution* (trans. Hamid Algar), London: KPI, 1981, pp. 286 – 287.

② Quoted in Amir Taheri, *Holy Terror*, *The Inside Story of Islamic Terrorism*, London: Sphere, 1987, pp. 7 – 8.

(GIA）领导人安塔尔·祖布利（Antar Zouabri）就表示，在他们反对非法的阿尔及利亚世俗政府的斗争中，不可能有对话或休战。他认为，神的话语是不可改变的：神自己从不进行谈判或讨论。若是在为神圣使命——建立真正的伊斯兰国家——奋斗过程中，有无辜被杀害，也只能这样。巴勒斯坦恐怖组织哈马斯在盟约（Hamas Covenant）第七条中阐述："直到与犹太人战斗、消灭他们，救赎的日子才会来临；直到犹太人藏到石头和树木后面，才会出现那个召唤：'哦，穆斯林，这里有一个藏着的犹太人，过来，杀死他'。"哈马斯也是按照这个纲领去做的，仅1994年4月至1997年7月，就有150多人死于哈马斯和伊斯兰吉哈德（另一巴勒斯坦极端组织）的自杀性攻击。

伊斯兰原教旨主义极端组织和个人拒绝伊斯兰教义以外的所有规则，认为在加速伊斯兰化的过程中，暴力是必要的手段。他们视死如归，认为牺牲生命是舍生取义、通向与真主安拉同在美丽天堂的光明大道。因此，自杀式暴力活动在他们当中尤为盛行，有不少人还是来自受过高等教育、家境富裕的人群。2001年"9·11"事件发生后，美国脑资源自由研究中心研究员、邪教团体（Moonies）前领导人之一史蒂夫·哈桑（Steve Hassan）评论说："除了这些自杀暴力攻击行为者原有的极端宗教倾向外，他们在进入组织后也受到有关心理训练，包括独居、催眠、食物控制、强化憎恶感等。他们躺在墓穴中的棺材里读古兰经，并被告知一旦离开现世，他们的英雄行为将会在天堂得到表彰。"一个伊斯兰极端组织领导人在接受采访中清楚地表明自杀性攻击是弱者对付强者的唯一方法："我们缺乏敌人手中的武器。我们没有飞机或导弹，甚至没有大炮来打击邪恶。以最小的损失毁灭对方的有效办法就是这种行动——殉道。通过此种行动，烈士赢得了进入天堂的权力，从现世的苦难中得到解放。"[①]

从分布上看，中东、中亚、南亚、东南亚、高加索、巴尔干等地区近年都爆发了由伊斯兰极端势力引发的冲突和恐怖事件。

[①] Bruce Hoffman, *Inside Terrorism*, Columbia University Press, 1998, p. 99.

同时，全球各地穆斯林与基督徒之间的矛盾冲突也愈演愈烈。东南亚地区的宗教问题更呈加剧之势，有可能成为世界宗教冲突新的多发热点地区。

2. 犹太教极端分子的恐怖主义

与伊斯兰宗教极端恐怖组织一样，犹太教极端分子也在自己的教义中寻找暴力合法的证据，对"敌人"进行恐怖活动。犹太教极端分子的恐怖组织始于20世纪80年代初期，许多恐怖组织成员的信念来自犹太教传道人科汉（Rabbi Meir Kahane）[①]的理论。纽约人科汉是许多犹太教书籍的作者和一些报纸的专栏作家。他在布道中宣扬对阿拉伯人的仇恨，同时鼓励犹太人的攻击和战斗精神。他在1971年移居以色列后成立了自己的以色列政党——义务警察组织（现为非法）。他力图改变犹太人的受害者形象，宣称犹太人要永不停息地与美国国内反犹势力和以色列内外嗜血成性的阿拉伯人作斗争。他认为其他民族不喜欢犹太人，我们必须奋起自卫才能防止历史悲剧重演。1980年，科汉公开要求以色列政府成立旨在消灭阿拉伯人并把他们从领土上赶出去的官方恐怖组织，因为根据犹太法典，驱逐阿拉伯人是获得最终救赎的最重要条件。

1983年，当一个犹太教学校的学生被暗杀后，由科汉的追随者组成的一个极端组织"信仰集团"在获得他们的宗教领导同意后，在中午放学时对一所穆斯林学校的学生进行扫射。造成3人死亡，33人受伤。他们还准备在犹太人都不上街的安息日同时对5辆公共汽车实施爆炸，只是在行动发起的最后一刻，以色列警方破获了该组织。调查发现，他们一直在策划摧毁与犹太教圣地在同一地点的伊斯兰教第三大圣殿，以便在该地重建第三犹太教堂，迎接弥赛亚（犹太人所期待的救世主）的归来。他们相信，通过自己的努力，神的救赎会加速到来。更可怕的是，他们的深层动机是要通过摧毁伊斯兰圣殿，引起以色列与伊斯兰世界的大战；

[①] 科汉1990年11月在纽约被暗杀。凶手名叫El Sayyid A. Nosair，是1993年纽约世贸中心爆炸案以及随后爆炸连接纽约和新泽西的桥梁隧道未遂案的策划人之一。

当四面八方愤怒至极的伊斯兰国家围攻以色列时,政府除了动用核武库外别无选择。他们期待的结果是以色列用核武器消灭所有阿拉伯敌人,在世界上建立一个全新的"以色列王国"——君权神授、政教合一的国家。

10年后,两起由犹太教牧师首肯的,以弥赛亚救赎为宗教目的的恐怖行动更是轰动世界。1994年2月25日,这一天是伊斯兰教斋月的安息日,也是犹太教的普林节[纪念公元前5世纪独自在波斯打败哈曼人解救自己同胞的犹太人末底改(Mordecai)]。为了成为当代末底改,生于美国的犹太教极端分子、科汉的追随者巴鲁·格登斯坦(Baruch Goldstein)博士进入坐落在耶路撒冷的犹太教和伊斯兰教共同圣地的亚伯拉汗清真寺,用美制M-16自动步枪向正在做礼拜的伊斯兰教徒发射了119发子弹,打死29人,打伤150人;他自己也随即被愤怒的人群乱拳打死。而恐怖分子格登斯坦的坟墓现被一些与其持相同观点的极端分子视为圣地,昼夜看护。另一起事件是1995年极端分子阿米尔(Amir)暗杀以色列总理拉宾。事后,阿米尔说:"像任何出卖民族和国家的人一样,他(拉宾)必须被处死","或许刺杀是我一个人干的,但扣动扳机的并不是我一个人的手指,而是两千年来梦想建设这样一个国家并为之流血牺牲的全民族的手指。"[1] 然而,拉宾遇刺所引发的全国性反极端势力的情绪尚未平息,1997年,一名持宗教极端观点的拉比(犹太教神职人员)又在约旦河西岸定居区号召对哈马斯的自杀性恐怖活动以牙还牙。他鼓励犹太同胞"为上帝牺牲自我","志愿进行这种攻击的人将被称为英雄和烈士"。[2]

3. 美国极右恐怖主义的宗教极端背景

1995年4月19日上午9点,美国俄克拉荷马市联邦政府大楼被炸毁,168人死亡,400多人受伤。虽然美国调查人员首先把重点嫌犯指向伊斯兰极端分子,后来找到的真正元凶却是美国白人

---

[1] Christopher Walker, *Rabin Killer - Trained by Shin Bet*, The Times (London), 21 November 1995.

[2] Marie Colvin, *Rabbi Calls for Suicide Bombings*, Sunday Times (London), 13 April 1997.

蒂默西·麦克维。爆炸案引起人们对美国国内极右势力的关注。美国国内的极右势力一般都反政府、反犹太人和其他非白种人,它是一种政治、社会现象,同时也有宗教背景。麦克维就是受到一本被称为"基督教爱国者"的"圣经"——《特纳日记》(*Turner Diaries*)的影响而铤而走险的。据统计,在美国社会中有80%的人口信奉宗教,其中又有80%的人信基督教。在众多的教会和派别中,有一些持极端观点的个人和组织,这一类人被统称为"基督教爱国者"(Christian Patriots)。这些极端组织的领导人通常都是牧师或教士,他们在布道和出版物中谴责政府允许"上帝赐予的国度成为人种混杂的污秽之地"。宣扬"神的经文要求我们建立一个全新的白人国家"。①

美国的基督教极端组织将雅利安人种以外的民族称为魔鬼"撒旦"的后代,哈米吉多顿(圣经中世界末日善恶决战的战场)就要到来。所以,除了白人至上的种族主义情绪外,他们相信通过自己的活动可以加速救赎日和弥赛亚的到来,从而使这个世界进入一千年的基督徒时代,然后耶稣基督将重返地球。

美国极右势力的宗教背景还表现在一个名为"非尼哈神父"(Phineas Priesthood)的军事基督教爱国者组织的活动中。这个名字源自《圣经》旧约(民数记第25节)所讲述的一个故事:一个名叫非尼哈的神父处死了一个与犹太情人心利通奸的米甸(Midianite)妇女哥斯比(Zimri)。"非尼哈神父"组织自称其使命是在地球上执行"上帝的法典":禁止不同种族间的通婚、同性恋和堕胎。1994年,一名基督教原教旨主义传道士,保罗·黑尔在佛罗里达州枪杀了一名妇科诊所医生及其保镖。在《我们是否应当用武力保卫出生和尚未出生的孩子们?》一书中,黑尔也引用了圣经中非尼哈的故事,指出有必要惩罚违反神的法典的堕胎、同性恋和其他亵渎神明的行为。

在当代世界,宗教极端恐怖主义已经是各国和国际社会和平

---

① Roy B. Masker, *An All White Nation? - Why not?* Aryan Nations, Calling Our Nation, No. 53, p. 23.

与安全的大敌。但是，在谴责和打击宗教主义极端分子的恐怖活动中要十分慎重，避免伤害大批信徒的宗教情感和引起新的文化冲突。联合国秘书长安南2001年9月30日说："全世界都必须认识到，所有国际社会有着共同的敌人，但同时也应理解，敌人的概念不是，从来不是，以一个宗教或某一个国家来划定的。"安南指出："任何人民、任何地区、任何宗教都不应因为某些人的恶行而被列为打击目标。"应当通过联合国协调打击恐怖主义、实施罪犯的引渡并将其送交法庭审判。安南反对会累及平民的专断报复行为。他说："通过此类行为加深社会团体之间或其内部的分裂只会助长恐怖分子的气焰。"

三 邪教恐怖主义

邪教在当今诸多大型辞书中尚未有此条目。追本溯源，在不同历史时期与条件下，邪教有着不同的含义。在今天，对于邪教，我们可以下这样一个定义：邪教，即披着宗教外衣专门从事反人类、反社会、反宗教活动的一种极端组织。

研究人员指出，目前全球被各种邪教迷惑者可能逾亿，"教主"常以预言世界末日为控制信徒的武器，救世主也纷纷登场，利用世纪大劫谎言骗财骗色。邪教也被人指为无形毒品。邪教组织一般组织比较严密，经费大多比较宽裕，各地邪教教主一年骗财数以十亿美元计。

邪教多由四种社会环境衍生：一是经济进步而竞争压力较大；二是新兴经济起飞社会，传统价值观受到冲击；三是社会长期贫困，人民生活没有任何保障；四是时逢灾变，民不聊生。例如1918年流行性感冒肆虐欧美，百姓束手无策，近2000万人死亡，人们乞灵于鬼神驱魔，数以百计的邪教应运而生；非洲是邪教的温床，这与生活穷困和自然灾变多有关。20世纪60年代末期以来，几乎每年都有多个国家闹饥荒。1982～1984年发生特大旱灾，由东非到非洲南部，遍及35个国家，半数非洲人受灾，数百万人死于饥饿或营养不良。有些地方半年未见一滴雨，邪教便应运而生，增添了更多人类悲剧，数以百计的小孩惨变邪教求雨祭品。

纵观世界上的邪教，具有以下基本特征。

欺骗性：邪教组织总是竭力打着真诚、友爱、互助、善良、济世救民的招牌，诱使人们加入其组织；邪教组织还利用人们对宗教一知半解和人们对社会上一些存在的问题的迷茫失落的心态，大肆宣扬"世界末日论"，声称只有加入他们的组织，才能躲过这一劫难，才能使灵魂升入天堂。全球自称为"教主"的骗徒有数千之多，他们把自己塑造成为一个"神人"或先知转世，能掌握宇宙之秘，知过去与未来，有能力改变命运。例如法轮功的创办者李洪志，标榜自己是佛祖释迦牟尼转世，自欺欺人。单在东南亚就有逾百人自称佛祖转世，借以骗财。柬埔寨曾发生自称佛祖转世者被人揭穿假面目，活生生被受骗者打死。另外，非洲一年总有数百人因"教主"身份败露，死于非命。

严密性：邪教组织一般都拥有一个严密的组织系统。这种组织系统有点类似黑社会组织。一旦"身入江湖"就会"身不由己"。纵观世上十大宗教，其组织与成员结构往往是松散的、流动的，且基本上都奉行来去自由的政策。而为了达到思想上控制，精神上奴役的目的，几乎所有的邪教组织都有一套完整的，近乎军事化的管理体系。大小头目逐层控制，一旦下级有疑虑、不满或反抗，则必斥之为异端，必遭到严厉的制裁甚至处死。以"人民圣殿教"为例，当时集体自杀后传有第二代教主，亦传有叛教者逃脱，1980年2月，叛教者米尔夫妇和10多岁的女儿，在旧金山市的家中被杀，凶手留下字条，指出叛教下场就是"血"，更扬言要杀干政要。

残暴性：邪教组织近乎疯狂的残暴性集中体现在残害无数人命这一点上。他们不仅杀害自己的信徒，而且还杀害不少组织外的无辜生灵。除此而外，还有散布各种谣言，制造死亡恐怖场面，给人们心灵上蒙上一层可怕的阴影。邪教组织的残暴性表现为：以杀人（胁迫自杀或他杀）为起点，最终走上自我毁灭的道路。1969年8月，好莱坞一间豪宅发生淫邪献祭活动，举行"血的弥撒"，影星莎朗蒂及另4人惨变祭品；1978年11月，"人民圣殿教吉姆·琼斯"教",在圭亚那丛林举行集体升天仪式,913人服毒自杀;1993年,得克萨斯州大卫教派教主劳厄尔,2月起领导信徒与警方和联邦调查局人员对峙,到5月1日克林顿批准总攻,爆发大战,"圣殿"在大战中燃起大火,80多人死亡;1997年3月,"天堂之门"教主阿普尔怀特和38名信徒集体自杀。

反宗教性:宗教的多元文化观的特点决定了宗教在人性论、人生观等方面有其进步与积极的一面。如世上几乎所有的宗教都强调"热爱和平,珍惜生命,人人平等,行善积德"等。在对待人类生命这个问题上,基督教认为自杀是一种罪恶;佛教认为生老病死自有天意,要顺其自然……伊斯兰教认为生命属于真主安拉,只有真主才有权收回,邪教组织却反其道而行之,以残害无辜生命为己任,成为一个仇视人类社会,残害人类生命的怪物,邪教组织在毁灭他人的同时也毁灭了自己。

邪教是一种充满暴力与恐怖的组织,通常教主并不公开地在演讲"经文"中号召进行暴力活动,但他们往往是进行心理暗示。其暴力活动在内部主要表现为怂恿教徒自杀。1978年1月18日,"人民圣殿教"中294名不满8岁的孩子被强迫喝下有毒果汁饮料。1987年8月,韩国一邪教的32名信徒喝下有毒药水后被人割破喉咙而死。1986年,日本7名"真理之友教"成员在海岸为死去的邪教教会精神领袖自焚。1994年10月,邪教"太阳圣殿教"教主儒雷·迪蒙布洛,由于警方调查出其聚敛信徒大量资财而感到大难临头,鼓噪信徒一起纵火烧身,致使瑞士、加拿大等地的53名教徒在火海中命丧西天。乌干达"恢复上帝十诫运动"邪教组织所在的非洲是邪教温床。530多名教徒,在2000年3月17日所谓"圣母玛丽亚显灵"的这一天,相互往身上泼洒汽油,点火自焚,其中包括78名儿童。2001年1月23日,中国"法轮功"邪教组织成员在北京天安门广场的自焚事件也都属于此类暴力活动。

从20世纪80年代开始,美国、日本和世界其他地方的邪教组织开始超越上述内向型暴力活动,转而采用大规模杀伤性武器对社会其他无辜人员构成威胁,进而成为国际反恐怖运动的重要打击对象之一。1984年,在美国俄勒冈州小镇达尔斯,一神秘的印第安苦行僧邪教为使组织地方选举结果有利于自己（该教派还收集了93辆罗尔—罗伊斯高级轿车）在当地水库和沙拉餐厅施放鼠伤寒沙门氏菌，造成751人感染疾病。阴谋虽然没得逞，但该组织能够成功地培养和传播细菌，意味着他们可在人口稠密地区采取同样行动。

1995年3月20日，日本奥姆真理教在东京地铁站施放沙林毒气，造成11人死亡，5000多人受伤，这是邪教组织攻击无辜人群并造成大规模伤亡的历史性事件。传统的恐怖主义分子和派别，无论是19世纪俄罗斯革命党人还是中东的阿拉伯"自由战士"，使用的都是两种同样的武器：枪支和炸弹。邪教恐怖主义分子使用沙林毒气所造成的大面积伤害，标志着恐怖手段的变革。

奥姆真理教的创始人麻原彰晃生于1955年，家境贫寒，患先天性白内障，弱视严重。盲校毕业后获针灸师资格。20世纪80年代初，麻原在一次喜马拉雅山之行之后自称"先知"，说上帝拣选他领导"神的军旅"。此后，他又意外地在山边静思时与一长者对话。长者告诉他善恶大决战即将开始，只有神选民族才能存活，这一民族的领袖将在日本产生。麻原认为这个领袖就是自己，随即将自己的原名松本智津夫改为麻原彰晃。他鼓吹修炼"奥姆真理教"可开发人体蕴藏的特异功能，进行"空中浮游"，进入世界最高层次。神已经指示他开启圣经约翰启示录，制订救济计划，行使本世纪"最后的救世主"职责。[1]

在招募了10个信徒之后，麻原在东京开设了第一个奥姆教办公室。当时在全日本约有183000个邪教组织，迷信超自然力量的风气甚浓。奥姆真理教独特的转世预言结合了佛教和印度教的某些内容，的确吸引了某些厌倦了现世紧张生活的青年知识分子。在不到10年的时间里，在日本，奥姆真理教拥有24个分支机构，10000余名成员；在海外，美国、澳大利亚、斯里兰卡等6个国家设有分部，仅俄罗斯就有2万~3万个信徒。该邪教吸收一批科学

---

[1] David E. Kaplan and Andrew Marshall, *The Cult at the End of the World: The Incredible Story of Aum*, London: Hutchinson, 1996, pp. 7–12.

技术人才开发制造化学武器,并在其购买的 MI-117 直升机上安装了泼洒生化毒剂的装置。1995 年,日本警方和自卫队防化部队出动 2500 余人,对奥姆真理教设在东京都以及静冈县、山梨县的多处道场和设施进行了突击搜查。警方查出多达 40 个品种的化学原料,从存储量来看,其制造的沙林足以杀死 420 万人。

邪教恐怖主义的出现给新世纪反恐怖运动提出了新的课题。首先,传统恐怖主义都有比较明确的政治、社会、经济或意识形态目标,尽管这些目标是极端的或者是狂热的,但仍然可以想象和理解。而邪教恐怖主义在理念上就给反恐怖机构的防范带来困难,其目标的非具体性和思维的非现实性让常人难以把握。其次,邪教组织的行为常常飘忽不定、难以预测。国家安全、情报部门包括学术研究机构对处于宗教或个人信仰与邪教边缘的组织难以把握,一些国家对某些原本温和的类似组织突然间崇尚暴力和滥杀无辜感到困惑。再次,传统打击恐怖活动的手段和政策,如政治上的让步、经济上的调整、司法上的赦免等,对于邪教恐怖组织来说效力有限甚至根本无用。各国有关机构应加强对邪教现象的研究,建立主流社会与非主流社会的沟通渠道,消除边缘人群的危机感和遁世倾向。另外,世纪之交是邪教恐怖活动的高发期。千禧年是绝大多数邪教头目危言耸听的灾变之年,应防止他们面对"预言"失灵而铤而走险。

四 极右恐怖主义

当代极右恐怖主义出现于 20 世纪 60 年代,它是极端种族主义或极端白人至上主义的当代版本。种族极端主义的恐怖活动可以追溯到美国内战之后的"三 K 党"(Ku Klux Klan)。该组织最早成立于 1867 年,成员主要是南军的一些退伍军人。他们代表南方白人庄园主的利益,以威胁和暴力手段反对联邦政府按照宪法重建南方各州政府。他们的暴力威胁成功地保持了南方各州政府和法律法规中白人至上的特点。

20 世纪 50 年代末 60 年代初,西欧和北美经历了一场劳动阶层争取人权的运动。随着以美国黑人为代表的西方国家被压迫民族和人民要求政治、社会平等权利的斗争走向高潮，种族主义的恐怖活动也开始升温。由于此时这些白人至上主义者的恐怖打击对象已经不仅仅是犹太人和有色人种，还包括了支持社会政治变革的政府机关和领导人，他们的行为也被称为反革命恐怖主义或者极右恐怖主义。

极右恐怖主义的核心就是反对社会变革。他们认为社会的变化对他们的生活方式和价值观构成威胁，反抗这种威胁的手段就是暴力和威胁使用暴力。但是，在美国，虽然以"三K党"为代表的极右恐怖主义与100年前一样，得到某些南方农场主和小城镇居民的支持，但因受到全国城市中产阶级、知识分子的反对而声名狼藉。在加拿大，一批自称"自由之子"的俄罗斯移民后裔顽固地坚持宗教保守观念，反对物质主义、政府规章和公共教育。20世纪60年代初期，他们向政府建筑物和商业目标发动了120余次恐怖袭击。在60年代的欧洲，德国的"新纳粹"、意大利的"新法西斯"组织进入人们视野，但缺乏公众支持的社会边缘地位使他们开始采取一些恐怖主义手段来发泄对二战后政治安排的不满而引起社会的注意。

20世纪80~90年代，出现了一场世界范围的移民潮，大批发展中国家的移民进入北美、欧洲和大洋洲。在此背景下，以种族主义或宗教极端主义为核心意识形态的极右势力在上述发达地区迅速发展，恐怖主义活动也有所升级。苏联解体后，这一现象向东欧和俄罗斯蔓延。

在欧洲，极右恐怖主义活动的策动者有的是无组织的新法西斯分子；有的是松散的团伙，如"光头帮"、"摩托帮"等；也有些是以组织形式出现的，如德国的"霍夫曼军体小组"、"日耳曼民盟"等。他们大肆进行攻击外国移民的恐怖暴力行动，捣毁非白人开的商店、饭馆，纵火、杀人、用私刑虐待移民与避难者。1997年德国宪法保卫局公布的数据显示，全德有96个极右组织，成员高达4万人，其中从事暴力活动的有6400人。而德国一资深议员则说，德国从事恐怖暴力的极右分子达9000名。欧洲大大小小的极右恐怖组织不仅常常制造爆炸、纵火、攻击外来移民等恐怖活动,而且还以音乐会、宣传小册子等各种手段,大肆宣扬极端种族主义。

20世纪90年代后,西欧各国的极右政党与新法西斯组织相互勾结,如英国极右政党"国民党"与"光头帮"的合作,"国民党"策划和指挥"光头帮"进行种族恐怖活动。过去各自为政的新法西斯组织也互相协调行动。如德国众多的各种新法西斯组织于1993年10月派出500名代表在西部一个城市举行联席会议;西欧各国的新法西斯组织和美国种族主义组织"三K党"、"创世纪教会"等加强联络。这种联合的趋势有可能使过去那种无组织和孤立的暴力活动转向有组织、有计划、系列性地攻击政府目标和少数民族,制造恐怖气氛和社会动荡的恐怖活动。与此同时,某些国家的极右势力政党十分活跃,在大选与地方选举中的得票率不断增加了。如奥地利"自由党"在1990年大选后,占国会183个席位的33席,在地方选举中得票率增加了两倍,达到18%。

20世纪80年代以后,以前并未引起社会关注的基督教白人至上主义分子和"爱国者"民兵组织为代表的美国的极右势力发展迅速,恐怖活动危害日益严重。他们对美国政府的移民、税收和贸易政策极为不满,认为美国将被外国移民"占领",扬言要废除联邦政府,建立各地高度自治的新美国。

据估计,在全美有超过800个民兵组织,人数约5万人。这800个组织中,大部分属于"清谈"民兵或"二线"民兵,其成员主要反对政府关于枪支管理的立法,没有明显的暴力倾向;一小部分属于"行进"民兵或"前线"民兵,他们致力于暴力活动,倡导革命、种族主义和反犹太精神。其成员可能在1万人左右。俄克拉荷马爆炸事件之后首先曝光的是蒙大拿民兵组织(MOM)。该组织的口号是:"枪支管制就是人民管制。"[1] 其成员要接受游击战训练,反对美国政府任何剥夺他们拥有枪支的企图和政府所制造的社会"混乱"。随后,联邦调查局逮捕了12名亚利桑那"毒蛇"

---

[1] David Harrison, *Jackboot Stamp of the New Right*, Observer, London, 23 May 1995.

民兵组织成员。据调查，该组织过去两年里一直在策划爆炸7个设在凤凰城的联邦政府目标，他们对这些目标的细节了如指掌。他们已经收集了1900磅可用于制造炸药的原料。警方逮捕了3名"自由民兵"组织成员，控告他们准备用暗杀高级官员和攻击亚特兰大奥运会的方式"对政府开战"。

美国极右民兵组织并不是简单地反对政府的某项政策法令、某个政党或某一级政府，他们的行为和意识是由政治、社会、种族、宗教等多方面原因形成的。这些组织实际上已经成为美国更大范围的"基督教爱国者"运动的一部分。美国研究恐怖主义问题的学者霍夫曼对这一运动的主张做了如下总结：

①对县以上任何一级政府都怀有敌意；
②犹太人和其他非白种人都是撒旦的后代；
③致力于完成美国宗教和人种的净化；
④相信犹太人有控制政府、媒体和银行系统的阴谋；
⑤支持推翻爱国者和民兵组织所不齿的（被支持犹太复国主义的人占领的）美国政府。①

五 其他类型的恐怖主义

1. 极"左"型恐怖主义

20世纪60年代，国际局势动荡不安、两大阵营严重对峙，资本主义国家内部阶级矛盾、社会矛盾突出，在一些国家和地区相继出现激进的极"左"组织。它们对当时的社会政治制度极度不满，试图通过爆炸、绑架、暗杀等冒险恐怖活动改变社会政治进程，直至夺取政权。其中，联邦德国的"红军派"、意大利的"红色旅"、日本的"赤军"和秘鲁的"光辉道路"曾在20世纪七八十年代十分活跃，制造了不少震惊世界的恐怖活动。

"红军派"成立于1968年，曾经是德国最著名的恐怖组织。该组织的奋斗目标是消灭帝国主义，维护被压迫民族和人民的利

---

① Bruce Hoffman, *Inside Terrorism*, Columbia University Press, 1998, p.111.

益。其主要打击目标是北约、美国、德国等的军事、政府设施和领导人；其成员包括20名核心骨干和200名积极分子，其中近一半是女性。他们中许多人曾在中东穆斯林极端组织训练营地受过恐怖活动训练，擅长暗杀和爆炸。仅在20世纪80年代，被"红军派"暗杀的要人就有：德国顾主协会主席施莱尔、军火大王齐默尔曼、西门子公司董事长贝库尔茨、外交部政治司司长布劳恩、德意志银行董事长赫尔豪森等。此外据警方缴获的材料，包括德国总理在内的145人都是暗杀对象。

"红色旅"是由柯乔、卡戈等人于1969年成立的意大利极"左"激进组织。20世纪80年代曾拥有约500名成员。其宗旨是破坏意大利国家政权，建立工人阶级的国家机器。"红色旅"与德国的"红军派"的恐怖手段和目标相类似，主要从事绑架、暗杀和爆炸活动。其最著名的恐怖行动就是1978年3月绑架意大利前总理阿尔多·莫罗，要求政府释放关押在狱中的"红色旅"头目，但遭到政府拒绝后，他们杀害了莫罗。

日本的"赤军"成立于20世纪60年代末70年代初。该组织的宗旨是建立共产主义的日本，支持全球的无产阶级革命。"赤军"在70年代初就遭到日本政府的严厉打击，国内生存困难。于是，他们与巴勒斯坦反以组织建立了联系，主要资金来源也是中东国家，总部设在黎巴嫩的贝卡谷地，活动基本上在日本以外。1970年3月，他们劫持日本航空公司一架飞往朝鲜的飞机；1972年5月在以色列机场制造恐怖活动造成近百人伤亡；1977年9月，在印度劫持一架飞往东京的飞机，迫使日本政府释放了关押在狱中的5名"赤军"分子；1988年，奥平纯三等人在意大利那不勒斯美军基地引爆汽车炸弹，当场炸死5人。

"光辉道路"是拉美最大的游击队和恐怖主义组织，成立于20世纪60年代。秘鲁中部山区是其根据地，人员曾达到两万多，资金来源主要是向毒品的种植和销售环节征税。随着力量的不断壮大，其暴力活动从农村转到城市，并不断升级，对秘鲁政府构成重大威胁。1992年9月秘鲁政府成功抓获"光辉道路"首领古斯曼和其他高层人员，组织受到严重打击。

极"左"恐怖活动是典型的政治和意识形态恐怖主义。它兴起于20世纪60~70年代世界民族解放运动和国际共产主义运动的大潮中，是西方国家国内各种矛盾和外部两大阵营政治对立的产物和反映。从90年代开始，世界各国的极"左"恐怖势力陆续走向低迷甚至消亡。德国的"红军派"头目已经宣布停止活动，虽然个别人仍然打着该旗号，但已经没有多大影响。意大利"红色旅"的多数成员承认斗争失败。日本的"赤军"虽然有迹象要将其总部转到拉美国家，但在各国警方的联合打击下，已经多年来一直是勉强维持，其人员更是老化严重。回顾历史，极"左"恐怖主义的衰落也是内外因素共同作用的结果。

第一，恐怖活动从根本上讲是非人道、非理性和破坏社会正常生活的，民众看不到目标的美好，但却看得到其手段的丑恶。极"左"恐怖主义分子尽管口号诱人，但终会失去其赖以生存的社会基础。例如，联邦德国民众对"红军派"的创始人巴德尔和迈因霍夫的暗杀绑架等行为日益厌恶，对政府围剿"红军派"表示支持，使"红军派"的恐怖行动举步维艰。1976年，二人双双被捕，又相继自杀身亡。同样，长期的暴力恐怖活动也会使组织内部产生疑惑和分歧，规模只能不断缩小。早在20世纪60年代末期，美国极"左"组织的许多人就开始探索以非暴力方式从事革命事业，一些没有放弃暴力手段的组织也尽量避免伤及人员。后来发生的几件事情使革命恐怖活动走向终结。1970年3月6日，"天气地下组织"的三名成员在组装他们的第一枚炸弹时死于意外。随后，数学家罗勃特·法斯钠兹博士由于碰巧在与美军有联系的一数学研究中心加班，被一极端分子放置的炸弹误杀。这两件事情使相当数量的左派激进分子远离恐怖行为。1973年，美国最后的极"左"恐怖组织"共生解放军"（SLA）在奥克兰谋杀了一名与警方合作建立身份证识别系统的学校管理人员。1974年，在与警方的枪战中，该组织6名成员被击毙。"共生解放军"的行为遭到举国上下一致遣责，很快走向解体。

第二，20世纪70年代，在以美国为首的西方经历了一场价值观的变迁——"集体目标"转为"个人利益"。在1968年大选中，美国公众通过选举共和党人尼克松表明了他们对豪言壮语、社会动荡和暴力变革的反思。① 随后的几年,美国人更加重视个人利益。在那个被称为"以我为中心的十年"里,人们反对社会巨变以及那些提出极端要求或提倡使用暴力的左派组织。

第三,西方国家相应调整自己的内外政策会使公众失去对极"左"恐怖主义的兴趣。政府的政策向同情或支持恐怖组织的社会阶层倾斜,这种政策调整破坏了极"左"恐怖组织生存的政治基础,同时社会极少数的恐怖组织也看到他们的某些要求得到满足的可能性,从而重新审视自己恐怖主义的做法。1973年1月,美国在巴黎与越南各方签署《关于在越南结束战争、恢复和平的协定》为美国撤军铺平了道路,使激进反战组织不复存在,其他反战积极分子则转而致力于民主党内部的改革和总统候选人的提名工作。说明政府对外政策的调整也可以化解激进恐怖主义。

第四,打击、遏制和分化恐怖组织取得了成效。在上述三点取得成效的同时,搜捕恐怖分子、进行反恐怖立法、加强反恐怖力量等,使遏制以政治诉求为主的极"左"恐怖组织就比较容易。1979年和1983年意大利两次修改法律,对恐怖分子的法律制裁采取更灵活的方法,有利于恐怖分子自动退出恐怖组织,从而进一步在组织上和士气上瓦解了"红色旅"。

第五,苏联、东欧国家内部政治制度的剧变和整个阵营的解体是极"左"恐怖主义在20世纪90年代进一步销声匿迹的外部原因。

2. 黑社会型恐怖主义

这是国际犯罪集团搞的恐怖主义,诸如国际贩毒集团、意大利黑手党等。他们进行恐怖活动的目的是,为了保持既得利益阻挠当局对其违法行为进行的打击。意大利黑手党已经存在100多年,1982~1985年,仅在西西里一地就谋杀9名国家机关高级人员,其中包括一名将军。1990年5月地方选举时,在勒左的卡拉

---

① Walter Reich (ed), *Origins of Terrorism*, Washington D. C., Woodrow Wilson Center Press, 1998, p. 97.

布里亚市区内有6名候选人被害。据估计,该市90%的经济活动掌握在黑手党罪犯手中。

在哥伦比亚,"毒品恐怖主义"也很猖獗,该国有组织的犯罪活动大多涉及两大贩毒集团——麦德林和卡利贩毒集团。由于哥伦比亚政府20世纪80年代末与美国政府合作,大力惩治毒品贩卖以及与此相联系的暴力犯罪,这些贩毒组织便针锋相对地制造了一系列恐怖袭击事件,气焰十分嚣张。但由于各国政府的联合打击,这一趋势在90年代后期有所减缓。

3. 其他在某些发达资本主义国家新兴的影响较小的恐怖主义派别

如基于维护动物权利等目标而发动恐怖活动的组织。英国动物解放阵线(ALF)在美国的追随者与结盟团体——地球解放阵线,已经声称对近几年在美国发生的几宗攻击案负有责任。ALF的发言人罗宾·韦伯还对新闻媒体说"人们必须使用暴力反抗,必须超越法律,为那些无法为自己而战的物种追求正义"。

(中国社会科学院世界经济与政治研究所

副研究员 王鸣鸣)

第三章
南北分裂与恐怖主义

首先要指出，不管恐怖主义有多少种定义，不管人们对不同形式的恐怖主义持有何种立场，现时主流媒体所谈论的恐怖主义，主要指造成2001年"9·11"袭击事件那样的暴力现象，即一些非政府或面目不明的组织、群体甚至个人，用非常规战争手段实施杀伤和破坏，攻击目标不分军用和民用设施、军人和平民，常常主要伤害无辜百姓的暴力行为。

但是，以上这类行为显然不是恐怖主义的唯一内容，因为利用暴力手段伤害平民并不是现在所说的恐怖分子的专利。例如，在许多研究和文献中，使用武力、暴力和具有政治性被看做恐怖主义的两个基本特征。[①] 按照这个说法，恐怖主义与战争之间就很难画出一条清晰界线，因为不使用武力、不造成伤亡就不能称之为战争，而战争的政治性更是不言而喻。战争就是专门的暴力过程，是运用暴力手段解决非暴力手段无法解决的问题，是政治斗争的继续和特殊形式。在这个意义上，恐怖主义与战争的共同之处明显大于它们的差别。虽然恐怖主义肯定不都采取战争的形式，但战争不可避免地都带有恐怖色彩，可以说是战争形式的恐怖主义。事实上，就手段的残暴、对平民的伤害以及所造成的生命财产损失来说，迄今为止，以国家名义进行的侵略战争是任何其他形式的暴力活动都无法比拟的。帝国主义发动的两场摧残人

---

① 胡联合：《当代世界恐怖主义与对策》，东方出版社，2001。

类文明的世界大战,以及二战后美国带头进行的一系列战争,从侵略朝鲜、越南,到海湾战争和轰炸科索沃,无不导致平民死伤无数,生灵涂炭,造成了巨大人道主义灾难和社会、环境灾难,理所当然地应被看做国家恐怖主义行为,称为霸权恐怖主义亦不为过。

为了给战争和其他形式的国家恐怖主义开脱,美国官方把合法与否作为界定恐怖主义的依据。例如,美国联邦调查局给出如下定义:"恐怖主义是对人和财产非法使用武力或暴力,吓阻或迫使政府、平民或他们中的任何一部分,来实现政治或社会目标。"[①]这显然是一个"只许州官放火、不许百姓点灯",或"成者为王、败者为寇"的政治定义,没有多少科学性可言。这样的定义虽然与学理无关,却能很好地为美国的现实政治需要服务。"9·11"事件之后,美国把反对恐怖主义拿过来,变成了它的新的道义制高点,在国际上以恐怖主义画线,通过把别的国家联合到反恐打击中证明自己的领导地位,在又打又拉、排除异己的同时使美国霸权进一步合法化。与此同时,反对恐怖主义正在成为西方用来要挟其他国家和民众、整合资产阶级统治的意识形态工具。

恐怖主义涉及错综复杂的政治问题,而在反恐斗争的正义旗帜下可能掩藏着更大的非正义。目前,美国正在以打击恐怖主义为名,对阿富汗进行狂轰滥炸,宣称要消灭恐怖分子和铲除恐怖组织。战争结局难以预料。但可以有把握地说,即使美国达到了摧毁和消灭阿富汗境内恐怖组织的目标,它也绝无可能赢得反恐斗争的最终胜利。原因在于,当今世界上存在着滋生恐怖主义的深厚土壤。依靠国家恐怖主义手段、采取以暴易暴无法从根本上消除产生恐怖主义的土壤。

近年来,针对西方国家(目前主要是美国)的暴力袭击时有发生,从美国海外代表机构和驻军遭袭,到发生在美国本土的前

---

① 原文:Terrorism is the unlawful use of force or violence against persons or property to intimidate or coerce a government, the civilian population, or any segment thereof, in furtherance of political or social objectives。

所未有的恐怖袭击，呈现逐步升级的趋势。西方根本看不上眼的一些国外群体采取极端暴力手段，对一个超级大国的生命、财产和社会心理造成如此重创，而习惯于欺凌弱小国家的西方发达国家本身遭受国际恐怖主义灾难，这在近代史上是少见的。这些现象是否传达了某种新的信息？是否昭示了社会发展的某些重要变化？在目前，很少有人能够完全参透其中的意义。但是，可以说，国际恐怖主义与世界秩序有关，而造成当前不平等、不公正世界秩序的基础就是南北分裂。

以下讨论围绕"9·11"事件那样的国际恐怖主义进行分析，没有更多涉及国家合法暴力或霸权暴力等其他形式的恐怖主义。

一 全球化中的南北分裂

到目前为止，2001年"9·11"恐怖袭击事件仍然是一个没有完全解开的谜，没有人承认自己是肇事者，也没人站出来解释策划组织这个行动的动机。要了解所有细节也许是不可能的。这并不妨碍我们做出一些基本判断。与劫持人质或者暗杀等恐怖活动不同，这个恐怖袭击一不为财，二不为实现某个具体要求，三不留谈判、妥协余地。恐怖行为的真正策划者可能抱有不为外人所知的目标，但就这个行动造成的客观影响来看，这类事件更像一种以极端残暴的形式传达的仇恨，肇事者同归于尽的决绝表达了矛盾的不可调和已经达到势不两立的程度。

这类恐怖袭击的特点是攻击美国的标志性设施和建筑，从美国官方驻外机构和军事机构，到资本主义经济和军事象征的纽约世贸大厦和五角大楼。无论直接策划者的具体动机是什么，攻击者与被攻击对象同处一个世界却又处于对立之中，这一点是清楚的。不管具体目标是什么，这种仇恨折射出一些社会群体对现存秩序的极度不满，其根源离不开当代资本主义世界体系的内在结构，离不开这个世界结构最突出后果即南北分裂。

南北分裂不是一个新鲜话题。如果把世界经济看成一个整体，那么，它从一开始就建立在一个等级结构之上，这个结构以发达国家为核心，其他国家处于核心的外围和边缘，核心与其他地区的分别，大致相当于通常所说的世界北方和南方，或西方与其他国家。南北之间的关系是不平等、不对称的相互依赖关系，北方的发达和富裕、南方的不发达和贫穷长期共存，以至于作为一个整体的世界经济从来都以南北分裂为基本特征。今天，如果说有什么不同，那就是，随着全球化进程的发展，南北财富差距越来越大，南北分裂日趋严重，而缩小差距的前景更加渺茫。自然，南北收入差距并不直接导致国际恐怖活动，但它为这些活动得以扎根和滋生提供了条件。

1. 南北差距日益扩大

20世纪，世界经济增长速度和财富积累规模都达到了前所未有的水平。[①] 与此同时，由于经济增长的收益分配极不平等，南北收入差距也达到了一个前所未有的历史高度。

直到16世纪，南北在财富和收入上并不存在很大差别，按今天的价格计算，大多国家的人均国内产值都在每年500美元上下。到1800年，西方上升到1000美元，1900年又上升到2000～3000美元，而世界其他国家，即现在所说的发展中国家，仍然停滞在500美元。如果说生产力迅速增长是20世纪最大成就，那么，未能缩小南北差距就是这个世纪最大的耻辱。在进入21世纪的时候，按购买力平价计算，发达国家人均国内产值达到27000美元，而发展中国家平均还不到4000美元，其中撒哈拉以南非洲地区仅为1600美元。

从其他角度进行的比较反映了同样的趋势。1870年，美国和英国这两个最富有国家的人均收入大约相当于当时最贫穷国家的9倍。到20世纪末，美国人均收入已经是乍得或埃塞俄比亚的45倍。从全球来看，1870年，17个最富裕国家的人均收入平均是其他国家的2.4倍，到20世纪末上升到4.5倍。今天，20个最富国家的人均收入相当于20个最贫穷国家的37倍，这个差距在过去40年里翻了一番。

---

① 贺力平：《经济增长——席卷全球的20世纪进程》，四川人民出版社，2000。

大约3/4的世界总人口生活在发展中国家,但他们只拥有1/7的世界财富。[1] 难怪许多人得出结论:北方国家在牺牲南方国家的基础上保持它们的经济领先地位。联合国开发计划署的一个报告指出,发展中国家和发达国家之间财富占有差距继续扩大,从1960年到1994年,发展中国家,尤其是中东欧前社会主义国家的份额缩小,而西方发达工业国的份额增加。

第二次世界大战以来,尽管发展中国家普遍大力推行工业化和现代化,世界上却只有东亚和东南亚少数几个国家和经济实体减小或消除了与北方的差距。从20世纪50~60年代,苏联和拉美国家与发达国家的差距曾经一度缩小,但它们的进口替代模式在20世纪80~90年代崩溃。这样,到20世纪末,发达国家与其他国家的收入差距进一步扩大,从整体上说,西方发达国家的收入比发展中国家高7倍,而发展中国家的大部分人口比一个普通的西方人至少穷20倍(见表1)。

表1 1960~1994年全球财富分配

单位:%

时间\类别	工业国	发展中国家	前苏联—东欧地区
1960	67.3	19.8	12.9
1970	72.2	17.1	10.7
1980	70.7	20.6	8.7
1989	76.3	20.6	3.1
1994	78.7	18.0	3.3

资料来源:UNDP data base. From Paul Streeten, "Globalization: Theat or Salvation?" in A. S. Bhalla ed. *Globalization, Growth and Marginalization*, London MacMillan, 1998, p. 24。

由于各国国内都存在程度不等的收入分配不平等,生活在穷国的人并不都是穷人,生活在富国的人也并不都是富人。那么,世界人口的贫富差距是否与南北地区或国家之间的变化趋势不同?

---

[1] Francis Adams and Satya Dev Gupta, 1997, "Introduction", in S. D. Gupta ed., *The Political Economy of Globalization*, Boston: Kluwer Academic Publishers, p. 3.

第三章 南北分裂与恐怖主义

最近，世界银行一份关于全球收入结构的研究表明，① 目前，在世界全部人口中，穷国人口占76%，中等收入（即人均收入界于巴西和意大利之间）国家的人口占8%，富国人口为16%。运用同样的收入标准和计算方法，打破国别界限，把全球人口作为一个整体来看，报告得出了这样的结论：在世界总人口中，穷人占78%，中等收入者占11%，富人占11%。这个研究还发现，世界人口收入不平等的主要来源是国别收入不平等，世界上富国、穷国和中等收入国家之间的收入差距对整个世界贫富不均的解释力高达70%。

根据这个研究，缺少中等收入国家或"中产阶级"是当前世界收入分配的一个显著特征。因此，世界收入分配的结构并不像一个金字塔，因为它底部虽然很粗，中部和上部都非常细小，而按照国别来看中部甚至比顶部还要细小。报告认为，造成这一结果的原因首先在于世界范围收入分配极不平等已经达到如此高度，以至于作为一个整体，世界收入不平等程度超过任何一个国家内部，比收入最不平等的南非和巴西还要高。作为一个整体的世界基尼系数达到0.66，远远超过社会安定和动乱之间的警戒线。在基尼系数达到这个水平的时候，它所表明的是贫富两极分化，从理论上讲根本不可能出现一个"中产阶级"。②

很多人，甚至一些政府和国际组织都认识到，贫富分化、南北分裂是现存国际经济秩序中最持久和最令人不安的特征之一。但迄今为止，所有的努力不仅未能扭转这一局面，甚至没能使之有所改善，而实际上情况在越变越糟。过去的30年间，在世界总收入中，占世界人口20%的最富的人口所占的份额从70%上升到85%，而20%最穷人口所占的份额从2.3%下降到1.4%。

这样巨大的收入差距鸿沟是很难逾越的。当然，发展中国家并不缺乏跻身于世界富人行列的少数精英分子，他们的"成功"

---

① Branko Milanovic and Shlomo Yitzhaki, *Decomposing World Income Distribution: Does the World Have a Middle Class?* Working Paper No. 2562, World Bank, February 26, 2001.
② 基尼系数为0.66还意味着这种情况：全球总人口中的2/3没有任何收入，世界总收入只在其余1/3人口中平均分配。

虽然不断制造出"叫花子也能当皇上"的幻觉,对处于贫困中的庞大社会群体根本不具有普遍意义。长期存在的南北鸿沟使越来越多的人认识到,在他们有生之年,无论如何拼命努力,都永远不能享有富国民众那样的机会。设想一下,如果生活水平差距在2~3倍,人们也许还能忍受,还会相信有机会"赶上",而差距达到20~30倍的时候,希望更容易转化为绝望。不幸的是,世界上生存于底层的人口极其庞大,缺乏被认为具有缓冲作用的中间阶层,这使得西方富国和世界富人越来越像是一个财富孤岛,为一个远为广袤的贫穷汪洋所包围。南北之间巨大并日益增加的收入差距正是产生疏离、不满和紧张关系的底层土壤。

2. 富裕中的剥夺,增长中的排斥

经过20世纪经济迅速增长,全球物质财富大幅度增加,人类生存条件的改善比历史上任何一个时期都显著。就绝对财富来说,现时世界之富裕,足以使地球上每个人都过上衣食无虑的体面生活,但这种情况并没有发生。

在全球财富空前增加、许多国家空前富裕的同时,全球人口中还有28亿人每天靠不足2美元为生,他们几乎占全球人口的一半。在这部分人口中间,12亿人实际上每天只靠不足1美元艰难度日。全球的贫困现象越来越引人注意,以至于反贫困不仅成为广泛讨论的国际话题,更变成许多国家的政府的政策措施,政府、非政府组织和许多人为此进行了多年不懈努力。这些努力取得了一些成绩,全球绝对贫困人口的数量下降了。但消除贫困的进展在各地区很不一样,贫困人口有升有降。实际上,反贫困的最大进步发生在东亚地区,尤其是在中国。在东亚,每天靠1美元为生的人口从1987年的4.2亿人下降到1998年的2.8亿人。但在撒哈拉以南非洲、南非和拉丁美洲,穷人的数量持续上升。在东欧和中亚向市场经济转型的国家,贫困人口增加了20倍。

财富的空前涌流和大量人口的贫困潦倒形成鲜明对照,"富裕世界中的贫困"[①] 愈加触目惊心。在进入新千年的时候,世界147

---

① World Bank, *World Development Report 2000/2001*, New York: Oxford University Press.

个国家的首脑聚会联合国,于 2000 年 9 月发表了联合国千年宣言,各国政府向世界人民作出了消除贫困的承诺。基于以往的历史经验,人们有理由怀疑,如果世界经济仍然在现行框架中运转,这个承诺能否最终变成现实。不过,这么多国家政府共同签署这样一个宣言表明,全球贫困问题这个顽疾已经到了不能视而不见、无动于衷的地步了。

富裕中的贫困与贫困中生存条件的非人化同步发展。贫困中的儿童生来就被剥夺了健康成长的权利,对他们来说,现实生活与人类"生而平等"的理想相距何其遥远。在高收入国家,100 个儿童中只有不到 1 个在 5 岁以前死亡,穷国儿童死亡的数字为富国的 5 倍。在富裕国家,5 岁以下儿童中只有不到 5% 营养不良,穷国中多达 50% 的儿童没有足够的食物充饥。[1] 世界上还有 12 亿人口得不到安全饮用水,29 亿人没有基本卫生条件,每天有 5 万人(大多是儿童和妇女)死于与贫困相关和能够避免的原因,超过 1000 万名 5 岁以下儿童将在 2001 年死去,而占全球 1/3 的人类死亡即大约每年 1800 万人,仍然死于与贫困相关的原因。贫困人口在教育、生育保健、疾病等一系列方面的悲惨景况已经为人所共知,任何世界社会发展指标都能提供大量数据。

全球经济增长与全球严重贫困问题表明,不仅世界人口没有平等分享增长的成果,而且,大量人口根本就被排斥在财富增长之外,他们的发展权、生存权、受教育和接受医疗的权利等种种人类基本权利都遭到不同程度的剥夺。参与生产力发展并分享利益的只是一部分人,而获得最大利益的只是少数人。世界上至少有 1500 万人失业,9 亿人"就业不足"。这些人,有的尽管长时间做苦工,却得不到充分的收入,有的由于根本没有工作机会而陷入贫困。据估计,大约只有 1/4 或至多 1/3 的世界人口是当代科技社会发展的受益者,其他绝大多数人被抛到一边。

现存世界经济运行机制本身具有把大量人口排除在外的功能,

---

[1] World Bank, *World Development Report 2000/2001*, New York: Oxford University Press.

其中包括西方国家有意识地不断运用国际游戏规则来维持南北差距。过去15年间，国际贸易谈判中有许多这样的事例。例如，西方富国在全球贸易谈判中成功地坚持了继续对本国市场实行进口保护，根据联合国贸发会估计，如果不是这样，穷国每年可以多出口7000亿美元。[1] 这些多出来的出口可能对发展中国家经济增长、就业、工资和税收发挥相当大的推动作用，发展中国家儿童死亡的数量就可能因此减少，贫困人口的生活也可能因此得到改善。西方国家虽然到处倡导贸易自由，为了本国农场主和纺织业主的利益，却坚持对自己的市场进行保护，坚决拒绝廉价进口。西方富国这类反自由贸易举措所导致的儿童额外死亡人数，很可能大大超过一些战争，可能至少比西方国家自认为通过人道干预和发展援助所拯救的所有生命的数字要大得多。与发展中国家每年失去的潜在出口收入相比，所有经合组织国家提供的发展援助每年不过只有560亿美元，而其中只有8.3%是用来满足基本需要的。[2]

3. 全球化凸显南北鸿沟

全球化拉近了世界各国的距离。如果说，富国民众仍然能够对别处存在贫困感到事不关己或自我庆幸，那么，对富裕生活的"近距离"观察却使那些生活在第三世界和贫困中的人口更加感受自身生存条件的恶劣和悲惨，感受到世界的不公。

当然，贫富差距在各国国内都存在，不需要通过国际比较就能显现出来。在大多数西方国家，最富的10%家庭的平均收入相当于最穷的10%家庭的10~20倍。在许多发展中国家内部，收入分配甚至更不平等。然而，如果把世界作为一个整体或者划分成较大的地理区域，例如把美洲划分为北美和南美，把地中海分为欧洲部分、非洲部分和亚洲部分，那么，按同样标准计算，贫富

---

[1] UNCTAD, Sept. 1, 1999, *Industrial Countries Must Work Harder for Development if Globalization is to Deliver on Its Promises. Balances in the Trading System Stymie Growth Prospects in the Developing Countries*, 见 www.unctad.org/en/press/pr2816en.htm。

[2] United Nations Development Program, *Human Development Report 2000*, p. 79.

差距就会上升到50~100倍。全球化通过加速信息、资本、商品以及人员的跨国流动,使全球范围的收入鸿沟前所未有地凸显出来,例如,一个国家内部15倍的收入差别,在一个新的全球村则表现为100倍的差别。

全球化也把西方国家在世界经济中的地位和作用更加清楚地展现在世人面前。尽管西方国家在全球化过程中敛聚了巨大财富,但这并不妨碍它们继续利用各种可能的条件追求更大财富,对减少世界贫困始终缺乏兴趣。冷战结束后,西方政府多次重新制定世界经济的规则,这些规则对全球穷人更加不利。与此同时,西方富国大大降低了它们对发展中国家的官方发展援助,在不到10年的时间里,官方发展援助从占全部国内生产总值的0.34%下降到0.24%,而根据一些测算,西方国家由于冷战结束额外获得了相当于它们国内生产总值1.9%的和平红利。

在全球贫困和全球化之间建立直接因果关系不是一件容易的事,但是,发达国家无疑对发展中国家经济产生重要影响,进而影响到那里的贫困和世界收入分配,尤其在许多最贫困国家和人口中,这种影响所造成的差别经常是生死问题。发达国家经济、政策甚至时尚变化,都能通过对发展中国家出口、旅游收入和就业的影响,轻易改变大量人口的生活条件,挽救生命或导致更多的人因贫困而死亡,包括儿童。诚然,跨国公司的扩张在发展中国家创造了一些就业机会,但这些工作中存在大量血汗劳动,工人在完全没有劳动保护的条件下从事危害健康的工作,制造西方需要的各种消费和娱乐产品。在一个全球化时代,非人道的血汗工作与一个如此富裕的西方社会处于同一条因果链条上,甚至对于普通人,把两者连在一起也并不需要任何想象力。

发展中国家许多人的不满情绪,常常由于他们在西方国家行为中看到的不公正、对他们苦难的漠视,以及在国际上翻云覆雨、实行双重标准而得到加强,从而在形成反抗意识甚至道德观上起了很大作用。在一个各国经济联系越来越密切的世界上,西方关起门来独享繁荣的时代已经过去了,闭眼不看别人的苦难也许就成了一种过失,而火上浇油在一些人眼里等同于犯了死罪。在西方国家，仍然有不少人相信西方是最文明、最善良的，它在努力让世界变得更公正、更繁荣。但是，他们可能还没有认识到，世道已经在发生变化，他们的言论和行动正在被置于全球民众审视的目光之下，越来越需要得到世界各色人种的认可，而无须证明的道德优越时代已经过去了。

全球信息传播和现代通信手段使富有、强大和咄咄逼人的西方与世界穷国的贫困、战乱和民不聊生都更经常、更鲜活地呈现在人们眼前，形成强烈对比和冲击。与此同时，全球化进程，尤其是对全球化原教旨主义式的颂扬和美好许诺，提高了人们的期望值。当巨大希望逐渐破灭、对未来的期待在日益增长的不平等面前化为泡影的时候，不满甚至绝望情绪开始滋长，极端主义理论和思潮更容易找到同路人，这在青年人中尤其如此。发展中国家总人口中有34%年龄在15岁以下。他们中许多人没有受教育的条件，出生和成长在穷困、动乱之中，未来就业和生活前景黯淡。当然，贫困和被剥夺即使更容易产生仇恨，也并不自动转化为极端行为，但不能想象，所有处于这种景况的人会永远安于现状，永远默默忍受在一个全球化世界上做二等公民的屈辱。

二 南北分裂与世界经济的内在矛盾

南北之间不断增长的巨大收入差距首先与各国不同的经济发达程度联系在一起。西方国家倚仗高度发达的现代经济领先产业获得高回报，得到高收入，维持高水准生活条件，而发展中国家的经济始终落在后面，有的与发达国家相差几十年，甚至上百年。世界经济中的发达和不发达固然有各国历史、文化等方面的原因，但各国经济都不是独立存在的，正是由于它们之间经济联系，才形成了今天的世界经济秩序。反过来，现存世界经济秩序又不断地把南北关系加以制度化，因而，南北分裂是世界经济体系的制度化产物。

1. 世界经济结构与不平衡发展

长久以来，人们对与发展的相关问题进行了大量讨论，例如，为什么发展中国家经济落后,为什么长期没有赶上发达国家;在什么程度上这是西方的过错,例如由于西方殖民主义和奴隶贸易;在什么程度上是发展中国家本身的过错,例如实行错误的经济政策,等等。人们在探源的同时,开出种种发展的药方,例如提出新教伦理解释西方资本主义成功的秘诀,提出依附理论诊断发展中国家落后的病因,提出增长理论总结经济发展的运作规律,等等。但是,人类在探索的道路上已经步入21世纪,不同发展中国家进行了各种尝试,却始终未能走出一条解决全球发展不平衡的道路。

许多人曾经笃信发展。社会主义革命在一些国家成功后,这些国家的政府和民众怀有坚定信念,相信计划经济能够使本国迅速赶超先进资本主义国家。20世纪60年代在非洲,许多人相信独立和民主将为所有人带来繁荣。现在更有不少人相信市场或全球化会给人类带来普遍富裕。西方主流经济学说则不断为这些期望提供理论说明,例如,自由贸易理论断定市场开放有利于经济发展,各国可以通过经济交换发挥各自的比较优势而获得更大利益;趋同论者预测,在市场经济中,国家之间的发展水平将逐渐接近。事实上,直到今天,这个趋同现象并没有发生,相反,发展的愿望在世界大多数国家和地区已经或正在落空,南北差距甚至越拉越大了。

当发展中国家打败了殖民主义、建立了民主体制、引进了市场之后却依然陷入贫困而不能自拔,那么,问题究竟出在哪里?

除了各国本身的社会经济条件外,世界经济的基本结构是造成大多数国家经济不发达、造成世界经济发展不平衡主要原因。劳动分工一直被看做经济过程的核心问题,形成不同生产方式的基本特征。在全球范围内,劳动分工通过各国贸易表现出来。各国用来交换的商品和劳务以及贸易条件,反映了它们在世界分工中的作用,表现了它们在全球资本积累中的地位。全球化经济的建立和运转在很大程度上依靠发达地区与不发达地区之间的不平等交换。通过不平等交换以及与之相配合的其他手段,利润或财富更多地向发达国家集中,为西方率先实现机械化、自动化和信息化，为进一步开发和技术创新等提供资源，既不断增加发达地区企业在现有产品上的优势，又使它们有能力研制生产新的稀缺产品，从而保持在科研和生产领域的领先地位，开始新一轮的竞争和积累。

南北双方在生产活动上也有显著差别。西方发达国家从来都主要从事高科技、高垄断产品的生产，由此获得高附加值、高利润，而发展中国家生产活动的特点是技术含量和垄断程度低，从而附加值和利润也低。这一点，清楚地表现在世界贸易的格局上。从全球经济的形成到现在，这种分工和发展模式一直延续下来，发达国家总能通过不断推出高科技新产品而保持对高附加值的垄断。当其他国家有能力生产同样产品的时候，这些生产部门往往已经成为所谓"夕阳产业"，发达国家的生产已经又上了一个台阶，创造出"朝阳产业"。由发展中国家率先生产高科技产品的情况是非常少的。

发展中国家和发达国家之间在经济发展上的差距不断扩大，表明了全球经济中南北等级结构的巩固和成熟。最近一轮全球化热潮为许多社会集团尤其是西方富国提供了更好的发展机会。资本的全球扩张，利润的不断积累，带动经济总量的增加，或者说，像是一个越做越大的经济蛋糕。资本丰裕的发达国家按所投资本的比例，"合理地"切走了大部分蛋糕。少数几个发展中国家在一段时间内得到迅速发展，但是，它们在全球经济蛋糕上分到的那部分，尽管绝对量比以前增加了，相对于发达国家所得到的更大份额，仍不能表明它们相对地位得到永久改善。至于大部分处于缓慢增长甚至经济停滞的发展中国家，全球经济蛋糕做得越大，它们得到的相对份额越小。

因此，南北经济发展不平衡和差距扩大是一个结构性问题，是由建立在地区等级结构基础上全球经济运行规律制约的。可以说，发达与不发达并存是资本主义全球扩张的必然结果，只要资本主义世界经济的生命周期没有结束，南北经济发展差距就不会消失。只有改变这个基本结构，用合理、平等的新体系替代现存的国际经济秩序，消除南北差距才有望变成现实。

2. 维护南北差距的国家体系

南北经济发展差距主要与世界经济结构有关,但是,南北分裂并不是一个纯经济现象,更不是世界市场自由运作的自然结果。无论过去和现在,国家权力都对经济运行发挥极其重要的作用。只是在国家干预之下,市场这只看不见的手才会以我们今天所熟悉的方式分配资源,才会建立起今天这样的世界经济秩序,也才会形成以南北分裂为基本特征的世界格局。

国家权力对经济运行的影响通过领土管辖权、制定和实施各种管理法规、税收以及垄断或试图垄断武装力量等各个方面体现出来。[1] 国家利用这些权力,对内控制生产关系、调节再分配,对外通过边界管辖、关税和非关税壁垒制约资源的跨国流动,必要时,还会开动战争机器,以达到自己的目的。各国国家权力通常首先被用来为本国服务,主要以是否有利于本国资本积累作为目标。但在世界体系中,国家处于一个等级机构之中,它们实现各自目标的能力是不同的。强国由于地位强大,在国家关系中通常能够把自己的意志强加到弱国头上,建立和推行有利于自己的国际规则,从而在国际经济交往中攫取最大利益。弱国出于内外压力,往往只能服从这些游戏规则,或被迫与强国合作,历史上如此,今天也一样。在不平等的经济实力基础上,通过国家权力的长期残酷博弈,建立了今天的南北关系格局。总之,西方在国际关系中的优势不但建立在产品竞争力上,还紧紧依靠国家权力的保护,依靠充分发挥国家机器的作用。这一点并不难理解,例如,在日常生活中,除了可口可乐、微软、好莱坞以外,什么 B-52 轰炸机,什么"小鹰号"航空母舰,也都是世界民众耳熟的美国名牌。

当然,国家并不替代市场,但没有国家干预的自由市场在现实中并不存在,国家总是试图通过有选择地进行干预,来建立和维护自己的优势,差别只在于,在国际经济舞台上,有些国家,例如大多数西方国家能够做到这一点,发展中国家却往往做不到。

---

[1] 〔美〕伊曼努尔·华勒斯坦:《历史资本主义》,社会科学文献出版社,1999。

历史上，贸易保护主义曾经是西方一些强国赖以建立优势的工具，而在当前全球化过程中，西方更愿意推行自由贸易，因为自由贸易在目前条件下对它们更有利。一旦条件有变，西方国家完全有可能重新实行保护主义贸易政策。

即使在西方大力倡导贸易自由的今天，资源的跨国流动并非像一些人所说的那样自由，因为市场并不是决定生产要素流动的唯一因素，国家继续发挥重要作用，它至少决定了哪些资源不能自由流动。例如，在全球化深入发展的今天，劳动力的流动比商品和资本的流动受到更大限制，这与历史上的情况并无二致。近十几年来，资本、商品、技术、管理和销售的国际流动都大大加强了，但半技术和非熟练劳动力的国际流动性却低得多。是不是劳动力已经达到在全球合理配置了呢？显然不是这样。许多国家存在大量没有充分利用的自然资源，例如，美国大片农田由于政府限产而闲置，政府为鼓励农田闲置不得不提供补贴，另一方面，世界上还有庞大的人口由于缺粮而生活在饥饿之中，还有大量农业劳动力由于缺乏土地而得不到充分就业。但是，由于西方国家对劳动力流动施加了严厉限制，这种浪费资源的荒谬现象得以长期存在。目前，由于缺乏合法途径，非法移民大量增加，使西方政府应对不暇。可以预见，劳动力全球流动的压力将会继续增加，南北之间的巨大差距、贫困、失业、寻求更好生存条件的愿望为非法人口的大规模流动提供了动力，而南北差距越大，富国的吸引力越大。富国目前采取的措施主要是在边界筑起高墙，防止移民和难民涌入，目的无非是维持本国的高生活水平。在这样事关利益的问题上，西方国家的政府是不受包括自由贸易理论在内的任何经济理论束缚的。

发达国家限制劳动力跨国自由流动的基本目的，在于维持本国的工资水平，从而维护与发展中国家之间的收入差距。目前，在生产要素中，劳动力的供应在一国之内弹性比较大，而在国际之间几乎不流动。西方政府宁愿鼓励跨国公司在其他国家生产，也不愿由于劳动力的跨国自由流动而降低国内工资。因此，国际和国内对不同报酬的劳动供应弹性的差异，以及进入这些因素之内的垄断地租,通过跨国公司的活动,通过西方国家政府对劳动力流动的直接限制,维持着投资和收益在各地区之间的不平等分配,在南北分化中发挥重要影响。

3. 全球性收入分配调节机制的空缺

南北分裂之所以长期得以维持甚至不断扩大,还与全球性调节机制的空缺有关。在资本主义世界经济中,各国经济被统一的劳动分工联结在一起,在统一的世界市场支配下从事生产和销售,共同创造全球范围内的资本积累,与此同时,收入分配却完全局限在国家范围内,由各国自行调节,不存在一个全球机制在世界范围内进行调节,更谈不上建立全球性社会安全保障制度。这就是说,全球经济中有统一的国际分工,却没有相应的超国家机构调节全球收入分配。世界体系的这个结构性特点,是导致和维持南北分裂的基本制度条件。

众所周知,资本主义竞争崇尚"优胜劣汰"、弱肉强食的丛林原则。在一个国家内,如果任由丛林原则自由发展,必然导致社会不稳定,因为极端竞争必然引起尖锐的两极分化,进而引发对立、冲突,使社会陷入动乱。历史上,由此引发的暴动、社会革命和战争屡见不鲜。这种状态不符合资本积累的利益,造成资本积累的成本增加。因此,为了给长期资本积累创造良好的社会环境,各国政府通常都不得不采取一定措施,或者限制恶性竞争,或者对竞争造成的恶果给予补偿,或者两者兼顾。在这方面,西方发达国家走在前面,它们通过税收进行某种程度的收入再分配,建立了养老、失业、医疗、最低生活保障等全国性福利制度,以及建立最低工资制,等等,这些措施起到了避免社会矛盾激化的作用,有效遏制了对资本主义本身存在的威胁。当然,采取这些措施并不是因为西方的大资产者更有人性,而是因为它们在更大的内外压力之下不得不做出的让步,尤其是出于不断对外扩张维持国内社会稳定的需要,以及对国内社会运动的长期斗争的反映等。

显然,这样的调节机制在全球范围内是不存在的。在现存全球性国际组织中,例如世界银行、国际货币基金组织、世界贸易组织甚至联合国，没有一个具有调节全球收入分配的职能。正是由于这个原因，作为整体的全球人口收入不平等的程度，或者说世界范围的两极分化程度，才会远远超过任何一个国家。

当前世界上，各国政府都首先或只关注本国的发展，大多数国家政府都会从维护社会稳定的功利目的出发，采取一些限制不平等极度膨胀的政策和措施，对其他国家的贫困很少考虑甚至根本不关心。但是，同样的行径在南北国家之间意义是不同的。例如，美国的穷人在世界水平上可能根本算不上穷，而他们的政府会想方设法维持住这种相对富裕，对其他国家远为穷困的人群却不会给予同样关注。考虑到西方富国对世界经济的支配地位，以及富国从全球扩张中攫取的巨大利益，富国既有更大的责任也掌握着足够的资源，来推动建立这样一个全球收入调节机制。但迄今为止，以美国为首的西方只热衷于以无比的进取精神获得全球资源，热衷于在全球性组织中发挥主导作用，对建立一个全球社会调节机制始终装聋作哑。也许，只有到全球两极分化带来更大灾难性后果，以至于南北双方面临同归于尽的威胁的时候，西方富国才有可能考虑不同的选择。可以认为，出于维护体系稳定的实用主义目的，西方在某一时刻同意建立这样的机制并非完全不能想象，问题在于，人类社会还要付出多大代价才能迫使西方做出这样选择，如果不是已经太晚的话。

迄今，国际收入转移的一个主要步骤是工业化国家对发展中国家提供的官方发展援助。尽管参与这个项目的一些工业化国家不乏某些高尚动机，这个援助项目主要还是在民族解放运动和社会主义运动的压力下启动的。1972年，西方工业国承诺，对发展中国家提供的官方发展援助，要达到国内生产总值0.7%的目标。1992年，工业国重申了这个目标，并得到联合国确认。但迄今为止，工业国从未实现过这个目标。相反，进入20世纪90年代以来，援助基金甚至在原来不高的水平上出现大幅度下降，实际平均降幅高达1/3，由90年代初平均为国内生产总值的0.35%下降到1998年的0.23%。实际数额从1990年的600亿美元下降到1997年455亿美元，在7年间下降了25%。在约20个发达国家中，只有4个国家达到或超过制订的目标，它们是丹麦、挪威、荷兰和瑞典。在这个问题上，美国的表现最为抢眼。美国提供的官方发展援助在国内生产总值中的比例在这些国家中几乎从来都是最低的，1998年仅为0.1%。作为世界上最富有的国家，美国向来豪气万丈地在全球谋取霸权利益，而在援助发展中国家的问题上，它倒全然不在乎什么大国风范，心甘情愿地陪居末席。总的来说，即使这样小规模的发展援助，不少工业国目前正在以使用效率不高为借口，为大幅度削减制造舆论。

人类正面临一系列严重的全球性问题，许多发展中国家正在被推向苦难的深渊，其中一些国家深陷其中的债务问题比北方许多人认识到的要严重得多。这些债务的实际结构、还债状况及其在负债国经济中的作用表明，大多数这些国家在目前情况下将无力付清全部债务。许多高负债率国家的还债与国内生产总值的比例已经超过可持续发展的最低限度，其中许多国家比拉美国家20世纪80年代债务危机中所达到的水平还要极端。[①] 债务陷阱把越来越多的国家卷了进来，现在已经扩展到中等收入国家。目前，大约50个国家被认为是高度负债国。但是，在这些国家靠自身的力量根本无力还债的情况下，国际货币基金组织仍然要求它们把出口收入的20%~25%用来还本付息。相反，在1953年，同盟国取消了德国战争债务的80%，并且只要求德国用3%~5%的出口收入偿还债务。西方对共产主义之后的中欧所要求的条件也是这样。西方国家对发展中国家只管逼债、不顾发展的立场，到头来，会通过其他形式缠住富国，例如非法移民、毒品和武器走私、疾病传播、环境破坏甚至恐怖主义活动。

艾滋病肆虐是另一个日益突出的全球问题。在21世纪开始的时候，全球艾滋病毒感染人数已经达到3500万人，在非洲、南亚和加勒比地区艾滋病蔓延尤其迅速。有的国家成年人感染率接近25%。联合国有关机构认为，艾滋病已经导致29个非洲国家的预

[①] 其中，债务与国内生产总值的比例在非洲最高，为123%，拉美为42%，亚洲为28%。

期寿命下降，目前已成为非洲人口死亡的第一位病因，有人把艾滋病比作历史上威胁人类生存的大瘟疫。与此同时，西方跨国药厂仍然在以专利牟取暴利，对穷国的绝症患者见死不救，最具权威的国际组织例如联合国长期以来对此却无能为力。

国际正义呼唤建立全球性社会调节机制，缓解日益扩大的世界两极分化，应对全球性问题对整个人类的挑战。但是，从根本上说，在现行世界经济政治秩序下，南北分裂是无法彻底解决的，因为南北分裂正是这个世界秩序本身的产物，也是它继续按目前方式运行的基本条件。统治全球经济的资本主义逻辑从来都具有自私、贪婪、掠夺与野蛮的性格，更为可怕的是，冷战结束后，对资本主义的理性批判减弱了，资本主义经济逻辑在全球更加横行无忌，甚至不再需要自圆其说，更不需要关注人类和谐关系的构建。不过，物极必反的逻辑正在使这样一个世界越来越成为现存秩序的敌人。

三 国际恐怖主义为何异军突起

南北差距尽管越来越严重，但它并不是一个新现象。实际上，人们似乎已经见惯了北方的富裕和南方许多地区的贫穷，相反的情况倒常常是不能想象的。处于劣势的一方，被压迫和被迫害的人群，曾经使用各种语言不断表达不满和反抗，富国和社会上层似乎并没有听进去，虽然它们为压制反抗付出了很大代价，但二战以来，矛盾都或多或少地得以化解，社会愤怒也大多被抑制在不致发生毁灭性爆发的范围之内。今天，以"9·11"袭击事件为标志，一小群人采用不需翻译的语言，给西方传递了一个不容忽略的讯号。这种悲剧性的语言，就是令世界瞠目的国际恐怖主义。

恐怖主义几乎与人类文明史一样源远流长。但20世纪70～80年代以来，尤其20世纪90年代以来，国际恐怖主义异军突起，成为世人关注的全球问题，这是有深刻现实政治背景的。

1. 传统反抗运动陷入低谷

世界经济运行所产生的不公正、不平等，在历史上引发了一系列反抗现存世界体系的运动,有些发生在西方世界,有些在发展中国家,有些在地域上连成一片。在西方国家之内,工人阶级的斗争逐步集中到提高报酬上,早在19世纪,他们就通过两条途径成功地迫使资本作出让步,一条是在政治上参加选举,扩大参政权;另一条是迫使国家实行再分配,通过立法建立社会福利制度。这些协调机制,直到今天仍然发挥着维持西方社会稳定的作用,使西方国家得以更有效地清除内部威胁,化解后顾之忧,从而放手对南方地区进行经济扩张和剥削。

在很长历史时期内,南方国家对北方的经济剥削和政治支配缺乏有效的反抗手段。20世纪两次世界大战在一定程度上削弱了西方国家对其他地区的政治控制,为反体系运动的兴起提供了机会,许多西方以外的地方出现了汹涌澎湃的社会运动和武装斗争,反体系运动展示出前所未有的力量和团结。其中,社会主义运动和民族解放运动是这些运动的突出代表,它们对西方强权产生了最有力的冲击,在它们身上,寄托了发展中国家和被压迫人民的希望。

但是,到20世纪70~80年代,尤其是20世纪90年代以后,发展中地区的这些主要反抗运动在政治上陷入低谷,其中,通过社会主义运动建立的东方国家纷纷改弦更张,对内转向市场,对外"融入"世界体系,由对立转而采取与国际资本和西方国家合作的立场。1945~1965年的民族解放运动曾经为第三世界人民带来巨大希望,许多人相信,独立和民主将把一向虚弱的国家变成强国,为所有习惯于贫困的人口带来繁荣。但20世纪70~80年代以来,这些希望在亚非拉广大地区先后破灭,不少国家除了名义上的国家独立外,依然深陷战乱、贫困、饥饿、疾病等困扰之中,在经济上甚至变本加厉地受外国资本支配。

20世纪70年代以来,以国家为主要关注对象的传统反抗运动的势头逐步减弱,以女权运动、环境保护或绿色运动、种族平等为代表的关注全球性问题的新反抗运动兴起,成为反体系力量中的生力军。到20世纪90年代后期,一个新的反全球化运动开始兴起。这些运动虽然提出了世界性问题,但它们主要关注特殊领域的矛盾,似乎缺乏普遍号召性和整合反体系运动的足够能力。更重要的是，由于这些运动并不直接针对解决南方国家经济落后、贫困人口、南北差距等问题，不能完全反映那里人们的基本诉求，因而，仍然不能对社会经济发展进程发挥决定性影响。

此外，市场转型在大多数国家并没有带来预期结果。许多接受新自由主义经济药方的发展中国家虽然付出了削减公共支出、减少社会福利的代价，却并没有享受到经济繁荣的后果，更没有改变发展中地区对西方的从属地位。这场世界范围的大规模市场运动的失败再次证明，经济自由化道路同样不是灵丹妙药。

到20世纪末，传统反抗运动式微，新反抗运动力量不足，不少政治运动及其领导者纷纷为现行体制融合、招安，社会运动普遍陷入低潮，使采用任何传统政治手段实现政治目标的希望愈加渺茫。在这种的情况下，20世纪90年代恐怖主义异军突起是不奇怪的。在这个意义上，国际恐怖主义只不过是一些人对当今世界秩序极端不满，却不能诉诸理性，同时找不到或不愿意运用其他反抗手段的结果。尤其是，以苏联为代表的社会主义集团崩溃之后，资本主义在全球获得了"胜利"，这个结果如果没有终结历史的话，至少暂时终结了一些人对一个不同世界的期望，而资本主义逻辑在全球范围内无限制扩张，造成更深刻矛盾和更尖锐的冲突。因此，民族解放运动尤其是全球共产主义的崩溃，实际上对现存世界秩序稳定性造成沉重打击，因为全球资本空前加剧的积累所造成的内部矛盾和张力，如果不能以社会革命的形式反映出来，必然会以其他方式表现出来，包括恐怖主义或其他人们尚不熟悉的方式。

2. 西方强权与南北关系失衡

冷战结束后，大国战略格局出现了较大变动，南北关系也正在发生新变化，其中，后者虽然不那么显山露水，却可能更微妙，对未来世界走向可能更具有决定意义。

目前，在全球化的一片喧嚣中，人们听到最多的是"双赢"、"多极化世界"、"地球村"等美妙的新辞藻。冷战时期"自由世界"、"国际社会"这些原本特指西方世界、具有鲜明含义的政治词语，在今天经常被当做整个世界的代名词。与此同时，遵守所谓"世界游戏规则"似乎成了南北国家的共同要求。但现实是冷酷的，人们看到的完全是另一番景象。西方国家不但决定规则的建立，也可以选择是否遵守或改变这些规则，而南方国家稍有不服或试图自立规则、自行其是，便被戴上"无赖国家"或"潜在威胁"、"潜在对手"的大帽子列入另册，成为西方以"国际社会"为名随意打击、制裁的对象。与此同时，为一己私利对别国大动干戈的西方，却拥有了"人道主义干预"、"无限正义"的荣誉，成为人类文明或人类普遍价值的维护者。如今，南方国家不仅在经济、政治上处于弱势，甚至在道义上也退居守势。力量对比似乎朝着更有利于西方的方向发展。

冷战以苏联集团垮台告终，西方似乎取得了决定性胜利，对世界政治格局的支配地位似乎空前巩固。但是，与此同时，建立在东西方抗衡基础上的世界秩序的稳定性却因此受到致命威胁。冷战后西方的"胜利"导致西方缺少了面对强敌、凝聚力量的条件，在西方不受制约地主宰全球事物的愿望与能力之间，出现了日益增大的缺口。在这个新条件下，南北关系正在进行新的调整。南北关系失衡加剧了体系的不稳定，对整个世界体系造成的潜在威胁不是减少了，而是增加了。

在这种情况下，政治和外交协调作用减弱。现有世界性组织在代表南方国家利益、限制大国权力方面的作用是非常有限的，至少比服务于西方大国利益方面的作用要有限的多。在联合国这样具有广泛代表性的国际机构中，由于民族解放运动和社会主义中国加入等一系列因素，曾一度增强了发展中国家的发言权。冷战后，西方在缺乏强力反对的情况下，更经常地试图操纵联合国，以便"挟天子以令诸侯"，以合法手段扩张自己的利益。在达不到这个目的的时候，西方集团则绕过联合国，凭借本身的实力，自主采取行动实现它们的国际战略目标。相反，南方国家的合理要求不但在国际组织之内常常由于西方国家的阻拦而得不到满足，在国际组织之外，它们同样缺乏采取行动的能力，很少能自行解决涉及本身利益的重大国际纷争。今天，为了争取合法权利、改变不合理的国际秩序，南方国家越来越寄希望于联合国这样的国际组织，但在西方大国既能在联合国内施加压力又能摆脱联合国自行其是的情况下，现存国际组织在解决南北分裂问题上难有作为，对改变现状起不到根本作用。

现在，越来越多的国家加入各种国际组织，这意味着，按照国际规则行事越来越成为约束国家行为的原则。在现存世界体系中，不对称的财富导致不平等的发言权，富国在建立这些规则中发挥与它们国家数量完全不相称的决定作用。相关的制度规则，例如构造了世界经济的各种条约及其细节变化，调节着贸易、投资、贷款、专利、版权、商标、征税、劳动标准和环境保护，等等，几乎所有的经济活动。一个众所周知的事实是，这些规则主要是由那些强国政府制定的，因为它们在国际谈判中享有极大的谈判优势和专业知识。西方政府的谈判者一次又一次成功地使符合富国政府、公司和公民的规则得以形成。在很多情况下，这些规则对全球穷人造成极大伤害，而这些伤害在一般统计意义上甚至可以估算出来。按照合理、公正的原则，或者至少按照权利与义务相等的原则，西方国家应当为这些规则在全世界造成的人类代价承担责任。但在现实中，号称民主、自由、正义、人道的西方国家从来没有这样做，也没有任何迹象显示它们打算承担任何责任。在这里，我们看到一个权利与责任根本脱节的极端事例，"全球村"里却没有任何机制和力量来纠正这一明显失衡。

美国在维持现存全球秩序上扮演举足轻重的角色，虽然它并不能单方面决定所有的结果。可以说，美国集中体现了西方富国的集体意志，同时把西方政治强权的劣根性发挥到了极致。美国在全球推行霸权主义，一方面以自由、民主为旗号建立思想霸权，在替天行道的幌子下占领意识形态制高点；另一方面却又不过是维护一己私利，追求不加节制、不容协商的资源支配权，奉行为富不仁的行为信条。前面提到，美国这个全球最富有的国家，在提供官方发展援助方面，在所有工业国中表现最差。2001年，美国预算中军事开支将高达3100亿美元，而用于发展援助的资金只有区区100亿美元，为军事开支的1/31。难怪一些发展中国家不知美国面包为何物，却对美国的飞机、炸弹并不陌生。

以美国为首的西方尽管在国际事务中以势压人，经常在一些国际纷争中扮演不是法官、胜似法官的角色,但除了从中捞取私利之外,西方强国排解纠纷的能力实际上处于衰落之中,不仅无法与历史上的国际强权相提并论,它们发号施令的能力甚至不如冷战以前。以中东问题和目前所谓国际反恐斗争为例:在背后已经没有其他大国掣肘的情况下,美国或整个西方仍然很难按自己单方面意愿使危机得到解决,而不得不施展外交手段,软硬兼施,获得其他国家的支持或谅解。美国的霸权欲望与本身的行为能力之间出现脱节,因此,在一些人眼里,以美国为首的西方既仗势欺人,又并非老虎屁股摸不得。

总之,冷战后,世界格局的变化使南北关系处于调整之中,美国霸权的相对衰落更加明显,但南方国家的总体弱势并没有因此得以扭转,现存国际组织和机制在解决国际争端和南北分裂上不能发挥有效作用。这些令人沮丧的发展变化,使采用非法暴力手段的可能性增加。美国作为一个劣迹斑斑而又处于衰落中的霸权,更容易成为非法暴力袭击的首要目标。

3. 国家地位和合法性弱化

如果说,南北分裂中的深层矛盾,通过传统社会运动和现存国际政治体系,不管以有利于哪个国家、有利于南方或北方的方式,都无望得到解决的话,那么,民族国家是否能够承担这个责任?换句话说,在多大程度上,能够把改变南北关系或实现特定民族国家目标的希望寄托在国家身上?

目前,世界绝大多数人仍然生活在民族国家中,他们通常容忍自己的国家,接受政府权力,使国家得以合法化。但国家的合法化是处于变动之中的,当国家变得更强大,从而能为国民办更多的事,或更多的人参与政治,从而政府当局被认为在为他们利益服务的时候,国家合法化增强。在很长一段历史时期中,国家合法性呈现上升趋势。

但一些年来,国家地位和合法性出现弱化趋势。[1] 在有些地

---

[1] 〔英〕艾瑞克·霍布斯鲍姆:《极端的年代:1914~1991》,郑明萱译,第十九章《迈向新的千年》,江苏人民出版社,1998。

方，例如波斯尼亚和索马里，国家威力日益减弱，在另一些地方，例如塞拉里昂或很长一段时间的黎巴嫩，国家的合法性似乎已经崩溃。很明显，一个经济贫弱的国家大多不可能有较大的国家预算，因此不大可能拥有一个能够满足国民需要的政府，从而，在国民眼中，这样的政府就缺少合法性。这是穷国经常处于争夺政权的战乱和动荡之中的重要原因。富国也出现越来越弱化的国家合法性，除了挑战国家合法性的社会群体力量增长之外，还表现为参加投票选举的人口比例下降、偷逃税款、安全保卫体制的私有化趋势，等等。

长期以来，民族主义都被用来作为建立最低限度国家合法性的黏合剂。但在世界经济扩张过程中，西方国家的资本家企业的海外扩展加深了各国之间的分裂，曾经一度对国家的权威地位构成威胁。在各国右翼力量强调国内团结抵抗外部敌人、左翼力量强调大众夺取国家权力的过程中，这个威胁得到抑制和克服，对国家的信仰又开始增长。此后的发展，例如在国际上维护和争夺国家利益的成败、政府满足国民需要的程度等，都影响着国家作为改变社会重要机制的吸引力。

过去30年来，全球化发展对国家作用形成新一轮冲击，世界各地普遍出现了弱化国家作用的动向。新自由主义经济理论和政策限制国家对市场、对社会的干预，一些社会运动强调分权化，倡导地方有权反对中央、少数民族有权反对国家，而人们越来越普遍地对依靠大资本的国家能否为大众服务感到怀疑，一些人对国家能否维护本国利益、在国际上实现被认为是正当的要求的能力越来越不信任。总之，来自不同方向的种种压力，导致国家合法性普遍下降，随之而来的是国家完成其职责的能力下降，这又导致人们对国家的评价更低，对国家的期望值也相应降低。

相比之下，发展中地区的国家合法性面临更大挑战。在任何可见的南北公开对抗之中，北方国家依仗科技、军事和财富优势，往往势在必赢，20世纪90年代以来的海湾战争和科索沃战争就是例证。美国在冷战后依靠庞大军事开支，拥有了举世无双的强大军事机器，单从军事装备上看，任何一国，甚至任何一个国家集团，在未来战争中都不是它的对手。第三世界一些国家即使拥有核武器，也难以形成有效的遏制。从军事观点来看，西方有能力毁灭世界，包括毁灭第三世界，而南方不具备反制北方的军事能力。尽管高度军事化的西方可以在战争中击败其他国家，却不一定保证可以实现军事占领从而真正赢得战争，但无论为了什么目标，南方几乎没有国家愿意冒与西方发生正面军事冲突的危险。当一些社会群体不再指望通过国家实现它们对北方国家的某些要求，撇开国家自行采取行动就成为另一个现实选择，例如，国际恐怖活动的参与者显然不认为通过国家能够实现自己的诉求，他们对国家合法性已经完全丧失了信念。

同时，20世纪后半期的情况表明，在全球化浪潮的冲击下，发展中国家的自主性越来越受到限制，国家自主采取行动的能力越来越弱，许多国家更经常地屈从甚至主动迎合外部势力、外国公司的要求，这就使既得利益集团之外的社会阶层不但越来越不信任国家，而且把国家视为异己力量。据报道，在伊斯兰国家，许多人把国家在他们认为的非正义面前的无能为力看做集体耻辱，对被排除在本国政治参与之外感到沮丧，为自己国家的统治者为外国人支持、自己国家被用来为外国利益服务感到屈辱，等等。对国家丧失信心的结果是，一方面，出现激进力量和市民社会与超国家组织进行合作的新形式；另一方面，极端社会群体和暴力组织的联合也越来越具有跨国特征或国际性。

四 小结：重建还是毁灭？

现存世界的经济政治秩序从来都建立在一个等级制度上，大国争夺霸权曾经给世界人民带来巨大灾难，而长期存在的南北鸿沟和社会阶级差别导致的矛盾冲突从来没有停息过，以至于战争与革命成为20世纪的时代特征。20世纪80年代以来，尤其是90年代随着以苏联为首的东欧集团解体，经济发展与和平竞赛似乎代替了革命性变革的要求。尽管国家内和国家间的斗争、武装冲突和局部战争时起时伏，但都不具备世界规模，没有对现存世界秩序构成真正的挑战。相反，美国经济经历二战后最长久的持续增长，整个西方对全球的支配似乎空前巩固，全球资本主义扩张似乎进入了一个黄金时期。同时，一些发展中国家在全球化浪潮中看到了新的希望，把赶超富国的现代化希望寄托在这个时代的"和平与发展"主旋律上。不过，10～20 年只不过是人类历史的一瞬间，冷战结束后东西方对峙消失并不意味着世界从此进入和平时代，相反，南北分裂的现状和持续扩大的趋势，使人们很难对未来感到乐观。可以说，资本扩张越成功，这个过程所孕育的矛盾就越尖锐，对现存世界秩序的威胁也就越大。

南北差距日益扩大是资本全球扩张的必然后果，这个问题在各种各样的矛盾冲突中都能折射出来，例如国家、宗教、民族矛盾，等等，同时，解决冲突的形式也是多种多样的，不是人们熟知的革命、战争、解放运动的形式，就是战乱和社会动荡形式，或者包括恐怖主义在内的其他更为极端的形式。"9·11"事件表明，现代科技的进步以及最先进科技手段的可及性，使恐怖主义这种少数人实施的孤立行动也能造成巨大破坏。

南北分裂孕育各种矛盾，提供着发生冲突的土壤，但国际恐怖主义行动根本不可能解决南北分裂问题，这是很清楚的。不仅如此，国际恐怖主义由于常常大量伤及无辜、手段残忍，以及以消灭肉体而不是改变制度为目标，无论在社会革命意义上还是在道德层面上，都应当受到严厉谴责。但是，西方政府对国际恐怖主义反人类、反文明的指责，只不过是出于本身利益和战略目标的政治宣传，是通过把西方利益和文明普遍化为人类利益和文明、通过指责恐怖主义掩盖和美化自己的国家恐怖主义暴行而已。

像"9·11"这样的国际恐怖袭击事件毕竟是前所未有的，它向所有的人提出了新问题。除了打击和惩罚肇事者外，世界面临的一个重要问题是如何消除产生恐怖主义的土壤，其中最重要的，就是能否和如何解决南北分裂问题。在这个问题上，世界，或者主要是西方发达国家，面临两种选择。

1. 富国与穷国分享财富，调节南北收入差距

国家政府主要从维持现存秩序和地缘政治的意义上对待恐怖

主义问题。撇开短期地缘政治考虑，如果西方打算维持现存世界经济政治秩序，它就必须在南北关系上对南方作出让步，缩小南北收入差距，尤其是采取有效措施，立即和大幅度减少发展中国家的贫困和饥饿问题。事实上，西方国家内部甚至统治阶级内部已经有不少人看到这一点。①

为了解决南方最不发达地区人口的生存问题，有人提议，西方国家应该实行一个类似二战后美国在欧洲实行的马歇尔计划。当年，1947年在讲解这项计划时，马歇尔谈到被战争、贫困、疾病和饥饿折磨的欧洲及其破败的经济，指出"由于这些人的绝望产生动荡的可能性"。他说，没有经济安全，就不可能有"政治稳定和有保障的和平"，而美国将要实行的这个政策不是用来"反对任何国家，而是反对饥饿、贫困、绝望和混乱"。②

根据联合国开发计划署1998年报告估计，要使所有发展中国家全部人口都能得到基本生存和社会服务，实现这个目标的年度花费总额是400亿美元，其中90亿美元将为所有的人提供饮用水和基本清洁卫生条件，120亿美元将为所有妇女提供生育健康费用，130亿美元将为地球上每个人提供基本健康和营养，60亿美元将为所有的人提供基本教育。

这些数字的总和很大，有人会说，这样的一个全球计划耗费太大，美国和西方工业化国家承担不了。但别的不说，先比较一下应付恐怖主义的耗费：对"9·11"事件的初始反应已经上升到几百亿美元，美国在阿富汗一个月的军事行动迄今也已经耗费了至少10亿美元（有的估计更高），今后12个月在军事行动耗费100亿美元或者更高并不是不可能的。如果把这些资金用在消除人类苦难上，将能够为地球上所有的人提供一个有基本保障的生活。而且，与各国每年用于军事的7800亿美元开支相比，这些用于人

---

① 据报道，美国前总统克林顿2001年10月30日在比利时根特大学发表演讲时，呼吁西方能在全世界更公平地分配财富，其他与会者大都同意，在"9·11"袭击后，减少发达国家和发展中国家不断扩大的差距变得更为紧迫。

② Dick Bell and Michael Renner, *A New Marshall Plan? Advancing Human Security and Controlling Terrorism*, Worldwatch Institute, October 9, 2001.

类生存、社会和健康服务的费用更是微不足道。

在美国和整个西方，无疑存在不同意见的争论。一些人认为，它们对国界以外的任何人都没有任何义务，只有在直接涉及本国利益的时候才应该采取行动，例如扩展全球贸易、通过国际货币基金组织稳定世界经济、保护国民不受外国攻击、与威胁国内安全的恐怖主义作战，等等。另一些人认为，美国和整个西方对世界其他地方负有责任，例如反对不管什么地方出现的种族灭绝，与每年死于可预防疾病或营养不良的人分享财富和知识，挽救他们的生命，在减少二氧化碳排放上承担起责任，改善第三世界人民的工作和生活条件，扭转日益增加的富国和穷国之间的不平等趋势，等等。如果"9·11"恐怖袭击还有一定积极意义的话，那就是告诉人们，现在不是争论和要不要采取行动，而是决定如何采取行动的时候了。

事实上，西方也许只要与穷国和穷人分享1%的年收入，就能完全消除饥饿，使所有儿童得到免疫预防，为所有人口提供洁净水，消除传染病，消除文盲，或建立适宜的住房。西方长期以来从来没有这样做过。美国和其他西方富国的当政者可能还没有认识到，这样的计划能够更有效地减少穷人和穷国对富国的不满和愤恨，可能更有利于西方的长远利益。把一部分财富用来援助穷国，更会有利于铲除滋生恐怖活动的土壤，从而更有效地对西方国民提供安全保障。说到底，在一个极端不平等、不公正和被剥夺的世界上，只有武器是买不到持久和平的。不能消除恐怖主义赖以生存的肥沃土壤，人类安全得不到保障，西方可能将继续为此付出代价，而这个代价正在升级。

2. 一如既往，任凭南北差距扩大

西方的第二个选择是维持现状，或者，更进一步，西方国家从国际恐怖主义中汲取反面教训，以反对此类恐怖主义为借口，在国际上以我画线，顺我者昌、逆我者亡，以各种各样的严酷手段对恐怖分子和支持恐怖主义的国家进行打击，在全球重新推行不加粉饰的帝国主义，同时，在国内加速军事化和组织化，限制民主权利，抵消社会进步的成果，越来越把财富集中在少数人手里，破坏各种实质性的民主成果。这样做，短期内有可能成功，但长远来看，或者不用太长时间，就会加剧国内外矛盾，使世界提前进入危机。

姑且不论西方会作出哪一种选择，即使实行一个更加慷慨的全球"马歇尔计划"，也仍然不能解决导致南北分裂的世界经济结构性问题，因而，仍然不能从根本上避免矛盾的产生和激化。在维持现行体制前提下，任何解决办法都只能是"保守疗法"，虽然可能缓和矛盾，但不能去掉现存世界体系的病根，因而不能拯救它的生命。如此，恐怖主义有可能愈演愈烈，造成天下大乱。我们对现阶段恐怖主义还没有完全认识清楚，还没有了解它的全部历史含义。现阶段恐怖主义是否反映了晚期资本主义的必然逻辑和本质？世界是否正在进入一个不确定的、缺乏任何保障、没有基本规则的混沌时代？对这些问题，我们实际上没有答案。

（中国社会科学院世界经济与政治研究所
研究员 路爱国）

第四章
大国关系与恐怖主义

从前几章的叙述中我们已经看到，各种恐怖主义活动的表现形式不同、目标和动机各异，需要从不同层面对其产生的原因做具体分析。本章仅从大国关系以及与之紧密相连的世界格局和国际秩序发展和变化这一大视角，对国际性恐怖主义产生的总体性原因做些初步探索。

一 大国关系与恐怖主义：研究的角度与方法

1. 恐怖主义活动的国际化趋向及其特点

目前，恐怖主义组织或团伙存在于世界各种类型的国家，完全没有恐怖分子活动、不受恐怖主义之害的国家越来越少，恐怖主义已成为全球最严重的公害之一。因此，研究恐怖主义产生的根源，消除其滋生和发展的土壤和条件，维护世界和平与安宁，已成为国际问题研究面临的一项重大课题。为了更好地把握恐怖主义活动与大国关系之间的联系，让我们首先对当前恐怖主义活动的发展趋向做些概略说明。

从恐怖主义活动与大国关系之间联系的角度，我们可把世界上形形色色的恐怖活动大体分为两类：其一是，一国之内发生的孤立性的恐怖活动，即实施者和受害者都局限于单一国家、没有外界参与的恐怖活动；其二是，跨国性或国际性的恐怖活动，即以外国人作为主要袭击对象或内外势力相勾结袭击本国人的恐怖活动。当然，这种划分是相对的，这两类活动往往是相互联系、难以严格区分的。因为，即使是前一种恐怖活动也往往具有国际背景，或是在国际大环境下产生的。正因如此，研究国际关系特别是大国关系以及与之紧密相连的世界格局和国际秩序的发展和变化，就成了研究恐怖主义根源的关键。

纵观全球范围内恐怖活动的发展态势，一个令人瞩目的现象是：在上述两类恐怖活动都在增长的同时，国际性恐怖活动的比重日益上升，一国之内的恐怖活动与国际环境的联系越来越紧密。据统计，目前全球各种恐怖活动中有70%左右属于国际性或跨国性的，其中仅针对美国的恐怖袭击案件就占1/3以上，袭击者的绝大多数又是来自发展中国家。例如，在1968~1997年间，全球共发生反美国际性恐怖活动达5655起，占全球恐怖活动的36.76%；仅在1990~1997年就达1182起，其中80%以上来自发展中国家。[①] 近年来，针对美国的国际恐怖活动不仅数量在增多，而且造成的后果也越来越严重。2001年发生的震撼世界的"9·11"事件，就是突出的例证。这种现象本身就说明，恐怖主义活动与美国这个超级大国的国际地位和对外政策之间具有内在联系。

从美国"9·11"事件来看，当今国际恐怖活动既与一国范围之内的局部性恐怖活动有明显区别，也与通常的国际恐怖活动或跨国犯罪有差异，它们至少有以下重要特点：

第一，这种恐怖主义活动虽然大多是自发的，但并非乌合之众，它们不仅具有严密的组织性，而且掌握了一定的现代武器和破坏手段，拥有颇具规模的武装力量，具有明显的军事化趋向；

第二，这种恐怖活动的执行者不仅训练有素，而且大多具有坚定的信念和为之献身的精神，越来越多地采用自杀性袭击方式，其行动并非为了个人目的，更不是为了金线，具有鲜明的社会政治目的；

---

① 胡联合：《当代世界恐怖主义与对策》，东方出版社，2001，第124、125、131页。

第三，虽然这种恐怖活动见之于各种类型的国家，但以发展中国家的恐怖组织袭击发达国家特别是超级大国居多，客观上反映了这两类国家之间特别是一些发展中国家与世界超级大国之间深刻的政治经济矛盾；

第四，这种活动虽然大多表现为自发的民间行为，并以平民或民用设施为袭击重点，但最终目的是打击敌对国家的政府及其推行的国际战略和对外政策，具有鲜明的国家背景和民族色彩以及相当广泛的支持者和群众基础；

第五，这种恐怖活动的目的、手段和后果都与通常的恐怖行为有重大区别，越来越具有战争色彩，已成为新时代的一种特殊战争形式，或可称之为以民间为主体的、非政府主导的"超限战争"、"不对称的战争"。

上述种种特点虽然并不能改变其恐怖主义的性质，但它们也反映了现代国际恐怖主义的严重性及其根源的复杂性。毫无疑问，美国"9·11"事件是一种惨无人道的恐怖行为。但也应看到，被认定为这一事件制造者、人们称之为"亿万富翁"的本·拉登及其领导的组织，并非通常杀人越货的土匪，不是一般图财害命的团伙，而更像是一个有信念、有组织、以恐怖活动为手段来达到政治目标的超常规的社会群体。总之，这种恐怖主义活动的上述种种特点，更加突出地体现了国际关系中存在的深刻矛盾。

2. 关于国际恐怖主义产生原因的理论和分析方法

目前，国内外国际问题研究者从各种角度对当今国际恐怖主义活动的动机及其产生的原因进行了各式各样的分析，提出了种种理论和分析方法。在西方国家流传较广的大体有如下三类。

其一，基于社会学和制度学理论的分析。在这方面，美国哈佛大学教授塞缪尔·亨廷顿的"文明冲突论"居重要地位。它强调文化差异在国际关系中的地位和意义，认为不同文明的差异和冲突正在成为国际冲突的主要因素。亨廷顿在《文明的冲突》一文中指出，在新的历史时期，"文化将是截然分割人类和引起冲突的主要根源"，"文明的冲突将左右全球政治"，"未来最重要的冲突将发生在文明的断层上"。他还特别强调，西方文明与伊斯兰文明和儒家文明之间的冲突尤为严重。① 很明显，文明冲突是滋生国际恐怖主义的不可忽视的因素，特别是在全球化深入发展，世界超级大国打着所谓"全球价值观"的幌子推行其文化霸权的情况下。但亨廷顿在强调文明冲突严重性的同时，并没有深入揭示造成这种冲突的条件和原因。实际上，文明冲突不是孤立存在的，并非单纯的文化现象，在它的背后蕴藏的是民族和国家冲突，文明冲突不过是不同民族、不同国家之间政治、经济利益矛盾的一种表现形式。世界文明的多样性和多元化是历史形成的，是一种不以人们主观意志为转移的永远不会消失的客观存在，其存在本身并非冲突的原因，文明的交汇也并非始于今日和必然形成对抗，之所以形成冲突是超级大国利用文化渗透和扩张，对其他国家进行政治统治和经济剥削的结果。美国学者杰克·道格拉斯等人还提出了一种主流文化与"亚文化"冲突论。它强调具有多种文化的国家处理好主体文化和非主体文化之间关系的意义，认为二者的矛盾和冲突是一个国家内部不同社会群体冲突的重要原因。这种理论认为，处于少数和非主流地位的社会群体受本群体文化的影响更深，维护本群体文化的意识更为强烈，因而更易于产生与主体文化的对立心理以及"越轨行为"乃至成为"暴力文化"。②这种理论与上述文明冲突论有类似之处，实际上是所谓文明冲突在一国之内的表现形式，它对于解释一国之内的局部性恐怖活动产生的原因可能更有用些。此外，美国学者詹姆斯·科尔曼等人还提出了一种"社会造反理论"。根据这种理论，人们或是由于失败和挫折，或是由于制度或体制的不合理，而产生反政权或反权威系统的心理和行为。但社会变迁使这种造反者受益的同时，这种造反行为不仅不会减少，可能还会进一步增加。因为这会使这种行为获得更多的支持者，增强造反者的实力和信心。这就会形成一种造反实力理念或思维。根据这种理念，包括恐怖主义者在

---

① 〔美〕塞缪尔·亨廷顿：《文明的冲突》，《外交季刊》1993年夏季号。
② 〔美〕杰克·道格拉斯等：《越轨社会学概论》，河北人民出版社，1987，第161、285页。

内的造反者的逻辑是，主要"不是去争取人民的支持，而是向人民显示其实力的所在"。①

其二，基于行为学和心理学理论的分析。这主要有：以西方社会心理学家塔尔德和麦独孤以及米勒和多拉德等人为代表的"模仿与传染理论"，他们强调模仿是人类的天性，同时也是行为感染和传播的重要媒体，认为一种恐怖行为获得成功就会在更大范围内被传播和扩散；以美国学者刘易斯·科基等人为代表的"冲突功能论"，他们认为冲突是社会生活中不可避免的客观现实，它们并非都是消极现象，但在一定条件下（比如仇恨）就会变成暴力乃至恐怖行为；此外，还有所谓社会标签论、行为失范论、挫折—失范论等。这类理论用来作为犯罪学分析一般犯罪原因和犯罪心理可能用途更大些，但很明显，仅用这种理论难以找到恐怖主义特别是国际恐怖主义产生的根源。

其三，基于国际关系理论的分析。在这方面，澳大利亚学者W. 伯顿所著的《全球冲突》一书所体现的国际冲突和国际制度缺陷理论居突出地位。伯顿认为，一个国家制度的内在缺陷，如不能满足个人或社会群体的需要，是滋生恐怖主义的内在原因。但他强调，一些国家特别是大国的制度内在缺陷"外溢"，则是当代国际恐怖主义滋长的重要原因。这种外溢不仅表现为大国扩张带来的其社会经济制度缺陷的扩散，更为重要的是表现为其国际战略和国际政策，表现为对别国内政的干涉，甚至是对别国某种恐怖组织的支持。他认为，"无论是国内的还是国际的异端和越轨行为都是问题的表象，它们都是人类需要和动机与机构和组织之间的冲突"。因此，他得出结论：为了消除恐怖活动，重要的是改革制度和组织，而不是报复和惩罚。因为"在恐怖分子背后存在一个情感共同体和支持集团，报复和惩罚只能加重受挫感和不公正感"，而这种感情则是产生恐怖动机和行为的重要心理因素。②

---

① 〔美〕詹姆斯·科尔曼：《社会理论的基础》，社会科学文献出版社，1990，第551、527页。

② 〔澳〕约翰·W. 伯顿：《全球冲突——国际危机的国内根源》，中国人民公安大学出版社，1991，第39页。

很明显，上述种种理论对于我们认识当今国际恐怖主义活动的动机和原因都有一定的参考价值，但第三种理论的参考意义无疑更大些。因为，尽管恐怖主义活动的动机和原因多种多样，但它们都是国内外社会、政治、经济矛盾积累和激化的结果，不合理的社会政治、经济制度是各种恐怖主义产生的根本原因。就国际恐怖主义而言，它的滋生和发展则是国家之间或民族之间政治经济矛盾积累和激化的结果，现行国际政治经济秩序不合理，国际关系和世界格局中存在的深刻矛盾，是这种恐怖主义产生的根本原因。而这些不合理现象和矛盾，又在很大程度上是由不合理的大国关系特别是大国霸权造成的。总之，分析世界发展不同时期国际关系和世界格局中的社会政治经济矛盾，应是我们研究国际恐怖主义活动产生原因的基本方法，其中研究大国关系的发展和变化及其对国际关系和世界格局的影响则是关键环节。

3. 研究恐怖主义产生原因的出发点和指导思想

但应指出，我们强调恐怖主义产生的国际原因以及大国在其中的地位和责任，目的在于寻求消除这种人类祸害的有效途径，绝非为恐怖主义罪恶行为辩解或开脱。马克思主义者一向反对一切形式的恐怖主义行为，无论他们的目的和动机如何、发生在何地、袭击的是何人。因为，这种行为是非理性、非人道的，除了宣泄仇恨和给他人乃至自身带来灾难之外，解决不了任何问题，更不会消除社会矛盾、推动社会进步。事实上，恐怖主义是在各种矛盾作用下产生的一种社会扭曲和心理失衡现象，与人类文明发展是背道而驰的。对恐怖主义的这种基本认识，应成为我们寻求其根源的基本出发点和立足点。

马列主义经典作家们当年针对国际资产阶级对本国和世界人民的残酷剥削和压迫，强调阶级斗争，号召世界被压迫人民和被压迫民族团结起来进行革命，铲除旧制度，但他们坚决反对各种恐怖主义。在俄国无产阶级革命斗争实践中，列宁对各种极"左"势力鼓吹的恐怖主义理论进行了反复、严厉的批驳。因为，用什么指导思想组建无产阶级政党和开展工人运动，是当年列宁面临的一个十分迫切的问题。早在1902年2月，列宁在《怎么办？》

一书中就对"经济派"和"现代恐怖派"这两种对俄国社会民主党具有重要影响的不良思想倾向进行了严厉批判。他指出：前者只注重"一些平凡的日常斗争"，后者则"号召作单个人的最大的自我牺牲的斗争"，二者虽然有很大差别，但却"有一个共同的根源，这就是崇拜自发性"。他特别揭露了极"左"派别"革命社会主义自由社"纲领中关于用恐怖手段来"激发"工人运动这种主张的危害性，认为这是"崇拜自发潮流的一个极端"，恐怖派不过是一些具有"最狂热愤懑情绪的"知识分子，他们缺乏革命毅力，除了进行个人恐怖活动外，找不到任何"同工人运动结合成为一个整体"的革命方法。他们不可能为革命带来什么好处，只"会把人引入地狱"，把无产阶级革命引到"纯粹资产阶级纲领的路线上去"。[①] 1903年7月，列宁在为俄国社会民主工党第二次全国代表大会草拟各项决议时，鉴于恐怖主义思潮对党的影响，还特别拟定了《关于恐怖手段的决议草案》。该草案强调："代表大会坚决拒绝把恐怖手段即个别政治暗杀方式作为政治斗争的方法"。因为"这种手段是极其不恰当的，它使优秀力量放弃刻不容缓和迫切需要的组织工作，破坏革命者同居民中革命阶级的群众的联系，并且使革命者本身和一般居民都对同专制制度作斗争的任务和方法产生极端错误的想法"。[②] 1906年2月，列宁在《俄国的目前形势和工人政党的策略》一文中，还特别论述了革命武装斗争与恐怖手段之间的区别。他说，为了夺取政权进行武装起义，组织工人战斗队，进行游击活动是必要的，但它与恐怖活动是有区别的，将二者"相提并论是错误的"。"恐怖手段是向个人报复。恐怖手段是知识分子集团的密谋活动。恐怖手段同群众的情绪没有任何联系。""恐怖手段是不相信起义和起义条件的产物。""游击行动不是报复，而是一种军事行动。游击行动不是什么冒险。"[③]

列宁不仅坚决反对在俄国无产阶级革命中采用恐怖手段，而

---

① 《列宁全集》第6卷，人民出版社，1986，第72~74页。
② 《列宁全集》第7卷，人民出版社，1986，第233页。
③ 《列宁全集》第12卷，人民出版社，1986，第163页。

且对其他国家出现的恐怖行为也持批判态度,哪怕这种恐怖行为袭击的是无产阶级革命的对象。例如,1908年2月,列宁在评论葡萄牙共和派人士刺杀葡萄牙国王事件时指出:"这种恐怖手段软弱无力,实际上达不到目的。"列宁说,虽然无产阶级将永远同情反对君主制的共和派,但应该惩治这种恐怖分子。他强调,如果这一事件有什么值得"惋惜"的话,那"就是葡萄牙的共和运动对一切冒险家的惩治还不够坚决,还不够公开"。他指出,"到目前为止,在葡萄牙只是杀死了两个君主,使君主制受到惊吓,而没有能够把它消灭"。因此,列宁得出结论,不管主张使用恐怖手段或同情恐怖主义的人们"怀有怎样善良的愿望,都丝毫无助于无产阶级革命运动"。① 在十月革命前夕的1916年10月,列宁在评论奥匈帝国首脑卡·施图尔克伯爵被暗杀一案时指出,"把个人谋杀作为革命的策略是不适当的和有害的",俄国恐怖主义者们搞过多次个人谋杀,这不过是"绝望之举","我们始终反对他们"。"要作为一个教训告诉工人们,不能用恐怖主义,而应当有步骤地、长期地、忘我地进行革命宣传。"②

列宁之所以在十月革命前反复揭露恐怖主义的危害性,是因为沙皇长期的封建统治和对人民群众革命活动的残酷镇压,加之长期参加帝国主义战争,使得国内外社会阶级矛盾极其尖锐,使封建帝国主义的沙皇俄国成为世界各种矛盾的焦点。这一方面为无产阶级革命创造了条件;另一方面也为恐怖主义的滋长提供了温床。结果是,与马克思主义在俄国传播的同时,无政府主义、民粹主义和恐怖主义也在泛滥,无产阶级革命思想与恐怖主义思潮混杂,有些革命者甚至将阶级斗争与恐怖活动混为一谈。这给俄国无产阶级革命和工人运动的健康发展带来很大损害。列宁的哥哥就是在无政府主义、民粹主义和恐怖主义思想的影响下从事暗杀沙皇的活动而被沙皇政府处死的,这给刚刚投入革命活动的列宁以很大震动。因此,揭示恐怖主义的本质及其危害,划清恐

---

① 《列宁全集》第16卷,人民出版社,1988,第424~245页。
② 《列宁全集》第47卷,人民出版社,1990,第446~474页。

怖主义与马克思主义的界线，就成了建立俄国无产阶级政党，领导社会主义革命的一项需要迫切解决的任务。回顾马列主义奠基人的这些论述，不仅有利于我们认识恐怖主义的本质，而且对于我们研究恐怖主义产生的原因也具有重大现实指导意义。

二 殖民主义统治：国际恐怖主义的起源

1. 殖民主义者对殖民地人民的杀戮和掠夺

恐怖主义行为自古有之，但现代国际恐怖主义则是帝国主义和殖民主义的产物。资产阶级是打着"自由、平等、博爱"的大旗走上世界历史舞台的，但在资本主义形成的过程中却充满了暴力和恐怖，全世界被掠夺、被奴役人民的血和泪。那是一个帝国主义列强或殖民主义大国群盗纷争的时代，是一个冒险家和海盗商人横行的时代。帝国主义者和殖民主义者用坚船利炮打开了亚非拉广大殖民地国家或部落封闭的大门，用恐怖加欺诈的方法建立统治、掠夺财物、猎取黑奴，同时弘扬其文明。西班牙人拉斯·卡萨斯当年在《关于小西班牙岛》一书中记述了殖民主义者袭击和占领海地岛的情形：殖民主义者"进入村里，连小孩、老人、妇女、产妇也不放过，把所有的人全杀光，彻底加以破坏和摧毁，就像被放开锁链的狗一样"。"他们打赌和争论能不能一刀把人切成两段，或是用战斧能不能一下子把头砍下来或把脏腑割开"。"所有被留活命的人都被砍下双手，然后把砍下的手绑到身上予以释放"，作为对逃跑者的警告。[①]

殖民主义者在对殖民地人民杀戮、掠夺之余又逐渐发现，这些"黑鬼"还可能是一种值钱的商品，全部杀掉未免可惜，于是奴隶贸易得到了迅速发展。他们在亚非拉广大殖民地特别是在非洲，像狩猎一样捕捉当地人民，然后装入笼子向欧美国家长途贩运和转卖，以大发横财。一些西方国家特别是大英帝国还专门建立大公司，开拓奴隶货源和市场，从事奴隶贩运和贸易。例如，

---

① 樊亢主编《资本主义兴衰史》，北京出版社，1984，第33页。

1750年英国商人组建了私营"非洲贸易公司",与早已建立的"皇家非洲公司"相竞争。结果使奴隶交易量迅速上升。在1680~1686年间,英国皇家非洲公司平均每年输送5000个奴隶,到1760年已增加到36000人,到1771年又进一步上升为47000人。在1680~1786年间,只是运往英属北美殖民地的奴隶就达200万人以上。[①]

按照现在西方国家一些人对恐怖主义的定义,上述事例或许不算恐怖主义行为,至少不够典型。因为按照这种定义,恐怖主义主要表现为弱者对强者的袭击和报复。但上述事例表明:恐怖主义行为不仅仅表现为弱者对强者的偷袭,它的原始形态恰恰相反,是强者对弱者明火执仗的掠夺和杀戮。总之,恰恰是帝国主义者和殖民主义者开创了现代国际恐怖主义的先河。这是不争的历史事实。

2. 帝国主义列强殖民主义统治留下的祸根

当然,历史毕竟已经过去,如今也不必多翻昔日的陈账。问题在于,不仅过去而且当前的国际恐怖主义活动大多也是殖民主义统治留下的遗产。我们可以从政治、经济、民族、文化、宗教等各个方面去揭示如今恐怖主义产生的原因,但现今所有这些国际矛盾和冲突的深处,都不同程度地保留着昔日殖民主义统治的烙印。更为重要的是,殖民主义统治埋下的祸根如今不仅还远未消除,而且由于新殖民主义特别是霸权主义的发展,它们在一些地区还在发芽、成长。这方面的事实是相当多的,而当前作为国际恐怖主义活动热点之一的"阿以冲突"就是突出的例证。

众所周知,无论是阿拉伯民族还是犹太民族,都是昔日西方列强入侵和征服的受害者和牺牲品。在历史上,这两大民族都是中东地区的古老居民,它们长期和平相处,造就了这一地区光辉灿烂的文化——古老的犹太文化和伊斯兰文化。但西方殖民主义者却把这两种文化都视为异端邪说,他们在对中东各民族进行殖民主义征服的同时,把犹太人赶出了巴勒斯坦,使之流落世界各地,备受艰辛凌辱。但大英帝国占领中东大地之后,又感到在一

[①] 樊亢主编《资本主义兴衰史》,北京出版社,1984,第47~48页。

块土地上具有多个民族和多种宗教比只有一个民族和一种宗教更便于统治。因而，英国当权者又转而积极鼓吹和策划重新建立已消亡的犹太人国家。1917年11月2日，英国政府发表了《贝尔福宣言》，声称"将尽最大努力"促使犹太人国家的建立。此后，在其他西方国家的支持下，英国从世界各地大规模向巴勒斯坦移送犹太人，力图改变这一地区犹太人和阿拉伯人的比例，并在军事上武装和培训犹太移民。① 西方国家特别是大英帝国的殖民主义者之所以热心扶植犹太复国主义势力，自然不是由于对他们曾竭力驱赶的犹太民族的亲善，而是力图利用犹太人与阿拉伯人之间的历史积怨，实现分而治之的战略。不要忘记，二战前和二战期间，在西方国家大力策动和扶植犹太复国主义的时候，恰恰是这些国家排犹活动最猖狂的时期，二者又似乎是并行不悖。实际上，利用民族矛盾和冲突渔利，是西方殖民主义者的惯用手法。这不仅给阿以冲突埋下了祸根，而且是世界其他地区和国家民族冲突以及与此相联系的恐怖活动的重要原因之一。与阿以冲突一样，印巴两国在克什米尔地区的冲突等，无疑也是大英帝国殖民主义统治的遗产。正如澳大利亚学者伯顿在其前引书中所指出的："帝国主义者随心所欲地划分国家疆界，人为地将同一民族分割在不同疆域之内，在这些国家独立后又强行在这些国家按西方政治哲学和政治体制组建政权"等，从而"造成更多的问题"。因此，"当代民族问题的根源在于大国的扩张与殖民主义"。②

三　超级大国争霸：国际恐怖主义的发展

1. 二战后世界新格局的形成和演化

第二次世界大战之后，世界形势和格局发生了重大变化。这集中地表现为：民族解放和民族独立运动蓬勃发展，亚非拉原殖

---

① 钟冬编《中东问题80年》，新华出版社，1984，第15页。
② 〔澳〕约翰·W. 伯顿：《全球冲突——国际危机的国内根源》，中国人民公安大学出版社，1991，第78页。

民地国家纷纷独立，西方列强的殖民主义体系开始瓦解，世界上逐渐形成了一种新型的发展中国家体系；随着殖民主义体系的瓦解，老牌帝国主义大国相对衰落，后起的美国成了世界超级大国和西方世界的主宰，帝国主义列强纷争的局面改变了；随着老殖民主义国家相对衰落和美国的崛起，广大发展中国家与原宗主国的矛盾相对淡化了，而与推行新殖民主义和霸权主义政策的美国之间的矛盾突出了；欧亚大陆出现了一系列社会主义国家，社会主义越出了一国的范围，形成了一个世界体系或阵营，资本主义一统天下的局面改变了；以美国为首的西方国家对社会主义国家实行禁运、封锁和冷战政策，使社会主义国家与资本主义国家特别是与美国的矛盾突出了。总之，殖民地人民的民族解放和民族独立运动与新老殖民主义者之间的矛盾，以及世界社会主义运动与国际反共势力之间的矛盾，取代昔日帝国主义列强之间的矛盾，成了二战后初期的世界主要矛盾。在这一时期，世界上各种矛盾和斗争尽管十分激烈，形势相当复杂，但国际性恐怖主义活动还比较少。其中一个重要原因是：当时，这种种矛盾都主要表现为不同类型国家之间的斗争和对抗，个人和社会群体的个体行为特别是国际行为大多溶化于这种国家行为之中，并没有多少单独表现和实施的必要和条件。

但上述局面很快又发生了新变化：二战后开始的冷战很快转化为美苏两个超级大国争霸，昔日帝国主义列强和殖民主义大国纷争的格局又演变为两个超级大国争夺世界霸权，形成了"三个世界"的新格局。在这种情况下，发展中国家与发达国家之间的矛盾、社会主义国家与资本主义国家之间的矛盾以及发达资本主义国家之间的矛盾，虽然仍旧存在和发展，但它们都在很大程度上被两个超级大国之间的矛盾所包笼、掩盖或冲淡，美苏两个超级大国的争夺成了世界主要矛盾，成了世界各个地区各种矛盾和冲突乃至战争的总根源，使它们无不具有鲜明的两霸争夺的背景和烙印。值得注意的是，美苏两个超级大国争夺的重点在第三世界。这一方面加剧了发展中国家与两个超级大国，特别是与竭力推行新殖民主义政策、维护国际政治经济旧秩序的美国之间的矛盾；另一方面，它又加剧了发展中国家内部的社会矛盾。如前所述，前一时期这些国家的民族解放和民族独立运动虽然大多是由民族资产阶级领导的，但反映了全民族的利益和愿望，得到了广大人民群众的支持和参与，因而个人和社会集团单独活动的必要性不大，更没有必要采用个人恐怖手段。这些国家独立后，这种局面发生了重大变化。一方面，取得政权的资产阶级发家致富；另一方面，广大人民群众贫困落后的面貌并未改变。更为严重的是，在两霸争夺的影响和冲击下，这些国家的政府又难以推行为大多数居民都能认同的国内外政策，有些国家的当权者在反对霸权主义，维护国家主权和独立方面软弱无力，甚至被外部势力所左右。其结果是，昔日那种团结一致为民族解放和民族独立而斗争的局面消失了，持不同政治经济利益和主张的社会集团之间的矛盾突出了。这就为一些人抛开政府自发地进行斗争乃至采用极端的恐怖手段提供了条件，同时也为超级大国利用这种局面达到自己争霸的目的提供了机会。美苏两个超级大国的争夺是全方位的，波及了世界各个角落。但在相当长的时期内，二者争夺的重点在中东和拉美。这乃是二战后这两个地区成为恐怖活动频发区和重灾区的重要原因之一。

2. 美国与苏联在中东的争夺与中东恐怖活动的发展

美国与苏联两个超级大国之所以把中东地区作为争夺的重点，主要是因为：①二战后一段时期内，这一地区新独立国家的政治发展方向不明朗，是投入以美国为首的西方营垒，还是加入以苏联为首的东方阵营，仰或走自己独特的伊斯兰道路，无论是对这些国家本身，还是对美苏两个超级大国来说都是未知数。在当时临近的东欧和东亚政治地图已经明朗的情况下，这一地区的这种政治空白就显得格外耀眼，美苏两个超级大国都力图抢先去填充。②这一地区是世界最重要的石油产地，对于石油供应紧张的西方国家来说，能否控制这一地区的石油资源关系到它们的兴衰；对于同样也盛产石油的苏联来说，获得中东石油虽然不像西方国家那么迫切，但若能控制这一地区的石油供应线，无异于扼住西方国家的咽喉，其政治和军事战略价值远高于经济价值。③这一地区是西方国家和苏联通向南亚和非洲的门户,具有重要的地缘战略意义,历史上就是西方列强与沙皇俄国争夺的焦点之一。沙皇俄国虽然把临近的高加索和中亚地区纳入了自己的版图,但更为富饶的中东地区却落入了大英帝国和法国之手。

二战后这些国家虽然获得了独立,但苏联与西方国家特别是美国之间这种争夺仍在继续。在争夺的最初阶段,苏联与美国大体上势均力敌。美国通过巴格达条约和经援以及购买石油等手段,把一些最富庶的海湾国家纳入了自己的势力范围,而苏联则通过供应武器和思想渗透、走"非资本主义道路"等手段,把相对贫困的埃及、叙利亚、黎巴嫩、苏丹、利比亚、阿尔及利亚等置于自己的影响之下。经过一段时期的较量,势单力薄的苏联在争夺中逐渐退居下风,它在中东地区的影响力不断下降。在这种情况下,它又在西方势力的薄弱环节、更加贫困的阿富汗开辟了新战场。苏联这种新战略同样以失败而告终,它在阿富汗苦战了10年之后不得不退出。这除了阿富汗人民的英勇抵抗之外,另一个重要因素是,在美国的策动和支持下,几乎所有伊斯兰国家都以不同形式参加了这场旷日持久的抗苏战争。

那么,美苏两个超级大国的争夺与这一地区的恐怖主义滋生和发展有什么联系呢?实践表明,这种联系不仅存在,而且相当紧密。

首先,美苏争夺,各自帮一派压一派,造成了这一地区的动荡不安和仇恨心理。这不仅直接影响了这些国家的经济发展,而且引发了种种武装冲突和战争。不仅以色列与阿拉伯国家的不间断的武装冲突和战争具有鲜明的美苏争霸背景,即使8年之久的两伊战争以及库尔德工人党民兵游击队等,也都有美苏两个超级大国争夺的影子。旷日持久、连绵不断的武装冲突和战争,在使广大人民群众颠沛流离、受苦受难的同时,也使他们越来越清楚地认识到,无论是美国还是苏联,都不是阿拉伯人民的可靠朋友,而是动乱的根源。因此,他们无论对美国牌号的资本主义还是对苏联牌号的社会主义,都越来越反感,只好在《古兰经》中寻求慰藉和出路。这就为伊斯兰原教旨主义的滋生和流行提供了土壤。

其次，更为重要的是，美国为了在与苏联争夺中占据优势，为了在中东地区站稳脚跟，采用了实用主义与霸权主义相混合的胡萝卜加大棒的策略和政策。它一方面在一些阿拉伯国家用小恩小惠的办法培植亲信，组建亲美政权；另一方面在一些不听命的阿拉伯国家制造动乱，策划政变，打击这些国家的领导人。它以对自己的亲疏画线，把一些国家归为民主自由的开明国家，将另一些国家划入"流氓国家"、"无赖国家"黑名单。美国这种策略的一个重要目的是分而治之，防止阿拉伯国家乃至伊斯兰世界联合为一个整体、成为一支独立势力而做大，从而摆脱美国的控制。

为了阻止阿拉伯国家力量的增强，二战后美国继承了大英帝国的衣钵，在这一地区更加卖力地扶植、纵容犹太复国主义，明里暗里支持其领土扩张。在中东战争过程中，以色列占领了阿拉伯国家的大片领土。尽管联合国早已作出了"以土地换和平"的决议，但以色列当局拒不接受和执行。明眼人都清楚，只有几百万人口的以色列何以能战胜有上亿人口的阿拉伯世界，它何以有如此大的胆量抗拒联合国的决议和世界舆论，关键就在于它有美国这个超级大国做后盾。美国之所以全力支持以色列，固然是因为国内有强大的犹太势力指使，更为重要的是想在中东地区嵌入一颗钉子，利用以色列来钳制阿拉伯国家。美国一方面暗中支持以色列不断地向阿拉伯国家进攻；另一方面又以不偏不倚的面貌出现，在阿以之间充当调节人。对于美国这种双簧把戏，阿拉伯国家乃至全世界人民都看得十分清楚，但一些阿拉伯国家的当权者出于种种考虑和压力，仍不得不求助于美国来裁判。这就使这些国家的人民群众的思想情绪和要求与其政府对外政策之间的距离越来越大，从而使一些人不得不抛开政府，铤而走险，自发地与美国和以色列进行抗争。他们在缺乏与美国和以色列正面对抗实力的情况下，不得不采用恐怖活动乃至自杀性袭击这种极端方式。

由上可见，中东地区虽然历史上就是多事之乡，但不能简单地把恐怖主义与民族和宗教联系起来。现在这一地区之所以成为恐怖主义的重灾区，其根源与其说是古老的宗教或文明冲突以及阿以两个民族的历史积怨，不如说是现行不合理的国际政治经济秩序和世界格局，特别是超级大国的国际战略及其在这一地区的争夺。

3. 美国与苏联在拉美的争夺与拉美恐怖活动的发展

除了中东地区之外，拉丁美洲也是美国与苏联两个超级大国争夺和较量的一个重点地区，这一地区的恐怖主义活动也在很大程度上与这种争夺相关。为了阻止和围堵苏联势力南下，美国在苏联的近邻中东地区建立了众多军事基地；苏联则利用古巴这个美国后院的堡垒作为进攻美国的军事基地，甚至在此部署核导弹。两个超级大国在军事对峙的同时，也都力图采用恐怖活动作为打击对方的重要手段。为了打击苏联盟友古巴，美国中央情报局设置专门机构，每年拨出巨资来策划、支持袭击古巴的恐怖活动。这包括暗杀卡斯特罗，组织爆炸、放火、绑架、水果投毒、毁坏农作物、污染蔗糖、毒杀牲畜等活动，可谓无所不用。1962年古巴导弹危机期间，美国组织古巴流亡者炸毁了一家古巴工厂，使400多名工人丧生。此后，美国利用恐怖活动袭击古巴的事件更为频繁，仅在1969~1979年间，美国中央情报局就策划和组织了89起暴徒袭击古巴的事件，仅1976年一年就策划了8起恶性恐怖事件。这包括：4月，美国的古巴流亡恐怖分子袭击了两艘古巴渔船；同月，爆炸了古巴驻葡萄牙使馆；7月，袭击了联合国的古巴代表团；8月，绑架了古巴驻阿根廷的两名外交官；同月，爆炸了古巴航空公司驻巴拿马办公楼；10月，炸毁了一架古巴民航飞机，机上73人全部罹难；同月，烧毁了古巴驻委内瑞拉使馆；11月，爆炸了古巴驻西班牙使馆。美国参议院特别委员会的一份报告透露，仅1960~1965年间，美国中央情报局卷入的暗杀卡斯特罗的行动至少就有8次。[①]

美苏两个超级大国在拉丁美洲的攻防战并不局限于古巴，在其他一些国家也有突出的表现。例如，1979年7月，在苏联的支持下，尼加拉瓜桑地诺解放阵线推翻了亲美的索摩查政权，苏联

---

① 徐世澄：《冲撞：卡斯特罗与美国总统》，东方出版社，1999，第57~59页。

为支持新政权不仅派去了军事顾问,还拨巨款帮助其进行军事建设,而美国则采用一切手段拔掉这颗被认为是在其后院按上的又一颗钉子。结果是,尼加拉瓜陷入了旷日持久的内战和恐怖活动之中。由美国扶植的雇佣军制造了一连串的爆炸、绑架、暗杀活动。自此之后,拉美地区各种恐怖活动不断,成了世界上恐怖主义的重灾区之一。它们的具体起因虽然各不相同,但背后都有美苏两个超级大国争夺的影子。

除了中东和拉美这两个恐怖活动的重灾区之外,世界其他地区的恐怖活动也大多与冷战和两霸争夺相关,特别是美国中央情报局涉嫌参与的恐怖活动案件相当多。据德刊报道,1961年刚果总理卢蒙巴被杀案、1973年智利总统阿连德被杀案、1985年谋杀黎巴嫩真主党精神领袖法德拉拉的汽车爆炸案等,都与美国中央情报局有牵连。[①] 事实上美国以支持自由民主为由,苏联以支持人民革命为由,都用各种方式进行"革命"输出,支持、策划和培训世界各地的恐怖人员和组织,以实现自己的争霸意图。

4. 美国与苏联在世界的争夺与极右和极"左"恐怖主义的发展

被人们称之为"极右恐怖主义"和"极'左'恐怖主义"也是世界恐怖活动的重要表现形式,它们也在很大程度上与两个超级大国的争夺相关。

所谓极右恐怖主义,主要产生于发达国家。它们的袭击对象主要是这些国家的有色人种、外来移民以及犹太居民,具有突出的白人至上和种族主义、法西斯主义色彩。例如,在联邦德国有"纳粹党小组"、"日耳曼民盟"、"大德意志国战斗小组"、"柏林国社党小组"等;在意大利有"墨索里尼行动队"、"民族先锋队"、"新秩序"、"革命武装核心"、"光头党"等。这两国的这些恐怖组织具有鲜明的法西斯传统色彩。此外,在英国、法国和美国也都有形形色色的极右翼恐怖主义组织,如英国的"圣乔治同盟"、"八八纵队"、"白色闪电"等;法国的"欧洲民族主义联

---

① 〔德〕2001年10月21日《星期日世界报》文章《可能由中央情报局策划的谋杀》。

盟"、"欧洲民族行动联盟"、"维护法兰西运动"等；美国的"自由派卫兵"、"白人爱国党"、臭名昭著的"三K党"等，它们都具有鲜明的白人至上和种族主义特征。这些组织大多出现在20世纪60~70年代两霸争夺的高潮时期，80年代末以来进一步泛滥，不仅西欧国家和美国，而且东欧和俄罗斯也出现了众多的极右恐怖主义组织。

所谓极"左"恐怖主义既出现在发达国家，也出现在一些发展中国家。与极右组织专门袭击平民特别是有色人种和外来移民、不反政府、维护和强化资本主义剥削制度不同，极"左"恐怖主义则往往打着反剥削、反压迫和人民解放的旗号，以各种恐怖活动为手段，从事反政府、反现行体制的活动。如意大利的"红色旅"、联邦德国的"红军派"、法国的"直接行动"、日本的"赤军"、秘鲁的"光辉道路"、土耳其的"库尔德工人民兵组织"和"人民解放革命党"、伊朗的"人民解放组织"、巴勒斯坦的"人民解放阵线"等。

这两种恐怖主义组织虽然政治倾向不同，袭击的主要对象有异，但都采用恐怖活动作为实现其政治目的和理念的主要手段。它们产生的具体原因也各不相同，但都是在东西方冷战和美苏两个超级大国争霸的国际大背景下形成的。由于它们都从事人们厌恶的恐怖主义活动，因此两个超级大国表面上对此都反对或不支持，但实际态度却有很大差别。对于极右恐怖主义组织及其活动，西方国家特别是美国的一些当权者，虽然口头上反对，实际上却从不采取有力的取缔和打击措施，某些人甚至明里暗内加以支持和保护，其中一个重要是它们反共、反苏，袭击的对象也是他们所厌弃的人。对于极"左"恐怖主义组织及其活动，由于主要是针对资本主义的当权者和现行体制，苏联则往往认为它们具有革命性，虽然口头上也不支持，但实际上至少是赞赏和鼓励的。总之，这左右两翼极端的恐怖主义团伙，在世界上分布更广。二者虽然并非两个超级大国直接指使和操纵的，但却是二战后以来的冷战以及美苏两个超级大国全球争夺这种世界大环境的产物。

综上所述，二战后特别是20世纪60年代以来，美苏两个超级大国在全球范围内的争夺之所以成为国际恐怖主义滋生和发展的总体是因为：首先，两个超级大国的争夺造成了世界的动荡不安、战争和贫困，从而为各种恐怖活动的滋长提供了国际大环境和条件；其次，更为重要的是，这两个超级大国都把恐怖活动作为政治、经济、意识形态乃至军事对抗的手段，作为打击和削弱对方的一种特殊武器和相互较量和争夺的另一个战场。二者对恐怖主义都采用以我画线、为我所用的双重标准，都不同程度地鼓励、策划乃至直接参与各自所需要的恐怖主义活动。事实上，在霸权原则盛行和超级大国争夺的条件下，不可能形成健康的大国关系和合理的国际秩序，各国对恐怖主义不可能有统一的认识和政策。这就形成了这样一种严重的局面：世界上只有产生恐怖主义滋长的土壤以及制造恐怖主义活动的机制，却没有也不可能形成有效的打击和遏制恐怖主义生长的国际机制。

四 超级大国独霸世界：国际恐怖主义的增强

1. 世界单极格局的形成和恐怖主义发展的新条件

20世纪80年代末90年代初，随着东欧剧变和苏联解体，持续了近半个世纪的冷战和两个超级大国争霸的世界格局结束了，美国成了世界唯一的超级大国，美国单极称霸世界的新格局开始了。近10年来，美国随着经济、科技和军事实力的增强，其霸权主义和强权政治日益膨胀，当权者力图把整个世界都置于自己的统治之下。为了实现这一目标，美国在强化军事力量的同时，其战略家、理论家们还炮制出一整套霸权主义理论，诸如"民主和平论"、"世界新秩序论"、"全球价值观"、"为价值观而战"之类的鼓噪就是突出的证明。这些理论虽然配上了"民主自由"的花环，其实质是要世界各国接受美国设定的世界规则，都必须接受美国的安排和治理，从而享受美国统治下的秩序与和平，否则就是"流氓国家"、"无赖国家"，理应受到打击和制裁。也正因如此，美国成了世界上一切矛盾的中心和焦点。它不仅仍把苏联的继承国俄罗斯以及坚持社会主义的中国这两个大国视为潜在的对手乃至敌手，而且对其发达国家的盟友也越来越不放心，至于广大发展中国家特别是那些"无赖国家"、"流氓国家"则更是需要由它管教乃至惩治的对象。结果是，尽管美国的实力和势力都不断膨胀，越来越强无对手，但美国当权者却感到越来越不安全，他们眼里的敌人越来越多。

20世纪90年代末，美国在南联盟科索沃战争中得手之后，其霸权主义又有了新发展。新世纪之始，布什总统上任后，又提出了美国利益第一的"单边主义"，使美国的霸权主义和强权政治发展到了一个新阶段。只要指出这一点就够了：在布什总统上任不到半年的时间里，竟然推翻了四项由美国政府正式签字的重要国际条约和协议。他上任后在国际问题上作出的第一个重大决定就是，宣称退出世界100多个国家用了10多年艰难谈判才达成的关于削减二氧化碳排放量的著名的《京都议定书》，以此作为送给国际社会的见面礼。与此同时，美国更加蛮横地拒不缴纳联合国会费，声言联合国必须按照美国的意图进行改革，否则它就没有必要履行其对联合国会费的缴纳义务。

美国《旗帜周刊》的一篇文章对美国新总统这种单边主义的内涵和实质进行了颇为深刻的剖析。文章指出："如今美国已成为自罗马帝国垮台以来未曾有过的超级大国"，在新世纪伊始，新政府的任务就是要制定"一项与我们所处的压倒之势的统治地位相称的军事和外交政策"，要"摆脱虚假的多极化思维的束缚，采取承认新的单极化和保持这种单极化所必需的单边主义政策"。文章强调：布什政府"之所以要废除反导弹条约，关键在于不承认俄罗斯的大国地位，在于要埋葬两极化；之所以要退出京都议定书，关键在于摆脱多边主义"。文章指出，"布什及其支持者认为，历史表明，多极竞争是造成世界不稳定的重要原因，只有单极化、没有竞争者，世界才能安宁，现在只有美国这支在各地区被视为最后一招、独一无二的起平衡作用的力量来保障和平"。"布什主义是对美国作用的一种看法"，其实质就是"彻底铲除任何多极化和多边主义幻想,加强美国的单极地位和单边主义"。①

美国新政府这种单边主义,不仅使世界为之震惊,而且使其西方盟友感到困惑和不满。例如,英国报刊一篇文章评论说:"布什预告美国利己时代的来临。就职仅100天的布什新政府的言行表明,这个政府在观念上也许比过去50年里任何一届美国政府都更远离欧洲的理想",它"在国内采取无所顾忌的保守立场,在国外采取独断专行的单边主义立场"。②德国报刊一篇文章讽刺说,"美国习惯于把别国称为流氓国家,而美国自己却正走在通向流氓国家的道路上"。③美国报刊的评论文章也指出:"美国的盟友们说,他们担心布什总统仍然沉湎于冷战心态,用似是而非的标准来界定朋友和敌人,而忽略其他国家的看法,从而引起全球对世界唯一大国的怨恨。"④

美国霸权主义和强权政治这种恶性发展,无疑为国际恐怖主义的发展提供了新条件,这主要表现为:它使世界上政治、经济、民族、文化、宗教等一切已有的矛盾进一步加深,从而为恐怖主义的发展提供了更为肥沃的土壤;由于缺乏强有力的制约和抗衡力量,美国霸权主义者更加肆无忌惮地利用恐怖主义活动作为打击其对手和敌人的手段,在恐怖主义问题更加公开地推行为我所用的双重标准,从而为恐怖主义的发展提供了新动力。

2. 美国霸权主义的膨胀与伊斯兰国家恐怖主义的发展

美国霸权主义的恶性膨胀,殃及世界各种类型的国家,其中广大发展中国家受害尤深,而中东和伊斯兰国家受灾尤重。众所周知,冷战结束后,阿以冲突的加剧,伊斯兰宗教极端主义和恐怖主义的发展,是国际生活中一个突出现象。从表面上看,这种现象是以色列与阿拉伯国家民族、宗教矛盾和冲突加剧的结果,

---

① 〔美〕查尔斯·克劳萨默:《布什主义》,2001年6月4日《旗帜周刊》。
② 〔英〕杰拉尔德·贝克:《布什预告美国利己时代的来临》,2001年2月16日《金融时报》。
③ 〔德〕《明镜》周刊网络版2001年2月16日文章:《美国正走在通向流氓国家的道路上》。
④ 〔美〕2001年5月15日《芝加哥论坛报》文章:《布什班子调整自己以适应现实》。

但实际上,其根源还在于美国的全球战略和世界霸权。如前所述,中东地区曾是美苏争夺的旧战场。冷战结束后,由于下述原因,这个战场不仅没有消失,反而有了新的发展。

第一,苏联解体后,美苏两个超级大国争霸的格局虽然改变了,但美国与苏联的继承国俄罗斯之间的战略利益矛盾和冲突并没有消失。俄罗斯虽然经济和政治实力大大削弱了,但它继承了苏联的几乎全部核武库,是世界上第二军事大国,而且俄罗斯的地缘政治、文化传统、战略利益与西方国家特别是美国具有重大差异。因此,尽管苏联解体后,俄罗斯"民主派"政府推行了一种"回归欧洲"、投靠美国的全盘西化政策,但美国仍把俄罗斯视为"潜在的战略对手",竭力压缩俄罗斯的国际战略空间,对其实行遏制和包围仍然是美国全球进攻战略的重要组成部分。《华沙条约》解散后,昔日为对付苏联而组建的"北约"不仅没有随之解散,反而进一步增强和东扩就是明证。

第二,中东地区的战略地位并没有随着冷战结束而下降。这不仅是因为,这一地区的石油资源对于美国的战略价值没有下降,而且它仍然是美国进入俄罗斯后院——高加索和中亚国家,影响和左右"独联体"的发展,争夺这一地区的资源特别是石油资源,实现对俄罗斯的战略包围的南部前哨阵地。对俄罗斯来讲,中东地区仍然是其安全战略的重要环节,高加索和中亚仍然是其重要的安全屏障,同时又是多事之乡。因此,昔日美苏两个超级大国在中东地区争夺的态势虽然发生了变化,但美俄在这一地区的较量仍在继续,俄罗斯的国际战略在收缩,但并没有完全从这一地区撤离,它与伊朗等反美国家关系的加强以及对美国中东战略和政策的抵制就是突出的证明。

第三,苏联解体后,美国成了中东地区的唯一主宰,其在中东的政策和行为更加蛮横。如果说过去为了与苏联争夺,美国还需要笼络一些中东国家的话,那么如今他不仅把一批阿拉伯和伊斯兰国家公开宣布为"流氓国家"、"无赖国家"并列入打击对象,而且对它昔日的一些"友邦"的愿望、情绪和要求也不再考虑和顾忌。这使得美国与阿拉伯国家乃至整个伊斯兰世界的矛盾进一步加剧。

从实践来看，苏东国家社会动荡和剧变后，美国发动的第一场战争就是海湾战争。最初，人们大多还认为这是美国对伊拉克入侵科威特的制裁，是对其盟友科威特的拔刀相助，因而受到包括阿拉伯国家在内的世界大多数国家的支持。但在伊拉克从科威特撤军之后，美国及其盟友英国仍坚持对伊拉克的封锁和空中打击。这说明，美国发动这场战争还有他求。10多年的封锁禁运和不断的狂轰滥炸，使伊拉克民不聊生，夺去了上百万人的生命。这与其说是为了制裁和打击萨达姆政权，不如说是对那些不听话国家的政府和人民警钟长鸣，是杀鸡给猴看。美国以反恐怖主义为名，对利比亚、苏丹等国平民的轰炸、袭击同样也是为了达到这种目的。

美国对阿拉伯国家这种蛮横政策，助长了以色列右翼势力的膨胀及其恐怖主义的滋长。1994年2月25日，一名犹太复国主义极端分子冲入易卜拉欣清真寺，用自动步枪向做祷告的人群扫射，造成57人死亡，数十人受伤；1995年11月4日，主张与阿拉伯国家和解的前总理拉宾在特拉维夫出席和平集会时被暗杀。以色列著名的右翼强硬派代表人物沙龙上台后，巴以冲突更是不断升级，在以色列军警的枪炮下死伤的阿拉伯平民日益增多。布什总统上任后，在推行其单边主义政策的同时，其中东政策更加强硬。他连克林顿总统扮演的那种"调停人"角色都认为是多余，更加放手地让以色列右翼势力发动进攻。所有这些，使阿拉伯人民对以色列及其后台美国的仇恨已到达沸点，从而为早已燃起的复仇烈焰浇了油，为一些亡命者的恐怖主义恶性发作提供了良机。

3. 美国对恐怖主义的双重标准与国际恐怖主义的发展

美国的霸权主义和强权政治的恶性膨胀还突出地表现为，它更加明显地在恐怖主义活动上推行双重标准，更加公开地运用恐怖主义手段来打击对手或敢于对美国说不的国家和人民。事实上，美国的霸权主义和强权政治从来都不只是为恐怖主义的滋长提供土壤。从以上的叙述中我们已经看到，在许多情况下，美国当权者还是一些恐怖主义活动的直接支持者和纵容者乃至制造者。下面的种种事实，则更加鲜明地反映了美国当权者对于恐怖主义活动的为我所用的态度。

众所周知,当前民族分裂主义分子制造的种种恐怖事件已成为世界范围内一种越来越普遍和严重的恐怖主义表现形式。而对于这种恐怖活动,美国向来采用的是实用主义和利己主义标准。一般说来,美国对西方盟友国家民族分裂分子制造的恐怖活动一向是谴责的,支持该国政府的打击政策,而对于发展中国家特别是美国视为敌人或对手国家的这种恐怖活动则加以支持和纵容。这种事例是相当多的。

例如,现在被美国当权者视为恐怖主义活动大本营和死敌、必欲除之而后快的阿富汗塔利班政权,当年恰恰是美国扶植起来的,是其打击苏联这个竞争对手、实现全球扩张战略的一枚棋子。为了支持他们与苏联这个战略对手作战,美国不仅在武器、人员培训、资金供应等方面给予大力支援,而且拨出巨资鼓励塔利班人员大面积种植鸦片,从而使阿富汗如今成了仅次于东南亚"金三角"的亚洲第二大鸦片生产和出口基地。此外,被美国宣布为"9·11"事件头号通缉犯的本·拉登及其同伙,也恰恰是美国从阿拉伯国家收拢并亲自培训出来的。早在抗苏战争中,这些人已经树起了"伊斯兰圣战"的旗号,而当时由于符合自己的战略意图,美国并不感到有什么危险。即使后来本·拉登等人的恐怖主义和宗教极端主义倾向已十分明显的时候,美国仍想利用这股势力作为实现其战略意图的工具。当本·拉登等人组织"圣战者"支援车臣叛乱分子的恐怖叛乱活动并为其大量培训军事人员、提供经费的时候,美国谴责的不是本·拉登和塔利班这种恐怖主义行径,反而以保卫人权为名向维护国家主权、进行反动乱反恐怖活动的俄罗斯政府施压。俄罗斯地缘政治学院副院长伊瓦绍夫最近一篇文章指出:"塔利班是罪恶势力,但数月前美国还十分不情愿地对塔利班的制裁投了赞成票,而且几乎没有为实施这样的制裁做过任何事情。"[1]

又如,美国对南联盟科索沃伊斯兰民族分裂分子的恐怖活动

---

[1] 〔俄〕伊瓦绍夫:《全球挑战》,2001年10月10日《独立报》。

从不做声,甚至加以纵容和保护,而对土耳其库尔德工人党游击队的分裂活动则加以谴责;对南联盟政府镇压民族分裂主义加以阻挠和打击,而对土耳其政府镇压民族分裂主义则加以支持和配合,甚至帮助捉拿工人党游击队的领导人。同是民族分裂活动,同是恐怖主义活动,同是穆斯林,又大体发生在同一时期,美国政府态度和政策之所以出现这种强烈反差,自然不是由于它对这两个国家的穆斯林有亲有疏,而是由于这两国的政府有敌有友:南联盟米洛舍维奇政府被美国视为欧洲最后一个"红色政权",是俄罗斯这个潜在对手的盟友,因而必须铲除;而土耳其政府则被美国视为传统盟友,是美国在中东地区势力的重要支柱,因而必须保护。总之,美国对什么是恐怖主义活动从来没有客观标准,从不问是非曲直,而是以我画线,为我所用。有利于实现其全球战略的就是民主和人权斗士,就给予支持和保护,否则就是十恶不赦的罪人,必欲除之而后快。

再如,在阿以冲突中双方都有人使用恐怖手段,但美国对阿拉伯方面的恐怖活动一向大加谴责,而对以色列方面的恐怖行为则轻描淡写,从不在意。事实上,美国一些人不仅霸权主义思想浓厚,而且种族和宗教偏见严重。在他们看来,阿拉伯民族的苦难不值得同情,而由他们支持和扶持的犹太复国主义者抢占土地、杀人放火则是为生存空间而斗争。

最后,美国对中国领土上发生的恐怖活动更是一贯采用双重标准。例如:美国对"东突"分子在中国新疆地区的恐怖活动不仅一向默不作声,据外电报道,中央情报局人员还与塔利班人员接触,试图使其矛盾指向中国;长期以来,美国中央情报局资助、培训达赖集团的恐怖分子则更是公开的秘密;至于"法轮功"邪教残害生灵的种种行为,在美国当权者眼里则更是自由斗士,竭力加以支持、纵容和庇护。对于所有这些恐怖活动,美国当权者不仅从不反对,而且对中国政府对这些犯罪活动的打击却以保护人权和自由为名,肆意阻挠和攻击。如果这些恐怖活动发生在美国或美国的盟友国家,那么美国当权者无疑会是完全不同的另一种态度。

总之，美国对恐怖主义的这种为我所用的双重标准，不仅助长了恐怖主义的发展，而且也使得世界各国特别是各大国联合起来形成国际反恐怖主义机制变得不可能。冷战结束后10年实践证明，美国这个世界霸主不仅没有像其理论家们所说的那样给世界带来和平和安宁，而且使世界政治经济矛盾更加尖锐，世界范围内的恐怖主义活动不仅没有停止，反而得到了恶性发展。这说明，昔日的两极争霸也好，如今的一极独霸也好，大国霸权在任何条件下都不可能给世界带来公道和正义。而且一国独霸世界，没有竞争对手和抗衡力量，使美国的霸权主义和强权政治恶性膨胀，使得世界秩序更加不合理，更加不公正。这就为已经埋下祸根的国际恐怖主义的滋长和泛滥提供了更为肥沃的土壤。正如俄罗斯学者伊瓦绍夫上述文章所指出的，苏联解体后，美国成为一个"把地球上所有土地和近地空间都说成是自己利益范围的国家，力图控制整个当代世界的国家，挥动人类历史上最威武的军事大棒迫使盟友只为其利益服务、把自己的价值观和世界观强加于人、按'统治者与被统治者'原则建立国家间关系、全然无视国际法原则的国家"。"所有这一切都是为美国利益、为老布什宣布的世界新秩序理论服务的。其实质是全球的门罗主义，简单地说是世界霸权"。他认为，"现在没有哪个国家或集团有能力阻止美国的扩张和侵略政策。因而就有人自发地反对华盛顿，就为滋生恐怖行动提供了温床"。①

五 美国"9·11"事件：大国关系调整的契机

1. "9·11"事件与美国国际战略和对外政策的调整

以上我们着重考察了不合理的大国关系特别是大国霸权以及与之直接相连的不合理的世界政治经济秩序对国际恐怖主义滋生和发展的影响。应该指出，这种影响是双向的：一方面，大国之

---

① 〔俄〕伊瓦绍夫：《全球挑战》，2001年10月10日《独立报》。

间的矛盾、对抗和冲突为国际恐怖主义的发展创造了条件；另一方面，国际恐怖主义的发展反过来又使大国之间的矛盾、对抗和冲突进一步加剧。结果形成了二者相互推动的恶性循环。而从目前的国际形势来看，美国"9·11"事件有可能打破这种恶性循环，为大国关系的调整和改善提供某种契机。这首先是因为：该事件对美国造成了重大冲击，会促使其调整国际战略和对外政策；在国际关系中起主导作用的美国调整政策，必然带来连锁反应。

  2001年9月11日纽约和华盛顿遭受的灾难性袭击，是美国本土前所未有的。它对美国的国际战略和对外政策提出了多方面的挑战：首先，它是对美国这个世界警察国际地位的挑战，美国只惩罚和教训别人而不受惩罚和教训的历史结束了；其次，它是对布什目空一切的单边主义的挑战，它使美国当权者意识到，美国并非万能，为了维护本国安全还需要别国的支持和配合；再次，它也是对美国"只外防不内防"这种传统安全观的挑战，美国没有后顾之忧的格局被打破了。长期以来，由于地缘优势，美国当权者总是把自己的安全重点放在增强其世界扩张和打击别国的能力以及阻止对手发展上，"进攻是最好的防御"这种安全观一直占主导地位。而"9·11"事件则使人看到，美国的境内防线存在一系列严重问题。总之，"9·11"事件暴露了美国这个超级大国的战略弱点，对其国际战略和对外政策的影响是深远的。

  首先，"9·11"事件促使人们思考，为什么如今美国成了国际恐怖分子袭击的重点，他们对美国的仇恨由何而来？现在，美国民众的大多数虽然支持对"9·11"事件的策划者进行打击，但也有不少头脑清醒的人士看到了霸权主义的危害性和调整对外政策必要性。例如：美国恐怖问题专家鲁宾斯坦指出，恐怖主义袭击在促使人们思考，"是需要保持绝对的统治地位、成为新罗马呢，还是必须重新评估和重建与世界其他国家的关系？布什认为，恐怖分子想'摧毁民主和西方文明'，电视也播出了这种景象。但是伊拉克遭轰炸、贫铀弹后果、医院和学校被炸死炸伤的儿童又是什么景象呢？伊拉克死亡了100万儿童，人们却看不到，人们所要求的是从内部检讨美国的对外政策"。① 美国《圣迭戈联合论坛报》的一篇文章写道:"'9·11'事件的发生不是偶然的。我们做了什么导致这样的后果?二战以来美国成了世界上最富有、最强大的国家,美国人因此认为他们不必受国际法的约束。我们一意孤行地推行国家导弹防御系统,我们拒绝交纳联合国会费,我们拒不接受《全面禁止核试验条约》、《京都议定书》,拒绝禁止使用地雷。简而言之,'9·11'事件是个悲剧,但它不能抹杀我们这么多年来对其他国家,对那些无辜百姓所犯的错误,我们这一代人有责任正视我们国家所做的错事。"② 美国《巴尔的摩太阳报》一篇文章指出:"许多地方出现了针对美国的形形色色的厌恶、憎恨、愤怒和仇恨情绪,反美人士包括韩国的学生、日本的右翼分子、希腊的足球迷、俄罗斯的神甫、加纳的伊玛目、巴基斯坦的示威者,等等。布什总统说,驾驶飞机撞世贸中心和五角大楼的人是因为他们仇视自由。这可能有一定道理,但世界各地研究反美情绪根源的人们一致认为,真正的答案比总统的解释更为复杂而具体。在这个由单一经济和政治超级大国支配的世界上,反美情绪是一种强大的力量。"③ 不仅美国本身一些人士在反思,而且美国的朋友也在反思。例如,欧盟外交事务负责人、香港前总督彭定康针对美国当权者的"单边主义"指出:"实际上,多边主义对减少暴力行为是有帮助的。""那些参与制订美国政策的人大概也应该想一想,为什么他们在世界一部分地区不得人心。""重要的是应该承认,一个多元化的、开放的社会应该受到人们的保护。当我们谈论人权的时候,我们往往把它看成是欧洲人和美国人才有的概念,就好像这种美德是我们的专利一样。""让我们看看20世纪发生在欧洲的那些反人类的行为是多么普遍吧!"④

---

① 〔美〕鲁宾斯坦:《暴力输出国》,智利《世纪》周刊,2001年9月24日报道。
② 〔美〕林赛·赛根等:《年青一代在问:这是为什么?》,2001年9月28日《圣迭戈联合论坛报》。
③ 〔美〕威尔·英格伦:《各地出现的形形色色反美情绪》,2001年9月28日《巴尔的摩太阳报》。
④ 〔法〕记者泽基尼采访录:《美国应该想一想为什么他们在世界一部分地区不得人心》,2001年10月9日《世界报》。

其次，人们也在思考，既然美国如此强大，为什么却这么容易受到恐怖主义的袭击，美国的军事和国防战略是否合理？长期以来，美国当权者和战略家们并非没有看到遭受恐怖主义袭击的可能性，几届政府制定的国家安全战略文件中都提到了恐怖主义袭击的严重性。但他们的大多数还没有摆脱冷战时期形成的旧思维，仍然以争夺和维护世界霸权以及国家对抗为战略思想的出发点。在他们看来，目前美国世界霸主地位的主要威胁和挑战是来自俄罗斯和中国这样的潜在竞争对手以及不听美国摆布的"无赖国家"、"流氓国家"。正因如此，他们又拾起了美苏争霸时期提出的、已搁置多年的"星球大战"计划，不惜冒重新掀起军备竞赛的危险，不惜花费巨额资金，积极构建国家和战区导弹防御系统，力图使美国"既有矛又有盾"，从而更加充分地发挥其核优势，对其他国家进行核威慑。而"9·11"事件表明，对于美国安全的现实威胁既不是俄罗斯和中国这样的"潜在对手"，也不是所谓"无赖国家"、"流氓国家"，而恰恰是那些看不见、摸不着，但却无孔不入的恐怖主义者。对于他们来说，核武器的威力还不如一条警棍，无异于用大炮打跳蚤，导弹防御系统不仅是远水不解近渴，恐怕是永远派不上用场。2001年11月1日，美国国防部部长拉姆斯菲尔德著文称：必须根据"9·11"事件的新形势修改军事战略。应把"清除恐怖网"列为"首要"任务。因此，"必须把国防规划由过去的'以威慑为基础'的模式转向今后的一种'以能力为基础'的模式。我们必须把重点放在敌人有可能采取何种攻击方式，而非我们今后的敌人可能是谁以及战争可能在哪里发生"。[①]简言之，美国军事战略的目标将是不能预先确定的，这与不久前还预先将某国列为"潜在对手"的方针是有区别的。

当然，现在美国当权者复仇心切，让他们完全接受这些明智的意见和见解，特别是公开承认其霸权主义和强权政治对世界乃至对美国自身安全的危害是困难的。但也不能说国内外上述种种

[①] 〔美〕拉姆斯菲尔德：《超越这场反恐怖战争》，2001年11月1日《华盛顿邮报》。

见解和规劝不会起作用。事实上,现在美国领导人的一些讲话与事件发生前已有了明显变化。过去,美国领导人总是习惯于强调美国的实力和美国的领导地位,而现在则大多强调国际合作特别是大国合作的重要性。例如,前总统老布什的国家安全顾问斯考克罗夫特著文说:如果说这次反恐怖战争"与1990年的海湾战争有什么不同,那就是我们目前对朋友和盟友的依赖性更大"。合作不仅对反恐怖战争有好处,而且"它还能帮助美国改掉这样的恶名:它一直在奉行单边主义;对其他国家如果不说是傲慢自大,至少也是漠不关心。它可以使我们本着合作的精神同那些目前同我们之间存在着各种问题的国家,如俄罗斯、中国、伊朗和巴基斯坦,展开合作"。[①] 美国国务卿鲍威尔著文说:全球反恐怖行动"可以为我们加强和重新塑造国际关系、扩大和建立合作领域敞开大门,俄罗斯和中国为这一空前的全球努力作出了贡献,在反恐怖主义行动中建立的磋商与合作惯例,能为加强我们与这两个国家在其他领域的关系创造机会";"巴基斯坦和印度这两个强烈对抗的国家也加入了国际联盟,这可能为两国提供机会,以探索关于南亚次大陆的稳定的新思维";"杀人凶手及其同谋以伊斯兰为幌子犯下令人发指的罪行,这是对伊斯兰教的歪曲,我们看到了加强我们与伊斯兰世界关系的新天地"。"在一系列广泛议题上进行国际合作的前景从来没有如此光明","我们将抓住这样的机会"。[②] 看来,美国政府对其国际战略和对外政策进行某种调整已是大势所趋,在一定时期内,对付恐怖主义活动、组建反恐国际联合阵线,将代替构建导弹防御系统成为美国国际战略的新重点。

2. "9·11"事件与大国关系的变化和发展前景

从实践来看,美国为了争取世界各国特别是各大国对其反恐怖主义战争的支持,的确在调整其与相应国家的关系;世界各国特别是各大国也都不同程度地表示了对美国的支持,虽然它们对

---

① 〔美〕布伦特·斯考克罗夫特:《建立联盟》,2001年10月16日《华盛顿邮报》。
② 〔美〕鲍威尔:《一场长期艰苦的斗争》,2001年10月15日《新闻周刊》。

这场战争的立场和政策与美国有差异。事实上，世界各国对美国已经开始的阿富汗战争的支持率高于过去它发动的战争。这是因为：第一，各国人民对美国无辜平民遭受的灾难深为同情；第二，"9·11"事件暴露了恐怖主义的危害性，今天袭击的是美国，明天或许就会落在别国人民头上，它的确是当今世界的一种公害；第三，美国政府争取国际同情和支持的努力也起了一定作用，美国政府从来没有像今天这样向世界各国求援，表示了如此多的谢意和友善。应该说，美国这种新的外交姿态取得了成效。与此同时，各国展开了频繁的外交活动，大国首脑会商空前活跃。不仅美国领导人与各大国反复联系、磋商，而且其他各国之间的联系和交流也十分热烈。这表明了世界各国特别是各大国对恐怖主义问题的普遍关切。值得指出的是，由中俄两国和一些中亚国家早在5年前共同组建的"上海五国机制"以及2001年6月在该机制基础上组建的"上海合作组织"，首先是为共同反对恐怖主义而形成的。该机制成立的第一个办事机构就是设在吉尔吉斯斯坦首都的"反恐怖协调中心"，上海合作组织成立宣言发布后，参加国领导人通过的第一个文件就是《打击恐怖主义、分裂主义和极端主义上海公约》，这些举措在维护地区和平与稳定方面已发挥了重要作用。由此看来，在新形势下，形成某种形式的反恐怖主义的国际合作机制并非没有可能，虽然需要克服的困难和障碍很多。这种可能性突出地表现为，大国关系特别是矛盾和冲突较多的大国之间的关系，出现了改善的苗头。

"9·11"事件首先为俄美关系的调整提供了契机。事件发生后，普京总统立即给布什总统打电话，对美国人民遭受的袭击深表同情，说恐怖分子对美国的袭击是"对全人类"的挑战，表示要"全力"支持美国的反恐怖主义行动。从实践来看，俄罗斯不仅主动向美国提供有关塔利班的情报，为美国在阿富汗的军事行动出谋划策，而且同意美国利用其在塔吉克斯坦的军事基地。更值得注意的是，普京总统还表示，将撤销从前针对美国的设在古巴和越南的军事设施和基地。他还宣称，俄罗斯可以考虑在特定条件下加入北约，俄罗斯的一些人士甚至提出了以俄罗斯参战来换取美国同意俄罗斯参加北约的动意。对于俄罗斯的这种善意,美国政府在反复表示谢意的同时,也作出了一些积极的回应。例如,美国国务卿鲍威尔宣称,美俄关系进入了历史新阶段。美国国防部宣布,推迟原定的国家导弹防御系统的试验,不会有违背1972年美苏反导弹条约的事情发生,暗示中止两国关于反导条约的争议。2001年10月15日,在布什总统出席亚太经合组织上海会议前夕,总统安全事务助理赖斯在答记者问时也说:"现在是走出冷战阴影,与俄罗斯建立一种新型关系的时候了。我想,'9·11'事件显示了建立这种关系的极大可能性。""至于车臣问题,总统清楚地知道,我们两国的政策在关于人权问题上继续存在分歧;但是,有一点是肯定的,我们也已经告诉车臣领导人,在车臣问题上实现政治解决是重要的。作为合法的车臣领导人把握下面这一点是重要的:在他们当中不应有国际恐怖分子。"这意味着美国已向车臣叛乱分子打招呼:要与阿富汗恐怖分子脱离关系,不是用战争而是用谈判的方法来解决与俄罗斯联邦政府之间的分歧。这与美国以前的态度明显有区别。在上海会议期间,美俄两国总统还专门发表了会谈公报,宣称在打击国际恐怖主义方面全面合作。俄罗斯这种种表示,一方面是因为,塔利班和本·拉登集团是车臣叛乱分子的重要支持者,在打击这股势力方面俄美两国具有一定的共同利益;另一方面也表明了俄罗斯想与美国改善关系,缓和由于"反导条约"问题两国关系形成的紧张局面。但西方和俄罗斯报刊都有人认为,普京总统这种种"异乎寻常"的表态背后,可能还有现在还不得而知的"深机"。

中美关系也出现了明显的改善迹象。众所周知,布什总统上任前后反复声言,美国与中国不是什么战略伙伴关系,中国是美国潜在的战略对手和竞争者。美国一些战略家和谋士则起劲地鼓吹,中美之间战略利益的对立因素过多,而共同利益太少。布什总统上任后,中美两国之间的摩擦、冲突不断。但自撞机事件后,两国紧张关系已趋于缓和,"9·11"事件又为两国关系的改善和发展提供了新契机。事件发生后,江泽民主席立即代表中国政府和人民向美国政府和人民表示了深切的同情和慰问,并表达了中国政府一贯反对任何恐怖主义的原则立场。此后,布什总统三次与江泽民主席通话,在对中国政府和人民表示感谢的同时,希望在反恐怖斗争中得到中国的支持。布什总统在处理"9·11"事件的繁忙时刻,亲自参加在中国上海召开的 APEC 会议,是他在事件发生后第一次出国访问,反映了美国对中国和这次 APEC 会议的高度重视。两国首脑在会谈当中就共同反对恐怖主义方面进一步交换了意见,达成了广泛共识。此外,在"9·11"事件对美国飞机制造业造成严重冲击,公司订单大幅减少的情况下,中国宣布向波音公司订购30架客机。所有这些使美国各界人士清楚地看到,尽管两国政府在一系列问题上存在分歧,但两国合作的领域宽广,绝非像某些反华人士宣传的那样"共同利益太少"。例如,美国人权观察组织亚洲地区主任迈克·延杰伊奇克说:"美中关系可以进一步发展","尽管中国领导人内部对美国的看法不一,而且疑虑重重,但他们一致认为要改善与美国的关系"。"布什总统应该利用与江主席的会谈,开始为美中两国之间正在进行的交往奠定基础。"[1] 美国乔治·华盛顿大学中国政策计划主任戴维·香博与伍德罗·威尔逊国际研究主任罗伯特·利特瓦克联合著文称:"布什总统明天出席亚太经合组织首脑会议的中国之行也许标志着两国关系中一个具有新实质的更为成熟的阶段。""政府内部在中国政策上的分歧已经变得沉默了。""单是前往上海这一举动也将会有助于布什总统了解正在迅速实现现代化的中国的现实,使他切实感受到一个常常被简化为抽象概念和成见的国家"。"华盛顿与北京近年的紧张关系也许会因为共同问题的多国处理而得到缓和,尽管两国将会继续存在摩擦,但国际联盟和多边机制为今后的中美合作提供了一个有成效的途径。"他们认为,不管是"战略伙伴"还是"战略对手"都不能反映两国"好坏参半和错综复杂"的关系,"美国与中国的关系将逐渐被置于一个范围更大的全球框架内"。[2]

此外,"9·11"事件后,美国政府也力图改善与其他大国的

---

[1] 〔美〕迈克·延杰伊奇克:《美中关系可以进一步发展》,2001年10月12日《国际先驱论坛报》。

[2] 〔美〕戴维·香博、罗伯特·利特瓦克:《险恶世界的共同利益》,2001年10月17日《纽约时报》。

关系。这除了加强与德法等西欧国家和日本等盟国的关系之外,还力图改善和加强与印度、巴基斯坦以及其他伊斯兰国家的关系。例如,为了争取这些国家的支持,美国已宣布,取消因核试验对印巴两国的制裁,向巴基斯坦提供经济援助,宣布支持巴勒斯坦建国,要求以色列克制等。

这次在上海召开的APEC成员国首脑非正式会议,除了讨论经济问题之外,还讨论了反对恐怖主义的问题。尽管有一些重要的伊斯兰国家参加,存在着不同的认识,但在共同反对恐怖主义问题上还是达成了许多共识。会议还专门通过了《亚太经合组织领导人反恐怖主义声明》,这包括如下重要条文:"领导人认为,这种屠戮生命的行为,不论发生在何时、何地,针对何人,由谁所为,都严重威胁着所有人民,所有信仰,以及所有国家的和平、繁荣和安全";"领导人认为,必须全面加强各层次、综合性的国际反恐合作,重申联合国应在此方面发挥主导作用";"领导人承诺,恪守《联合国宪章》和其他国际法,防止、制止一切形式的恐怖活动,呼吁尽快签署并批准包括《禁止资助恐怖主义的国际公约》在内的所有国际反恐公约";等等。[1]

由上可见,在"9·11"事件的影响下,大国关系确实出现了改善的趋向。因此,国际上有不少评论者对未来的大国关系和世界形势作出了相当乐观的估计。例如,美国著名智囊库卡内基国际和平基金会的国际问题专家认为,不管人们的主观认识如何,这次事件"是冷战后大国关系的一个分水岭"。英国伦敦国际战略研究所所长约翰·奇普曼说:"一个新的战略时代已经来临",在这个新时代,"美国有了一个新定义的敌人,它既不是旧苏联,也不是悄然复活的中国,而是国际恐怖主义"。在这个新时代,"即将建立起新的关系,甚至是新的联盟,而且这一切很可能是持久的"。[2] 联合国高级官员沙希·塔鲁尔则说,"9·11"事件前人们

---

[1] 《亚太经合组织领导人反恐怖主义声明》,2001年10月22日《解放日报》。
[2] 美联社记者贝丝·加德纳2001年10月18日伦敦报道:《对美国的恐怖袭击预示着新时代的来临》,转引自新华社《每日电讯》2001年10月26日。

常说 21 世纪是美国世纪,现在看来"21 世纪将是一个过去从来没有过的'全世界'的世纪","前所未有的相互理解的时代"。[①]

但应指出,对于未来大国关系和世界形势的发展前景,远非所有评论者都这么乐观,国际上有不少人士对于美国当权者是否真的愿意检讨其单边主义政策、改善与各大国的关系、尊重别国的意见和利益仍有很大疑虑。例如,俄罗斯学者伊瓦绍夫指出:"美国不反思导致恐怖袭击的根本原因,而是企图利用这一事件来实现自己的梦想","布什严正警告,说凡是用任何方式支持恐怖主义的国家和政府都是美国的敌人","这就为其军事政治行动找到了理由"。他认为,美国"利用建立反恐怖国际联盟来束缚所有人的手脚,为实现其称霸世界的梦想迈出重要一步"。连美国本身也有人认为,当权者目前的种种言辞只是一种策略,说美国放弃单边主义只是一种"神话",是"美国人和盟国人的愿望"。"但事实表明,'9·11'事件后布什政府的单边主义比过去任何时候都表现得更加严重了。"[②] 还有不少评论者认为,美国之所以热心进攻阿富汗,除了打击塔利班和本·拉登集团之外,还有其他更为深远的战略意图,如乘机进入中亚地区,控制这一地区的石油资源,影响这些国家的发展方向,进一步加强对俄罗斯和中国这两个战略对手的包围,等等。

我们认为,对大国关系未来走向的上述两种评论,都有一定的根据,都有参考价值,它们之间的差异恰恰反映了当前大国关系中积极因素与消极因素并存和交织的复杂态势。事实上,大国之间特别是俄罗斯、中国与美国之间战略利益的差异和矛盾具有主客观方面的原因,是长期积累的,不可能通过一次事件就能根本消除,今后出现新的矛盾和摩擦仍是可能的。但也应看到,在世界政治经济发展中,促使世界各国特别是各大国合作的因素也在增多,时代在前进,人类文明在发展,大国对抗、争夺和称霸

---

① 〔美〕沙希·塔鲁尔:《21 世纪面临乐观的前景》,2001 年 10 月 26 日《国际先驱论坛报》。
② 〔美〕吉姆·曼:《美国放弃单边主义了吗?没有!》,2001 年 10 月 24 日《洛杉矶时报》。

并非亘古不变的历史循环。当然，为了消除恐怖主义这种全球性公害，世界各国仅在打击"9·11"事件制造者方面取得目前这种共识是远远不够的。更为重要的是，应在《联合国宪章》和公认的国际法原则基础上，建立正常的国家关系，以及公正合理的为世界大多数国家所能接受的国际政治经济秩序，从而消除国际恐怖主义产生的根源，特别是应放弃以往那种对于恐怖主义活动为我所用的双重标准。在这方面，世界各大国无疑负有更大的不可推卸的责任。这也是大国关系正常化的重要前提。

（中国社会科学院世界经济与政治研究所

研究员 王金存）

第五章
国家战略与恐怖主义

20世纪90年代以来,恐怖主义在全球有蔓延、扩大之势。恐怖主义组织的类型五花八门,大致有以下几种类型:民族主义型的恐怖主义、宗教型的恐怖主义、极右翼的恐怖主义、极"左"翼的恐怖主义、种族主义型的恐怖主义、黑社会型的恐怖主义,等等。恐怖主义组织的活动范围几乎遍布全球。恐怖主义攻击的对象,囊括了各类国家,其中,美国所受攻击最多,损失最大。每次恐怖袭击都有其具体的原因。纠缠这些具体的原因,未必有利于找到产生恐怖主义的真正根源,未必有利于国际社会铲除恐怖主义的斗争。恐怖主义作为一种历史现象,有着深刻的社会经济、政治背景。探寻当代世界恐怖主义产生根源的一个重要方面,是分析国家战略(国家的对内、对外政策)与恐怖主义产生的关系。

一 国家战略与恐怖主义产生的关系

2001年"9·11"恐怖袭击事件像珍珠港事件一样,震撼了美国,震撼了世界。包括中国在内的整个国际社会,都对美国人民表示了深切的同情和慰问,都对恐怖主义表示了坚决的反对和强烈的谴责。在反对恐怖主义这一人类公害的问题上,国际社会表现了空前的一致。为了根治恐怖主义,各国舆论都在探索产生恐怖主义的原因,以便对症下药,事半功倍地除去恐怖主义这一人类公害。在探索产生恐怖主义的原因时,人们往往不约而同地提出：为什么重大的恐怖行动大多是针对美国的？美国记者朗沃思在一篇题为《专家认为，美国必须解决导致仇恨的根源》的报道中写道：澳大利亚前外长、国际危机研究组织负责人埃文斯认为，如果布什政府的反恐措施不与"消除怨愤和绝望情绪滋长的土壤"的长远措施相结合，那么它针对恐怖主义发动的战争就不会奏效。[1] 记者乔纳森·鲍尔在一篇发自斯德哥尔摩的题为《美国为傲慢付出代价》的报道中写道："我采访了各行各业的欧洲普通百姓，他们都说，美国一贯傲慢自大而毫不体谅他人，结果掉进了自己挖下的泥潭。"[2] 联合国秘书长安南在接受法国《费加罗报》记者采访时强调："必须打击恐怖主义的根源——贫困和愚昧。"[3]这些见解使我们不得不追问：什么是导致世界各地出现"怨愤和绝望情绪"的原因？为什么说美国掉进了"自己挖下的泥潭"？谁应该为许多发展中国家的"贫困和愚昧"负责？回答这些问题不得不涉及许多国家的国家战略，特别是美国的国家战略。本章讨论这个问题是为了理智地探讨产生恐怖主义的原因，以便国际社会能够就彻底根除恐怖主义应该采取什么措施达成共识。因此，本章对美国和其他一些国家国际战略和国家政策的评论，丝毫不影响中国对与包括美国在内的国际社会就共同打击恐怖主义问题所作出的承诺。

1. 美国

霸权主义、强权政治催生了对其抗争的一种病态形式：恐怖主义攻击。冷战时期，美国霸权主义的主要打击对象是苏联和苏联集团。那时，美国对一些处于两大军事集团之间的中间地带国家，例如南斯拉夫，采取的是拉拢的态度。这样，美苏争霸的主要矛盾就掩盖了美国与许多第三世界国家的矛盾。冷战结束后，美国成为世界唯一的超级大国，美国以冷战的胜利者自居，霸权主义、强权政治反而有所发展。美国的全球战略有以下三个目标。

---

[1] 〔美〕2001年9月22日《芝加哥论坛报》。
[2] 〔美〕2001年9月18日《圣保罗先锋报》。
[3] 〔法〕2001年11月5日《费加罗报》。

第一，维护美国的经济安全。通过主导制定国际经济规则，为美国在经济全球化进程中争取最大的利益。美国的逻辑是：符合美国的利益，就是符合世界的利益。这种无视广大发展中国家利益的美国对外经济战略，使不合理的国际经济秩序得以维持甚至加剧，成为南北经济发展差距扩大的一个重要原因。苏联的解体，使美国不再需要用经济援助来争取那些过去处于中间地带的国家。美国对发展中国家的发展援助呈下降趋势。这是一些发展中国家被"边缘化"的重要外部原因之一。据联合国统计，"最不发达国家"的数量已从20世纪80年代的20多个增加到现在的48个。世界上处于"经济绝望"中的人群数量在不断增加。

第二，在全球推行美国的"民主观"、"价值观"，通过"全球民主化"，使全球"美国化"，从制度上保证美国的全球霸权。这种"民主的霸权"、"仁慈的霸权"，无视世界多样性，无视他国主权的意识形态和社会制度输出，自然造成了国际社会的普遍不满和民族主义的抬头。这是极端民族主义趋向活跃的重要国际背景。

第三，维护美国的军事安全，确保美国的全球霸主地位。冷战结束以后，美国继续加强原有的军事联盟，并赋予其新的任务，以便压缩过去敌人的战略空间，防止其东山再起。同时，遏制潜在的未来"敌人"。这种战略，使美国加强了对巴尔干事务、中东、阿拉伯事务、中亚事务、南亚事务和东亚事务的干预和控制。这些过去的"中间地带"，现在成了美国维持其世界霸主地位必须控制的地区。

美国霸权主义所追求的国际目标，远远超出了一个国家合理利益的范围。美国所追求的，是经济领域、军事领域、意识形态、社会制度领域在全球至高无上的地位，而且要把美国的社会制度、意识形态和价值观作为样板，推广到世界各国。美国的这种国家战略，无视其他国家的利益和主权，无视各国文化、意识形态、社会制度的多样性，处处表现出"美国至上"的傲慢与优越感：美国的利益就是世界的利益，一切都要服从美国的意志，照美国说的去做，否则就是"异类"，就要受到孤立、歧视、遏制和惩罚。美国的霸权主义理所当然地受到世界大多数国家和人民各种形式的抵制和反对，其中夹杂了一种病态的形式——国际恐怖主义。因此，当代国际恐怖主义特别是针对美国的国际恐怖主义的主要根源之一，是美国的霸权主义国际战略。下面做一些具体的分析。

①冷战时期的遏制苏联战略。在美苏争霸的数十年间，美苏两国的对外扩张和霸权主义行径，是世界许多地区冲突的根源，也为恐怖主义的蔓延提供了气候和土壤，有时超级大国往往直接从事恐怖活动，为恐怖组织提供了"示范"。冷战时期，美国和苏联或明或暗地策划、参与和支持一些旨在打击对方或对方的代理人势力的恐怖主义活动。其中，尤以美国为甚。美国总是以遏制共产主义为名支持、策划或直接从事国际恐怖活动，把恐怖活动视为实现美国国家利益的重要辅助工具。以下是几个典型的例子。

古巴：美国政府不能容忍在西半球，在自己的鼻子底下有一个社会主义的古巴，必欲除之而后快。1961年4月17日，美国派遣雇佣军入侵古巴，这就是著名的"猪湾事件"。这次对古巴的军事入侵以失败告终。此后，美国一直支持古巴流亡分子从事针对古巴政府的恐怖活动。据美国中央情报局1997年的解密文件透露，40年来，中央情报局策划了637次对卡斯特罗的暗杀，但都没有成功。1969~1979年，美国中央情报局训练与指使古巴流亡分子在美国和加勒比海地区发动了针对古巴的89起恐怖活动。例如，1976年4月，迈阿密的古巴流亡分子袭击了两艘古巴渔船，不久又爆炸了古巴驻葡萄牙使馆；7月，爆炸袭击古巴到联合国的代表团；8月，绑架古巴驻阿根廷的两名外交官，爆炸古巴航空公司驻巴拿马办公楼；10月，炸毁了一架古巴民航客机（机上73人全部遇难），并烧毁古巴驻委内瑞拉使馆；11月爆炸古巴驻西班牙使馆，等等。冷战结束后，针对古巴的恐怖活动也没有停止。1994~1997年，与美国中央情报局联系密切的古巴流亡者就在哈瓦那等地对饭店、旅游公司等民用设施发动了30多起炸弹攻击，给古巴的旅游业造成了严重的损失。[①]

尼加拉瓜：1979年7月，尼加拉瓜的桑地诺解放阵线推翻了

---

① 胡联合：《当代世界恐怖主义与对策》，东方出版社，2001，第292~293页。

该国亲美的索摩查独裁统治。苏联为了扩大自己的影响，向尼加拉瓜提供了军援和经援。里根政府以遏制共产主义为名，于1981年拨款1900万美元建立了一支有尼加拉瓜流亡分子组成的雇佣军，并支持其他反政府武装，纵容或指使其进行反尼加拉瓜政府的各种恐怖破坏活动。1990年，美国支持的尼加拉瓜反对派终于上台执政，但该国的恐怖活动并没有被根除。例如，1993年8月发生了绑架该国副总统和70名政要的恐怖事件，还发生了绑架9名记者的人质事件。[1]

美国为了维护自己的霸权地位，在国际关系中无所不用其极：到处支持各种宗教极端势力、民族分裂势力，打击美国心目中的"敌人"和"对手"，甚至不惜采取绑架、暗杀手段。美国中央情报局除了多次策划刺杀卡斯特罗以外，还在1959年策划了对柬埔寨西哈努克亲王的袭击（未成功），1960年中央情报局暗杀刚果总理卢蒙巴未果，于1961年支持刚果反对派杀死了卢蒙巴。1963年美国中央情报局参与了对南越总统吴庭艳的刺杀行动。1973年中央情报局在推翻和谋杀智利总统阿连德的行动中扮演了重要角色。[2] 根据杜鲁门总统1947年7月签署的《国家安全法》成立的中央情报局曾导演了无数次的恐怖暗杀和颠覆活动。主要对象是那些不听命于美国的国家和政府领导人。1973年暗杀卡斯特罗的计划泄露以后，当时中央情报局局长威廉·科尔比禁止再搞这类暗杀行动。1978年吉米·卡特总统扩大了这一禁令，但有一个例外，即此项禁令不适于战争时期和出于自卫的突击行动。因此，禁令发布以后，中央情报局仍策划了一些暗杀行动。例如，1985年美国士兵在黎巴嫩遭受袭击并有241人丧生，为了报复，中央情报局策划了对真主党精神领袖法德拉拉的汽车炸弹谋杀，结果造成80人死亡而法德拉拉却逃过了这一劫。这种相互的恐怖袭击，造成了仇恨与暴力的恶性循环，恐怖袭击没完没了。中央情报局的恐怖活动客观上向国际恐怖分子提供了示范。最近，英国《星

---

[1] 胡联合：《当代世界恐怖主义与对策》，东方出版社，2001，第294~295页。
[2] 〔德〕2001年10月21日《星期日世界报》。

期日泰晤士报》报道,约旦当局在一名恐怖分子哈利勒·迪克家中搜出了一本本·拉登领导的"基地"组织的长达7000页的训练手册,名为《圣战百科全书》,共11卷。此书总结了抗击苏联入侵阿富汗10年游击战的经验,并吸收了所窃取的美国中央情报局和其他国家情报机关特工所用手册的内容。手册第11卷讲解了如何散布有致命威胁的生物体和毒药,包括肉毒杆菌毒素、病毒感染、炭疽和蓖麻毒素。一名保加利亚特工曾于1978年将蓖麻毒素涂抹于雨伞顶尖上,在伦敦暗杀了一名保加利亚不同政见者(苏联集团也进行过恐怖暗杀活动)。上述情况表明,美国对国际恐怖主义势力的发展,起了推波助澜的作用。人们不禁要问,美国自己从事的恐怖活动,是否也是一种恐怖主义?一位西方学者写道:"在西方的恐怖主义模型中,西方代表民主与人权。而事实上,是它在组织与发动主要的恐怖主义活动";"美国是一个正当的恐怖主义国家。"[1]

阿富汗:阿富汗是苏联进入温水海洋的最近通道,对美国的国家战略而言,决不能允许阿富汗落入苏联的势力范围。1979年苏联入侵阿富汗以后,美国出于遏制苏联的需要,全力支持阿富汗境内的一切反苏武装。基辛格写道:"里根主义即是美国将协助反共的义军,促成其国家脱离苏联的势力范围。这表示,武装阿富汗穆斯林反抗俄国人,支持尼加拉瓜的反政府游击队,并且援助埃塞俄比亚和安哥拉的反共势力。整个20世纪60~70年代,苏联煽动共产党针对美友好国家之政府,发动叛乱。现在,到了20世纪80年代,美国人以其人之道,还治其人之身,让苏联尝尝味道。"[2] 本·拉登团伙和塔利班组织都是美国扶植的反苏力量。在阿富汗反苏战争期间,美国向反苏武装力量提供了约30亿美元的援助,其中向希克马蒂亚尔游击队提供的经费占1/3,向本·拉登团伙提供了2.5亿美元的军援,包括几百枚毒刺式地对空导弹。

---

[1] Alexander George (ed.), *Western State Terrorism*, Cambridge: Polity Press. 1991, pp. 16 – 17. 转引自胡联合《当代世界恐怖主义与对策》,东方出版社,2001,第290页。

[2] 〔美〕亨利·基辛格:《大外交》,海南出版社,1997,第716页。

美国从魔瓶中放出了本·拉登、希克马蒂亚尔等势力以后，就再也控制不了他们了。90年代以后，本·拉登因不满海湾战争后沙特阿拉伯王室的亲美政策，不满沙特阿拉伯的西化和经济上的殖民化，不满美国异教徒对伊斯兰圣教的亵渎，转而采取极端的反美立场，对美国发动了一系列恐怖袭击。其中，1998年8月对美国驻肯尼亚和坦桑尼亚大使馆的爆炸事件，造成了250多人死亡、5000多人受伤，震惊了世界。最近塔利班已经证实，美国中央情报局过去支持过的希克马蒂亚尔正在向塔利班提供人员和武器，帮助塔利班抵抗美国的攻击。① 从一定的意义上说，本·拉登、希克马蒂亚尔等恐怖主义团伙的活动，是美国霸权主义政策酿下的苦酒。

②冷战结束后美国的地缘战略。冷战结束以后，美国的全球战略重点，是加强对欧亚大陆的控制。其主要目标是防止俄罗斯东山再起，成为新的"帝国"；遏制中国的崛起，防止中国成为"挑战美国"的力量。② 为此，美国除了加强原有的北约和美日军事同盟以外，特别加强了对巴尔干、中东、中亚和南亚这些次区域的渗透和控制。目的是：第一，压缩俄罗斯的战略空间；第二，防止俄罗斯与伊斯兰国家或中国与伊斯兰国家结盟反对美国和西方；第三，向中亚的渗透，以便取得分裂和遏制俄罗斯和中国的前进基地；第四，取得控制石油产地的战略利益。为了加强对这些次区域的渗透和控制，美国不惜在这些对地区制造一些事端（下面将进行专门分析），拉一派、打一派，以便为美国介入这些次区域事务找到理由。美国地缘战略实施的结果，使这些次区域都出现了长期的内乱、战乱，造成了许多国家的经济下滑、停滞、倒退、崩溃，造成了大量的贫困人口和难民——他们属于绝望的人群，成为形成恐怖主义的良好土壤。

③美国的中东、中亚石油战略。美国一半以上的石油消费需

---

① 记者里查德·埃利希发自伊斯兰堡的报道：《中情局曾支持的军阀向塔利班提供支持》，〔香港〕2001年10月23日《南华早报》。
② 〔美〕兹比格纽·布热津斯基：《大棋局：美国的首要地位及其地缘战略》第七章，上海人民出版社，1998。

要从海外进口。但是，美国进口石油的85%来自中南美洲国家。中东、中亚石油在15年内不会成为美国进口石油的主要来源。但这两个地区对美国并非不重要。中东的石油储藏量占全球石油储藏量的60%以上，主要供应欧盟、日本、中国、东盟和韩国。其中，欧盟和日本石油需求的80%依靠中东的供应。近年来，在里海地区和哈萨克斯坦等中亚国家发现了大量新的油、气田，使这一地区有可能成为第二个中东。因此，控制中东和中亚的油、气生产国，是美国石油战略、地缘战略的重要目标，其战略意义在于：第一，确保美国石油公司在中东、中亚的油、气开采权。这将为美国带来巨额的利润。尽管美国在15年内不会主要依靠中东、中亚的石油，但是，美国决不会放弃开采油、气的巨大商业机会。从长远看，中东、中亚可能成为未来美国的重要油、气供应来源；第二，确保美国的盟国欧盟和日本的石油供应。这是确保北约和美日军事同盟正常运转的重要条件，也是维持美国作为西方联盟盟主地位的重要条件；第三，把俄罗斯势力排挤出中东、中亚和掌握向中国输送石油的阀门，是遏制俄罗斯和中国的重要手段。

为了介入中东事务并控制这一地区，美国在海湾战争中故意及时刹车，保住了萨达姆政权，以便利用伊拉克和伊朗、沙特阿拉伯之间的矛盾，确保美国在这一地区的存在，介入这一地区的事务并控制这一地区。例如，在海湾战争结束后，美国仍然在沙特阿拉伯维持7000人的长驻军队，把沙特阿拉伯置于自己的保护之下。据认为，这是导致本·拉登强烈反美情绪的直接原因。沙特阿拉伯受伊斯兰世界的委托守护着伊斯兰教的第一圣地麦加和第二圣地麦地那。本·拉登认为，允许美国在沙特阿拉伯驻军，意味着沙特阿拉伯放弃了自己的责任，丢掉了自尊，屈服于西方。[①] 对此，本·拉登在1998年在接受"半岛阿拉伯语电视台"采访时说道："我们要求解放被敌人控制的土地。要求美国人把土地还给我们。"他还说："我们坚信自己是为保卫家园而献身的穆斯林，为

---

① 芝生瑞和：《美国为什么遭人恨》，〔日〕《经济学人》周刊，2001年11月6日第1期。

保卫'天房'而死是无上的光荣。因此我们的目标是把我们的伊斯兰领土从恶魔的手中解放出来。"①

在中亚,美国对这一地区的民族分裂势力、宗教极端势力和恐怖主义活动睁一只眼,闭一只眼,唯恐天下不乱。乱了,才能为美国介入这些中亚共和国事务提供机会,才能最终将俄罗斯的势力排挤出这一地区。

美国对中东、中亚地区的介入、控制战略造成了这两个地区的长期动乱,激发了这两个地区民族主义的抬头和强烈的反美情绪,特别是在伊拉克。海湾战争已经结束了 10 年,然而美国对伊拉克的封锁也持续了 10 年。美国还在伊拉克领空划定了"禁飞区",并经常对伊拉克实施轰炸,造成了许多平民的伤亡。美国的封锁使伊拉克极度缺乏药品和粮食,造成了上百万伊拉克人民的非正常死亡,人民生活普遍困难。整个阿拉伯世界都非常同情伊拉克人民,都认为美国是造成伊拉克灾难的罪魁祸首。阿拉伯世界的民族主义和反美情绪有增无减。这种民族主义和反美情绪的极端形式或病态形式,就是恐怖主义。本·拉登就是这种极端的、病态的反美情绪的代表。本·拉登等人在 1998 年 2 月 23 日发出的"圣战宣告(Jihad Fatwa)"中宣称:"全球伊斯兰阵线(World Islamic Front)声明反对犹太人和十字军(指欧美部队),并要求全球的回教徒在各地杀死美国人,无论军民,以报复他们威胁攻击伊拉克。"② 为了报复美、英的长期封锁和轰炸,伊拉克一直在谋求生化武器和核武器。因此,仅仅杀死或活捉本·拉登并不能根除恐怖主义。剿灭了本·拉登的恐怖势力,还会有其他恐怖势力起而代之,甚至会出现由某些国家为背景的大规模恐怖袭击事件。

④美国的中东和平政策(巴以争端调停政策)。巴以争端持续了半个多世纪,重要的原因之一,是美国作为巴以争端的调解人,长期偏袒以色列,长期不承认巴勒斯坦人有建立自己的国家的权

---

① 〔英〕2001 年 10 月 7 日《星期日电讯报》。
② 2001 年 9 月 13 日,《广州日报》大洋网。

利。巴以之间,谈了又打,打了又谈,始终没有结果。而这正是美国中东战略的需要。巴以之间如果真正实现了和平,美国就失去了介入中东事务的借口。当然,美国偏袒以色列还有其国内政策的需要。美国的巴以争端调停政策,是服务于美国的欧亚地缘战略的。巴勒斯坦人民的利益,是美国的这一大战略的牺牲品。大批绝望的巴勒斯坦人成了恐怖主义可以利用的社会力量。人体炸弹一个接一个地爆炸,是巴勒斯坦人绝望情绪的一种表达。

　　承认巴勒斯坦人民有建国的权利,是和平解决巴以冲突的必要前提。在美军开始打击塔利班军事行动的前五天,美国总统布什在2001年10月2日宣布:"只要以色列的生存权受到尊重,成立巴勒斯坦国将是美国计划中解决中东问题的一部分。"① 这是美国首次宣布支持成立巴勒斯坦国。显然,这一迟到的表态是为了争取阿拉伯世界支持几天后美国打击阿富汗塔利班的军事行动。尽管这一表态晚到了几十年,但毕竟是一个积极的发展。两个星期后,2001年10月6日以色列总理沙龙在利库德集团的一次会议上表示,他将有条件地同意巴勒斯坦建国。② 布什总统的表态在前,沙龙总理的表态在后。这个时间顺序表明,美国是可以影响以色列政府的决策的,即使这个以色列政府是由一个强硬派人士领导的。然而,给阿拉伯民族和以色列带来了无穷灾难的巴以争端持续了半个多世纪,美国就是一直不肯承认巴勒斯坦人民的建国权利。这一事实表明美国的中东政策带有极大的私利,不但给巴勒斯坦人民、以色列人民和中东地区的阿拉伯人民带来了巨大的灾难,而且导致了阿拉伯世界强烈的反美情绪,这是巴勒斯坦、以色列的一系列恐怖事件和本·拉登等恐怖主义势力得以发展的深层原因。

　　⑤美国的"北约战略新概念"和巴尔干政策。为了加强美国的单极世界霸权,美国于1999年推出了"北约战略新概念",赋予北约独立于联合国的军事、政治新职能,规定北约可以为了

---

① 2001年10月4日《光明日报》。
② 2001年10月18日《人民日报》。

"人道主义"的理由,对北约成员国疆域以外的地区进行军事干涉。实施"北约战略新概念"有两个重大战略措施。一个是加快北约东扩的步伐,吸收尽可能多的苏联集团国家和苏联加盟共和国加入北约,压缩俄罗斯的战略空间。另一个重大战略措施是控制巴尔干半岛,并以此为基础,向东扩大北约的势力范围,经黑海、里海、中亚共和国直逼中国西部边疆。其战略目标是,从南面压缩俄罗斯的战略空间,切断俄罗斯通往中东产油国和印度洋的道路,控制中亚产油国,同时,从西面形成对中国的包围。[①] 这是美国欧亚大陆地缘战略的需要,也是美国全球战略的需要。北约南向扩展的首要重点是控制巴尔干半岛。为此,必须控制半岛上最大的国家南斯拉夫,推翻美国不喜欢的南斯拉夫政府。为此,美国以防止科索沃的"人道主义危机"为借口,纠集北约国家,对南斯拉夫进行了数月的狂轰滥炸。无数南斯拉夫居民特别是塞尔维亚居民的生命财产毁于这种"拯救人道主义"的轰炸,整个南斯拉夫的工业、交通、通信、电力设施被破坏殆尽,连学校、医院也不能幸免。在随后的科索沃联合国"维和行动"中,美国偏袒阿尔巴尼亚族武装势力,使阿族对塞族的恐怖袭击频频发生,目前已扩展到邻国马其顿共和国。

美国的"北约战略新概念"和巴尔干政策制造和加剧了巴尔干地区的民族矛盾和民族仇恨,以及失去家园和生计的当地居民对美国的仇恨,播下了国际恐怖主义的又一颗种子。

⑥美国的核威慑战略和导弹防御计划。1945年,美国用在广岛和长崎爆炸的两颗原子弹向全世界显示了美国霸权的力量和核威慑的现实性和有效性。从此,核威慑战略一直是美国称霸世界的法宝。冷战结束以后,美国又推出了"战区导弹防御计划"(TMD)和"国家导弹防御计划"(NMD),现在,把这两个计划合并为"导弹防御计划"。为此,美国已决心退出1972年的"反导条约"。美国这样做表面上是为了防止"流氓国家"对美国的导

---

① 王逸舟主编《单极世界的阴霾——科索沃危机警示》,第四章、第五章、尾篇,社会科学文献出版社,1999。

弹袭击。实际上,一旦成功实施了"导弹防御计划",美国将处于绝对安全的地位,美国可以随便使用核武器而不受被攻击国家的核反击。这将使所有国家处于绝对不安全的地位,必然引发一轮新的核军备竞赛和核扩散。2001年,美国又宣布拒绝履行"全面禁止核试验条约"和"禁止生化武器公约"的义务。这样,就加剧了所有国家的不安全感。在这样的背景下,一些国家将加强获取核武器和生化武器的努力。已有20多个国家和地区拥有生产核武器的潜力。美国的"导弹防御计划"有可能引发新一轮的核武器扩散,这无疑向人类展示了一种非常恐怖的前景。

更为危险的是,一些国际恐怖组织有可能发动核攻击和生化武器攻击。要知道,拥有最多、最先进的常规武器、核武器和运载手段的美国与世界大多数国家在军事上处于一种极不对称的状态。大多数中小国家和所有的恐怖主义组织都难以在一场正规战争中重创美国,迫使美国接受自己的主张。然而恐怖主义组织发现,无处不在的恐怖袭击是一种颠倒过来的不对称战争形式,恐怖袭击能使美国强大的军事力量没有施展自己拳脚的机会。恐怖袭击能以极小的代价给美国造成巨大的破坏,对美国居民造成全面的、持久的心理震撼。美国联邦调查局的官员在2001年9月29日声称,策划实施"9·11"恐怖袭击事件共只花费了约50万美元。而联合国发布的报告说,恐怖袭击给美国带来的财产损失高达400亿美元(不计人身损失),并将使2001年世界经济的增长率降低一个百分点,全球损失3500亿美元。纽约市财政官员估计,考虑到建筑物、死亡人员和经济停顿等损失,恐怖袭击给纽约市造成的经济损失高达1050亿美元。[1] 这种极不对称的战果,正在鼓励恐怖主义分子寻求生化武器和核武器等大规模杀伤手段进行恐怖袭击。对美国的炭疽菌攻击已经开始,其破坏效果难以估计。核技术和核材料的扩散使恐怖主义分子有机可乘。有报道说,恐怖分子可能用核电站废料制成用普通炸药引爆的"核辐射炸弹",

---

[1] 〔北京〕2001年10月1日《晨报》;2001年10月12日《人民日报》;法新社纽约2001年10月4日电。

可以造成大面积的核辐射污染,其破坏作用相当于一颗小型原子弹或中子弹。这是核扩散的一种可能的结果。如果发生了这种不幸后果,那么,追根溯源,美国的核威慑战略和导弹防御计划是负有重要责任的。

⑦种族歧视政策催生了国内对黑人和其他有色人种的恐怖主义攻击。种族歧视政策作为一项基本国策,在美国延续了约200年。其目的,是为了使资产阶级(绝大多数是白人)掠夺印第安人土地的暴行合法化,使对有色人种特别是黑人的残酷剥削合法化。这种以种族关系掩盖的阶级压迫政策,直接导致了"三K党"对黑人的长期恐怖攻击。经过黑人和其他有色人种的长期斗争,美国的种族歧视政策在20世纪60年代马丁·路德·金律师遇害以后有所收敛,黑人和其他有色人种的社会地位有所改善,"三K党"的活动也一度销声匿迹。但是极端右翼组织、极端种族主义组织并没有停止活动。这些极端主义组织仇视近20年来大量涌入美国的合法、非法移民。而美国政府的一些限制移民法案和措施无形中鼓励了各种反移民情绪。估计今后美国的各种极端组织对移民和有色人种的恐怖袭击会呈上升趋势。

⑧美国的大众文化政策为犯罪和恐怖活动提供了土壤。尽管美国文化和任何国家的文化一样,有许多积极的好的东西,但是,总的来说,美国的大众文化又有一个明显的缺陷。美国大众文化提倡一种以个人奋斗、享乐主义混合物为核心的价值观念,而大众文化产业的生存、发展是以商业利润为基础的。这样,美国大众文化的代表电影、电视就充满了色情、暴力和恐怖主义的内容。在鼓吹个人奋斗的同时,也在传播颓废主义和犯罪、仇视人类的恐怖主义。这种为了追求商业利润的大众文化,不知毒害了多少美国青少年、世界各国青少年的心灵,同时,也为犯罪分子和恐怖分子提供了进行罪恶活动的形象教材。"9·11"恐怖袭击事件发生以后,美国政府下令停止播放一些含有恐怖袭击内容的电影大片和电视节目,说明美国政府已经意识到这种大众文化的负面影响,尽管晚了,但总算是一种进步。这件事有助于我们认识到,欧洲和许多发展中国家抵制美国电影、电视并不是一种狭隘的民

族主义，而是有其合理性的。中国的大众文化如何发展，我们应该从自己和别国的经验中吸取必要的教训。

⑨美国的枪支政策为犯罪和恐怖活动提供了作案手段。美国民间拥有的枪支是世界最多的：两亿多美国人拥有1.5亿~1.8亿支各类枪支，平均每个家庭拥有两支以上的枪支！尽管美国民众一再要求政府收缴和禁止民间枪支，但民间枪支还是有增无减。有关法案得不到国会批准的理由是：美国公民拥有持有枪支保护自己的自由。在联合国的180多个会员国中，信奉这种"自由"逻辑的只有美国一家。美国禁枪法令得不到通过的另一个原因，是枪支生产和销售厂商的院外活动，他们收买了许多国会议员。为了一个行业的商业利益而置全体国民的安危于不顾，在世界上恐怕也只有美国一家。美国的枪支政策是造成美国层出不穷的校园枪杀悲剧和大量恶性犯罪事件的重要原因。甚至前总统里根也成了这种政策的受害者。1981年3月30日，当时的里根总统在华盛顿的一个公众场合做完演讲正准备离开时，25岁的小约翰·辛克利向他开枪行刺，使里根身受重伤。而完全没有政治动机的辛克利开枪刺杀堂堂美国的总统，只是为了吸引好莱坞女星朱迪·福斯特的注意。后来，这位科罗拉多州百万富翁的儿子因为患有精神病被宣布无罪释放。在美国本土，可以很容易地得到枪支。谁能保证，将来的恐怖分子不可能用类似辛克利的方法来刺杀美国政要呢？

⑩美国政府单纯的以暴制暴政策忽视了恐怖主义产生的根源，容易引起仇恨与暴力的恶性循环，引发新的恐怖攻击。美国政府崇尚结社自由和信仰自由。这本来是一件好事。然而，任何个人和组织的自由，都应以不妨碍他人和社会的利益为前提。美国政府恰恰忽视了这一点，把一种绝对的自由作为美国价值观的精华向全世界推广。美国因此成为全世界各种极端势力、各种邪教包括法轮功邪教的收容所。美国政府平时不取缔这些极端势力和邪教。一旦这些极端势力和邪教出了大问题，美国政府往往又采取单纯的以暴制暴政策加以剿灭。这种做法，很容易造成仇恨与暴力的恶性循环。一个典型的例子，是韦科事件引发了俄克拉荷马

州联邦大楼爆炸案。1993年4月19日,美国联邦调查局围剿了韦科农场的邪教大卫派成员。结果,70多名邪教徒(一说82人)自焚身亡。韦科事件使在海湾战争中立过军功的美国退伍军人麦克维极为不满。此时他已是一个极端的白人种族主义者,是美国极右翼民兵组织"密歇根民兵"的成员。麦克维决定对俄克拉荷马州政府进行报复。1995年4月19日,他用一辆卡车,运载了7000磅炸药,把整幢9层的俄克拉荷马州政府办公大楼炸成废墟。惨案造成了168人死亡(其中149名成人,19名孩子)、500多人受伤。[1] 可见,单纯的以暴制暴政策是有很大的局限性的。

2. 欧盟

①欧盟的防务战略。欧盟防务战略目前主要还是依靠北约,也就是说,依靠美国。但是,依靠美国意味着欧盟失去了战略上的独立性,往往成为为美国火中取栗的帮凶和小伙计。科索沃战争证明了这一点。可以说,欧盟的参战加剧了阿族和塞族之间的恐怖主义相互攻击,同时,与美国一起制造了仇恨自己的力量。

欧盟并不愿丧失自己的防务独立性。随着经济实力的加强,根据《马斯特里赫特约》建立"欧洲政治联盟条约"的要求,正在积极开展政治一体化合作,加快建立欧洲独立防务体系的努力。如果这一努力真正收到了成效,欧盟能够实行有别于美国的非霸权主义的独立的防务战略,那么,欧盟受到国际恐怖主义袭击的可能就会大大减少。应该指出,不同的欧盟成员国受到国际恐怖主义袭击的可能性是不一样的。英国的外交政策在欧盟国家中是最追随美国的,因此,英国受到国际恐怖主义袭击的可能性最大。

②欧盟的南北关系战略。与美国相比,欧盟对南北关系一直采取更加积极的和解、合作方针。欧盟成员国如此,欧盟作为一个整体也是如此。例如:

——欧盟成员国对发展中国家的发展援助在各成员国GDP中所占的比重,是发达国家中最高的。尤其是荷兰、比利时、丹麦、

---

[1] 陈曦主编《帝国噩梦——"9·11"美国惊世恐怖事件纪实》,中国社会科学出版社,2001,第105~109页;另见2001年6月11日网易新闻。

瑞典、芬兰等西欧、北欧小国，这一比重一般都达到了 0.5%~0.7%，接近或达到了联合国的要求。

——欧盟成员国在减免发展中国家债务方面的态度，比美国积极。欧盟政治家多次表示：欧盟的繁荣不能建立在发展中国家贫困的基础上。

——欧盟作为一个整体，也重视与发展中国家（特别是前殖民地国家）的和解与合作。欧盟的共同预算中有专门援助发展中国家的基金。从 1975 年开始，欧盟（当时的名称是"欧共体"）与非洲、加勒比海和太平洋前殖民地国家（ACP 国家）签署了"洛美协定"，至今已执行了四期，参加这个协定的 ACP 国家已从最初的 46 个增加到现在的 77 个。根据这个协定，欧盟每年向 ACP 国家提供数十亿欧元（以前为埃居，与欧元等值）的经济援助，其中 2/3 是无偿援助，其余是低息贷款。协定还规定，ACP 国家出口到欧盟的全部工业品和 99% 的农产品都享受免税待遇，而欧盟对 ACP 国家的出口不要求对等待遇，只享受最惠国待遇。欧盟向 ACP 国家提供的贸易优惠，远高于 WTO 优惠。欧盟成员国除了通过欧盟向发展中国家提供援助（如上述对 ACP 国家的援助），各欧盟成员国自己还分别向发展中国家提供各种援助，这样，欧盟对发展中国家的援助总额，就大大高于美国所提供的援助了。

欧盟也注意发展与拉丁美洲、中东、北非地区的贸易自由化合作，对发展与亚洲国家特别是中国的贸易和经济技术合作也一直很积极。例如，欧盟曾向中国提供过一笔 6000 多万埃居（1 埃居等于 1 欧元）的援助帮助中国提高几十个城市的供奶能力，对缓解中国城市的牛奶不足，起了很积极的作用。

欧盟对南方国家采取的和解、合作战略，减少了敌人，增加了朋友，因此，针对欧盟的国际恐怖主义袭击，显然少于针对美国的恐怖袭击。

欧盟成员国普遍存在着极"左"和极右势力的恐怖主义活动。这些恐怖主义活动的产生，有着深刻的社会经济背景，与资本主义的固有矛盾有着密切的关系，也就是说，这些恐怖主义活动是与资本主义制度相伴随的，与国家战略、国家政策没有直接的联系,因此,本章不予讨论。

3. 英国、西班牙和加拿大

英国、西班牙和加拿大都有民族分离势力。这三个国家政府的民族政策和维护国家统一政策与各自国内恐怖主义的兴衰有很大关系。对此,我们做一个简单的回顾。

①英国。1170年,英格兰国王亨利二世发动战争占领爱尔兰。此后,爱尔兰人民进行了长达数百年的反英斗争。1905年,爱尔兰成立了"新芬党",建立了自己的武装力量爱尔兰共和军,继续进行争取独立的斗争。1921年,英、爱双方签订了《英爱条约》,规定爱尔兰南部26郡成为独立的自由邦,享有自治权,北部6郡仍然留在英国。但是英国政府一直实行分而治之的民族政策,偏爱占北爱尔兰人口2/3的新教徒,新教徒因此一直在北爱处于执政地位。而占北爱尔兰人口1/3的天主教徒则受到了政治上和经济上的歧视。因此,北爱地区民族矛盾尖锐,经济发展落后。1969年,北爱尔兰新教徒与天主教徒发生了暴力冲突,造成数百人伤亡。英国政府直接介入北爱事务,并于1972年通过立法终止北爱政府的权利,由英国政府直接统治北爱尔兰。此后,北爱的民族矛盾进一步激化,以爱尔兰共和军为代表的恐怖袭击活动日益猖獗。由于英国政府的武力镇压和爱尔兰共和军的恐怖活动造成了仇恨与暴力的恶性循环,北爱尔兰的分离势力成为英国政府的一大心病。英国政府开始谋求政治解决北爱尔兰问题。1994年8月,经多方努力,爱尔兰共和军宣布实行临时停火。1998年4月,经美国克林顿政府的调解,北爱尔兰八个政党和英国、爱尔兰总理达成了北爱尔兰和平新协议,和平解决北爱尔兰问题出现了曙光。此后,尽管北爱分离势力仍然制造了一些恐怖事件,但总的来说,英国的恐怖活动呈下降趋势。2001年10月23日,爱尔兰共和军发表声明宣布开始解除武装,北爱尔兰的和平进程又向前迈进了一步。

②西班牙。西班牙的巴斯克民族地区由四个省组成,是西班牙最富裕的地区之一。1958年,巴斯克人的分离势力建立了名为"埃塔"的极端组织。为了迫使西班牙政府同意建立独立的"巴斯

克国","埃塔"组织进行了长达40年的恐怖主义活动。在佛朗哥法西斯统治时期,"埃塔"的恐怖袭击主要针对佛朗哥政权,打击面也集中在佛朗哥政府的官员,得到了西班牙社会公众的支持和理解。1975年佛朗哥去世后,"埃塔"继续要求实现巴斯克的独立,继续进行恐怖活动。主要的原因是希望通过独立独享这一地区的富裕,免去对西班牙较贫困地区的财政义务。显然,这种愿望不会得到大多数公民的理解,因此,"埃塔"得到的社会支持逐渐减少。1996年西班牙人民党执政以后,加强了对"埃塔"的打击:破获其组织、逮捕其骨干、查封其报纸、查抄并切断其财源。"埃塔"的元气大伤,不得不在1998年9月宣布停止一切恐怖活动。事实上,"埃塔"仍在进行一些恐怖活动,但势头已大不如前了。西班牙在1986年成为欧盟(当时为"欧共体")成员以后,经济发展迅速,人均国民生产总值在1986年为4860美元,1998年已跃升为14080美元,① 人民希望安定,巴斯克人也没有受到歧视,"埃塔"的主张没有市场,它的衰落也就不可避免了。

③加拿大。加拿大的法裔集中的魁北克地区存在着强大的分离势力。魁北克原是法国殖民地。1763年,法国在与英国经历了7年战争(1756~1763年)战败后,把魁北克割让给了英国。1967年,加拿大的社会酝酿着动乱。此时,法国总统戴高乐访问加拿大,在魁北克蒙特利尔市政厅的阳台上,向欢迎人群高呼:"自由魁北克万岁!"此后,加拿大的"魁北克人党"提出了要求魁北克独立的问题。为了维护国家统一,加拿大人民以极大的政治智慧,选举了魁北克法裔人士特鲁多为总理。1970年10月,分离势力先后绑架并杀害了英国贸易代表和魁北克省劳工部长。10月16日,特鲁多政府迅速组织了反击。警察一举逮捕了468名煽动暴乱的嫌犯,及时扑灭了分离势力恐怖袭击之火。尽管此举非常成功,但特鲁多总理更重视铲除产生极端分裂势力的根源,及时调整了加拿大的一系列民族政策、社会政策。他提出要建立一个"公正社会",把《权利和自由宪章》并入宪法,明确规定了公民的平等权

---

① 世界银行:《世界发展报告》,1988;1999~2000。

利,大幅度提高社会福利;法裔被定为加拿大两大奠基民族之一,加拿大成了双语国家,政府机构必须提供法语服务;同时,一方面特鲁多将很多联邦权力下放到省一级,魁北克获得的权力还更多一些。另一方面,他又坚决反对在宪法内写入给予魁北克特殊地位的条款,不给分离势力留下可钻的空子。这些政策调整,体现了民族和睦、民族平等、权力下放的原则,被特鲁多政府以来的历任加拿大政府所遵循。1980年、1995年,加拿大举行了两次关于魁北克地位的公民投票,都没有同意魁北克独立。在1995年的公民投票中,有49.4%的魁北克人支持独立。1999年10月15日的一次民意测验中,支持魁北克独立的人数降到不足38%,创下了近30年来的最低点。与此相适应的是,近年来,加拿大没有发生什么民族分离势力的恐怖袭击活动。

英国、西班牙和加拿大的例子表明,单靠武力镇压解决不了民族分离势力的恐怖袭击问题,只有调整民族政策和社会政策,寻求政治解决,才能铲除产生民族矛盾和恐怖袭击的根源。

4. 俄罗斯

苏联是第一个社会主义国家。我们决不能因为苏联的解体而忽视苏联时期所取得的巨大成就,我们更应该研究苏联共产党的失败经验,其中,包括苏共在处理民族问题上的政策失误。苏联是一个多民族的国家。1936年,苏联在高加索地区建立了车臣—印古什自治共和国。在第二次世界大战期间,斯大林为了防止某些少数民族内的奸细里通德国,决定把许多少数民族整个地从世代居住地强行迁往中亚、西伯利亚和远东地区。1944年,在车臣—印古什自治共和国发现了与德军勾结的"高加索兄弟特别党"。于是,车臣地区的38万多穆斯林居民和9万多印古什居民,也被整体迁移到中亚地区,受到了许多不公正的待遇。斯大林的决定极大伤害了这些被迁移民族的感情。尽管斯大林去世后,苏共领导和苏联政府为这些民族恢复了名誉,其中,1957年苏联政府决定恢复车臣—印古什自治共和国,并帮助车臣穆斯林和印古什人迁回了原居住地,但民族感情的创伤是很难治愈的。

苏联解体后,车臣穆斯林居民中的民族分裂分子与国外宗教极端势力和国际恐怖主义势力以及西方反俄势力相勾结，走上了民族分离主义的道路。民族矛盾的尖锐化终于导致了1994年12月到1995年2月的第一次车臣战争。俄军摧毁了车臣杜达耶夫的非法政权。但是，车臣叛匪不甘失败，在车臣和俄罗斯全境特别是莫斯科开展了旨在打击俄罗斯、实现车臣"独立"的恐怖主义爆炸、绑架活动，这又导致了1999年10月到2000年3月的第二次车臣战争。至今车臣叛匪仍未被完全剿灭。车臣民族分裂极端势力给俄罗斯联邦各族人民带来了巨大的灾难。车臣的民族分裂恐怖主义匪帮的出现表明，社会主义国家的民族政策一旦出现重大失误，也会埋下恐怖主义的种子。

美国政府对俄罗斯政府反击车臣恐怖叛匪的斗争采取了双重标准。美国官方2001年还接见了车臣分裂势力的"外交代表"，并指责俄罗斯政府打击恐怖主义的斗争"侵犯人权"、"反人道"。车臣的民族分裂恐怖势力因而更加猖狂。俄罗斯总统普京多次要求美国不要在打击恐怖主义问题上采取双重标准，例如，他在2001年9月21日接受德国媒体采访时说："不应当得出这样的结论，即在莫斯科炸毁大楼的是争取自由的战士，而在其他国家搞这种活动的人才是恐怖分子。"[1] 美国和其他西方国家能否放弃在反恐怖主义问题上的双重标准，关系到国际反恐怖联盟能否在相互信任的基础上不断加强团结、有效运作。

5. 发展中国家

①印度。印度独立以后，经济社会发展取得了相当的进步。经济发展速度在发展中国家中处于中间偏上的地位。印度与中国在20世纪50年代共同提出了和平共处五项原则。本来，印度应该沿着这个方向，走和平发展的道路。但是印度的执政势力，深受西方国际战略的影响，选择了以军事实力为后盾，充当世界大国的战略。其手段，是以军事实力为后盾，使印度成为南亚地区和印度洋沿岸国家中令人敬畏的力量。为此，印度不惜耗费巨额资金发展海军、空军、导弹甚至核武器。这种战略的结果之一，是

---

[1] 俄通社—塔斯社莫斯科2001年9月21日电。

印度与巴基斯坦之间关于克什米尔地区归属的争端迟迟得不到解决。印度拒绝执行联合国1947年关于克什米尔问题的第39号决议，坚持按照1972年的《西姆拉协议》和1999年的《拉合尔宣言》的原则和精神，通过印巴双方谈判加以解决，反对包括联合国在内的任何第三方的调解。印度拒绝第三方的调停，实际上是想利用自己的实力优势迫使巴基斯坦放弃整个克什米尔地区。印度的这种恃强凌弱的态度，自然遭到了巴基斯坦的反对，加剧了印巴两国的矛盾。针对克什米尔印占区的恐怖主义袭击接连不断。印度如果不能遵照和平共处五项原则与周边国家睦邻友好，通过平等协商解决彼此的争端，针对印度的恐怖主义活动就难以销声匿迹。

②巴勒斯坦和以色列。巴以冲突断断续续已持续了半个多世纪。外部世界特别是美国偏袒以色列的政策是造成这种僵局的一个重要原因。本章在"美国的中东和平政策"小节中已述。除了这个原因，还应该从巴以双方的国家战略来寻找巴以冲突久拖不决的根本内因。这里有三个问题：第一，双方承认不承认对方有生存权、建国权，承认不承认1947年11月29日联合国大会通过的关于在巴勒斯坦地区建立阿拉伯国和犹太国的第181号决议；第二，双方能否放弃以暴制暴的政策，改而在承认对方生存权、建国权和承认联合国第181号决议的基础上，寻求相互妥协、实现历史性和解的具体方案。现在，双方都没有做到这一点；第三，双方领导人能否有力地说服自己一方的反对派，有力地约束自己一方的反对派。现在双方都没有做到这一点。

巴以双方国家战略都存在的缺陷，是巴以冲突久拖不决的根本原因。也是巴以双方互相进行恐怖袭击的根本原因。以最近一次冲突为例。2001年10月17日，以色列旅游部长泽维被巴勒斯坦激进分子刺杀。随后，以色列军队以搜捕凶犯为名，占领了巴控地区的六座城市和部分乡村地区，开始了新一轮巴以大规模流血冲突。双方都说自己要以血还血，双方都只看到自己所受的伤害，都声称要报复。这样的逻辑不改变，巴以冲突还要无限期地拖延下去，巴勒斯坦和以色列都将是新的恐怖主义的滋生地。现在的问题是:世界上任何国家都不能偏袒巴以争端的任何一方。国际社会的共同任务是帮助巴以双方解决上面提出的三个问题,帮助巴以双方实现历史性的和解。这也是国际社会反对国际恐怖主义斗争的共同需要。

二 根除恐怖主义需要什么样的国家战略

2001年"9·11"恐怖袭击事件震撼了世界,表明恐怖主义是世界各国人民的公敌。我们分析恐怖主义与国家战略的关系,目的就是要找到铲除在国家战略方面滋生恐怖主义土壤的原因(其他方面的原因如南北差距扩大等,不在本章讨论范围)。这样,恐怖袭击的灾难,将有助于世界各国政府检讨自己的国家战略,有助于世界各国在共同打击恐怖主义的斗争中,增进相互了解与相互信任,共同为建立更加合理的国际政治、经济新秩序而开展长期持久的合作。也只有这样,恐怖主义才能被世界各国的共同斗争所遏制,最终从人类的生活中消失。

1. 所有国家都应戒除一切形式的霸权主义、强权政治

2001年"9·11"恐怖袭击事件发生以后,各国人民、各国政治家都在思考,为什么重大的恐怖袭击总是针对美国?为什么美国招来了那么多的仇恨?不同政治信仰国家的舆论得出的结论是相似的:美国太霸道了。霸权主义、强权政治的一个重要特点,就是本国的国家利益至上,不考虑其他国家、民族的利益,把自己的利益强加于人,甚至动辄使用武力来推行自己的主张、实现自己的特权利益。霸权主义、强权政治所信奉的是一种非常原始的"丛林法则",即弱肉强食的规律。人类已经进步到经济全球化的时代,电子、信息的时代,即使是经济、文化最落后的国家、民族也不会接受这种弱肉强食的"丛林法则"。在经济全球化飞速进展的21世纪,已经没有绝对愚昧的民族了。被"边缘化"的弱势人群,不论在发展中国家还是发达国家,都会反抗这种弱肉强食的霸权主义、强权政治。其中,一种病态的反抗方式就是恐怖主义。

美国政府使用武力打击恐怖主义是一种治标的行动。所谓治标，就是不彻底。因为美国如果不戒除霸权主义、强权政治，它还要招来新的仇恨，受到新的恐怖主义袭击。因此，美国政府只有戒除自己的霸权主义、强权政治的旧习，使自己成为国际大家庭的平等一员而不是太上皇，才能与世界各国、各民族建立起真正的友好、信赖关系，对美国的恐怖袭击也就自然不会发生了。美国政治家应该明白，反对美国的霸权主义不是反对美国作为一个正常国家的生存权、发展权和合理利益，只是反对美国政府所信奉的过了时的"丛林法则"哲学。戒除了霸权主义的美国，仍然是一个强大的国家，将受到世界各国人民的欢迎。作为一个正常国家的美国所赢得的尊严，将是自然的、永久的，用不着处处设防加以保护。俄罗斯报刊的一篇文章写得好："美国应当明白，机械地加强军事实力，恐吓其他世界（包括所谓无赖国家），这是死路一条。同时，华盛顿有一个简单有效的出路：作为平等的成员国回到国际社会的怀抱，寻找打击国际恐怖主义的共同方法，不管恐怖主义威胁来自哪里。但这意味着，美国需要放弃单极世界战略。"[①]

对美国是如此，对地区性的霸权主义、强权政治也是如此。

2. 所有国家都应树立新的安全观

美国的国家战略所追求的，是美国的绝对安全。为此，美国的战略家仍然遵循18世纪、19世纪欧洲的地缘战略理论，为自己确定在世界各地的敌人和盟友，插手世界各地的事务，为拉拢谁、利用谁、打击谁忙个不停。美国在世界各地到处插手、到处干预，目的是为了自己的绝对安全，追求自己的最大利益，这就必然妨碍和侵犯了他国的利益，为自己制造了敌人。美国把自己10万亿美元GDP的3%以上用于维持一支世界上最强大的军队，结果仍然没有躲过"9·11"大劫。这个残酷的事实，是对美国过了时的安全观的一个莫大的讽刺。

经济全球化使世界各国的相互依赖从来没有像现在这样紧密。在安全问题上也是如此。如果其他国家没有感到安全，美国也不

---

① 〔俄〕2001年9月18日《红星报》。

会有真正的安全。对美国如此，对所有国家也是如此。因此，21世纪需要新的安全观。1999年3月26日中国国家主席江泽民在日内瓦裁军谈判会议上的讲话中阐明了中国所提倡的新安全观："历史告诉我们，以军事联盟为基础、以加强军备为手段的旧安全观，无助于保障国际安全，更不能营造世界的持久和平。这就要求必须建立适应时代要求的新安全观，并积极探索维护世界和平与安全的新途径。"他进一步指出："我们认为，新的安全观的核心应该是互信、互利、平等、合作。各国相互尊重主权和领土完整、互不侵犯、互不干涉内政、平等互利、和平共处五项原则以及其他公认的国际关系准则，是维护和平的政治基础。互利合作、共同繁荣，是维护和平的经济保障。建立在平等基础上的对话、协商和谈判，是解决争端、维护和平的正确途径。"江泽民在"庆祝中国共产党成立八十周年大会上的讲话"中，再次强调了新安全观的核心。如果各国都能树立这样的新的安全观，就会承认世界的多样性，就不会把自己的社会制度、意识形态强加于人。如果各国都能树立这样的新安全观，就会遵守《联合国宪章》的宗旨和原则以及公认的国际关系准则，做到各国的事务应由本国政府和人民决定，世界上的事情应由各国政府和人民平等协商。这样就不会出现干涉别国内政、恃强凌弱的强权政治，也就不会为了预防、遏制敌人而制造出新的敌人。新的安全观要求各国互信、互利、平等、协作，这样，世界各国、各民族的生存权、发展权都能得到保证，世界各国、各民族都能成为朋友，恐怖主义将失去赖以存在的社会基础。这样，所有国家才能得到真正的安全。

选择什么样的安全观是各国的主权，我们不想把自己的安全观强加于人。但是我们深信，新世纪不能再用旧的安全观。中国作为一个负责任的大国，有义务向世界表明我们对新安全观的看法，并用我们的行动来证明我们的看法。原始人类因为没有经验，往往要吃很多苦头才能认识一个很简单的道理。这个毛病在某些现代人身上也还存在。美国人在越南死了10多万人、吃了很多苦头以后才明白了一个简单的道理：那就是，不要到和美国利益没有太大关系的地方去打一场地面战争。我们很佩服美国的科学技术、经济管理能力,但对美国政治家认知国际关系规律的能力,却实在不敢恭维。"9·11"恐怖袭击事件应该使美国政治家能变得更聪明一些、成熟一些。

3. 世界各国应学会处理好民族关系

这里所说的民族关系包括宗教问题和意识形态问题。处理好民族关系的关键,是承认各国、各民族文明的多样性。只有尊重各国、各民族的历史文化、社会制度和发展模式,各种文明才能和睦相处。各种文明和社会制度应当长期共存,在竞争比较中相互借鉴、取长补短,在求同存异中共同发展。各民族的文明,都是在不断吸取其他民族文明精华的基础上发展起来的,过去如此,今后还将是如此。只有抱着这种态度,才能消除民族歧视、种族歧视、国家歧视,才能实现民族平等、种族平等、国家平等,才能消除民族间的猜疑和仇恨。各种极端民族主义、宗教极端势力的恐怖主义才会销声匿迹。用民主、人权、自决权在别国挑起民族矛盾和民族纠纷、煽动民族分裂,不但害了别的国家,最终也害了自己。"9·11"恐怖袭击事件已经证明了这一点。

应该看到一个历史事实,那就是:随着文明的发展,民族融合的趋势大于民族分裂的趋势。美国是一个例子。中国也是一个例子。世界各国应该承认这一历史趋势。民族自决权只是被压迫民族争取独立的一种手段。如果在一个统一的国家中滥用"民族自决权",那么天下就不会太平。如果每一个民族都要追溯自己几百年前曾是一个独立国家而要求独立,那么,美国就要分裂为印第安人、墨西哥人、英国人、法国人、德国人、瑞典人等的一大群国家。俄罗斯更要分裂为几十、上百个国家。这样,只会造成历史的大退步和天下大乱。因此,世界各国有义务帮助有民族分裂问题的国家维护国家统一,而不是去利用别国的民族问题去煽动民族分裂。在经济全球化的时代,世界任何一个地区的动乱,最终都要波及全球。

(中国社会科学院世界经济与政治研究所
研究员 沈骥如)

第六章
族际冲突与恐怖主义

在当代世界诸种矛盾中，种族问题、民族问题是最为引人注目的"热点"之一。其原因不仅在于种族、民族问题普遍存在于国家内部和国际层面的政治、经济、文化以及社会生活各个领域，而且还在于这些反映在不同领域中的种族、民族问题如果处置不当、解决不利往往会引起形式不一、程度不同的冲突。这些冲突的激烈形式通常表现为民间性的骚乱、械斗、仇杀等暴力活动，同时也会表现为族际之间、国家之间的战争。在这些暴力冲突和战争行动中，恐怖主义手段被频繁使用，以至于在历史上和现实中的恐怖主义活动大多都有种族、民族问题的背景。

一 种族主义与恐怖主义活动

人类属于自然万物中之一种，在生物学意义上是统一的。所谓种族之别，仅仅表明同源、同种的远古人类向世界各地扩散迁徙，在适应不同自然环境和气候条件过程中产生的变化，即肤色和体貌特征的不同。种族的划分不具有任何社会意义，因为无论是黑人、白人、黄种人，还是由他们混血形成的亚种族，他们中的育龄男女婚配都可以正常地繁衍后代，他们在生理上没有任何先天的智力差异。甚至不同种族中先天的聋哑人，他们表达心理和感情的方式同健康人一样是与生俱来的，伤心的哭泣和愉快的微笑。所以，在生物学、遗传学意义上人类是统一的。然而，现代"生物学对人类统一性的确认丝毫未能削弱对人类进行优秀种族和低劣种族的等级划分"。① 其原因就是由西方殖民主义时期制造的种族主义,至今仍是分裂人类的最重要观念之一,同时也是造成种族冲突乃至种族主义恐怖活动的重要根源。

1. 殖民主义时期的种族主义恐怖活动

西方殖民主义的全球性扩张,使以"白人至上"为基础的种族优劣观念在征服美洲、贩运黑奴的过程中产生。19世纪后期,西方殖民主义者在瓜分非洲和建立全球殖民主义体系的角逐中,利用达尔文的进化论学说将"物竞天择、适者生存"的自然选择理论应用到了人类社会,为其殖民扩张和"白人至上"的统治地位提供理论依据,形成了臭名昭著的社会达尔文主义。西方殖民者认为,根据生存的法则,建立殖民地是优秀种族和强大国家繁荣与生存所必需的,那些劣等种族、民族只有在白人的保护和教化下才能进步,等等。"白人至上"的观念在社会达尔文主义中得到理论化的发展,并且同欧洲传统的对外扩张、开拓生存空间等帝国主义非理性思潮结合在一起,形成了分裂人类统一性的罪恶之源——种族主义。而种族主义理论的实践,则在一些国家形成种族隔离制度和种族歧视政策以及表现于民间层面的种族排斥活动。20世纪90年代初,虽然南非的变革结束了人类社会实行种族隔离制度的国家历史,但是种族主义的观念在世界范围尤其是在西方国家中仍难以消除,相应地种族排拒活动也以暴力等方式表现猖獗。

种族歧视、种族主义从产生到实践,始终伴随着暴力恐怖活动。或者说,种族歧视和种族主义是通过暴力、恐怖行为加以推行的。西方殖民主义势力对美洲、非洲、大洋洲和亚洲的征服过程中,他们的人数虽然居于少数,但是拥有"船坚炮利"的军事优势和肆意虐杀的残暴心理,他们对殖民地不同种族、不同民族的征服和统治是通过残酷屠杀和非人虐待来实现的。例如,西班

---

① 〔法〕埃德加·莫林、安娜·布里吉特·凯恩:《地球 祖国》,马胜利译,三联书店,1997,第46页。

牙人征服中南美洲印第安人时最具典型性。1519年科尔特斯率领600名西班牙人和几门小炮、13只滑膛枪、16匹马完成了对拥有数百万臣民的阿兹特克印第安人帝国的征服,1531年皮萨罗率领168名西班牙人、27匹马、2门火炮完成了对拥有数百万臣民的印加帝国的征服,都是以少数人战胜规模庞大帝国的例证。而这种极少数人对数百万人的征服完全是建立在以先进武器和暴虐屠杀基础上的,远距离的火炮和滑膛枪造成的伤亡和惊吓、西班牙人骑在马上冲向印第安人的肆意砍杀,使数万印第安卫队在极度恐惧中溃败逃散。而西班牙人在征服过程中利用欺骗等手段扣押阿兹特克帝国军事首领、印加帝国国王为人质并利用这些被印第安人奉若神明的领袖人物索取财宝和消除抵抗的讹诈行为,以及摧毁那些代表印第安人神圣信念的神庙和宫殿的破坏性行径,① 事实上体现了恐怖主义原型的基本要素:即残酷屠杀造成大规模伤及无辜所产生的普遍恐惧,扣押人质索取赎金和造成投鼠忌器态势以消除对抗的讹诈行为,摧毁标志性建筑造成人们信念的崩溃和社会解体等。

类似的暴力恐怖活动,在英国等欧洲人征服北美洲的印第安人,英国人征服澳大利亚土著人,葡萄牙、西班牙、英国、法国、美国等列强在非洲猎捕黑人、贩运黑奴,美洲白人种植园主对黑奴的残酷奴役(包括对逃亡奴隶施以剁手、砍腿之类的暴行)等实践中具有普遍性。通过肆意屠杀平民的征服和残酷刑罚的统治,造成被征服者、被统治者普遍的恐惧心理和社会氛围,是建立殖民统治、维护白人权力、实施种族(民族)压迫、进行剥削奴役的重要手段。虽然暴力恐怖行动在古代历史的战争和统治实践中始终存在,但是,西方殖民主义势力进行全球性征服中采取的暴力恐怖手段,更为直接地构成了现代恐怖主义的历史雏形。甚至包括现代恐怖主义活动中最令人生畏的细菌战,也可以追溯到那个时代。"人类历史上致命病菌的重要性,可以从欧洲人征服新大

---

① 〔美〕斯塔夫里阿诺斯:《全球通史:1500年以后的世界》,吴象婴、梁赤民译,上海社会科学院出版社,1992,第143~144页。

陆并使那里人口减少这件事得到很好的例证。印第安人在病床上死于欧亚大陆病菌的，要比战场上死于欧洲人枪炮和刀剑的多得多。"[1] 西方人对美洲等大陆的征服，除引起不同种族的洲际扩散外，也引起了生态因素的扩散，包括植物、动物和细菌。而白人征服者所承载的欧亚大陆细菌，在传到美洲、非洲、澳洲后产生的作用是巨大的。1520年西班牙人带到墨西哥的天花，迅速在印第安人中流行开来，阿兹特克印第安人近一半因此死于非命。作为生物地理学因素的产物，病原菌洲际传播所导致的"流行病交流的不平等性使欧洲入侵者获得了巨大的优势，而给其祖先定居于泛古陆裂隙失败一方的部族带来了毁灭性的劣势"。[2] 到1618年，美洲大陆原有的2000万人左右的印第安人口急剧减少到160万人左右。殖民主义时期无意识的病菌洲际传播造成的种族灭绝性灾难，为有意识地利用细菌进行战争和恐怖活动提供了历史启示和实证。

2. 法西斯主义时期的国家恐怖主义

西方殖民主义者制造的种族主义，在法西斯主义出现后达到了顶峰。德、意、日为代表的法西斯主义是以极端民族主义为基础的产物。但是，法西斯主义在形成过程中，吸收了极权主义、黩武主义、种族主义、扩张主义等思想，出现了"世界由纯种的雅利安人统治，而日耳曼人又是雅利安人中最优秀的民族"；"意大利血液的无穷活力"和"日本人是天子之孙"之类的种族主义喧嚣。法西斯主义的出现使恐怖主义达到前所未有的规模和残暴程度，以德国法西斯通过集中营、毒气室和焚尸炉对犹太人等所谓"劣等种族"、"劣等民族"进行大规模屠杀为代表的种族灭绝人祸，日本帝国主义占领中国南京后进行大规模的屠城，都在人类历史上留下了最为黑暗、最为残酷、最为恐怖的一页。

种族主义是法西斯主义的理论枢纽。希特勒对人类种族的划分在生物学基础上进一步加入了文化的观念，即人类分为"文明

---

[1] 〔美〕贾雷德·戴蒙德：《枪炮、病菌与钢铁：人类社会的命运》，谢延光译，上海译文出版社，2000，第218页。

[2] 〔美〕艾尔弗雷德·W. 克罗斯比：《生态扩张主义：欧洲900~1900年的生态扩张》，许友民、许学征译，辽宁教育出版社，2001，第219页。

的奠基者"、"文明的支持者"和"文明的破坏者"。只有雅利安人尤其是雅利安人中的日耳曼民族是"文明的奠基者";那些受到雅利安文明影响或改造的人,如日本人属于"文明的支持者";而犹太人、黑人则是"文明的破坏者"。所以,德国人同"非德裔民族的杂交,完全违背了永恒的造物主的意志"。[1] 保持种族血统的纯洁性必须建立在对其他"低劣种族"的排拒基础之上,而对那些"文明破坏者"来说则是从肉体上消灭。这种从生物学角度对人类进行优劣贵贱的排他性分裂意识,是通过宗教神秘主义、极端民族主义等思想对本民族民众进行观念灌输和社会动员来普及的,是通过维护种族(民族)高贵血统和宣扬弱肉强食的生存法则等口号来掩盖本民族内部阶级矛盾以造成一致对外的,这使法西斯主义建立了相当广泛的民众基础,并在威权主义、"铁血政策"的政权控制下形成了国家恐怖主义的意识形态。在法西斯主义的哲学中,暴力强制的"权力意志"是最重要的内容。所有的法西斯组织都崇尚暴力,因为法西斯主义认为暴力是强者力量的体现,是征服和统治弱者的基础,而最能体现暴力程度的是残酷,最能反映暴力效果的是恐怖。所以,法西斯主义势力在攫取政权、实施统治和对外征服过程中,都以残酷的暴力和制造恐怖氛围作为实现其目标的基本手段。例如,1938年11月9日夜,纳粹发动了全国性的反犹暴力恐怖活动,仅在柏林一地就有91名犹太人死于暴徒之手,2万人被关入集中营,7500家犹太人商店被捣毁,28座犹太教堂被焚烧,200处犹太人设施被破坏。[2] 这就是被称为"水晶之夜"的排犹暴力恐怖事件。

为了强化暴力恐怖特征,法西斯主义政党、政权结构中有专门实施暴力和制造恐怖的组织力量,如德国的盖世太保、党卫军,意大利黑衫党人组成的冲锋队,法国"法兰西行动"中的"国王的宫殿","英国法西斯联盟"中的黑衫卫队,以及罗马尼亚铁卫

---

[1] 〔奥〕威尔海姆赖希:《法西斯主义群众心理学》,张峰译,重庆出版社,1990,第68页。
[2] 朱庭光主编《法西斯体制研究》,上海人民出版社,1995,第283页。

军、匈牙利"箭十字党"中专事暴力活动的力量,等等。这些专门实施暴力恐怖的组织,不仅在法西斯组织体系中享有特权,而且还通过某些标志身份和组织归属的符号来强化其令人畏惧的特征,如黑衫、"卐"字等体现某种威权、特权和神秘主义恐怖感的标志。这些在国家司法镇压体系之外的恐怖镇压体系,一方面通过对民众和纳粹组织本身的暴力强制来维护领袖意志和独裁权威;另一方面则通过残忍、严密、神秘的恐怖主义手段对政敌、"劣等种族"、反对者进行非人的折磨和残酷的屠杀。如德国党卫军所属的集中营系统,就是这种法外恐怖镇压体系的突出代表。希特勒灭绝犹太人的"最后解决"计划,就是通过集中营来实施的,以奥斯威辛集中营为代表的集中营体系成为纳粹德国的种族灭绝工厂。在这里,犹太人失去了做人的尊严,遭受了无数的残暴、虐待、侮辱和嘲弄,最后在毒气室丧生、在焚尸炉中化为灰烬。600万犹太人如同牲畜一样被宰割,而大屠杀的幸存者却终生无法摆脱深重的恐惧。法西斯主义的国家恐怖主义活动除了通过有组织的方式推行外,主要通过法西斯主义分子个人的残忍、施虐心理和行动加以实施。从而将人性"恶"的一面推向了极致。就像日本帝国主义侵略中国期间对中国人的残暴杀戮一样,其中包括在非战场对抗状态下进行砍人头比赛等宣泄残酷、制造恐怖的暴行。

对恐怖主义的界定和研究,通常疏于对法西斯主义统治的国家恐怖暴行和战争中对无辜平民大规模屠杀行动的关注,甚至根本没有将这些暴行纳入恐怖主义的范畴。其重要原因是对恐怖主义的认识局限于非战争状态下"以弱对强"的隐蔽性、偷袭性和颠覆性等特征的认识和道德评判,而忽视或无视统治阶级、国家政权实行的恐怖主义政策。事实上,国家层面上的恐怖曾是"历史上,通过在被统治者中间制造恐惧心理以达到维持权力和推行政策的一种经常运用的手段。其目的是为了确保服从和阻止反抗"。① 同时,"不管是国与国之间的战争、内战,抑或只是一次公

---

① 〔英〕戴维·米勒、韦农·波格丹诺编《布莱克维尔政治学百科全书》,中国政法大学出版社,1992,第765页。

众革命，只要是在有争斗的局势中，恐怖主义是任何行动者都能采用的暴力手段"。[①] 以德国纳粹为代表的法西斯主义统治，是现代历史中最典型的国家恐怖主义。尤其是纳粹利用种族主义进行"纯雅利安人"（日耳曼民族）的社会动员来消灭犹太人等"劣等种族"以及进行对外征服战争，突出地表现了这种国家恐怖主义的制度化、公开性和社会化的特点。在第二次世界大战之后，随着西方殖民主义帝国体系的崩溃和世界民族国家格局的形成，实行恐怖主义的行为主体更多地被视为非政府、非官方的颠覆性组织。所以，在世人关注核弹等大规模杀伤性武器扩散问题带来的安全威胁，尤其是关注那些极端性、失规制性的恐怖主义组织谋求这类武器以增强其实现政治目标的威胁、讹诈和破坏能力时，都不会把率先使用核武器而令世人切实感知其恐怖效应的1945年美国对日本投掷核弹的行为视为恐怖主义或恐怖主义活动。其原因是美国对日本的核打击结束了法西斯主义发动的世界大战，所以被认为在道义上是无可指责的。

3. 二战后种族主义的恐怖活动

第二次世界大战后，国际社会对法西斯主义进行了大规模的清算，其中既包括对欧洲和相关国家纳粹分子的判决和清理，也包括对法西斯主义的理论批判和观念肃清。但是，由于种族主义根深蒂固的影响和二战后欧洲政治形势的变化，20世纪50年代以后欧洲很多国家都出现了极端右翼势力。这些极右政治势力在政党化、社会化过程中产生的影响，使民族主义的保守性、种族主义的排外性在民间形成思潮，成为滋生新法西斯主义的土壤。特别是全球殖民主义体系崩溃后，前殖民地向前宗主国反向移民浪潮在60年代和70年代开始持续高涨，欧洲、北美等国出现了移民恐惧症，排拒和迫害移民的暴力恐怖活动日益嚣张，并在90年代形成高潮。

在这一过程中，除了一些传统的种族主义暴力组织，如美国

[①] 〔英〕约翰·格里宾等：《历史焦点》上卷，朱善萍等译，江苏人民出版社，2000，第333页。

的"三 K 党"等，形形色色的新法西斯主义暴力组织也在欧洲、北美、拉美和亚洲的几十个国家中出现。20世纪70~80年代以后，随着西欧国家极右翼政党在议会（包括地方议会）选举中普遍出现地位上升甚至获得优势，新法西斯主义的活动也更加公开，大量宣传反犹主义和为大屠杀辩护的出版物公行于世，"光头党"等佩带法西斯徽章的暴力团伙不仅大量复制和传播纳粹时期的"光荣影片"，而且通过焚烧犹太教堂、毁坏犹太人公墓、袭击非白人移民、对难民营地进行纵火和爆炸等暴力方式宣泄种族主义仇恨。进入90年代以后，美国的白人种族主义极端组织袭击黑人、焚烧黑人教堂的事件频繁发生，白人警察对黑人、拉美裔的暴力行为也屡见不鲜。在德国，"光头党"等新法西斯主义组织每年制造的种族排外暴力事件多达数千起。而这类事件，在奥地利、法国、比利时、意大利、英国和西班牙以及北欧国家中也均有程度不同的表现。在苏联解体和东欧剧变之后，极端民族主义的膨胀也导致前苏东地区新法西斯主义的出现。如俄罗斯以日里诺夫斯基为代表的"俄罗斯自由民主党"，即是系统喧嚣法西斯主义的极右翼势力。在罗马尼亚铁卫军死灰复燃，东部德国的新纳粹组织纷纷建立，波黑内战中克罗地亚民兵重新佩戴起二战期间专事民族仇杀的法西斯组织"乌斯塔莎"的黑色U形标志，等等。

以"光头党"为代表的形形色色的新法西斯主义暴力组织，虽然没有系统或统一的理论，也没有形成政党化的发展而形同街头帮派和犯罪团伙，但是却崇尚希特勒和暴力并对现实社会充满了愤世嫉俗的狂妄排拒。在他们的信仰中，认为存在一种世界性的反对雅利安人的阴谋，而这种阴谋的策划者包括了魔鬼、犹太人、共济会乃至所有制约或影响民族国家主权的国际组织，所以新法西斯主义维护欧洲、国家、种族、民族的纯洁性以回归历史和构建未来的信念都是建立在否定现实基础上的。而对未来的空想只能通过回归历史来充实，但是这种回归历史仅仅是理念和行动中回归到希特勒的法西斯主义时代。我们仅从新法西斯主义组织的群众基础来看，其思想理念和行为方式主要的影响面是青少年。如"光头党"等新法西斯主义组织成员基本上都是15~21岁的青年男女，这同德、意法西斯主义早期的情况十分相似。例如，在希特勒攫取政权期间，大量吸收14~18岁的青年人参加法西斯青年团、冲锋队；1935年意大利法西斯政党组织的295.49万名成员中，法西斯青年战斗队（18~21岁）、先锋队（14~18岁）、法西斯青年团（14岁以上女子）的成员达到86.82名，占到34%以上。[①] 法西斯主义利用青少年容易受鼓动、争强好胜、盲目崇尚某种信念等特点，使他们在法西斯主义嚣张的初期成为街头暴力最具破坏力的"生力军"。德国法西斯攫取政权过程中对犹太人进行的民间性攻击，即突出地表现了这一特点。当代新法西斯主义组织不仅在年龄结构上同早期法西斯主义有共同之处，而且他们的行动也是通过街头暴力、法西斯主义宣传来加以彰显的。在这方面，德国的新法西斯主义组织具有代表性，尤其是在德国统一后的几年中，种族排外事件呈几十倍、数百倍逐年增长，仅1992年就发生了3000多起暴力排外事件。其中包括震惊世界的"罗斯托克事件"，即1992年8月22日，近千名的新法西斯主义分子对罗斯托克郊区的难民营地进行了数天的暴力恐怖袭击，他们纵火、投掷石块、谩骂、殴打，高呼"德国是德国人的、外国人滚出去"之类的口号，而当地围观的德国居民却纷纷为之鼓掌叫好，以致这一事件引起德国很多城市新法西斯主义组织的相应，包括萨克豪森集中营的犹太人纪念馆也是在这一系列暴力恐怖活动中被焚毁的。[②] 这些新法西斯主义团伙试图以肆无忌惮的暴力恐怖活动引起社会注意和震动公众，特别是引起不同种族、民族外来移民的恐惧。这些活动虽然表现出刑事犯罪的特征，但是这种在种族主义、法西斯主义政治观念主导下的暴力活动及其所造成的社会某些群体的集体恐惧，则属于恐怖主义活动范畴。极右翼政治势力的种族排外主张，也往往是通过这些街头组织的恐怖活动来加以实践的。

---

① 杜美：《欧洲法西斯史》，学林出版社，2000，第135页。
② 吴华等主编《全球冲突与争端》（欧洲·美洲卷），世界知识出版社，1998，第234页。

在恐怖主义组织的分类中，新法西斯主义组织一般被划为极右恐怖主义类型。[1] 不过，在这些形形色色的新法西斯主义组织中，它们的政治目标和恐怖活动方式并不一样。有些组织是以反对现存社会制度为目标的，所以其恐怖活动并不主要针对某些种族、民族群体，而是针对社会。例如意大利的"新秩序"、"黑秩序"、"革命武装核心"；联邦德国的"霍夫曼军体小组"；英国的"C18"；美国以"美国民兵协会"为代表的一些极右民兵组织，等等。这些组织的共同特性是以推翻现政权和改造社会为政治目标，他们具有准军事化的武装系统，对政要、重要设施、无辜平民进行暗杀、爆炸等恐怖主义袭击，同时也主张通过议会等政治方式攫取政权。而大多数新法西斯主义组织是以喧嚣极端民族主义和推行种族主义为政治目标的，如普遍存在于西欧、北欧、东欧和美国的"光头党"，英国的"白色闪电"，法国的"欧洲民族行动联合会"、"维护法兰西运动"，美国的"三K党"、"雅利安民族党"、"秩序党"、"亚利桑那爱国者"等，德国的"德国东部替代者"、"德国人民和家乡联盟"、"德意志民族联合会"等，俄罗斯的"俄罗斯民族统一运动"、"民族主义联盟"等。这些新法西斯主义组织的政治目标虽然同上述以反对现存社会制度、宣扬纳粹精神的极右组织有类似之处，但是其暴力恐怖活动的主要目的是种族排外和张扬种族主义，所采取的手段仍具有街头暴力的特点。

二　民族冲突与恐怖主义活动

人类社会是一个民族大千世界。民族是人类共同体形式从原始群、氏族、部落到部落联盟不断演进的产物，伴随着国家的出现而形成。民族不同于种族，每一个种族中都包含着许多民族。民族之间的差异不是以体貌特征而主要是不同的文化来区分的；民族之间的差别则主要表现为社会发展程度的不同。在阶级社会

---

[1] 胡联合：《当代世界恐怖主义与对策》，东方出版社，2001，第57页。

中，各民族由于社会发展水平不同存在着不同程度的阶级分化，各民族之间的关系也因阶级不平等扩大为民族不平等而形成民族压迫与被压迫的关系。因此，实施民族压迫的民族征服和被压迫民族的反抗斗争不仅成为阶级社会中最为普遍的冲突形式，而且也构成了阶级斗争的组成部分。但是，由于民族压迫导致的民族冲突发生在民族之间，具有民族整体性对抗的特点，从而掩盖了造成民族压迫的阶级实质。在这种情况下，民族冲突双方的社会动员是以民族认同的历史、语言、信仰、生活习俗及其所由形成的共同心理来实践的。民族主义作为这种社会动员的意识形态也随之产生，并在西方资产阶级革命和建立民族国家的进程中形成近现代的政治理论形态，同时也成为19世纪以来世界民族问题形势演变中最具影响力的思潮，甚至被认为是产生恐怖主义"最持久、最强有力与最致命的根源之一"。[①]

1. 反对殖民统治斗争中的民族主义恐怖活动

进入20世纪以后，殖民地民族普遍的政治觉醒表现为民族主义运动的高涨。特别是第一次世界大战后民族自决原则在中东欧地区的实践，对殖民地的民族解放和国家独立产生了直接影响。以孙中山三民主义、凯末尔主义为代表的东方民族主义思潮，成为推动殖民地、半殖民地民族解放运动的重要精神动力之一。在各殖民地反抗帝国主义压迫的斗争中，民族主义武装斗争也经历了由弱到强、分散的民间性起义、民族主义政治组织的恐怖活动到建立统一武装的过程。

民族主义政治组织在缺乏民众基础的阶段，通过暗杀、爆炸和劫持等恐怖手段制造社会影响和唤起民众响应是普遍性的策略。它证明，恐怖主义活动"作为一种政治工具，无论是压迫者，还是被压迫者都可以使用恐怖手段"。[②] 反殖民统治组织的恐怖活动主要针对殖民统治势力的政要、重要设施和殖民势力的移民，其

[①] 胡联合：《当代世界恐怖主义与对策》，东方出版社，2001，第29页。
[②] 〔美〕西奥多·A.哥伦比斯、杰姆斯·H.沃尔夫：《权力与正义》，白希译，华夏出版社，1990，第474页。

中也包括效忠于殖民统治的本民族卖国求荣者。例如，第一次世界大战前后，以"青年阿富汗派"为代表反抗英国殖民统治的民族主义斗争，就是以两种方式展开的，一是以通过暗杀亲英的国王来削弱英国殖民主义势力；二是通过民间性的宣传鼓动活动来唤起民众。1918年刺杀国王未遂的事件就是在这一政治背景下出现的。类似的现象还发生在1916年伊朗反对英国殖民主义和推翻卖国求荣的沃苏格·多拉政府斗争中，出现了"复仇委员会"组织所进行的10次恐怖活动。[①] 此外还有1924年"越南国民党"成员在中国广州刺杀法国驻印度支那总督事件；1930～1940年之间爱尔兰共和军针对英国殖民统治进行的频繁爆炸事件；[②] 1924年埃及的民族主义者暗杀了路经开罗的英国驻苏丹总督；1951年肯尼亚爆发的基库尤人起义是从暗杀英国农场主开始的，等等。"所有这些事件，其目的是要在移民社会里造成一种恐怖，从而促使许多人离开这个国家。"[③] 1945年犹太复国主义的"哈加纳"、"伊尔贡"、"斯特恩"等秘密武装小组对英国统治势力发动了频繁的暗杀、绑架和爆炸等恐怖袭击，并最终导致1946年"伊尔贡"恐怖别动队制造了前所未有、令世人震惊的"大卫王饭店"爆炸事件。"伊尔贡"组织引爆了一辆装有500磅炸药的"汽车炸弹"，炸毁了英军在耶路撒冷的总部，造成91人死亡、45人受伤。[④] 这一事件的出现及其表现方式和破毁性作用，不仅成为利用现代化手段进行暴力恐怖活动的肇事典范，而且也造成了英国被迫将巴勒斯坦问题提交联合国的结果。

在殖民地民族解放运动的早期，由于反抗殖民主义力量尚处于初始和弱势阶段，利用暴力恐怖活动声张政治目是重要手段之一，虽然没有因此导致殖民政权被推翻的任何成功例证可资援引，

[①] 彭树智：《现代民族主义运动史》，西北大学出版社，1987，第132、175页。

[②] 王春良、翟云瑞主编《当代民族独立运动通览》，中国地图出版社，1994，第37、723页。

[③] 〔美〕罗兰·奥利弗、安东尼·阿特莫尔：《1800年以后的非洲》，李广一等译，商务印书馆，1992，第194、276页。

[④] 潘光主编《当代国际危机研究》，中国社会科学出版社，1989，第76页。

但是在联合国所推动的"非殖民化"运动中这种暴力恐怖活动在道义上并没有受到谴责。当然,这种活动虽然在社会动员和造成殖民统治势力恐慌方面起到了一定作用,但是从来没有成为民族解放运动斗争方式的主流选择,甚至会成为民族解放运动所限制的行动,例如20世纪30年代爱尔兰自由邦政府宣布爱尔兰共和军为非法组织。但是,这种在反对殖民统治斗争中出现的暴力恐怖活动,并没有随着第二次世界大战以后民族解放运动风起云涌的持续高涨和西方殖民主义全球体系的土崩瓦解而销声匿迹,它们在殖民主义制造的种族、民族、领土、宗教问题等殖民统治历史"遗产"和霸权主义控制的交相影响下进一步发展,形成了现代恐怖主义。例如,北爱尔兰问题作为英国殖民统治的"保留地"从1969年以后成为世界上持续制造恐怖主义活动的发生地之一;英国在巴勒斯坦制造的"分而治之"造成了巴勒斯坦人与犹太人之间几十年来无休止的暴力冲突,双方不断利用恐怖手段袭击对方,致使巴勒斯坦地区成为中东最大的恐怖源,不仅影响着整个中东,而且不断牵动着世界。

2. 当代民族分裂主义恐怖活动

在现代国际政治理论中,民族主义被分为很多种类型,其中政治民族主义、经济民族主义、文化民族主义划分即是一种。在这种民族主义的划分中,最具影响力的是政治民族主义。从西欧民族主义的兴起到全球性的殖民地民族主义运动,政治民族主义成为建立主权独立国家的主导思潮。尽管殖民主义时代早已结束,但是殖民统治、帝国侵略和霸权干预造成的民族、领土等问题和各独立国家解决国内民族问题的失误与错误,使政治民族主义在很多国家内部依然存在,并突出地表现为民族分裂主义(也称民族分离主义)。

民族分裂主义活动是指在一个主权独立、领土完整的国家内部,由于民族问题的激化造成通常表现为非主体民族或少数民族要求建立独立国家的政治诉求、暴力活动、甚至军事对抗行动。民族分裂主义的理论依据主要是民族自决原则,并以人权为由加以渲染,从而谋求合法政治地位和国际社会的支持以实现独立建国或高度自治的目标。

民族分裂主义运动（或活动）不仅存在于发展中国家，也存在于发达国家，具有一定普遍性。但是，存在于现代主权国家内部的民族分裂主义势力，基本上属于非主体民族或少数民族中的极端民族主义势力。他们往往自称代表本民族的利益，要求实践民族自决权利，从而形成对主权独立国家领土完整的挑战。但是，由于非主体民族或少数民族在所在国中一般都属于"弱势群体"（即政治地位、经济地位、文化影响、人口规模、宗教信仰和生活习俗等方面处于社会非主流的状况），所以民族分裂主义势力除在少数国家中表现为通过政治机制实现独立目标外，基本上都是通过匿名的、地下的方式来制造事端、诉诸暴力破坏活动。因此，采取极端性的方式和恐怖主义手段是普遍的特点。其目的是造成社会恐慌、政治压力、舆论关注和国际干预，由此获得谈判身价、造成官方的让步和承认其合法地位等。

当代世界的民族分裂主义运动（或活动）成因各异，有不同的历史、政治、经济、文化、宗教等社会背景，但是又有独立建国的统一政治目标，所以很难进行严格的分类。不过，从其活动方式和在不同国家与地区的情况来看，也可以粗略地划分为以下几种类型。

①政治运动型。最具代表性的是加拿大魁北克省先后由魁北克自由党、魁北克人党等合法政党领导的魁北克独立运动。

魁北克问题作为英、法争夺加拿大殖民地的产物，表现为英裔和法裔两个民族之间由来已久的政治、经济、语言的矛盾，而主要聚居于魁北克的法裔群体在整个加拿大"盎格鲁—撒克逊化"的进程中日益感到民族生存的危机，主要表现为在法裔加拿大人在国家层面政治权力的缺失、经济地位的降低、法语濒临灭亡、法兰西生活方式的消亡，等等。所以，在20世纪60年代国际社会出现殖民地民族解放运动高潮之际，魁北克的民族主义运动也掀起了高潮，1960年魁北克自由党在魁北克省的大选中获胜，形成了"重建魁北克"和要求自治权的运动。而1966年上台执政的魁北克"民族联盟"则提出了更加激进的主权独立、推出加拿大联邦的独立建国要求。而 1967 年法国总统戴高乐借出席蒙特利尔国际进出口博览会之机公开支持魁北克独立运动,使魁北克法裔独立势力备受鼓舞。这种公开的政治活动和来自母国的国际势力支持,使魁北克独立运动愈演愈烈,甚出现了主张暴力恐怖活动的"魁北克解放阵线"和"魁北克解放军",并在 1970 年绑架了英国贸易专员和魁北克省政府大员。[①] 1980 年,魁北克省在魁北克人党领导下组织了全民公决以决定魁北克的命运,结果以 40.44% 的赞成率败北。进入 90 年代,随着前苏东地区民族主义高涨和国家裂变,魁北克独立运动再次形成高潮,1995 年由魁北克人党再度组织了全民公决,结果以 49.4% 赞成率落败。魁北克独立运动也因此回落,但卷土重来之势犹存。

类似这样通过公开合法的政治运动谋求独立的民族分裂主义,也出现在英国的苏格兰、威尔士,比利时的弗莱芒地区等。这种以合法政党领导的民族分裂主义运动,通常是通过全民公决、议会斗争、地方政治压力等民主方式进行,并且在本民族内部具有相当广泛的群众基础,所以基本上不需要采取极端、暴力和恐怖手段。

②军事对抗型。这一类型主要指在某一主权国家内部以战争方式进行独立建国活动的民族分裂主义运动。这种类型的特点是民族分裂主义势力已拥有较强的军事对抗力量,具有稳定的控制区域,其政治活动和武装力量虽属非法但其势力已成为政府承认的谈判对手。

这种类型最具代表性的是斯里兰卡"泰米尔伊拉姆解放猛虎"(Liberation Tigers of Tamil Eelam)领导的建立"泰米尔伊拉姆国"独立运动。斯里兰卡主体民族为信奉佛教的僧伽罗人(约占全国人口的 74%),其次为信仰印度教的泰米尔人(约占全国人口的 18%)。作为早期从印度南部进入斯里兰卡的泰米尔人曾于公元 14 世纪建立过贾夫纳泰米尔王国,控制了斯里兰卡北部和东部沿海地区。英国殖民主义势力侵略斯里兰卡以后,又以劳工的方式从

---

① 〔英〕约翰·格里宾等:《历史焦点》上卷,朱善萍等译,江苏人民出版社,2000,第 343 页。

印度迁入许多泰米尔人。英国殖民势力对僧伽罗人和泰米尔人采取了"分而治之"的政策，利用僧、泰之间的民族、宗教矛盾造成"以夷制夷"的统治氛围，曾一度刻意抬高泰米尔人的地位，使泰米尔人在教育水平和充任殖民政府职员等方面形成优势；而在僧伽罗人的佛教复兴和民族主义自觉运动兴起以后，殖民统治势力的政治安排又使人口占多数的僧伽罗人取得了更多的发言权。斯里兰卡独立后，僧伽罗人以其在国家政治领域中具有的优势和"政治比丘"势力的入世，[1] 开始强化自身的政治和文化民族主义，包括确定僧伽罗语为国语、佛教为国教和在大学招生制度中采取优待僧伽罗考生和对泰米尔人提高分数线以及向北方和东北地区泰米尔人传统地区移民等"抑泰强僧"的民族政策，引起了泰米尔人强烈的不满，以致在 20 世纪 50 年代末引发了第一次僧、泰民族冲突。自此以后，泰米尔人维护民族利益的斗争持续不断，并在 70 年代初形成了民族独立运动。1972 年，泰米尔三大政党合并为泰米尔联合阵线，提出独立建国的目标。与此同时，"泰米尔新虎"、"泰米尔伊拉姆解放组织"等武装暴力组织也相继成立。1975 年，"泰米尔新虎"改名为"泰米尔伊拉姆解放猛虎"（LTTE），并刺杀了贾夫纳市的市长，揭开了恐怖活动的序幕。在此之后，僧、泰民族矛盾不断激化，民间性的暴力活动频繁发生、骚乱不断，以"猛虎"为主的泰米尔人武装成为与政府军直接对抗的军事力量和不断制造暗杀、绑架、爆炸等活动的恐怖主义组织。1987 年印度应斯里兰卡政府的请求派出维和部队，但是这一外部干预行动不仅引起印度国内泰米尔人强烈反应，而且激起了"猛虎"组织更加强烈的抵抗和更加广泛的暴力恐怖活动（包括在印度）。1990 年印军撤出斯里兰卡，1991 年印度国大党主席、前总理拉·甘地被"猛虎"组织的"人体炸弹"刺杀身亡；1993 年斯里兰卡总统拉纳辛哈·普雷马达萨在科伦坡被"猛虎"组织的"人体炸弹"炸得粉身碎骨；此外，斯里兰卡政党、军队和内阁成

---

[1] 宋立道：《神圣与世俗：南传佛教国家的宗教与政治》，宗教文化出版社，2000，第 203 页。

员中有很多要员遭到"猛虎"组织的暗杀;1999年斯里兰卡总统库马拉通加夫人险些在"人体炸弹"的爆炸袭击中遇难,造成眼部重伤。在"猛虎"组织中有专门从事恐怖活动的"黑虎敢死队",这些男女敢死队员从小开始接受以"人体炸弹"为主要方式的同归于尽精神和技能训练。1999年"猛虎"组织宣布,"黑虎敢死队"已经刺杀了147名政要官员。斯里兰卡泰米尔人的民族分裂主义武装运动不仅至今仍在延续,而且"猛虎"组织以刺杀政要为主的恐怖活动在当代世界民族分裂主义极端组织中可谓"位居榜首"。

类似斯里兰卡泰米尔人分裂势力的还有菲律宾的"摩洛民族解放阵线"(Moro National Liberation Front,MNLF),该组织成立于1969年,其目标是按照联合国倡导的民族自决原则在菲律宾南部13省伊斯兰地区建立独立国家,从20世纪70年代初开始公开同政府分庭抗礼,战事不断,1974年该组织正式发布了"创建摩洛民族共和国"宣言。[①] 菲政府为维护国家统一,于1976年同意在棉兰佬伊斯兰13省建立自治区,但是实施过程十分艰难,直到1990年才成立了棉兰佬4省合一的自治区。在这一过程中"摩洛民族解放阵线"内部也出现分化,1984年分化出"摩洛伊斯兰解放阵线"、"摩洛民族解放阵线—革新派"等。其中也分化出一些极端势力,1991年分化出来的被称为"持剑者"的"阿布萨耶夫集团"(Abu Sayyaf Group,ASG)等。此外,俄罗斯的车臣问题也属此类。车臣民族历史上曾多次遭受外族的征服和统治,并在中亚和高加索地区伊斯兰化过程中皈依伊斯兰教。在18世纪俄罗斯征服高加索地区的过程中,车臣的反抗尤为激烈。俄国"十月革命"后车臣地区成为红军与白军拉锯争夺地区,1920年苏维埃政权得以巩固,1936年建自治共和国,1944年撤销共和国,车臣人被集体流放中亚、西伯利亚。苏共二十大后,1957年恢复车臣人名誉,允许他们返回家乡。但是,原车臣地区已为俄罗斯移民所

---

① 江炳伦:《南菲律宾摩洛反抗运动研究》,台湾中国文化学院法学院,1999,第167页。

占据，当地的地名甚至山川河流的名称都已俄罗斯化，车臣的历史痕迹荡然无存，车臣人与俄罗斯等移民之间、同政府之间的矛盾日益激化。苏联解体后，车臣虽然升格为俄联邦的共和国，但是历史积怨在现实极端民族主义和宗教极端主义催化下，在苏联解体的影响下也形成了民族分裂主义势力，并建立了军队，宣布脱离俄联邦独立建国。俄在政治解决车臣问题失败后，于1994年发动第一次车臣战争。1995年车臣杜达耶夫集团制造了"布琼诺夫斯克人质危机"迫使俄罗斯停火。在此之后，车臣分裂主义势力不断进行恐怖主义活动，成为世界上最猖獗的恐怖主义策源地之一。1999年俄罗斯再度出兵车臣，基本控制了局势，但是彻底解决车臣问题仍需假以时日。

③跨界统一型。这一类型主要指历史上同一民族在现实中分属于毗邻的不同国家，他们出于某些政治原因以期通过民族分裂主义武装活动来实现民族统一的独立建国或合并建国目标。这种类型民族分裂主义势力具有跨国性影响与合作的特点，其分裂活动危及多国领土完整和影响地区安全。

这种类型最具代表性的是中东地区库尔德人建立"库尔德斯坦"的独立运动。库尔德人是仅次于阿拉伯、土耳其和波斯人的第四大民族，人口约2500万，信仰伊斯兰教，分别居住在土耳其、伊朗、伊拉克和叙利亚4国。库尔德民族历史悠久，但是没有独立建国的历史，先后遭受希腊、波斯、罗马、塞尔柱、花剌子模、蒙古、土耳其等帝国势力统治和压迫，因其骁勇剽悍，故长期为各伊斯兰帝国军队服务，并出现过战胜"十字军"的军事领袖萨拉丁并为叙利亚视为本国的古代英雄。16世纪以后，库尔德人大部分处于奥斯曼帝国统治之下，一部分置于波斯统治之下。19世纪奥斯曼帝国衰落，库尔德人的民族主义意识也开始加强。这也引起觊觎奥斯曼帝国领土的欧洲列强的注意，英国和沙俄开始插手和利用"库尔德斯坦"问题。进入20世纪以后，库尔德人建立了政治组织，开始提出政治要求和民族权利诉求。第一次世界大战后，奥斯曼帝国解体并随之发生了土耳其革命，库尔德人要求民族自治和独立建国的民族主义运动也应运而生。战后列强主导下形成的《色佛尔条约》虽然确定了库尔德人的自治地位，但是这一条约是帝国主义瓜分前奥斯曼帝国领地的分赃条约，所以在实践中不可能实现库尔德人的统一和自治。在这种情况下，库尔德人加入了凯末尔领导的土耳其革命。然而，土耳其革命的胜利并没有保证人文地理意义上的"库尔德斯坦"的完整，前奥斯曼帝国的"库尔德斯坦"被划分三块，分别归属于独立的土耳其、英国委任统治的伊拉克和法国委任统治的叙利亚，英、法帝国主义在获得中东利益的同时也肢解了库尔德民族。土耳其实现独立后，不仅没有兑现库尔德人自治的允诺，而且对库尔德人采取了强迫同化政策，以致引发 1925 年库尔德人的起义斗争和土耳其政府的镇压行动。这场延续到 1938 年的镇压活动，造成 7 万多库尔德人丧生，库尔德人的独立运动转向了伊拉克和伊朗边境地区，库尔德人的跨国界合作也在 20 世纪 40 年代开始形成。1944 年库尔德人独立建国势力制定"库尔德斯坦"国旗，1945 年将原"库尔德斯坦振兴协会"改建为"库尔德斯坦民主党"，1946 年在伊朗境内宣布成立"马哈巴德库尔的自治共和国"，并受到苏联的支持，但随即被英、美支持下的伊朗当局所镇压。库尔德人的民族运动转入低潮。库尔德人独立建国运动的再度高涨是 20 世纪 50 年代末以后的事情。1958 年伊拉克的"库尔德民族党"谋求自治的运动再次兴起，1967 年伊朗"库尔德民主党"又发动了武装起义，这两个国家中的库尔德人运动一直在镇压和抵抗和两伊战争中起起伏伏。其间，1987～1988 年伊拉克当局发动对库尔德人武装势力镇压行动中使用了化学武器，造成大约 5000 库尔德人死亡，数十万人逃亡到伊朗和土耳其。1991 年伊拉克在海湾战争遭受重创后，库尔德人趁机再度起义，但却遭到更大规模的镇压，造成震惊世界的库尔德难民问题，后在联合国的干预和美国等西方国家对伊拉克的军事制约下建立了库尔德"安全区"，成立了库尔德人自治政府。伊朗的库尔德人运动则在当局的镇压打击下于 1989 年溃散，库尔德人运动处于分散和零星抵抗的状态。在库尔德人民族主义运动中，最具代表性的是土耳其"库尔德斯坦工人党"（Kurdistan Worker's Party，PKK）领导的武装斗争。该党成立于

1978年，并在80年代开始游击战争和恐怖活动，成为土耳其国内最大的心腹之患。从80年代中期到90年代中期，"库尔德斯坦工人党"领导的游击战争主要采取袭击政府军哨所、炸毁设施、破坏交通、烧毁村庄、绑架和杀害地方官员和亲政府人士，在这些破坏和恐怖活动中滥杀无辜甚至包括妇孺儿童的现象也时常发生。① 因此"库尔德斯坦工人党"也被列为恐怖主义组织。1991年，随着前苏东地区的民族冲突和国家裂变以及第三次民族主义浪潮在世界范围的传染性蔓延，土耳其政府也废除了禁用库尔德语的民族歧视法律，同时也加大了对"库尔德斯坦工人党"及其组织的打击力度，并从1995年开始动用陆空部队进入伊拉克境内进行大规模清剿行动。"库尔德斯坦工人党"及其组织受到重创后，其党魁奥贾兰也于2000年在肯尼亚被捕。奥贾兰被判处死刑后宣布单方面停火、库尔德人武装撤出土耳其、放弃独立建国的目标，土耳其的库尔德人民族运动基本处于停滞状态。库尔德人问题属于跨四国领土谋求民族统一和建立独立国家的运动，但是对于土耳其、伊朗、伊拉克和叙利亚来说就是封疆裂土的民族分裂主义运动。

类似"库尔德斯坦"这种跨国界的民族分裂主义活动，还包括巴尔干半岛的阿尔巴尼亚人问题。1912年第一次巴尔干战争使奥斯曼帝国的势力基本退出了欧洲，随之而来的是巴尔干各民族纷纷提出了建立"大民族国家"的计划，其中也包括"大阿尔巴尼亚"计划。这一计划在第二次世界大战意大利法西斯侵略阿尔巴尼亚后为了实现其在巴尔干半岛的战略利益而得到实践，即将几乎所有阿尔巴尼亚人聚居的地区统一到了意大利占领的"大阿尔巴尼亚"，其中包括属于南斯拉夫的科索沃、马其顿西部地区等。二战后，南斯拉夫恢复了原有的领土，但是包括阿尔巴尼亚和分别归属于南斯拉夫科索沃、马其顿地区和希腊的阿尔巴尼亚人为建立"大阿尔巴尼亚"的努力并未放弃。1980年铁托去世后，南斯拉夫的科索沃自治省出现了民族主义运动，要求独立并同阿

---

① 杨灏城、朱克柔：《民族冲突和宗教争端》，人民出版社，1996，第122页。

尔巴尼亚合并。1989年南斯拉夫塞尔维亚共和国取消了科索沃自治省的地位，阿塞矛盾日益激化。1990年南斯拉夫在政治演变中趋于解体，阿尔巴尼亚人的民族分裂主义活动也愈演愈烈，并在1997年出现了"科索沃解放军"，开始通过暴力恐怖活动谋求独立。南政府军对科索沃地区民族分裂主义势力的镇压行动，使以美国为首的北约找到了进一步插手巴尔干事务的口实，于1999年发动了侵略南斯拉夫的战争。战后的科索沃处于以北约为主的国际维和力量控制之下，而马其顿的阿尔巴尼亚族分裂主义势力又发动了武装斗争，希腊的阿尔巴尼亚人中也存在着民族分裂主义活动，南斯拉夫科索沃、马其顿和希腊的阿尔巴尼亚民族分裂主义势力都得到阿尔巴尼亚国家的支持。

这种通过分裂他国领土而实现所谓"民族统一"和建立"大民族国家"国家的活动，除了进行公开的军事对抗形式外，在其他国家中也存在处于舆论号召阶段的极端民族主义势力，如蒙古国内出现的"三蒙统一"和建立"大蒙古国"思潮，哈萨克斯坦存在的"全世界哈萨克人回归祖国"的号召，等等。

④互动分裂型。这种类型是指一个主权国家内部不同民族相互排拒、谋求各自独立建国的民族分裂主义，其重要特点是处于冲突状态的各民族都不是维护国家统一的力量，其争夺的对象主要是领土和各自建立独立国家的权力。需要注意的是，这种类型的民族分裂主义，冲突双方或多方的背后都有国际势力的支持。

南斯拉夫波斯尼亚—黑塞哥维那（波黑）内战是这方面的典型。20世纪90年代前南斯拉夫在多党民主制的风潮中走向解体，而民族分裂主义成为南斯拉夫联邦分崩离析的基本动力。波黑不同于前南斯拉夫的其他共和国，而是一个三种宗教、两个民族和一个穆斯林群体构成的共和国。但是，从1990年波黑政治多元化演变造成的以民族和宗教信仰为基础的政党化，使这个国家陷入了旷日持久的内战。从1992年开始，到1995年底"代顿协议"签订，这场民族、宗教战争持续了四年之久。在这场战争中，塞尔维亚、克罗地亚和穆斯林为了彻底划清各自的界限而进行了极其残酷的殊死战斗，冲突三方为了领土完整和民族、宗教的统一进行了"种族清洗"，采取了大规模驱赶和屠杀无辜平民，有组织集体强暴异族、异教妇女，形成了典型的民族仇杀战争恐怖活动。在这种恐怖主义战争中，历史上民族仇杀的记忆重新复苏，特别是德国法西斯占领南斯拉夫期间扶持下的克罗地亚"乌斯塔沙"政权，属于典型的法西斯主义种族灭绝"行刑者"，是克罗地亚法西斯的"冲锋队"，战争期间采取各种残暴手段屠杀了大量的塞尔维亚人和穆斯林男女老幼。"乌斯塔沙"的残暴和恐怖手段甚至让德国占领军的纳粹首领都到了"无法容忍"的地步。同时，在被德国人打败而流散到民间的原塞尔维亚政府军中，也出现了匪帮式的"切特尼克"恐怖组织，他们以狰狞凶恶的外表和全身挂满武器为标志，除了同德国人作战外主要是对克罗地亚人、波黑穆斯林进行民族仇杀。在 90 年代的波黑内战中，克罗地亚的"乌斯塔沙"标志和塞尔维亚的"切特尼克"名义再次出现。在这场极端民族主义的仇杀和领土争夺中，先后出现了"波斯尼亚塞尔维亚共和国"、"克罗地亚赫尔采格波斯尼亚共和国"、"西波斯尼亚共和国"，波黑形成了三分天下的局面。在联合国、特别是美国的主导下，根据"代顿协议"波黑最终成为一个由穆斯林和克罗地亚组成的"穆—克联邦"和塞尔维亚人的共和国并存的国家，而波黑这种国家结构将如何发展仍为世人所关注。在整个波黑内战中，冲突三方的背后都有直接的和间接的国家支持力量。塞尔维亚族背后是南斯拉夫和俄罗斯、希腊这些东正教国家，克罗地亚族背后是克罗地亚共和国和德国等天主教国家，穆斯林背后则是伊斯兰世界和别有用心的美国等西方势力。

属于这一类型的还有塞浦路斯的希、土争端。塞浦路斯是一个 9000 多平方公里的岛国，希腊人最早移居于此，先后为罗马、拜占庭和阿拉伯帝国统治，16 世纪为奥斯曼帝国统治，土耳其人开始移入该岛。希腊人、土耳其人有着不同的宗教信仰、文化背景和语言文字，但是历史上没有出现过大的民族纠纷。19 世纪初，希腊革命对奥斯曼帝国统治下的塞浦路斯希腊人产生了直接影响，反抗土耳其统治和争取民族解放的运动也随之爆发，但遭到奥斯曼土耳其人的镇压。奥斯曼帝国解体后，英国占领了塞浦路斯，并利用土耳其人制约希腊人的独立建国运动，导致希、土两族的矛盾激化和兵戎相见，并在20世纪50年代中后期出现民族冲突的高潮。1959年，在英国、希腊和土耳其三国的谈判基础上确定了塞浦路斯独立建国的方案和实行希、土两族共同执政的原则。但是，这种由外力强加和体现英、希、土三国利益的国家结构并未消解这两个民族的矛盾，反而出现了更多的摩擦，以致出现了1963年底希、土两族的流血冲突并扩展到全岛。在联合国干预的同时，希腊和土耳其也出兵为希、土两族助威。1967年希腊族一方在希腊军队的支持下，突袭了土耳其人的村庄，造成更大规模的流血冲突，希、土两族的分裂态势由此形成。此后，土耳其人另立政权同希腊族形成分治状态且不服从塞浦路斯政府的约束，而希腊、土耳其两国则公开对塞浦路斯施加影响和进行控制，最终导致1974年土、希两国在塞浦路斯岛上的战争。土耳其军队在塞岛北部占领了37%的领土，1975年塞岛土耳其族成立"塞浦路斯共和国土族邦"，选举了邦总统、建立了邦议会。后双方于1977年达成塞浦路斯国家的新体制——土族联邦共和国。但是，1983年土邦议会通过了独立决议，宣布成立"北塞浦路斯土耳其共和国"，土耳其随即予以承认并互派大使。从此，"北塞浦路斯土耳其共和国"成为塞浦路斯共和国的"国中之国"，塞浦路斯问题也成为联合国、欧盟、土耳其和希腊的一大难题。

⑤暴力恐怖型。这种类型主要指以恐怖主义活动为主要手段以谋求民族独立建国的民族分裂主义运动，其重要特点是未形成战争对抗态势而专事恐怖活动，从事这种活动的组织属于典型的恐怖主义组织。

这种类型中最具典型性的西班牙的"巴斯克祖国与自由"（Basque Homeland and Freedom），即西班牙语简称的"埃塔"（ETA）。巴斯克民族是欧洲最古老民族之一，虽然历史上没有建立过巴斯克国家，但是其独特的民族个性和文化传统一直顽强地得以传承和维护。1931年西班牙共和国成立时进行西、法划界，巴斯克人传统聚居地区的一部分划入了法国，当时在巴斯克人当中就出现了巴斯克人统一和建立巴斯克独立国家的民族主义要求。1936年西班牙政权落入独裁者佛朗哥之手,巴斯克人的自治地位也因此丧失。佛朗哥政权对巴斯克人的歧视、压迫和恐怖统治,激起"巴斯克民族主义党"领导的反抗斗争。二战后,"巴斯克民族主义党"在争取巴斯克人自治地位的同时,也分化出一派主张通过武装斗争建立"巴斯克社会主义共和国"的激进力量。这一激进势力于1958年宣布脱离"巴斯克民族主义党"成立"埃塔",展开了针对西班牙独裁统治的暴力恐怖活动。"埃塔"以法国南部巴斯克人地区为基地,形成了严密的组织体系和专业化的分工,专门以破坏、爆炸、暗杀等恐怖主义手段声张其独立建国的主张。在佛朗哥统治时期,"埃塔"的暴力恐怖活动在巴斯克人地区赢得了广泛的支持。但是,在1975年推翻佛朗哥独裁统治和进行民族化改革以后,西班牙政府确定了以民族区域自治方式保障少数民族的利益,在加泰罗尼亚、巴斯克和加利西亚地区建立自治区,而巴斯克地区成为首先获得了自治地位,这一举措在很大程度上缓解了西班牙国内的民族矛盾。然而,"埃塔"并未因此而放弃独立建国的暴力恐怖活动。"埃塔"的暴力恐怖活动,把打击的主要目标指向军人、警察、法官、检察官、党派政治家,甚至策划谋杀反对党领袖、政府首相和国王。同时还通过绑架企业家等勒索赎金,以解决其经费来源。但是,"埃塔"的恐怖主义活动也具有反社会的广泛性,如1961年制造火车颠覆,1983年炸毁马德里最大的电话交换中心等行动。由于"埃塔"的暴力恐怖活动主要是以"突击队"小组或个人进行偷袭,所以对"埃塔"的打击主要限于西班牙警方的缉捕行动。在西班牙警方和法国警方日益加强的联手打击和包括巴斯克人越来越普遍的反对下,1998年"埃塔"宣布停止活动,一年以后又恢复了恐怖活动,至今仍在继续。

与西班牙巴斯克问题相似的是法国的科西嘉问题。科西嘉岛是法国东南沿海的一个岛屿,1768年为法国占领。该岛作为拿破仑的故乡在近现代历史上没有出现过重大事件。但是,1976年出现了"科西嘉民族解放阵线"(National Liberation Front of Corsica,

FLNC），开始维护科西嘉人的利益并发动了针对非科西嘉农场主的攻击进而和政府发生冲突。1981年由于法国政府的残酷镇压，该阵线发动了恐怖主义报复行动，一夜之间在科西嘉和巴黎制造了45起爆炸案。其后，政府取缔了该组织并对其实施严厉打击，该组织也分裂为"科西嘉全国联盟"、"自决运动"等，这些组织都有各自的武装力量。这些组织一方面通过议会斗争谋求权力，另一方面一直在进行着暴力恐怖活动。20世纪90年代中期以后，以谋求科西嘉独立的政治和暴力组织继续分化演变，形成了一系列地下武装组织，其中"科西嘉民族解放阵线——历史派系"成为西欧地区与爱尔兰共和军和"埃塔"齐名的恐怖主义组织。这些组织频繁制造爆炸、绑架、暗杀等恐怖主义事件，仅1988~1998年的10年间针对公共建筑物等设施的爆炸就713起，纵火362起。专事恐怖主义活动的特点十分突出。

上述几种类型是当代民族分裂主义比较突出的表现形式，这些分裂主义势力均已程度不同地坐大，形成所在国难以消除的政治势力和军事力量，通过西方民主机制和暴力恐怖活动伸张其民族自决、独立建国的分裂主义。这些分裂主义势力的暴力恐怖组织虽然都属于非法武装，但是由于它们与分裂主义政治势力的一体化或相结合，所以也具有公开化、半公开化的特点，并程度不同地获得了同政府谈判的对手资格。而在其他一些国家和地区中存在的民族分裂主义势力，则大都还处于政治组织非法性和暴力团伙地下化的阶段。但是，除了像加拿大魁北克这种以公开合法方式进行政治运动的民族分裂主义以外，无论处于哪一种发展阶段的民族分裂主义势力，进行暴力恐怖活动是其谋求政治目标合法化的必然阶段和必然手段。因为暴力恐怖活动在危及一个国家政治安全、社会安定和民众心理方面是最具威胁的重要因素之一。

3. 当代民族仇杀与恐怖主义活动

民族仇杀是民族矛盾激化的极端表现之一，是民族之间由于历史积怨和现实矛盾造成无以相容而必欲消灭对方的暴力冲突。这种现象的渊源可以追溯到远古的"血族复仇"，而其广泛的基础则是普遍存在于民间层面的族际械斗。但是，这里所说的当代民族仇杀是指具有政治目的的族际冲突。如上文述及的南斯拉夫解体过程中的波黑内战，即突出地表现了民族仇杀的特点，但是波黑内战三方之间的仇杀都是以建立自己的独立国家为政治目标的，具有强烈的民族分裂特征。而有些族际冲突并没有分裂的主张和独立建国的目标，而突出反映了民族仇怨的残酷性。在这方面，非洲大湖地区的部族仇杀具有典型性。

1994年4月6日21时，在卢旺达首都基加利机场的炮声中一架飞机轰然坠毁，卢旺达和布隆迪的总统在这一事件中遇难。当世人为之震惊不已时，一场前所未有的部族大仇杀又接踵而至。卢旺达、布隆迪都是东非小国，两国的国民均由胡图族、图西族组成。19世纪欧洲列强瓜分非洲时，这里是由身材高大、肤色较浅、人数较少的图西族统治，但是在民间图西族和胡图族这两个部族却能够和睦相处、相安无事。然而，德国殖民者及其一战后比利时殖民者在进行殖民统治时，却采取种族主义的"分而治之"政策，扶持和优待图西族以统治和压迫人口占多数的胡图族，甚至殖民主义统治势力在向图西族贵族子弟提供教育机会时也确定了身高标准以排斥胡图族，这些"分而治之"的分裂政策严重地危害了两族的关系，造成这两个部族之间日益加深的隔阂与仇怨。在20世纪中期，非洲大陆民族解放运动开始之际，比利时殖民势力为了维护其统治，又采取转嫁社会矛盾的手法促使胡图族将不平等的愤怒引向图西族，结果在1959年爆发了胡图族对图西族的大规模仇杀。在这场部族冲突中，胡图族人专门砍断图西族人双腿以宣泄身高带来的不平等愤怒，其暴力恐怖的残酷性令人发指。独立后的卢旺达由胡图族人实行统治，对图西族的统治和迫害也更加严酷，造成大量的图西族人逃往乌干达，形成了境外图西族难民群体和政治势力。20世纪70年代中期以后，卢旺达的部族矛盾有所缓和，但是90年代西方多党民主制风潮席卷非洲大陆后，政党部族化进一步强化了非洲的部族主义，部族冲突不断发生。1991年境外图西族难民的政治势力"爱国阵线"发动了武装进攻，卢旺达陷入了新一轮的部族冲突之中。在卢旺达总统遇难后，部族仇杀随即变成一场毫无理智和公开的杀戮,在这种全民性的胡图族与图西族残酷屠杀中,图西族人往往遭到成百上千地集体屠杀,包括胡图族人中任何主张族际和睦的人士也难逃厄运。与此同时,在布隆迪也发生了同样的部族仇杀。布隆迪独立后,掌握政权的是图西族人,承袭了殖民主义时期人口居于少数的图西族统治人口占多数的胡图族的传统。从1962年国家独立到1992年的30年间,布隆迪发生过四次大规模流血冲突、五次军事政变。而图西族的统治地位一直得到维持。这种局面在1993年多党民主制的总统选举中发生了改变,布隆迪产生了第一位胡图族总统,但是以图西族为主的军队随即发动政变,杀死了总统。部族冲突也因此一发难以收拾。胡图族民兵与图西族军队的冲突持续不断,造成大量的难民。1994年4月布隆迪和卢旺达总统共同赴肯尼亚参加非洲有关国家召开的解决布、卢两国部族冲突的会议,返回时飞机遭到攻击双双遇难,在卢旺达爆发大屠杀后,布隆迪也陷入了恐怖之中。

1994年卢旺达的部族仇杀,在几个月中有近百万人被杀,300万人逃往国外,200万人在国内流离失所,[①] 这个只有约800万人口的国家几乎没有人躲过这场灾难。在国际社会的干预下,图西族"爱国阵线"组成了新卢旺达政府,并立即开始惩治这场大屠杀的肇事者和罪犯,联合国也为此成立了"卢旺达国际法庭"。非洲大陆在殖民主义的分割下形成的几何图形,成为非洲独立后各个国家的边界,很多部族在这种分割下不得不跨界而居,部族冲突也因此具有国际性的交互影响特点。所以,卢旺达、布隆迪的部族仇杀不仅造成大量的难民冲击周边国家,而且相关国家中的冲突也往往受到部族关系的影响。例如1996年扎伊尔卡比拉领导的反政府军就是以图西族人为骨干的。卢旺达、布隆迪的部族大屠杀是非洲大陆普遍的部族冲突中最具代表性的一例,属于公开化的恐怖主义仇杀活动。

---

① 吴华等主编《全球冲突与争端》(非洲·综合卷),世界知识出版社,1998,第90页。

三 种族、民族冲突的历史原因和现实动因

种族歧视、民族压迫是阶级社会的产物，因此而引起的种族、民族冲突实质上也是阶级对立的结果。但是，种族、民族冲突具有整体排他的对抗性特点，所以这种冲突的阶级实质往往被种族差别和民族差异而掩盖或淡化。这不仅导致了对种族矛盾、民族矛盾成因分析的复杂性，而且也造成对种族、民族冲突中恐怖主义活动评判的复杂性。但是，从上文所举例证中，不难梳理出以下一些原因。

1. 殖民主义、帝国主义是造成当代种族、民族冲突的罪魁祸首

在殖民主义扩张时期形成的种族主义观念是一种分裂人类的观念。殖民统治势力通过构建种族主义的制度、法律和政策来推行种族歧视和压迫，造成了被歧视种族社会地位的低下和卑贱，甚至使被歧视种族形成了形同畜类的自卑心理。同时，它们在实行统治和控制的实践中，利用被统治各民族之间的差异进行"分而治之"、"以夷制夷"，挑起被统治民族之间的仇怨来分化、削弱他们反抗殖民主义、帝国主义压迫的联合斗争，以维护殖民统治和民族压迫。为此，在殖民统治势力对殖民地进行争夺的分割中，很多民族传统的聚居地区被分裂，领土分割、边界划分造成的同一民族的分离状态比比皆是，非洲大陆国家版图的几何形状最具典型性。这些因素都成为帝国主义、殖民主义为人类社会和前殖民地、半殖民地制造并遗留下来的"政治遗产"而成为当今世界种族、民族冲突中最直接的原因。例如，普遍存在的种族歧视、北爱冲突、巴以冲突及斯里兰卡、克什米尔等"热点"问题，都与殖民统治时期实行"分而治之"的分裂政策直接相关。非洲地区纷繁复杂的部族冲突，基本上都有殖民主义"以夷制夷"的背景。甚至印度尼西亚排斥华人的暴行，也可以追溯到荷兰殖民统治者利用华人的经营能力盘剥当地人造成的恶果。所以，当代世界的种族矛盾、民族仇怨大都是由西方帝国主义制造的。

2. 强权政治、大国利益造成了民族问题的国际性和领土争端

从一般意义上说，民族问题的国际性主要指外来侵略造成的国家间冲突，例如殖民主义扩张、帝国主义侵略引起的全民性反抗斗争。但是，帝国征服、殖民统治、帝国强权在瓜分世界和划分势力范围的过程中，造成很多地区和国家的领土割裂、国家重组和民族分隔，使很多历史上的同一民族分布在相邻的不同国度之中，形成民族跨界而居的状态。例如，第一次世界大战后根据《凡尔赛条约》进行中东欧地区国家重组的过程不仅直接反映了战胜国对这一地区的利益分赃，而且使1600万人不同的民族成为脱离其母体而置身于其他国家的少数民族。这种状况不仅使相关国家间存在着领土问题，而且也造成民族问题的国际性交互影响。如匈牙利始终关注罗马尼亚匈牙利族的境遇和对罗的领土要求，土耳其对保加利亚土耳其人遭受的不平等待遇耿耿于怀，阿尔巴尼亚支持南斯拉夫科索沃和马其顿阿尔巴尼亚人的独立运动，土耳其与希腊在塞浦路斯问题上的争端，西亚几国中的库尔德人问题，等等。这类问题在世界上具有一定普遍性，并且成为影响国家关系和地区安全的重要因素。而一些国家排斥、迫害移民引起的种族矛盾和民族冲突进一步扩大了民族问题的国际性范围。但是，民族问题的国际性虽然会引起相关国家的矛盾，但是不等于民族问题的国际化，因为这些问题在现代主权国家格局中仍属于国家内政而不容外国干预。民族问题的国际化，就是将内政问题转变为国际问题，提交联合国或借助其他国际势力来进行处置和干预。

3. 霸权主义干涉及其双重多变的标准加剧了民族冲突

以美国为首的西方国家为了保持其对某些国家、某些地区的影响、控制，实现其在这些地区的政治、经济和军事利益，总是利用各种理由和采取各种方式施加影响和进行国际干预。它们不仅为别国的各种持不同政见者、民族分裂主义流亡者甚至邪教势力提供政治庇护和开展活动的支持，而且动辄进行军事干涉，其中美国在世界各地的霸权主义干涉行动最为突出。据统计，冷战时期美国对外较大规模的军事干涉约125次，冷战结束后的对外军

事行动也多达40次，其中最为引人注目的如波斯湾、索马里、波黑、海地、科索沃、伊拉克、阿富汗和苏丹等。美国对外频繁而广泛的国际干涉，不仅大都涉及民族冲突和宗教矛盾，而且这种干涉的标准是双重和多变的，是建立在符合美国利益基础上的。例如，美国等西方国家为了打压波黑塞尔维亚族而利用民族仇杀中的残酷暴力行为制造塞族进行"种族清洗"的舆论，但对克罗地亚人和穆斯林的同类行为却视而不见；美国为了搞垮萨达姆政权而鼓励和纵容伊拉克北部库尔德人的民族分裂主义运动，但对土耳其镇压、追剿库尔德人分裂主义势力的军事行动则无动于衷；美国对西方盟友国家镇压国内民族分裂主义恐怖活动给予支持，但对南斯拉夫维护国家统一和领土完整而弹压科索沃阿族分裂势力的恐怖活动却以"人权危机"而大动干戈；以美国为首的北约发动对南斯拉夫的侵略战争以制止"种族清洗"的直接证据是在一个村庄发现了40多具非武装人员的阿族尸体，但是对卢旺达部族仇杀造成数以百万计无辜平民死亡美国却拒绝加入联合国的干预行动；等等。美国这种双重多变、利己主义的国际干涉造成的重要效应之一，是使一些国家内部的民族分裂势力极力谋求得到以美国为首的西方国家的支持而加剧恐怖主义活动。

4. 泛民族主义对民族冲突的国际化影响

泛民族主义是近代历史的产物，具有代表性的是泛斯拉夫主义、泛日耳曼主义、泛突厥主义、泛阿拉伯主义、泛犹太主义、泛库尔德主义等。泛民族主义思潮的兴起和形成有深刻的历史原因，而且往往同历史上不同民族的扩张和帝国角逐联系在一起，并在近现代西方列强的世界性征服、强权政治的分割和霸权主义的干涉中得以强化。泛民族主义具有超越国家界限的特点，它通过所谓共同的族源、历史记忆、语言、文化等因素动员和凝聚所谓同一民族的联合甚至建立"大民族国家"。所以泛民族主义的政治目标虽然不同于民族分裂主义的封疆裂土目的，但是却成为鼓动和支持他国民族分裂主义势力的重要国际因素。这种要求通过分裂别国而实现所谓本民族统一的泛民族主义，是一种扩张型的大民族主义思潮，是造成民族冲突国际化的动因之一。当然，从历史上看，泛斯拉夫主义、泛阿拉伯主义等泛民族主义运动并没有成功的实践，但是这种思潮仍具有相当的影响，尤其是在同宗教因素结合在一起，表现出超越民族而更加突出宗教信仰共同性的特点。如在波黑内战、科索沃战争中，塞尔维亚族的背后是俄罗斯和希腊，波黑穆斯林和科索沃阿族的背后是伊斯兰世界，而克罗地亚族背后是德国等西方天主教国家。这似乎显示了"文明冲突论"以宗教集团划分全球对抗界限的正确性，但是西方基督教国家对科索沃阿族穆斯林的支持和对同属于基督教文明的塞尔维亚东正教国家的打击以及发生在塞尔维亚族和克罗地亚族之间你死我活的仇杀却使这种"正确性"变得苍白无力和难以自圆其说。[①] 冷战后，随着东西方意识形态对抗的弱化和民族主义高涨，泛民族主义亦有抬头之势，除泛突厥主义之外，在一些国家举行的某一民族世界性大会：世界匈牙利人大会（1992年）、世界哈萨克人大会（1992年）、世界蒙古人大会（1993年）等，也属于泛民族主义的范畴。

5. 国内解决民族问题的错误实践导致民族问题的激化

当代世界国家格局的最大特点是以多民族国家为主体，这是世界上数以千计的民族分别归属于数以百计国家的自然结果。所以，民族问题不仅是绝大多数国家中普遍存在的问题，而且处理和解决民族问题也必然成为多民族国家的重要内部事务之一。

解决民族问题的实质是实现各民族在政治、经济、文化和社会生活诸领域的平等，但是在阶级统治条件下不可能实现真正的民族平等。发达的资本主义国家虽然认为自己的民主制度最为优越且有万能作用，包括解决民族问题。但是西方发达国家不仅普遍存在种族、民族问题，而且也存在种族矛盾、民族矛盾的激化形式。例如美国的种族问题、不同族裔的社会地位问题，加拿大的魁北克问题、西欧国家的民族分离主义和种族排外问题等，北美、北欧和澳大利亚的土著人问题，都属于发达国家的种族、民

[①] 郝时远：《帝国霸权与巴尔干"火药桶"》，社会科学文献出版社，1999，第318页。

族问题；对于大多数发展中国家来说，由于民族解放运动大都是由资产阶级、小资产阶级或封建君主势力领导的，所以这些国家在实现独立后不可能继续本国内部和各民族内部的阶级革命，其国内的民族政策仍属于民族压迫政策，而且往往继承殖民统治时期的"分而治之"政策传统。例如上文述及的菲律宾摩洛民族分裂主义运动，源起于西班牙人驱使菲国天主教徒对摩洛人进行的征服，在美国统治菲律宾期间对摩洛人地区推行的"菲律宾化"的强迫同化政策，美国在退出菲律宾时的政治安排是该国继续保持了对摩洛穆斯林压迫政策，结果导致其国内长期的武装冲突和大量的恐怖活动。卢旺达独立后出现的胡图族对图西族实行的反向压迫，虽然是对殖民主义政策的"矫枉"，但本质上仍旧是殖民主义民族压迫政策的延续。

对于社会主义国家来说，不仅存在民族问题，而且也存在处理和解决民族问题的错误实践。如苏联以高度中央集权取代宪法规定的联邦制权利，公然推行"俄罗斯化"，对一些民族进行整体性惩罚等。这些政策完全违背了无产阶级政党反对民族主义，首先或重点反对大民族主义的原则，背弃了马克思主义以阶级分析的方法区分社会群体而不是以民族划分敌我的基本原则。而苏联模式在东欧国家的强制推行，也造成了这些国家效仿"老大哥"的政策实践，如保加利亚对国内土耳其人实行包括更改姓氏在内的强迫同化政策，罗马尼亚对国内匈牙利人采取分化、同化的政策，都属于苏联模式民族政策的影响，所以这些国家也必然像苏联一样承受由于民族问题激化而加剧社会演变的后果。南斯拉夫虽然属于摆脱苏联模式的社会主义国家，但是却采取了无度放权以防止中央集权、压制塞尔维亚以平衡民族关系等"绝对平等"的政策，结果导致地方民族主义势力增强。苏联纵容大民族主义和南斯拉夫姑息地方民族主义虽然是两个极端，但结果是殊途同归。

民族问题具有普遍性、长期性、复杂性、重要性和国际性的特点，它不仅渗透到社会生活的各个领域，而且往往同宗教问题联系在一起；其消长不仅主要受国内解决民族问题的政策及其实践的影响，而且也受到国际相关因素的影响，特别是国际上的泛民族主义、泛宗教主义的影响。民族、宗教问题的这种国际性交互影响特点,使国际势力的影响在一定条件或一定时期产生的作用具有主导性。民族主义的情绪化、盲动性、传染性、煽动性等特性在外部力量的影响下极易引起极端民族主义。

四 民族主义极端性与恐怖主义

民族主义是国际政治理论中最难以把握的概念之一,其定义之多与恐怖主义不相上下。毫无疑问,民族主义有其古代原型,但是它作为一种政治意识形态则是近代资产阶级革命的产物。19世纪中期以来,民族主义在世界范围内产生了极其重要的影响,扮演了形形色色的政治角色。民族主义导致民族国家模式的出现,民族沙文主义导致帝国主义,极端民族主义导致法西斯主义,殖民地民族主义运动导致殖民主义体系的崩溃,民族分裂主义导致恐怖主义、战争冲突和国家裂变,等等。民族主义虽然属于一种政治意识形态,但是它依托于民族群体中各阶级、各阶层的认同基础,以致难以在阶级政治的分析框架中对其进行准确的评判,从而使它成为"一个高度政治化与情绪化的名称"。[①] 民族主义的政治性体现着阶级利益,而情绪化却成为抹杀民族内部阶级、阶层差别的认同基础。所以,民族主义在其实践中也往往因不同的政治取向而表现出两重性。西方资本主义列强国家构建全球性殖民主义体系的过程,也是西方国家的民族主义进行全球征服和扩张的过程。但是,西方世界始料不及的是民族主义也成为殖民地被压迫民族推翻殖民统治的政治力量,后来又成为反对霸权主义的有力武器。但是,任何一种民族主义都突出着利己性和排他性,这些特性在一定条件下的膨胀必然导致极端民族主义。扩张型的极端民族主义可以产生帝国主义、法西斯主义和霸权主义,保守或狭隘型的极端民族主义能够导致排外主义、分裂主义。民族主义"双刃剑"的效应正是通过这种极端性表现出来的。

---

① 郭少棠:《民族国家与国际秩序》,首都师范大学出版社,1998,第10页。

1. 极端民族主义分裂势力对民族国家的误读和民族自决权的滥用

极端民族主义是民族主义政治目标激进化和民族间拒绝对话的表现。极端民族主义分裂势力也是对民族国家的误读和对民族自决权滥用的产物。这种极端民族主义是典型的利己主义，它以强调本民族至高无上的利益为特点，以完全的排他性为手段，以建立民族和领土相一致的独立国家为目的。为此，多民族国家中民族问题的激化往往容易产生极端民族主义分裂势力。

在人类社会的演进中，人类共同体经历了从氏族、部落、部落联盟到民族的发展过程，国家经历了城邦、帝国、民族君主国到民族国家的发展过程。从国家的角度讲，至少从希腊、罗马的帝国时代就是以多民族为结构的。但是正如人类文明的发祥和发展在各大陆的进程几乎可以展示整个人类社会发展史一样，各个民族的形成和发展到现在也仍旧展现着处于不同社会发展阶段的事实。所以，在历史上并不是每一个民族都曾建立过国家。16世纪西班牙人侵略美洲时，广袤的美洲大陆只有印加和阿茨特克两个印第安人帝国；17世纪西方人到达澳大利亚时，那里的居民尚处于血缘氏族组织阶段；19世纪西方列强瓜分非洲大陆时，那里尚处于部落社会阶段。包括18世纪法国大革命以前，欧洲列强国家也没有现代意义上的民族和国家观念。

从法国大革命开始到1848年欧洲第三次革命出现的"民族之春"运动，使民族主义及其所构建的民族国家登上了历史舞台。民族—国家（Nation - State）所奉行的"一个民族、一个国家"原则为人们所传颂和追求，但是却日益忽略了这里所说的"一个民族"是指作为主权独立、领土完整的国家内所有人民的公民身份，这些公民不再是效忠帝王或君主的臣民，而是效忠以国徽、国歌、国旗为象征的国家的公民，由全体公民组成的国家层面上的民族是政治民族。从这个意义上说，民族与国家形成了一体。在民族国家中，包含着一些或很多自然的、历史的民族，它们更多地体现着语言、文化、宗教和自身族裔的历史记忆及其所积淀的心理意识等方面的不同。但是，一般来说构成民族国家的主体人口往往是属于自然、历史特征的大民族,他们的统治阶级也自然成为国家政权的把持者,社会的主流意识和文化也体现着这一特点,对"公民民族"整合的政治需要也往往表现为消除社会异质性的努力。当然,这种努力所体现的民族压迫、强迫同化也必然导致非主体或少数民族的民族主义反抗,甚至按照"一个民族、一个国家"的原则要求独立建国。

西欧民族主义的高涨和民族国家模式的出现,首先使中东欧地区置于奥匈、奥斯曼、沙俄、德意志帝国统治下的各民族掀起了民族解放运动。第一次世界大战结束和统治中东欧地区和西亚地区的诸帝国解体,使这一地区出现了 20 世纪的第一次民族主义浪潮,重组和新建了 10 多个民族国家。对这一民族主义独立建国浪潮产生直接影响的是民族自决权。在俄国"十月革命"阶段,列宁从沙俄帝国是"各民族牢狱"的国情出发,倡导各民族无产阶级的自决,同时主张在这种自决的基础上构建各民族一律平等的社会主义国家。一战结束后,美国介入欧洲事务,威尔逊关于解决战后欧洲问题的"十四点"方案中民族自决权的内容在《凡尔赛条约》被确定下来并在中东欧的国家重组中得以实施。几乎与此同时,以孙中山、凯末尔为代表的东方民族主义思潮开始兴起,并对亚、非、拉殖民地民族解放运动产生了直接的影响。第二次世界大战以后,民族自决原则写入了《联合国宪章》,成为国际社会认同的准则。随之而来的并延续了几十年的殖民地民族解放运动正是利用民族主义和民族自决原则来实现民族解放和独立建国的,它构成了 20 世纪的第二次民族主义浪潮。从 1945 年到 1990 年联合国成员国增加了 104 个之多,世界民族国家格局已然形成。所以,到 1994 年联合国最后一块托管地贝劳独立,殖民地的民族解放运动基本结束,适用于殖民地民族解放的民族自决权原则也基本上完成了它的历史使命。在继续清理殖民主义遗产的进程中,民族自决权利主要体现为既有的民族国家维护主权独立、领土完整和内政不容干涉。所以,当代的民族自决权是同维护国家主权联系在一起的,是以反对霸权主义为主要政治目标的,它的应用限于国际社会层面而不是国家内部。

1990年以后,由于苏联解体和东欧剧变,掀起了20世纪第三次民族主义浪潮,联合国成员国又增加了20多个。而苏联、南斯拉夫和捷克斯洛伐克的解体也是以民族主义为旗帜、以民族自决为不可剥夺的权利完成的。但是,对于这些已经实现主权独立、领土完整的多民族国家来说,它们同殖民地的民族解放和国家独立是完全不同的。这种民族自决所导致的民族分裂和国家解体,是在美苏霸权主义政治对抗和西方对社会主义国家渗透、分化以及这些国家解决民族问题失败的条件下出现的。而将适用于殖民地解放的民族自决权放大到主权国家内部,不仅是这些国家民族主义政治势力对自决原则的误读,而且也是美国等西方国家在意识形态对抗中为了战胜对手而利用民族问题进行的民族自决权误导。因为西方已经意识到"非俄罗斯人的政治热望是苏联的致命弱点"。[①] 对于二战后的西方国家来说,除了无奈地承认殖民地的民族自决外,他们原则上反对其他主权独立国家内部的民族分裂,这很大程度上是因其自身内部存在着民族分裂主义的威胁。但是对苏联等社会主义国家的解体,他们不仅"暂时地背离了一般不愿意支持非殖民地地区自决的做法,"[②] 而且推波助澜地加剧这种分裂。事实上,苏联等国的民族主义运动和自决实践,虽然为了追求"一个民族、一个国家"的理念而不惜发动民族仇杀的战争,诸如波黑冲突三方那样对异己民族和异己宗教信仰者的绝对排斥,甚至异族通婚家庭都纷纷解体,但是结果并没有实现纯而又纯的所谓"民族国家"。前苏联和东欧地区民族分离和国家裂变后出现的所有重组与新建国家,没有一个不是多民族国家。"要使民族疆界与国界合而为一的理想,恐怕只有野蛮人才做得到,或者说,只有靠野蛮人的做法才可能付诸实现。"[③] 然而,靠野蛮人的方法

---

① 〔美〕兹比格涅夫·布热津斯基:《竞赛方案》,中国对外翻译出版公司,1988,第117页。
② 熊玠:《无政府状态与世界秩序》,余逊达、张铁军译,浙江人民出版社,2001,第171页。
③ 〔英〕埃里克·霍布斯鲍姆:《民族与民族主义》,李金梅译,上海人民出版社,2000,第161页。

也做不到。但是,像波黑那样的民族仇杀战争,直接导致南斯拉夫科索沃阿尔巴尼亚族分裂主义势力的武装化和开展恐怖主义活动,却是不争的事实。源起于前苏东地区的民族主义浪潮,以主权国家内部民族自决的实践而对世界其他地区的民族分裂主义势力产生了鼓动作用。

20世纪60年代初,联合国在推动"非殖民化"进程中,把人权作为了民族自决权的题中之意,从而也使自决权成为一种集体人权。但是,由于美国等西方国家将人权作为推行其霸权的重要手段,甚至宣称"人权高于主权",从而使一些滥用民族自决权的民族分裂主义势力又得到一种更加响亮的口号。事实上,民族分裂主义势力并不代表它所依托的民族,如西班牙的"埃塔"、北爱尔兰的"共和军"甚至加拿大的民族分裂主义政党势力,他们的分裂活动并没有得到巴斯克人、爱尔兰人和法裔魁北克人的全民支持,"埃塔"受到巴斯克人越来越广泛的反对,"魁北克人党"等政治势力所发动的"全民公决"两度失败,即是明证。虽然产生民族分裂主义的原因包括民族压迫等不平等因素,但是民族分裂主义势力并不是民族解放运动的组成部分。① 无论在历史上还是在现实中,主权独立国家中的民族分裂主义没有成功的先例可循。苏联、南斯拉夫和捷克斯洛伐克的分裂,是建立在联邦制共和国实体基础上的分裂,所以波黑作为南联邦国家的共和国实体之一,虽然通过残酷的战争来划清"你"、"我"、"他"的界限,最终还是一个多民族国家。但是,前苏东地区出现的国家裂变足以使"一个民族、一个国家"理念和民族自决权原则在误读和误导中产生放大效应,成为主权国家内部极端民族主义、狂热宗教主义(如印度尼西亚的亚齐)、地区分离主义(如意大利、巴西)所借用的口实。同时,正如国际人权领域存在的双重标准一样,"自决也会被外部力量用于政治目的和作为策略手段,"② 成为霸权主义

---

① 这里所指的民族分裂主义定义参见本章第二部分中的"当代民族分裂主义恐怖活动"。
② 熊玠:《无政府状态与世界秩序》,余逊达、张铁军译,浙江人民出版社,2001,第183页。

通过鼓励民族分裂主义来"分化"、"弱化"其特定目标国的政策选择。所以，在美国等西方国家有关民族国家主权削弱、让渡和"人权高于主权"等论调的引导下，一些国家内部的民族分裂主义势力受到了极大鼓舞，他们在迎合和利用这些"新干涉主义"理论的同时，力求使其独立建国的政治诉求国际化，试图借助美国等西方势力的国际干涉来实现自己的政治目标。

造成民族问题国际化最有效的手段，一方面是通过流亡境外的民族分裂势力制造舆论以获取某些国际势力的支持；另一方面则是在国家内部制造骚乱、恐怖事件引起社会动荡以扩大影响和抬高身价。这种恐怖活动具有的双重作用还在于：在造成社会不安定的同时，也会引起所在国官方更加严厉的镇压和打击，从而引起国际社会特别是美国等西方国家"同情弱者"的人权干涉行动。所以，民族分裂主义势力进行恐怖活动并不单纯是为了破坏，而且还为了扩大其处于弱势的国际影响。这种效应，也是加剧恐怖主义活动的重要原因之一。

2. 极端民族主义与恐怖主义组织

当代各种类型的恐怖主义组织有一个共同的特征，即政治目标的极端性和实现目的的暴力化。所以，在对恐怖主义进行的各种界定中，极端性是普遍的特征，如"极右型"、"极左型"、"宗教极端型"等；在对数以百计的恐怖主义定义中基本要素出现频率的归类分析中，1981年以前的109种定义中暴力要素出现的频率达83.5%，1982年以后的50种定义中暴力要素出现的频率为92%。[①] 所以，极端与暴力是相伴相随的，这一点无论是国家恐怖主义还是民间恐怖主义概莫能外。

如上所述，民族分裂主义是民族主义极端化的产物，也是产生恐怖主义活动的基础。当代民族分裂主义组织同殖民主义时代遗留的属于民族解放运动范畴的民族主义运动不同，如巴勒斯坦人谋求独立建国的政治组织不属于民族分裂主义组织。但是，巴勒斯坦人的政治组织中也包括专事恐怖主义活动的极端势力。而

---

① 胡联合：《当代世界恐怖主义与对策》，东方出版社，2001，第16~17页。

这种势力及其恐怖主义活动的实践不仅对实现巴勒斯坦人独立建国的政治目标无补,而且也造成巴勒斯坦民族解放运动内部的分裂。同时,巴勒斯坦极端势力的恐怖主义活动,也成为以色列及其支持国以打击国际恐怖主义为由而迟滞和阻止巴勒斯坦民族自决的口实。作为当代主权国家内部以独立建国为目标的民族分裂主义恐怖组织,具有代表性的主要包括西班牙的"埃塔"、英国的北爱尔兰"共和军"及其演化出来的"真共和军"(Real IRA)、法国的"科西嘉民族解放阵线——历史派系"、斯里兰卡的"泰米尔伊拉姆解放猛虎"、菲律宾的"摩洛伊斯兰解放阵线"和"阿布·沙耶夫组织"、土耳其的"库尔德斯坦工人党"、伊拉克和伊朗的"库尔德斯坦民族党"、俄罗斯的"车臣武装"、南斯拉夫的"科索沃解放军"、马其顿国内的阿族武装等。近年来,这些组织有的已经被取缔和解散,如"科索沃解放军";有的已解除武装,如北爱尔兰"共和军";有的已宣布放弃武力,如土耳其等国的"库尔德斯坦工人党"组织;有的则在所在国政府军的镇压、剿灭中处于流散状态,如俄罗斯的"车臣武装"。所以,如果从民族分裂主义类型的恐怖组织情况来看,在世界各种类型的恐怖主义组织中已经处于少数。但是,这并没有淡化恐怖主义活动所具有的种族主义、民族主义背景。

在通常为国际社会认为的恐怖主义组织中,有很多是以极端民族主义为基础的政治组织,只是在政治取向的类型方面有所区别。如极右型恐怖主义组织,大都奉行种族主义。主要表现为西欧、北美和俄罗斯以及东欧国家中名目繁多的新纳粹类型的组织。被列为极"左"型的恐怖主义组织,虽然通常被称为颠覆现政权和改变社会制度的"革命型",但是其中也包含以民族为依托的组织。例如秘鲁的"光辉道路"(Shining Path),其群众基础是印第安人,其政治目标是通过颠覆现政权来建立印第安人的国家。类似的组织还包括墨西哥的"萨帕塔解放军"。在伊斯兰世界,虽然泛伊斯兰主义和极端原教旨主义的宗教性成为恐怖主义组织的典型特征,但是排拒所有外国人和犹太人的种族、民族主义特点也很突出。如巴勒斯坦以消灭以色列犹太人国家为目标的"阿布·

尼达尔组织"（Abu Nidal Organization）、"阿布·阿巴斯派"（Abu Abbas）、"巴勒斯坦人民解放阵线"（Popular Front for the Liberation of Palestine）等，都表现出强烈的民族主义极端性，这些组织同建国目标一致但主张实行伊斯兰法的"哈马斯组织"（HAMAS）有所区别，后者更突出宗教极端性。同样，在以色列也存在"大犹太民族主义"和建立包括现巴勒斯坦自治区在内的"大以色列国家"的极端民族主义恐怖组织，如"卡契"（Kach）及其分支"卡汉集团"（Kahanc Chai）。

在20世纪70年代以前，世界范围内最广泛的运动是民族主义。而70年代以后，随着伊朗伊斯兰革命的发展，伊斯兰复兴运动在世界范围形成了日益广泛的影响。伊斯兰原教旨主义所奉行的"宗教兴则民族兴"原则，使宗教信念越来越超越民族、国家的局限而成为聚合伊斯兰世界的强大力量。所以，信仰伊斯兰教的民族的民族主义运动及其与其他民族的冲突，也越来越表现出极端宗教民族主义的特点和教族之间的冲突。相应地信仰伊斯兰教民族的极端民族主义政治主张及其相伴的暴力恐怖活动，也突出了要求国家伊斯兰化、建立伊斯兰国家并为此进行"圣战"的宗教极端性。这种教族冲突在印度及其和巴基斯坦之间、黎巴嫩、巴勒斯坦和以色列（包括整个阿以冲突）、印度尼西亚、菲律宾等地均有突出的表现，在90年代以后伊斯兰原教旨主义极端性的影响又扩展至巴尔干半岛、中亚和外高加索地区，使南斯拉夫波黑内战、塔吉克内战、科索沃冲突、车臣战争都表现出浓重的极端宗教民族主义色彩，而来自阿拉伯许多国家的"圣战者"以"卫教"名义四处去支持穆斯林兄弟，使民族、教族冲突形成了国际化的特点，从而也为恐怖主义活动的国际化发展提供了基础，尤其是伊斯兰教什叶派和逊尼派极端主义势力交相发展，使伊斯兰原教旨主义极端势力的国际性影响也更加广泛。因此，宗教问题与民族问题交互性影响及其极端化所产生的恐怖主义活动，不仅在伊斯兰教国家和信仰伊斯兰教的民族中表现最为突出，而且国际恐怖主义组织中伊斯兰教极端主义势力在体系化、网络化方面也首屈一指。

极端性是人类社会思想观念和行为方式中普遍存在的一种价值标准，对任何事物认识或思想体系的理解都可能产生极端意识及其行动。正如欧洲白人面对非洲大陆黑人时，建立在类似区分人与动物的生物学基础上的种族优劣观念，也必然导致肆意的屠戮、牲畜一样的贩运和牛马一样的奴役。这种极端的种族主义观念及其所由形成的种族主义制度、政策和意识形态，在维护和抬高"白人至上"无比优越地位的同时，也在贬低和毁灭黑人奴隶做人的尊严和生存价值。所以，在美国民权运动中出现"黑人是美丽"的思潮以及针对白人的暴力恐怖行为是不足为奇的。物极必反、矫枉过正这种普通道理，在以种族、民族和宗教因素为基础的社会冲突中表现得尤为明显。这种基于种族、民族和宗教群体的冲突通常表现出整体性、民间化和社会化的特点，从而造成掩盖阶级社会实质的群众盲动。所以，利用种族观念、民族主义和宗教信仰来煽动群众运动，到目前为止是进行社会动员最有效的手段。而发动这种社会动员的统治阶级或某种政治力量的利益和主张却掩蔽在种族性、民族性和宗教性认同的极端情绪和激愤之中，它所导致的行动往往也是失范的或失规制的，甚至表现出历史上"血族复仇"和宗教战争的传统。在卢旺达部族冲突中，胡图族人宣泄不满和仇怨的方式是砍断图西族人的双腿，以消除图西族人因身高而享有优越于己的社会地位。这种通过暴力恐怖手段谋求平等或统治地位的极端行为，是导致当代种族、民族和宗教冲突中恐怖主义活动原动力和基础，当然这个基础是阶级社会、殖民主义奠定的。

　　随着20世纪各种社会政治理论的影响和国际社会各种规制的建立，种族、民族、宗教矛盾和冲突也越来越彰显其政治特点。特别第二次世界大战以后民族主义运动在反殖斗争中所取得的胜利，使民族自决、民族国家的政治追求形成潮流，"第三世界"的出现及其在国际社会中赢得的政治地位，在很大程度上增强了他们的自尊、自信和自立的信心。但是，冷战对抗和霸权主义却压抑了"第三世界"的发展。殖民主义的历史遗产、霸权主义的现实干涉，使大多数前殖民地独立国家在东西对立、南北矛盾的大格局中陷入了发展的困境并不同程度地被纳入美苏霸权主义体制的制约之中。由此而造成的政治控制、经济依附、军事威胁、文化压抑等，加剧了这些国家内部的社会矛盾，其中包括民族矛盾和宗教矛盾。这些矛盾的激化，也必然激活这类冲突的原动力及其极端性。民族主义极端性对民族自决权和民族国家的误读以及美国等西方国家在这方面的别有用心的误导，又不断为一些国家制造隐患和内乱。所以，冷战后包括新一轮民族主义浪潮在内的各种冲突所引起的世界性反响，很大程度是霸权主义时期被压抑和制造的矛盾的集中释放。这种反弹式的释放表现出的极端性，是造成当代民族、宗教极端主义及其恐怖活动的重要动因。

需要指出的是，对恐怖主义组织的判定，往往是由美国来制定标准的。美国国务院每年都公布世界范围的恐怖主义组织及其所支持的国家，但是确定恐怖主义组织的标准却集中地体现着美国及其西方盟友的利益。凡是反对美国和西方的，西方内部分裂性、颠覆性和危及社会安定的，具有所谓共产主义色彩的都列为恐怖组织，而对一些国家中存在的与西方国家内部同样的民族分裂主义恐怖组织却未列入他们的"黑名单"，因为这些国家是美国力图"西化"、"分化"和"弱化"的对象，如南斯拉夫的"科索沃解放军"、俄罗斯的"车臣匪帮"等，一直没有出现在美国的恐怖主义"黑名单"上。美国等西方国家在对待恐怖主义组织及其活动所采取的双重标准，也是加剧一些国家民族分裂主义恐怖活动的重要国际因素。当然，美国这种以意识形态为底蕴的双重标准，在纵容和培植某些极端主义势力的同时，也使自己陷入了遭受恐怖主义袭击的灾祸之中。美国昔日为了对付苏联而扶持本·拉登，现在本·拉登却成为美国的头号敌人。美国在世界上推行霸权主义和实行双重标准造成的类似后果，不仅给美国人民带来了"9·11"事件这样的恐怖主义灾难，而且也为人类社会和平与发展的世界大势带来了新的威胁。

关于当代恐怖主义的理论解释有很多种，其中"挫折—攻击论"具有一定代表性。因为它至少揭示了恐怖主义组织或分子铤而走险、宣泄暴力、对抗社会、滥杀无辜的心理状态,即某些国家、民族、群体或个人因某种境遇造成的挫折感,并且在无法通过正常或公开的方式改变这种境遇的情况下采取极端性的手段进行抗拒、报复和改变现状,甚至采取同归于尽的方式来摆脱这种心理感受和实现报复愿望。从历史上看,德国法西斯的出现,与德国在第一次世界大战中的失败和战后丧失全部殖民地以及承担大量战争赔偿的受挫感直接相关,由此而产生的极端民族主义导致了法西斯主义和国家恐怖主义以及大规模的对外征服战争。现实中的种族主义回潮及其法西斯主义化,极端民族主义、极端宗教主义的出现和激化,除了历史的、现实的压迫等原因外,西方现代化模式及其所谓"普世主义"价值观念在政治、经济、文化等方面形成的日益强劲的霸权主义压力,不仅在冲击着发展中国家的独立自主和公平参与国际事务的发展权利,而且也在意识形态、文化、心理等方面贬损着发展中国家的价值观念。在这方面,美国的国际行为最有代表性,美国"在意识形态中占中心地位的民族优越感产生了死板的观点,夸大其他民族看起来是负面的生活面貌,贬低他们的技能、成就与情感,贬低其价值。把其他民族的文化贬低为落后或顺从,使美国人心目中形成僵化的假象,认为诱导这些民族进行政治改革与发展经济是件很容易的事情。在遇到顽固不化,或抗拒、抵制时,美国人自然就感到受挫与遗憾,更极端些也许会沉溺于把对方看做是非人性,有可能求助于强迫或暴力手段。这种模式,首先用于同黑人与土著美洲人的关系上,后来便用到了'第三世界'各民族身上"。[1] 美国霸权主义所推动的"美国化"所引起的世界性政治反弹,也使美国成为世界上遭受恐怖主义袭击最多且最惨烈的国家。

形成受挫感的因素是多方面的,包括西方发达国家在内的各种类型的极端主义势力,也同西方社会的发展和所谓后工业时代的政治、经济和文化等社会冲突直接相关。例如西方有关"光头

---

[1] 〔美〕迈克尔·H. 亨特:《意识形态与美国外交政策》,褚律元译,世界知识出版社,1999,第189页。

党"等新法西斯主义势力的研究,揭示了产生这种现象的社会根源、社会心理等方面的原因,并将其归结为资本主义后现代亚文化产生的一种生活方式。但是,西方人并没有对中东等长期处于战乱地区产生的极端主义势力进行这样的研究。事实上,生活在巴勒斯坦、黎巴嫩等长期贫困、战乱社会环境中的人,尤其是在几十年连绵不断的战争和大国强权不断干涉的社会环境成长起来的几代人,他们的童年就是以武器为玩具,习以为常地面对亲人和伙伴的死亡。在这种生活方式中成长的人,他们对自己生命价值的认识除了仇恨、战争、报复和死亡几乎没有任何其他企盼。同样,他们对他人生命价值的认识也难以视为珍贵。在这种生存状态下,以民族利益、宗教信念施加的影响,很容易培植出充当"死士"的献身精神。而以"人体炸弹"等同归于尽的方式"殉道"的恐怖活动,也就把被称为"弱者的武器"发挥到登峰造极的地步。

3. 民族、宗教极端主义势力与国际恐怖主义

国际恐怖主义,顾名思义就是恐怖主义活动的国际化。在当代各种类型的恐怖主义组织中,具有国际化特点的主要有两种类型:一是毒品恐怖主义集团及其国际网络;二是以种族、民族、宗教为背景的恐怖主义组织及其国际网络。

作为以种族、民族和宗教为背景的国际恐怖主义也分为不同的类型。

第一种类型是欧洲、北美的种族主义暴力组织,特别是新法西斯主义组织的国际化主要表现为这些组织之间建立的国际联系。而这种联系一方面表现为各国极右翼政党势力之间建立的合作关系,包括人员往来、互相传递宣传品、提供资金支持、相互出席对方召开的会议等,同时他们也同世界上其他地区的极端主义组织建立联系。例如,俄罗斯极右组织办得一份名为"耶路撒冷"的报纸,就是阿拉伯"商人"资助的,俄罗斯和德国的极右翼分子在这份报纸上大肆吹捧某位伊斯兰教国家的领导人。德国一个十分活跃的极右翼组织在莫斯科建立的分支组织,同苏丹等北非阿拉伯国家的伊斯兰极端主义势力合作,并成为哈马斯的

代言人;[1] 另一方面表现为以"光头党"为代表的法西斯主义暴力团伙之间的联系,包括互相访问、协同行动、交换信息、传播宣扬法西斯主义的各类宣传品(书籍、录像带和音乐等),其中也包括通过国际互联网进行种族主义、法西斯主义的宣传。

第二种类型是存在于一些国家的民族分裂主义势力在国际层面的依托和支持力量。这种类型大多属于民族跨界而居或本民族在国外有较大的移民群体。如斯里兰卡"泰米尔猛虎"分裂主义势力,不仅有印度南部5000多万泰米尔人作为后盾,而且在世界上50多个国家建立了宣传机构或办事处,并依靠泰米尔人移民为其独立运动谋求政治和经济支持;西班牙的"埃塔"也以法国南部的巴斯克地区为基地,并在拉美地区的几个国家中建立了活动据点;至于西亚四国中的库尔德人问题更为典型,任何一国的"库尔德斯坦"民族主义运动都可以在其他相关国家的库尔德人聚居地区得到支持和庇护。而德国等欧洲国家的数百万库尔德难民,不仅在道义上支持"库尔德斯坦"独立运动,而且也通过骚乱和破坏活动对欧洲国家施加压力也制约这些国家对土耳其镇压库尔德人的政治和军事支持。民族分裂主义势力的国际化,也导致恐怖主义活动的国际化,这种类型中具有代表性的例证是泰米尔人暗杀印度前总理拉吉夫·甘地。

第三种类型是以伊斯兰教极端主义势力建立的全球性恐怖主义组织体系,即奥萨玛·本·拉登领导的"阿—奇达"(Al-Qa'ida)组织及其国际网络。这是当代世界上组织体系最庞大且完备的一个恐怖主义集团,它具有独立的经济基础和雄厚的资金支持,同世界上几十个国家中的恐怖主义组织建立了联系,在阿富汗等地设立了10多处训练营地,并资助一些国家的民族、宗教极端主义恐怖组织的活动,除了拥有一大批恐怖主义"死士"外,还拥有一批受过高等教育的金融、情报、信息、武器等方面的专家。这个以阿富汗为大本营并受到阿富汗"塔利班"政权保护的

---

[1] 〔美〕沃尔特·拉克尔:《法西斯主义——过去、现在、未来》,张峰译,北京出版社,2000,第190页。

国际恐怖主义集团，不仅制造了针对美国、以色列的一些重大恐怖主义事件，而且几乎支持所有信仰伊斯兰教民族中的民族、宗教极端主义势力，它在为分布在世界各地的这些极端主义恐怖组织提供人员培训、资金支持和信息服务的同时，也派出"圣战者"参加战斗，特别是波黑、科索沃、阿塞拜疆、俄罗斯车臣等地，都有来自这一集团组织调遣的各色"伊斯兰战士"。

在当代世界的各种极端主义恐怖组织中，信仰伊斯兰教民族中的极端主义势力无论从数量、规模还是破坏性影响来看，都是最突出的。因此，西方世界也制造出"伊斯兰威胁"等敌视舆论。但是，这种把一种宗教、一个民族视为敌对的观念，是造成有史以来人类社会宗教冲突、民族冲突、种族冲突的思想根源，是对解决人类社会种族歧视、民族矛盾、宗教冲突科学理论的反动。极端主义势力在当代世界有很多种类，例如在西方国家中奉行种族主义的极端白人组织、奉行法西斯主义的新纳粹团伙。但是，国际舆论从来没有把这些以恐怖主义活动彰显其存在的势力同美国人、德国人、白人或天主教联系在一起。

虽然当代国际恐怖主义活动大都有民族、宗教的背景，但是没有任何一个民族或任何一种宗教奉行恐怖主义。尽管在历史上确实存在以恐怖主义攫取政权和实施统治的国家行为，如德国法西斯第三帝国之类，但是在现实中的国际恐怖主义势力已经成为一种非理性的社会畸形团体，只是以某种标志或信念加以包装而已。对于具有民族、宗教背景的这类组织或势力，可以称为民族、宗教极端主义势力，但是这种极端主义势力并不是相关民族、相关宗教的代表。正如本·拉登这样的国际恐怖主义集团一样，虽然打着民族利益和宗教信念的旗号，但是他们实现存在价值的方式已经脱离了自己的民族、自己的信仰和人类社会，分化成不同的专业性、职业化的恐怖主义组织。例如，所谓"圣战者"事实上已经成为雇佣兵，在波黑、科索沃、车臣冲突中那些来自伊斯兰国家的"圣战者"事实上并不是支持"穆斯林兄弟"的无私卫道士，而是领取佣金的职业战士，他们同国际上其他类型的雇佣兵所不同的仅仅在于只为穆斯林而战；又如，菲律宾的阿布·沙耶夫极端组织，俄罗斯车臣极端势力专事绑架人质、勒索赎金，同时从事毒品买卖等罪恶勾当。这些恐怖主义势力，事实上已经成为暴力犯罪团伙和匪帮；再如，美国"9·11"事件的制造者和实施者，周密的策划、献身精神的培养、知识和技能的准备、实施过程的操作等，都反映了职业性和专业化的特点。这些组织利用某些民族、宗教矛盾和民众情绪进行暴力恐怖活动的目的，是为了维护其以极端性和残暴性建立的"权威地位"和左右民众的能力。他们通过暴力恐怖活动在造成对他族、他国的破坏和恐惧的同时，也造成了本民族、本群体民众的畏惧、服从和盲从。在这种态势下，他们所宣扬的民族主义、宗教信念对广大民众来说也就更具有不可被叛的强制性。所以，极端主义恐怖势力是一种充满极权专制统治欲望的集团。

阶级社会的种族、民族和宗教问题表现出的整体性对抗和冲突特点，是统治阶级转嫁阶级矛盾造成的结果，是分裂人类的有效手段，也是造成种族主义、极端民族主义和极端宗教主义的根源。在当代国际恐怖主义危及整个人类社会安全的形势下，如果将具有种族、民族和宗教背景的恐怖主义组织视为相关群体的代表，其结果只能是扩大恐怖主义势力的群众基础，增强恐怖主义势力的合理地位，助长恐怖主义势力的嚣张气焰，从而掩盖恐怖主义势力反人类的极端本质。

（中国社会科学院民族学与人类学研究所
研究员　郝时远）

第七章
宗教问题与恐怖主义

当代恐怖主义的组织和活动,有许多打着宗教的旗号,或带有狂热的宗教色彩,从而产生"宗教恐怖主义"、"伊斯兰恐怖主义"等似是而非的观念。这种情绪化的流行看法,对错综复杂的当代恐怖主义作简单的划分和概括,显然会模糊或误导我们对问题的深入分析和认识而助长一些偏见和错误倾向。由于伊斯兰世界恐怖活动比较活跃,也由于西方长期以来将伊斯兰复兴主义视为威胁,伊斯兰教受到的误解更为普遍和严重。美国学者埃斯波西托指出,由于这种倾向的长期存在,"结果伊斯兰教和伊斯兰复兴主义被化约为反西方的伊斯兰的原型,化约为伊斯兰教向现代性开战,或穆斯林的愤怒、极端主义、狂热主义和恐怖主义。在许多人的脑海中,原教旨主义和恐怖主义结下了不解之缘。选择性的因而也是偏颇的分析,增加了我们的愚昧而非知识,狭窄了我们的视野而非拓宽了我们的理解,加剧了问题而非为新的答案开辟了道路"。[①] 因此,我们需要根据宗教的本质及其社会功能对宗教与政治、宗教与民族、宗教派别与宗教极端主义作出区分,从而结合宗教史上的先例,对宗教在当代恐怖主义中的地位、作用及影响,分类作出准确的把握和合理的结论。

---

① J. L. 埃斯波西托:《伊斯兰威胁——神话还是现实?》,社会科学文献出版社,1999,第 257 页。

一 宗教与恐怖活动

1. 宗教史上的恐怖活动

从历史上看,恐怖主义与宗教没有任何必然的联系。在古代和中世纪,宗教在社会结构中处于万流归宗的地位,从教育到法律,从农夫、牧民到学者、官吏,在世界观和方法论上,在社会制度和日常生活中,都或多或少地受到宗教的影响。人们的思想和行动都会自觉不自觉地以宗教为圭臬。因此,所有的政治、军事及经济活动都会程度不同地带有宗教色彩,披上宗教的外衣。在数千年的宗教史上,宗教迫害、宗教战争一类的暴力、血腥事件不绝于书,如中世纪的十字军东侵、13~16世纪欧洲基督教的宗教裁判所,都造成长时期和大范围的恐怖。但这些不属于本书讨论的恐怖主义范围之内。与当代恐怖主义相似的事例在宗教史上尚不多见,其中最著名的是1世纪前后的犹太教短刀党,11世纪伊斯兰教伊斯玛仪派的暗杀派。但对这两个事例稍加分析我们即可得出结论,宗教派别的恐怖活动,仅在激烈的民族、地区冲突或政治斗争中出现,并由少数持极端主张的狂热分子所为。

古代后期的犹太教正处于一个民族和社会矛盾尖锐冲突的时期。哈斯蒙尼王朝后期,统治者从马加比家族转为以土买人希律家族,并成为罗马帝国的附庸。面对外族的统治和希腊化文化的冲击,犹太教分成四个派别。撒都该派由祭司阶层产生,得到贵族和富商地主的支持,其名源自大卫王时期的大祭司撒督。法利赛派,意为"分离者",由文士和教师组成,来自中层和底层阶级。大概因为被对手指责脱离了撒都该派对《希伯来圣经》的解释而得名。在宗教上,撒都该派坚持源自《希伯来圣经》的成文律法,拒绝接受经文之外的任何观念,而法利赛派则强调在成文律法之外,还有历代相传的口传律法作为对成文律法的补充,以保护和传承犹太教传统为己任。但有人认为,"这两个教派之间的差异本质上源于政治而非神学,也就是说,并不是分野于阐释

《律法书》的方式"。[①] 两者争论的核心实际上是整个犹太民族的领导权。

另外两个规模较小，趋向极端的教派，一个叫艾赛尼派，因与基督教的起源有关而备受关注。该派主张严格的礼仪洁净和宗教虔修，类似禁欲团体。由于反对犹太教上层的世俗化和罗马帝国推行的希腊化，他们退居偏僻山区，组成封闭式的修道团体，独身苦修，期盼弥赛亚（复国救主）的降世，因此对当时的政治事务影响甚微。另一个叫奋锐派，在政治上激进。该派在宗教上与法利赛派没有分歧，但在政治上对法利赛派只关心宗教、不在乎罗马统治的态度不满，狂热地宣传弥赛亚降世，坚决反对罗马统治。他们以犹太教律法和犹太民族生活的捍卫者自居，认为接受罗马统治就是背叛上帝，因而自公元前63年后，先后在加利利和耶路撒冷组织反抗罗马统治的活动，追随者主要是社会下层的犹太无产者、贫苦手工业者和小商贩。公元6年，罗马统治者为征税提供人口依据，在巴勒斯坦进行人口普查，并宣布凡是反抗罗马者都将罚为奴隶。奋锐派在加利利地区发动武装起义，反对罗马的人口普查，阻止人们向罗马帝国纳税。起义遭到镇压后，奋锐派向其他地区蔓延，死难者的精神仍在继续鼓舞着他们的支持者。在犹太民族与罗马统治的矛盾日益尖锐的形势下，该派的影响和作用越来越显著。而其中的一些激进分子则主张用暗杀、暴力手段来对付支持罗马统治的犹太人。这一派别的成员常常在他们的衣服下藏有一把匕首或短刀，因此被称为"西卡尼"（拉丁文Sicarii，意为"持短刀者"），即"短刀党"。他们经常在一些公共场所或集会中，用短刀或匕首刺杀那些亲罗马的犹太人。在边远地区，他们则毫无顾忌地砍死任何看似对罗马侵略者表示过分友好的人。特别在"朝圣节期"的耶路撒冷，更是短刀党大开杀戒的时候。他们也被对手称为"暗杀团"，即反罗马的恐怖分子。一位现代的犹太史学家这样描述当时的恐怖状况。

那些罗马包税人，以及在这个社会制度下发迹的富裕的地主，

[①] 塞西尔·罗斯：《简明犹太民族史》，山东大学出版社，1997，第95页。

对普通老百姓的残酷剥削使他们对眼前的事态心中憋满了怨恨。由加利利的犹太家族引起的不满情绪四处蔓延开来,并且变得越来越强烈,其中出现了一个叫"西卡尼"即"短刀党"的激进派别。他们不时从山中僻静的居所冲下山来,袭击村庄和城镇,劫掠罗马同情者的房子,并毫不手软地把房主处死。有时,同一个非犹太人结婚足以使人付出生命的代价。罗马巡抚弗利克斯镇压起义者的企图以失败而告终。然而,起义领导人以利亚撒被骗遭擒,并被送往罗马,后死在那里。但是,他的命运却激励着他的追随者,他们的斗志更加旺盛,其活动范围一直从加利利延伸到了犹地亚。罗马的党徒甚至在耶路撒冷都感到不安全,他们终日胆战心惊,生怕有一天会挨某个狂热分子一刀,而他可能就混杂在人群之中,并且在行刺后悄悄消失得无影无踪。一天,被普遍认为表现得过于圆滑的大祭司本人被爱国派成员暗杀掉了。①

在这一页的注释中,作者将其与爱尔兰的现代恐怖主义作了比较,发表了简短而有趣的评论:

> 显而易见,这同爱尔兰1916年以后(在这一方面,与美国独立战争的早期阶段)的情形非常相似。必须指出,我们所知道的关于所谓的"奋锐党"活动的一切资料都是来源于他们的对立派的文献。把他们描写为仅仅是一股有着原始爱国动机的土匪。如果抛开党派观念的话,可以说20世纪的爱尔兰"枪手帮"与1世纪的爱国"暗杀团"是完全没有什么区别的。这种比较可以一直向后推及公元66年的革命及其结局,那时,原先的所谓歹徒都已经成长为民族领袖。②

在奋锐派的抗争和短刀党的推动下,公元66年终于爆发反罗马人的第一次犹太战争。奋锐派在耶路撒冷接管政权,领导反罗马人的战争。在宗教信仰上,他们宣称世界末日,即罗马统治的

---

① 塞西尔·罗斯:《简明犹太民族史》,山东大学出版社,1997,第118~119页。
② 塞西尔·罗斯:《简明犹太民族史》,山东大学出版社,1997。

末日即将到来，反抗罗马残暴统治的圣战将加速上帝在地上的公正和正义王国的到来。他们希望能像两个世纪前击败塞疏古王朝的马加比起义那样，在胜利后清洗被玷污的圣殿，并建立一个更公正的犹太政权，以期待得到上帝的恩宠。但是，实际的结局是，至公元70年，耶路撒冷被夷为平地，犹太民族的主权丧失而流散从此开始。奋锐派及短刀党在犹太教中永远消失。

另一个事例是伊斯兰教什叶派的支派伊斯玛仪派中一个极端派别阿萨辛派。因为该派训练的杀手在被派遣外出从事暗杀前均要服食大麻剂"哈希什"（Hashish），称为"哈萨辛"（Hashshashin），意即服用这种大麻剂的人，经拉丁文（assassini）传入英文（assassin），该派被讹称为阿萨辛派即刺客派。在伊斯兰教中实际上应称尼查尔派。埃及法蒂玛王朝是伊斯玛仪派于909年建立的。为与逊尼派的阿拔斯王朝抗衡，伊斯玛仪派以埃及为基地，不断地向东方派遣传道士，传播教义并发展势力。尼查尔派的创始人哈桑·伊本·萨巴哈就是这样一名传道士。1094年法蒂玛王朝哈里发穆斯坦绥尔（1035~1094年）死后，宰相拥立次子穆斯塔里继位，长子尼查尔不甘心被废黜，举兵反抗，失败后被毒死狱中。以哈桑·伊本·萨巴赫为首的叙利亚和波斯的伊斯玛仪派，坚持效忠尼查尔，并借此与法蒂玛王朝断了关系。他们在伊朗西北部的山区建立一个独立王国，根据地阿拉穆特意为"鹫巢"，形势险要，富有战略意义。哈桑·伊本·萨巴赫宣传的教义有所变化，故称新伊斯玛仪派。《阿拉伯通史》这样描述他们：

总传道士和他的徒弟们，从阿拉穆特向四面八方发动奇袭，借此夺取了别的堡垒。他们只问目的，不择手段，滥用匕首，把暗杀变成了一种艺术。这个秘密组织，以伊斯玛仪派的前例为基础，发展了一种不可知论，其目的是把新入会者从教义的束缚中解放出来，而且启发他，说历代的先知都是多余的，奖励他什么也不信仰，什么事都敢干，把他培养成一个无法无天的人。在总传道士下面，有许多大传道士，每人负责一个地区的工作。在大传道士的下面，有许多普通的宣传员。这个互助会的基层组织，包括义侠（fida'i），他们随时准备执行总传道士的任何命令，虽牺牲生命，也在所不惜。①

关于该派怎样训练从事暗杀的"菲达伊"（义侠，字义为"自我献身者"），马可·波罗在他的游记中为我们留下一段生动的描写，尽管是他在事后道听途说而记录的传闻，却是惟一传世的资料。他先用五彩缤纷的语句描绘了总传道士在一条风景优美的峡谷中建造的华丽花园，里面有鲜花瓜果，亭台楼阁，以及《古兰经》提到天园中的酒、奶、密、水四条河流。然后说：他为防止别人在不经他的许可情况下，擅自进入这个幽雅的迷园，特地在这条峡谷的入口处，建造了一座坚固无比的城堡。有一条秘密的通道，通向这个山谷。他在朝中豢养了一群青少年，年龄自十二岁至二十岁，这些少年都是选自附近各山区的山民，先让他们接受一种军事训练，培养他们勇敢的气质。山老每天和他们一起讨论先知宣扬的极乐园，以及他自己享有准许进入这种乐园的绝对权力的话题。他在一定的时期内，事先用一种麻药，麻醉十个或二十个青少年，等他们醉昏过去以后，再命令人把他们送到迷园里的各个宫室里去。

这些青少年从昏迷状态中苏醒以后，发现周围的一切景致，正像平时听人描述过，自己梦寐以求的东西，骇异非常……误以为自己确实处身在极乐园中，眷恋不舍，缠绵悱恻不忍离去。

在这种温柔乡中欢乐了四五天之后，他们又被麻醉了送出迷园。当他们被带到酋长的面前，问他们曾经到过什么地方时，他们回答说："到了极乐园。这是大王的恩赐。"于是他们就在全体朝臣面前，高声宣讲他们在极乐园的幸福经历，使得他们个个感到惊奇骇异。

那时候，酋长乘机对他们说："我们的先知保证，凡拥护他的主人的人，都将进入极乐园。如果你们忠心地服从我的命令，这种好的运气也在等待着你们。"所有的人都为他的这些话所鼓舞，

---

① 希提：《阿拉伯通史》上册，商务印书馆，1979，第531~532页。

都以能够执行主人的命令，感到无比的快乐，并且愿意舍死忘生地为他效劳。

这种方法造成的后果是：任何一个邻国的王公或其他人，如果触犯了这个酋长，都会被他训练出来的刺客暗杀。这些刺客抱着只要能够为自己的主人的意志效劳，纵然牺牲自己的生命也在所不惜。因为他们已经把生死置之度外了。因此，他的独裁专制变成邻近一切国家恐怖的渊薮。①

该派在抗击塞尔柱王朝时，曾在两个月内连续刺杀其大臣尼扎姆·穆勒克和苏丹马立克沙。至11世纪末，该派在十字军入侵后的动乱情形下，在叙利亚、黎巴嫩的北部山区建立堡垒，并相继刺杀法蒂玛王朝哈里发阿米尔、的黎波里的雷蒙二世和耶路撒冷的康拉德等，使十字军胆战心惊。其领袖也因而声名大振，被十字军编年史家称为"山中长老"。至1256年，该派在波斯的据点被旭烈兀率领的蒙古军队荡平。随后，马木鲁克王朝军队趁机将其在叙利亚的据点彻底铲除。

以上事例说明，即使是民族矛盾和政治斗争极其尖锐、残酷的年代，教内的主流派均反对极端主义和恐怖活动。犹太教的撒都该派和法利赛派都一致反对任何的暴力行为。艾赛尼派则转向禁欲虔修，期盼弥赛亚降世。在奋锐派内部，尽管持反对罗马统治的激进立场，但进行暗杀的短刀党人也只是少数极端分子。而阿萨辛派，不仅与伊斯兰教的主流派逊尼派对抗，而且也与什叶派的多数人相左；在伊斯玛仪派内，与法蒂玛派断绝关系，变成少数人维护政治利益和实现个人野心的工具。在当时就被称为"木乃兮"（Mulahida），意为"舍正义而入迷途者"，或"木刺夷"（Mura'i），意为"假道学"。因而最终失去群众基础而消亡就不足为怪了。

2. 宗教的社会功能与恐怖主义

宗教作为一种社会历史文化现象是十分复杂的，其社会功能也是多种多样的，但其最主要的功能是通过共同的信仰以及相关

---

① 马可·波罗：《马可·波罗游记》，福建科学技术出版社，1991，第31~32页。

的宗教感情和认同意识，使各个群体、个人和社会集团凝聚为统一的整体，并以教义或传统礼仪的力量，使现存社会秩序合法化和神圣化。这就是所谓的社会整合和控制功能。历代统治阶级为了巩固自己的统治，一方面依靠国家政权的专政力量；另一方面则诉诸精神的力量。而宗教作为一种特殊的精神力量，具有一个与政治、法律共有而为哲学、艺术和伦理所无的特点，即：既是观念性上层建筑，又是体制性上层建筑；既可以作为思想传统去影响群众，又可以作为礼仪制度去统辖群众。宗教包罗万象的内容使其可以渗透各个领域，整合各个阶层，还能以神圣的光环掩盖世俗的目的。看到宗教这种社会功能的统治者，无不极力使其成为巩固统治秩序的精神支柱，而宗教自身作为一种历史文化传统，为了生存和发展，也会依附于国家，为现实社会论证其合理性，成为既有体制的一部分。世界上几乎所有重要的宗教都曾上升为体制性宗教或国教，这个事实证明，宗教确实是有利于维护统治秩序的。因此，一般说来，宗教作为上层建筑和意识形态，以继承文化传统，缓解社会矛盾，维护既有秩序为其使命，在政治上偏于保守而趋向温和，在行动上崇尚中庸而抵制极端，在社会生活中大多谴责暴力，关爱生命，反对恐怖活动。

在宗教史上，有些宗教，主要是人为宗教，在早期曾受到统治当局的迫害和镇压，因而对现存社会和统治者怀有强烈仇恨。但在成为合法宗教或国教后，并随着教徒成分的改变而改变与统治者的关系。早期基督教曾在罗马帝国遭受迫害和镇压达300年之久。在1世纪的巴勒斯坦，犹太民族的武装起义遭到罗马帝国的残酷镇压。失去现实希望的下层民众寄希望于弥赛亚降世，伸张正义，建立"千年王国"以摆脱苦难。适应这种社会需要，早期基督教逐步从犹太教中的一个小教派中产生。其教徒最初来自释奴、隶农、手工业者和小商人，反映了这些下层民众对罗马统治和社会压迫的反抗情绪。这种强烈的仇恨，在《新约·启示录》中有鲜明的体现。至3世纪末，基督教已从奴隶和下层民众扩展到罗马帝国的富有阶层、知识分子及统治阶层，其组织制度及政治态度均发生变化，最初强调的人人平等、共济互助的教义主张，以及鄙视现实、仇恨罗马的情绪，或是重新解释，或是悄悄消失。公元313年后，基督教成为合法宗教。罗马帝国开始扶植、利用基督教，并于公元392年正式宣布基督教为国教，同时插手干预教会的人事和教义的审定。凡是不合正统教义的派别均被判为异端，实施打击迫害。基督教被宣布为国教后，在政治思想上鼓吹顺从罗马帝国的统治，日益成为统治阶级的精神支柱。

犹太教作为一个民族宗教，有着悠久的演变历史。自摩西率领以色列人出埃及后，其历史充满征战、杀戮等血腥事件。以色列人征服迦南、与腓力斯人的争城夺地，以色列王国的穷兵黩武，以及后来的民族起义，涉及的暴力欺诈、杀人越货，在《圣经》中连篇累牍，触目惊心。但是，"摩西十诫"中的道德诫命始终指引着以色列人的信仰和行为，如短刀党这样的暗杀团体、极端派别，则很少见。近代以后，犹太复国主义在巴勒斯坦组织的恐怖活动，应该说与犹太教没有关系。在遭受外族侵略或奴役时期少数极端分子短期、偶发的狂热行为，不应视为宗教信仰或教义倡导和支持的结果。

伊斯兰教在初期曾受到麦加统治氏族和部落贵族的迫害。为此《古兰经》的经文中多次强调信徒要"为主道而奋斗"（jihad），其中许多处都与出征杀敌相关联。圣训中有些内容则更为明确地鼓励"圣战"，并把"逃避圣战"视为"不义者之罪"之一，而"为真主之道出征而死者"为"烈士"。至哈里发帝国建立后，代表下层民众的哈瓦利吉派在政治上持激进的立场，不断发动反对伍麦叶王朝和阿拔斯王朝的武装起义。在教义上他们认为，信仰应伴以行为，遵奉经训须实行圣战；犯大罪者即使是哈里发也不再是穆斯林，而是圣战的目标。因此他们坚持圣战是伊斯兰教的基本义务。其中的极端派阿扎里加派则将逃避圣战义务者视为叛教；非哈瓦利吉派穆斯林，如不重新举行入教仪式，不分男女老幼均可杀戮。该派的极端主张和残酷行为，遭到大多数宗教学者的谴责。当教法学形成时，根据宗教学者的一致意见，圣战就没有列入伊斯兰教的基本义务"五功"之中。宗教学者在《古兰经》经文注释中，对于"为主道而奋斗"做宽泛的解释，将

"学者之笔、宣教者之口、富人之捐献财产"都列为有价值的"圣战"。有的学者将精神上与邪恶作斗争,道德品位的提高列为"大圣战",而用刀枪征战只算"小圣战"。当然,在伊斯兰教史不乏以"圣战"为号召或旗帜的战争行为,特别是近代以来,整个伊斯兰世界的大部分地区,逐步沦为西方殖民主义侵略和掠夺的对象,以圣战为号召的反抗运动此起彼落,不绝于史,虽然宗教学者或宗教领袖起中坚作用的事例不在少数,但基本上还是出于动员民众的政治需要,而且伊斯兰教并没有将"圣战"重新列为基本的宗教义务。当代伊斯兰教复兴运动中,有人强调圣战是被遗忘的宗教义务,只是对伊斯兰教做极端主义解释的部分少数派组织的主张。

与上述分析相反,最近有人指出:"从历史渊源上看,宗教极端型恐怖主义是最为悠久的恐怖主义类型之一,它已有近两千年的历史。"文中列举的事例为"犹太教的狂热信徒"和"一个伊斯兰教什叶派秘密组织"、"专门暗杀十字军中基督徒的穆斯林秘密团体的狂热者"。从引证的英文术语"狂热派"(Zealot)和"暗杀者"(Assassin)看,应为前文所述的奋锐派和阿萨辛派。文中接着又说:从历史上看,宗教狂热性与恐怖主义的密切关系是相当久远的,宗教狂热性对于恐怖主义活动的滋生、蔓延与发展起了巨大的推动作用。戴维·拉波波特等专家甚至指出:直到19世纪民族主义、无政府主义和其他意识形态产生为止,"宗教为恐怖主义提供了唯一可以接受的正当辩护"。① 事实上,宗教狂热性与恐怖主义相结合,乃当代世界恐怖主义活动不断泛化、危害不断严重的主要诱因之一。在下一节"宗教极端型恐怖主义的典型"中,又说:"在当代世界,伊斯兰原教旨主义极端主义发动的恐怖主义是发生频率最高、危害最为严重的恐怖主义活动类型之一。"文中所举的例子,实际上只有巴勒斯坦"伊斯兰原教旨主义极端组织'哈马斯'"。②

---

① 《美洲政治学评论》第78卷,第659页。
② 胡联合:《当代世界恐怖主义与对策》,东方出版社,2001,第49~57页。

以上摘引的说法，首先与文中一开始给出的定义相矛盾。文中说："宗教极端型恐怖主义是指带有明显宗教狂热色彩的或打着宗教旗号的新兴教派或膜拜团体的狂热性引发的恐怖主义活动。"①但是，"有明显宗教狂热色彩的"和"打着宗教旗号的"，是不是宗教？文中随意列举的宗教和未经核实的统计数字，显然没有把宗教与膜拜团体分清，也不清楚"宗教极端型"有否严格界定？其次，单凭两部英汉词典的词语，判定宗教恐怖主义有近两千年历史，起码是不严肃的。再次，从文中可以明显看出，伊斯兰原教旨主义与极端势力、极端分子是画等号的。这不符合实际情况，后面要作专门分析。单就宗教极端主义而言，历史确实非常悠久，但主要表现为禁欲苦行而不是恐怖活动。因此，前面摘引的这些结论，在宗教史上无事实依据，也得不到宗教学理论的支持。对于宗教这样一种人类历史上最为复杂的社会文化现象，以及当代恐怖主义这样扑朔迷离的热点问题，作出这样的概括肯定会产生误导和助长错误倾向，并妨碍我们作出正确的认识和分析。

3."文明冲突论"和"伊斯兰威胁论"

目前影响西方媒体和学术界认识恐怖主义的理论，最基础的和最流行的就是文明冲突论和伊斯兰威胁论。这两种理论是互相关联的，最突出的代表人物就是美国学者亨廷顿。上节摘引的观点显然有受其影响的痕迹。

亨廷顿在其《文明的冲突与世界秩序的重建》中提出，冷战结束后，未来世界冲突的根源不再是意识形态或经济利益的冲突，文明的差异正在成为人类冲突的主要因素；国家日益根据文明来确定自己的利益，从而使全球政治成为文明的政治，也就是说，文明的冲突将支配全球政治，文明之间的断层线将是未来战争的分界线。他认为，在地区层面上，文明的冲突表现在不同文明的邻国或国家内部不同文明集团之间，其中最主要的表现为伊斯兰文明与非伊斯兰文明之间的冲突；在全球层面上，文明的冲突表现为不同文明的核心国家之间的冲突，其中最主要的是西方文明

---

① 胡联合：《当代世界恐怖主义与对策》，东方出版社，2001，第48页。

与伊斯兰文明、儒教文明之间的冲突。由历史、语言、文化、传统、宗教等因素决定的各种独特文明，在漫长的岁月中形成了"最长久的也是最具暴力性的冲突"。"然而，由于宗教信仰是区分文明的主要特征，因此断层线战争几乎总是在具有不同宗教信仰的民族之间展开。"① 从发展趋势看，文明冲突的结果必然是同源同质文明走向联盟，形成超越政治意识形态和民族国家的"亲缘国家集合"，而其他国家或群体也将在文明共性的基础上，分别联合成不同的文明"集合"与之对抗。总之，"文明是终极的人类部落，文明的冲突则是世界范围内的部落冲突"。②

恐怖主义在其分析框架中，不仅是文明间冲突的产物与外在表现，而且也是文明间冲突的一种常用手段，是"弱者的武器"。地区或民族之间的冲突常常导致严重的暴力和恐怖主义，尤其在伊斯兰文明与非伊斯兰文明的断层线上最为突出。例如在俄罗斯车臣地区、外高加索、科索沃、中亚、中东、克什米尔、斯里兰卡、东帝汶及非洲等地，断层线冲突突出表现为战争与恐怖主义活动。"这种冲突可能充满了暴力与邪恶，双方都参与屠杀、恐怖主义、奸淫和酷刑。争夺的关键地区往往是强烈地象征一方或双方历史和民族认同的地区，是他们拥有不容侵犯的权利的圣地。"③ 对此，他还画出一条"血腥的伊斯兰边界"，并强调伊斯兰文明"好战"、"不相容"等。由此提升到全球层面，他认为西方文明与伊斯兰文明而不只是伊斯兰原教旨主义之间的冲突，"是造成伊斯兰与西方冲突的根本因素"，而恐怖主义则是弱国反对强国的武器。一方面，伊斯兰教在西方被视为"恐怖主义的一个根源"和构成主要威胁的敌人，美国政府将伊朗、伊拉克、叙利亚、利比亚、苏丹五国列为"恐怖主义国家"；另一方面，西方在伊斯兰教

---

① 塞缪尔·亨廷顿：《文明的冲突与世界秩序的重建》，新华出版社，1998，第283~285页。
② 塞缪尔·亨廷顿：《文明的冲突与世界秩序的重建》，新华出版社，1998，第228页。
③ 塞缪尔·亨廷顿：《文明的冲突与世界秩序的重建》，新华出版社，1998，第283页。

世界被认为是"万恶之源",圣战的目标。在双方的冲突中,"一方采取恐怖主义,而另一方采取空中打击、秘密行动和经济制裁",结果却造成将矛头指向西方文明的恐怖主义日益严重的发展态势。

亨廷顿的"文明冲突论"也是"伊斯兰威胁论",其似是而非的论证让人眼花缭乱,但其错误之处也有人指出。

首先,文明之间必然冲突的假设不能成立。埃斯波西托说:尽管确实发生过较大的历史性的冲突和暴力的对峙,但它们并不代表整个画面。事实上,正面的相互作用和影响也曾经发生过。伊斯兰文明因为许多的渊源而感激"西方",这些渊源使它能够借用、翻译并进而发展了一种高度的文明,从而使它在西方陷入黑暗时代之际,在哲学、科学和技术领域作出了自己杰出的贡献。同样地,西方反过来又从伊斯兰文明中重新获得了经过革新的哲学和科学遗产,重新翻译和重新占用了那些知识,它们后来成为欧洲文艺复兴的基础。在现代时期,穆斯林们自由地占用了现代科学技术的成果。在许多方面,它都面临着一个重新审查、重新构建和重新恢复活力的时期。如同西方的宗教改革一样,它不仅是一个理性激发、宗教争论的过程,而且是一个宗教和政治不安、暴力和革命的过程。[①]

其次,文明冲突的理论说明,过去对宗教和文化在全球政治和国际事务中的作用受到忽视,而今却被过分夸大,并冒险把所有的穆斯林,实际上把伊斯兰教本身描述为暴力的,而不是仔细地鉴别激进分子和主流派,那些操纵和曲解宗教以确证其行为的人和伊斯兰传统本身。我们精心规定了那些区别,即当我们判断——例如在纽约的帕尔托·里坎恐怖集团、犹太保卫联盟、爱尔兰共和军、黑手党,或那些炸毁施行流产手术的卫生所、自称为上帝之旅的基督教极端分子时所做的关于宗教的和民族的社团与其成员中的少数派的区别,或者关于解放组织或抵抗组织与恐

---

① 埃斯波西托:《伊斯兰威胁——神话还是现实?》,社会科学文献出版社,1999,第275页。

怖主义之间的区别。当我们在对待穆斯林极端主义时,却没有那样明确地划定。这种情况被某些人弄得更加混乱,他们在诸如和平、暴力、圣战和复仇等问题上把犹太—基督教传统与伊斯兰教加以黑白分明的对照;或者被另一些人弄得混乱不堪。他们不仅谈论宗教的和民族的差异,而且谈论在原则上和价值观上直接对立的因而也是不可调和的差异。这种倾向只能在双方培植异化、边缘化和激进化的意识。①

再次,这种理论将复杂的现象做简单化处理,从而掩盖了产生冲突和恐怖主义的真正根源。尽管利用神圣的光环可以为战争或恐怖主义提供正义性和合法性,"但未来全球性的威胁和战争将较少是因为文明的冲突,而更多的是因为利益和经济及其他相反的东西所起"。② 而"基本上通过暴力和恐怖主义的镜头来观察伊斯兰教和伊斯兰世界的事件,结果导致看不到当代伊斯兰教的广度和深度,看不到它在方向上的多重性,在表现形态上的多样性"。③ 特别是看不到恐怖主义产生的真正根源。

二 民族、宗教冲突中的恐怖主义

1. 北爱尔兰

当代国际恐怖主义十分复杂,从极"左"到极右,都有其表现形式。而宗教也是各有各的特征,即使是同一名称之下的一种具体宗教,其教义、礼仪、修持、情感,尤其是宗教的社会政治主张,对现代社会问题的回应,也是随着民族、阶级、阶层、职业集团以致个人的不同而各异其趣。为了分析的方便,我们将与宗教矛盾或宗教极端主义有关的恐怖主义活动大致分为三类:一

---

① 埃斯波西托:《伊斯兰威胁——神话还是现实?》,社会科学文献出版社,1999,第283~284页。
② 埃斯波西托:《伊斯兰威胁——神话还是现实?》,社会科学文献出版社,1999,第274页。
③ 埃斯波西托:《伊斯兰威胁——神话还是现实?》,社会科学文献出版社,1999,第308页。

是与民族分离主义相结合的恐怖主义；二是以宗教极端主义为主的恐怖主义；三是宗教膜拜团体的恐怖主义。

第一类与宗教相关的恐怖主义是与民族分离主义相结合的恐怖活动。在与民族分离主义相结合的恐怖主义活动中，历史最久而又最典型的就是北爱尔兰的恐怖主义活动。北爱尔兰问题由来已久。早在12世纪，盎格鲁—诺曼人就入侵了爱尔兰，之后，英国大量移民，终未使爱尔兰人同化。英国殖民主义的统治所种下的民族矛盾苦果，至16世纪宗教改革后加入宗教矛盾而更趋恶化。1529年英国议会通过一系列宗教改革方案。1534年英国正式宣布与罗马天主教分离。自此以后，爱尔兰的英国移民改信以英国国王为教会最高首脑的英国国教，而爱尔兰人坚持信仰原有的天主教，从而使双方的矛盾和冲突进一步加剧。17世纪大批信仰新教的英格兰人和苏格兰人在英国政府的支持鼓励下移居爱尔兰东北部。这些新教移民在殖民统治的庇护下，掀起所谓的"新开地"运动，大肆掠夺爱尔兰人土地。1653年，克伦威尔镇压爱尔兰民族起义后颁布《迁徙法令》，将大量爱尔兰人驱逐到荒凉贫瘠的南部沼泽地，使新教移民在北部地区占据优势。1916年，爱尔兰再次爆发反英大起义，激进的民族主义政党新芬党掌握了民族解放斗争的政治领导权。1919年，新芬党拒绝出席英国议会，自行在都柏林召开议会，建立武装，并宣布成立爱尔兰共和国。1921年，英国政府被迫签订条约，允许爱尔兰南部26郡成立"爱尔兰自由邦"。1948年，爱尔兰正式脱离英联邦而获得独立，但新教势力占优势的爱尔兰北部6郡仍留在英国治内。

北爱尔兰约有人口160万，其中2/3是信奉新教的移民后裔，在政治、经济和社会生活中均占优势。信奉天主教的爱尔兰人有50多万，大多数人希望北爱尔兰脱离英国而与爱尔兰统一。半个多世纪以来，新教的北爱尔兰地方政府对天主教爱尔兰人长期推行歧视性社会、经济政策，一些新教的激进团体也鼓吹在北爱尔兰建立"纯粹新教"的奥伦治秩序，在新教民众中培育对天主教的敌意。他们将爱尔兰民族主义与天主教同等看待，认为爱尔兰人主张的天主教"自治"实际是要建立"罗马教廷的统治"。新教与天主教两派之间的民族和宗教矛盾不断发展。在各大中城市，两派教徒划地而治，互不往来。1969年在贝尔法斯特、伦敦德里等大城市爆发严重冲突，几乎酿成一场内战。英国政府在处理北爱尔兰问题上长期表现拙劣，使矛盾一直没有得到解决。1972年伦敦德里发生惨剧，激发爱尔兰人的民族主义情绪。他们中的大多数人强烈要求按比例分掌北爱尔兰政权，但占人口2/3以上的新教居民拒绝分权。爱尔兰人要求脱离英国的主张，也在1973年北爱公民投票中被否决。所有这些因素诱发爱尔兰民族主义运动急剧高涨，而以爱尔兰共和军为代表的极端派恐怖活动在此背景下频频登场。

北爱尔兰的民族主义者可分为两大派：宪政主义派和激进派。自20世纪60年代起，部分温和派发起爱尔兰民权运动，组建社会民主工党，逐渐成为主流政党之一。爱尔兰共和军则是爱尔兰民族主义极端派组织的主要代表。它创建于1919年1月，是爱尔兰天主教徒的秘密军事组织，其宗旨是要迫使英国政府放弃对北爱尔兰的统治，实现在它领导下爱尔兰的南北统一，为此不惜采取暴力恐怖活动。自成立以来一直从事游击和恐怖活动，活动时起时伏。1969年北爱尔兰民族冲突加剧，爱尔兰共和军的部分激进成员从该组织分裂出来，组成了爱尔兰共和军临时派。1972年临时派发生分裂，小部分人另组爱尔兰民族解放军。在这些派别中，临时派从事的活动最多，能量也最大。该派的极端主张是"用枪和炸弹"求得南北爱尔兰的统一。他们四处出击，在英国各地实施爆炸、劫持、暗杀等恐怖活动，几乎无所不为。可以说，近三十多年来爱尔兰共和军搞的多数重大恐怖活动均是该派所为。同样，新教也有自己的武装组织，主要的合法武装组织是由当地人组成并由军队控制的"北爱尔兰防团"。1971年成立的"北爱尔兰防卫协会"则是新教最大的准军事力量，其长远目标是在北爱尔兰恢复单一的新教"奥伦治国家"。虽然该协会主席公开鼓吹"以恐怖对付恐怖主义者"，其成员常实施针对爱尔兰人的暴力恐怖活动，但该协会在政府庇护下却得以长期维持合法地位。此外，其他活动较多的新教极端派组织有"北爱尔兰自由战士"、"北爱尔兰志愿军"、"奥伦治志愿者协会"等，前两个组织因从事针对爱尔兰人的恐怖活动已被英政府宣布非法，后者则以每年7月12日组织新教奥伦治节游行而著称。

宗教在北爱冲突及和谈进程中的作用和影响均非常突出。新教和天主教教会中的极端势力在冲突中，尤其是在20世纪60年代末至80年代初期，一直起着推波助澜和指导性作用。其中以伊恩·佩斯利为代表的基要派教会势力的影响最为突出。伊恩·佩斯利早在20世纪50年代初就建立保守的"北爱自由长老会"，被认为是新教正统派的代表。他历来反对同爱尔兰天主教做任何妥协，认为会导致新教在北爱尔兰失去立足点，使罗马教廷重新占据统治地位。当爱尔兰民权运动兴起时，他积极组织"北爱护宪委员会"和"北爱新教志愿者协会"等，举行反天主教游行，并经常与爱尔兰民权运动成员发生街头冲突。1985年"英爱协定"出台后，他又组织群众集会表示抗议。90年代以来，他和民主统一党对北爱和谈一再设置障碍，对伦敦和北爱当局的"叛卖阴谋"始终保持警惕，不断煽动反天主教和爱尔兰共和军的浪潮。同样，爱尔兰天主教教会中的一些势力对共和军的活动和发展给予很大支持。70年代教会当局因对共和军正统派"左"倾极度不满，转而暗中支持以共和军临时派为代表的各种爱尔兰"防卫组织"。前红衣主教托马斯·奥费齐公开同情爱尔兰民族主义者，拒绝指责共和军成员某些行为违反教义。自80年代后期，双方教会的主流派开始为实现北爱和平而积极奔走，为促成停火和和谈做了大量卓有成效的工作。北爱的和谈进程一直坎坷曲折，双方在解除武装和建立新教——天主教联合政府的问题上矛盾尖锐，双方的长远政治目标并未改变。但是，北爱尔兰总的国际国内环境有利于实现和平。饱受几十年流血冲突之苦的民众，普遍厌恶暴力和恐怖主义，盼望和平稳定的生活。为结束恐怖主义活动，爱尔兰、美国及欧盟等国际力量，新教、天主教教会，也都介入解决北爱问题的进程。英国政府和北爱两派经过长期反复的谈判，终于达成一种双方可以基本接受的框架。1998年和平协议的签署和联合自治政府的成立，预示着北爱尔兰两大族群从此步入对话和合作的轨道,尽管今后还会遇到阻碍和挫折,但制止恐怖主义的努力还是取得了初步的成功。

2. 斯里兰卡

斯里兰卡的民族冲突也与英国殖民统治的遗留问题有关。在历史上,印度南部的泰米尔人移居斯里兰卡,与主体民族僧伽罗人混居。13世纪时,泰米尔人控制北方省,至14世纪建立贾夫纳泰米尔王国,并逐步将势力扩展至东部海区,与僧伽罗人的西部科提王国、南部康提王国形成三足鼎立之势。这是独立后泰米尔民族主义分子寻求在东北部独立的历史原由。19世纪时,英国殖民主义入侵统一了斯里兰卡,但为防止民众团结一致反抗殖民统治,英国人在泰米尔族与僧伽罗族之间推行"分而治之"的政策,导致泰米尔等少数民族在政治、文化、教育上享有优惠待遇。泰米尔人在政府公务员、自由职业者和大学生中的比例高于其在全国人口中的比例,僧伽罗人对此的不满,成为独立后民族矛盾激化的直接诱因。英国殖民当局长期推行"分而治之"的政策,使得本来就在宗教信仰、文化传统、文化习俗等方面存在差异的两个民族,有了更深地隔阂和误解。不过,独立前两族之间的矛盾主要还只限于上层的权力之争,普通民众并没有卷入民族矛盾的旋涡。独立后,由于斯里兰卡政府的政策一再失误,终于导致暴力冲突、恐怖主义和军事对抗。

斯里兰卡总人口约1900万,信奉佛教的僧伽罗人占全国人口的74%,信奉印度教的泰米尔人占18%。20世纪50年代,僧伽罗人掀起将僧伽罗语定为国语,把佛教定为国教的宣传运动,掀起了无休止的民族冲突和骚乱的序幕。1956年,政府通过"僧伽罗语唯一"法案,规定僧伽罗语为唯一的官方语言。加上政府的教育政策、移民计划和经济自由政策都不同程度地损害泰米尔族的利益,使其民族自尊受到极大伤害。1958年和1965年两次爆发大规模的流血冲突与族教骚乱。1972年,斯里兰卡颁布一部新宪法,"给佛教以最高地位",正式规定僧伽罗语为唯一官方用语,不但再度激起民族间的矛盾与冲突,而且大大加剧泰米尔民族的分离倾向。这一年,泰米尔人正式提出建立独立的"泰米尔伊拉姆国"主张，同时宣布当年新宪法颁布日 5 月 22 日为"国丧日"。原泰米尔三个政党正式合并，成立泰米尔联合阵线。同时，以泰米尔青年人为主的武装组织陆续出现，普拉帕卡兰正式成立"泰米尔新虎"。1975 年，泰米尔联合阵线在北方省地方选举中获胜，被视为显示泰米尔人通过行使民族自决权而建立独立国家的决心，但激进的民族主义者对通过政治手段争取民族独立逐渐丧失耐心和信心。该年 5 月，为"重振整个泰米尔民族"，"泰米尔新虎"更名为"泰米尔伊拉姆解放虎"，即现在通称的"泰米尔猛虎"组织，并以暗杀开始其恐怖主义活动。

1978 年，斯里兰卡政府为缓和民族矛盾，承认泰米尔人在教育、移民、语言及就业诸方面提出的要求亟待解决，通过新宪法取代 1972 年宪法。但是，泰米尔青年为主体的极端势力迅速抬头，泰米尔武装组织寻求独立的决心越来越坚定。泰米尔武装组织的恐怖活动，促使民族矛盾再度激化，两大民族间迅速发生流血冲突。斯里兰卡政府宣布包括泰米尔猛虎组织在内的 6 个武装组织为非法组织。1979 年，国会通过《防止恐怖主义法》，并宣布泰米尔人聚居区进入紧急状态。至 1981 年，再次出现全国性骚乱，泰米尔人温和派威信大降，极端势力乘机积极活动，扩大影响，开始左右民族冲突的进程。1983 年 7 月 24 日，泰米尔猛虎组织伏击政府军一辆军用卡车，媒体称"黑色七月暴动"，全国发生族教骚乱。这是斯里兰卡独立以来最为严重的种族流血冲突，同时也是民族矛盾升级的转折点。斯里兰卡政府转而采取以打为主、以战逼和、谈打结合的战略。泰米尔猛虎组织在政府军的围剿下，采取游击与恐怖袭击相结合的战术。随着猛虎组织与政府军的游击战不断升级，以及猛虎组织对其他泰米尔武装组织的兼并，到 1986 年底，斯里兰卡的民族冲突演变为政府军与猛虎组织之间的军事对抗。

1987 年，印度应斯里兰卡政府之邀，派遣十几万军队赴斯里兰卡以期恢复秩序和稳定，尽快促成双方通过谈判解决民族问题。但是，印度维和部队最终卷入与猛虎组织武装冲突的泥潭中，不但招致印度国内泰米尔人的强烈抗议，而且也激化斯里兰卡的矛盾，猛虎组织频频在斯里兰卡和印度各地开展血腥的恐怖活动。印度军队撤走的第二年，印度前总理拉·甘地也成了猛虎组织"人体炸弹"的牺牲品。

猛虎组织现在是公认的恐怖组织。其内部组织严密，纪律严明，其成员从青少年时期开始封闭式训练，训练内容包括宗教、民族和军事技术，并宣誓效忠首领。部下对首领要绝对服从，在组织内形成一种秘密的个人崇拜。他若认为谁是事业的绊脚石，就将不择手段地将其除掉。所使用的手段极其残暴，嗜杀成性。该组织曾对僧伽罗人和穆斯林进行过血腥大屠杀。其成员在被捕时都要服氰化物自杀。该组织还有两个女子组织"黑虎队"和"自由鸟"，以充当"人体炸弹"暗杀政要而举世闻名。

猛虎组织能发展为一支与政府军对抗的武装力量，其原因在于：首先，由于斯里兰卡的民族宗教冲突久拖不决，愈演愈烈，使恐怖组织有一个社会基础和政治目的，也获得教义信仰的精神支持；其次，印度5000万泰米尔人强有力的支持斯里兰卡泰米尔独立运动，使印度南部的泰米尔纳杜邦成为猛虎组织活动大本营，据说其训练基地也在那里；再次，海外90万泰米尔人的支持，使猛虎组织拥有殷实的商业收入和广泛的海外支持网络，包括全球范围内的武器采购网络。现在该组织拥有1万名战士，其中3000名是核心骨干，装备各种先进武器，敢与政府军进行正规战。所以说，与北爱尔兰相反，斯里兰卡的民族冲突及恐怖活动至今仍无结束的迹象。

3. 车臣

车臣位于北高加索山脉北侧，是俄罗斯联邦的21个共和国之一。面积约1.7万平方公里，人口约100万，是个传统信仰伊斯兰教的地区。由于长时期的氏族社会和自给自足经济生活，培育了车臣人自由自在和无所拘束的生活方式，艰苦的生活条件和遭受外族侵略的磨难造就了车臣人桀骜不驯、剽悍勇武的民族性格。19世纪初，在沙皇俄国征服高加索的战争中，车臣人的顽强抵抗从未停止，并给沙俄军队造成重大损失。十月革命后，历史上大俄罗斯沙文主义的影响，错误的行政措施和民族政策，进一步造成民族的矛盾和对立。第二次世界大战期间，车臣等11个少数民族被指责为"集体叛变"、"出卖祖国"，而强迫迁徙至中亚和西伯利亚。直至1957年，车臣人才被恢复名誉，允许返回家园，重新建立车臣—印古什自治共和国。但车臣人发现版图缩小，物是人非，面临民族同化的压力。车臣人与俄罗斯人之间的民族矛盾，既有沙俄百年征服的仇恨，还有苏联时期政策失误的伤害，积怨甚深，蓄势待发。车臣民族分离主义就是在这样的背景下兴起的。

苏联解体后，前苏联地区出现一股民族分立主义浪潮。1991年"8·19"事件后，杜达耶夫随即发动政变，一个月后当选车臣总统，并宣布脱离俄罗斯。11月1日，杜达耶夫不顾俄罗斯联邦宪法的规定，颁令成立主权国家车臣共和国。与此同时，还通过武力夺取办公大楼和军火库，获得8.6万支枪械、15万枚手榴弹、260架飞机、100件装甲技术装备，从而在最短时间内组建起一支装备精良的车臣"国民军"。危机发生之初，叶利钦曾发布联邦总统紧急状态令，立即派军队去占领办公大楼，收缴非法武装的武器。车臣则宣布国家进入战时状态，与俄军抗衡。信仰伊斯兰教的北高加索各共和国和自治州，以及伏尔加河畔鞑靼共和国积极声援车臣。由14个民族组成的高加索山地民族联合会甚至宣布志愿人员总动员，以武力对抗联邦总统令。在这种压力下，俄罗斯当局无奈转而寻求政治手段解决争端。此后，车臣非法当局更加有恃无恐，在与联邦对抗的三年中，其武装抢劫货车，抢掠客车，截留石油，窃取联邦政府财产，给俄罗斯经济造成巨大损失。1994年，在政治手段解决争端的尝试均告失败，车臣非法当局坚持强硬立场不变的情况下，叶利钦签署了武力解决杜达耶夫集团、在车臣恢复宪法与法律秩序的命令，车臣战争爆发。至1995年初，俄军攻占格罗兹尼，基本摧毁杜达耶夫非法政权。但杜达耶夫集团不甘心军事失败，一方面将大部分兵力撤至南部山区，继续与俄军周旋；另一方面则不断采用绑架、劫持、爆炸等针对无辜平民的恐怖活动手段，打击俄罗斯联邦政府。

车臣民族分离主义分子发动的恐怖活动极其残忍，针对平民的恐怖活动尤为突出和严重。1995年6月13日，俄军攻克车臣非法武装在南部的最后一个大据点。次日，杜达耶夫集团铤而走险，制造了震惊世界的布琼诺夫斯克的劫持人质事件。他们占领医院，劫持了1000多人，造成120多人死亡，迫使俄罗斯当局就停止俄军在车臣的战事重开谈判。从6月19日至7月30日，双方就停火、交换战俘、解除车臣非法武装、停止恐怖活动、俄分阶段撤军、在车臣举行自由选举等达成一揽子协议。但双方均未认真执行。杜达耶夫集团则乘机重新部署兵力，并不断向俄军挑衅和采取谋杀等恐怖活动。12月4日，格罗兹尼发生爆炸事件，造成大量俄军与无辜平民伤亡。1996年1月，车臣恐怖分子在达吉斯坦基兹里亚尔市袭击机场和火车站，占领医院，先后劫持3000余名无辜平民，最后导致180多人丧生。4月，杜达耶夫被俄军导弹炸死，车臣极端分子的嚣张气焰遭受沉重打击。5月，俄总理与车臣非法武装新头目扬达尔比耶夫签署停战协定。但车臣恐怖分子的活动并不停止，相反变得更加严重，将矛头直指车臣之外的莫斯科等大城市。6~7月，莫斯科连续发生爆炸事件，8月，达吉斯坦首府马哈奇卡拉发生爆炸，该国财政部长也命丧当场。[①]

1996年8月31日，俄罗斯当局与车臣非法政权签署"哈萨维尤尔特和平协议"，双方同意将车臣地位问题搁置到五年以后再解决，从而正式结束第一次车臣战争。此后，车臣要求独立的立场并无改变，要求俄罗斯政府给予战争赔偿，这无疑是要求承认它的主权和独立。又宣布要同俄罗斯建立外交关系，声称要加入独联体、欧安会和联合国。对内则宣布要遵奉伊斯兰教教义，在车臣全面推行伊斯兰教法，按伊斯兰教治国。与此同时，车臣分离主义分子的恐怖主义活动并未停止，至1997年后日趋猖獗，更加严重。其绑架和劫持人质活动，不仅有包括中小学生、病人在内的无辜平民，还扩大至新闻记者、国际组织代表、外国商人、俄国军官和普通士兵。他们对人质采取非人道主义的残忍手段，有的人质被倒卖给国际犯罪组织以赚取金钱。爆炸事件则频繁发生，

[①] 中国现代国际关系研究所民族与宗教研究中心：《全球民族问题大聚焦》，时事出版社，2001，第27~28页。

遍布各地。同时，还发生了一系列暗杀政治领导人的事件。1999年7月后，车臣的武装恐怖分子分批潜入达吉斯坦，帮助当地的伊斯兰教极端势力推翻现政府。据《人民日报》驻俄罗斯记者刘刚8月11日专稿，这部分武装恐怖主义分子和宗教极端分子在达吉斯坦扬言"要建立统一的车臣—达吉斯坦伊斯兰国家"。他们成立"达吉斯坦伊斯兰舒拉"（舒拉，阿拉伯语意为"协商"，引申为现代伊斯兰国家的最高权力机构），以其名义宣布："我们达吉斯坦穆斯林正式宣布恢复独立的达吉斯坦伊斯兰国家，"并称"捍卫伊斯兰国家是达吉斯坦伊斯兰每个穆斯林的义务，每个穆斯林应一直战斗到把所有的异教徒从穆斯林的领土上赶走为止。"它还宣布，达吉斯坦全境已进入战争状态，新成立的军事指挥机构，任命车臣战地指挥员巴萨耶夫为"圣战"的军事领导人。与此同时，车臣恐怖分子在莫斯科和俄罗斯南部的布伊纳克斯克、伏尔加顿斯克等市制造了数起爆炸事件，致使300多平民死亡。为维护国家主权和领土完整，保障社会安全和人民生活，俄罗斯政府于9月再次出兵，第二次车臣战争爆发。由于吸取第一次车臣战争的经验教训，俄罗斯联邦军队的反恐怖和军事行动进展顺利，到2000年3月已基本控制车臣局势，并抓住车臣非法武装头目拉杜耶夫，宣告大规模作战行动胜利结束。但是，还有不少车臣恐怖分子逃入山区，车臣的重建困难重重，而长期造成的民族创伤和历史恩怨很难愈合，军事行动即使能全部消灭现有的车臣非法武装，也难以彻底铲除其赖以生长的社会和心理根源，挖掉民族分离主义和宗教极端主义的基石。

　　从车臣问题可以看到，冷战结束后，民族冲突和宗教冲突纠结在一起的现象，有越来越多、愈演愈烈的趋势。其原因比较复杂，就近因而言，这是苏联解体和冷战机制终结的产物，也是美国加强干预的结果。近几十年，随着苏联的解体和制衡民族矛盾机制的消失，前苏联的势力范围和影响所及地区，出现了意识形态真空和权力真空，于是一些久受压抑的或新起的民族主义力量和宗教势力乘虚而入，填补真空，成为改变这些国家或地区发展方向的主导力量。与此同时，美国和一些西方大国以民主化、人权、宗教自由为旗号，干涉别国内政，推行双重标准，从而激化了当地的民族对立和宗教分歧。从这些国家和地区自身而言，由于民族政策和宗教政策的失误、历史的积怨、经济和文化发展的不平衡、社会的不平等、政局的不稳定，也是民族和宗教冲突爆发的根源或温床。前苏联地区、中东欧地区、中东地区、南亚次大陆、东南亚及非洲大陆，大多是出于上述内外原因而成为民族和宗教冲突的热点。

那么，民族分离主义与宗教极端主义是在什么基础上纠结在一起的呢？简而言之，利益的分配和冲突，权力的追逐与争夺，到处都是民族分离和宗教极端势力结合的基础。当某一民族的利益集团为自身的权力和利益而与主体民族或其他民族发生矛盾和冲突时，往往打着宗教和全民族的旗号进行民族分离运动。因为宗教的虔诚、信仰的象征、传统的力量可以为民族分离的政治目的提供神圣的光环、文化的色彩、狂热的激情，成为动员和组织民众争取或捍卫本民族利益的最便利和最有效的手段，从而使民族分离主义具有异乎寻常的顽固性和偏执性。车臣问题就是如此。

三 宗教极端主义与恐怖主义

1. 锡克教极端主义

第二类与宗教相关的恐怖主义是以宗教极端主义为主的恐怖活动。按近来流行的看法，伊斯兰极端主义几乎成为恐怖主义的代名词，但是，恐怖主义并不是伊斯兰世界特有的现象，也不是伊斯兰教本身的产物。"与普通的看法相反，这种恐怖主义的增长不只是影响到伊斯兰教，而且也在犹太教和基督教的原教旨主义派别中发展起来了。"[①] 另外一个显著的例子就是锡克教极端主义。

锡克教是16世纪形成于印度旁遮普地区的一个新兴宗教，本为印度教内部温和的改革派，受到莫卧儿王朝的扶植。后来，随

---

① 〔西班牙〕《国家报》，《国际恐怖主义新时代》，新华社联合国1998年8月11日西文电。

着锡克教的发展，上层卷入皇室的政治斗争，最终导致与莫卧儿王朝的冲突。在第十代祖师戈宾德·辛格（1675~1704年）时，面对教徒们明显的软弱，他决定把他们变成为正义而战的强大力量。他通过1699年创办新的兄弟会"卡尔沙"，来培育尚武精神，把锡克教组织成一个武装的宗教。他宣布凡加入卡尔沙教团者，都要参加特殊的献身仪式"剑礼"，即用双刃短剑搅匀的水洒在身上。然后发誓遵守教规法则，其中最重要的是"五K"，即蓄发、加发梳、佩短剑、戴手镯、穿短裤。礼毕，男子姓名后加辛格（狮子），女子则加考尔（公主）。戈宾德还决定终止个人的祖师继承制度，由卡尔沙教团推选领袖。此后的锡克教领袖"班达"具有世俗君主的权势，锡克教信徒也因其宗教、语言、文化和经济生活的独特性而逐渐向一个独立的民族发展。戈宾德遇刺殉难后，班达采用"真理国王"的称号，为独立与莫卧儿王朝作战，1715年被莫卧儿军队镇压。18世纪中叶，在反抗阿富汗人的斗争中，锡克教徒东山再起，建立独立的锡克教王国（1765~1849年），后因内部分裂，被英国殖民者征服。

20世纪初，锡克教徒加入印度解放运动。1919年，锡克教徒不顾殖民当局的禁令，举行庆典，遭到镇压。翌年，他们在阿姆利则召开锡克教徒代表大会，设立"中央寺庙管理委员会"，掀起轰动一时的"阿卡利"运动。极端分子还成立"阿卡利狮子"组织，号召以暴抗暴，采取恐怖主义策略，迫使英国殖民者于1925年颁布"锡克教寺庙法"，解除禁令。1943年，代表锡克教徒的阿卡利党趁英国殖民统治行将崩溃之际，通过要求建立"自由旁遮普"的决议。翌年又正式提出要建立独立的"卡利斯坦"（锡克国）。国大党领导人答应独立后在印度建立一个锡克自治邦，并承诺独立后对锡克教的其他要求"予以考虑"。锡克教徒因此同意留在印度联邦内。1947年印巴分治，旁遮普邦被一分为二。锡克人在印度旁遮普邦内处于少数地位，邦政府也完全把持在国大党和印度教徒手中，"自由旁遮普"计划告吹，锡克教徒强烈不满。1949年4月，阿卡利党召开全印锡克教会议，首次提出建立旁遮普语言邦的运动。1960年，阿卡利党从国大党锡克教徒手中夺取中央寺庙管理委员会的领导权，从而直接控制了全印锡克教徒，但一直未能在旁遮普邦选举中取得多数地位。该年5月，阿卡利党要求立即组建旁遮普邦的政治行动遭到严厉镇压，引起锡克教徒更大不满。同时，印度教各政党则要求组成"大旁遮普邦"，以保持印度教徒在人数和实力上的支配地位。双方的罢工、示威游行、抗议集会此起彼伏，不断发生冲突，多次酿成暴力和流血事件，恐怖活动时有发生。1966年3月，印度政府被迫作出决定，以语言为基础改建旁遮普邦，11月付诸实施。通行旁遮普语的各县组成一邦，沿用旧名，平原地区通行印地语的各县组成一个新的哈里亚纳邦。原首府昌迪加尔归属因双方争执不下，归中央直辖，为两邦共同首府。在新的旁遮普邦中，锡克教徒占55.48%，占全国教徒的79%。

1967年后，阿卡利党通过决议，提出一系列宗教、政治和经济等方面的要求，以扩大锡克教徒在旁遮普的自治权。但被印度政府视为分裂主义纲领，不予承认。至20世纪80年代，极端派势力在锡克教内部不断上升，不仅阿卡利党内温和派失势，而党外成立一批极端派或恐怖主义组织，如卡尔沙党、全印锡克教宗教委员及其下属的卡利斯坦突击队等。自1981年8月开始，为迫使印度政府接受锡克教自治要求，在阿卡利党带领下，锡克教徒不断发动攻势，包括组织大规模示威游行，封锁铁路、公路，阻断交通，故意招致警察逮捕等。锡克教极端分子则竭力主张脱离印度，建立独立的"卡利斯坦"。在海外的锡克教极端组织，如卡利斯坦国民评论会、世界锡克教组织等的支持下，还在国外成立流亡政府，制定国旗，发行货币，从而在国内外引发一场声势浩大的"卡利斯坦"运动。同时，锡克教徒与印度教徒的冲突也不断加剧，纵火、暗杀、抢劫、劫机等恐怖活动接连发生。政府与锡克教领袖多次举行谈判，都未能解决问题。1983年10月，英·甘地总理解散旁遮普邦政府，实行总统治理。1984年3月19日，印度政府又延长总统治理期限，并宣布全印锡克教学生联合会为非法。4月25日，政府授权进驻旁遮普邦的警察部队，可不经审判对锡克教激进分子监禁两年。阿卡利党则宣布全邦实行圣战，锡克教武装分子在阿姆利则金庙建立总部，指挥各地的恐怖活动，扬言不建立卡利斯坦就不撤出。阿卡利党还宣布，从6月3日起，全印锡克教徒实施"不合作运动"，停止旁遮普邦粮食外运。印度的商品粮有50%来自该邦，"不合作运动"对印度政府无疑是一巨大威胁。于是，印度政府指责有人在锡克教圣地金庙窝藏罪犯和武器，6月2日派兵包围金庙，于7日攻下金庙。以卡尔沙党领袖宾德兰瓦尔、全印锡克教联合会主席阿姆列克为首的492名锡克教徒丧生。[①] 10月31日，印度总理英·甘地在总理府被锡克教徒卫兵打死。全印度锡克教徒与印度教徒间发生大规模冲突，骚乱持续五天。经政府与锡克教温和派领导人的努力，宗教和民族矛盾有所缓和。但至1986年下半年，局势重新恶化。锡克教极端分子始终未放弃建立卡利斯坦的要求，恐怖活动连续发生。1987年1月26日，他们在金庙召开万人大会，焚毁印度国旗，升起卡利斯坦国旗。4月，他们又不断袭击商店、公共汽车，大批印度教徒被迫迁移。5月11日，印度政府宣布解散旁遮普邦议会，由总统直接治理。但锡克教极端分子毫不示弱，7月上旬，他们再次袭击公共汽车，枪杀印度教徒70余人。在印度教徒占多数的哈里亚纳邦也发生教派冲突，死伤多人。现在，尽管局势趋于平稳，但根深蒂固的教派宿怨很难弥合，锡克教极端主义的恐怖活动也很难根除。

2. 伊斯兰极端主义与恐怖活动

有人认为，伊斯兰极端主义已成为当今世界分布最广、影响最大、危害最烈的恐怖活动，并且是国际恐怖主义的主要代表。对此，我们首先必须明确，伊斯兰世界是当今矛盾最为尖锐、冲突较为集中的地区。作为对历史和现实问题的回应，伊斯兰复兴运动或原教旨主义成为席卷伊斯兰世界的社会思潮和运动。伊斯兰复兴主义或原教旨主义，是对伊斯兰教教义在现代条件下的转换，是为其政治社会主张而做的重新解释，当用于动员和组织群众、批判和否定现实时，则出现政治宗教化、宗教政治化的趋向。

---

① 吴永年、季平：《当代印度宗教研究》，上海外语教育出版社，1998，第241～262页。

伊斯兰极端主义是这种社会氛围和政治背景下的畸形产物，从事恐怖活动的伊斯兰极端分子，主要是伊斯兰各国的政治反对派或原教旨主义组织分化出来的激进派别。他们的观念和实践有着强烈的宗教色彩，但更加远离伊斯兰教本身，是对伊斯兰教的利用和曲解。

当代伊斯兰世界的恐怖活动起源于20世纪40年代的政治斗争，当时的恐怖活动以暗杀政界或知名人士为主要目标。从事恐怖活动的是一些国家的穆斯林兄弟会激进成员。例如伊朗的伊斯兰敢死队（费达彦·伊斯兰，即伊朗穆斯林兄弟会）成员暗杀史学家卡斯拉维，埃及穆斯林兄弟会成员暗杀埃及首相纳克拉希。埃及当局随即进行报复，穆斯林兄弟会领袖哈桑·巴纳遭暗杀。50年代，伊朗的伊斯兰敢死队暗杀总理阿里·拉兹马拉，导致其数名领袖遭当局镇压。埃及穆斯林兄弟会两次暗杀纳赛尔未遂，阴谋败露后其成员遭当局大批逮捕，数名重要成员被处极刑，兄弟会组织遭沉重打击。此后，随着伊斯兰复兴运动的兴起，一些极端的主张和思想也开始流行，从激进到极端的小组织或派别相继成立，从事有纲领、有计划的恐怖活动，并从国内走向国外，开始形成国际恐怖主义。70年代，埃及总统萨达特出于改变政策的需要，从狱中释放在押的穆斯林兄弟会成员，并使穆斯林兄弟会合法化。穆斯林兄弟会则改弦更张，放弃恐怖活动，从事议会斗争，以温和的政治反对派面目出现。少部分成员分化出去，形成各种极端的秘密组织，如赎罪和迁徙组织、圣战者组织、伊斯兰解放党、伊斯兰集团等，专门组织暗杀、劫机、绑架、爆炸及其他阴谋颠覆活动，埃及社会的恐怖活动从此日趋活跃。在巴勒斯坦，由于反对阿拉法特寻求政治解决中东问题途径，一些极端派组织退出巴勒斯坦解放组织，成为恐怖主义组织。如解放巴勒斯坦人民阵线，法塔赫革命委员会（阿布·尼达尔组织）、伊斯兰耶路撒冷圣战者组织等，都策划和组织过一些令人震惊的屠杀和劫机事件。伊朗伊斯兰革命胜利后伊斯兰复兴形成世界规模的潮流，伊斯兰极端主义也获得很大发展。1979年底，伊斯兰极端主义分子在伊斯兰教圣地麦加武装占领大清真寺。1981年6月和8

月，伊朗伊斯兰革命政权的总统、总理、伊斯兰共和党总书记等高级官员在两次爆炸中相继被炸身亡。10月，埃及总统萨达特在军事检阅时被枪杀，引起世界瞩目。整个80年代可以说是伊斯兰世界的恐怖活动最为活跃的时期，一批新的极端组织，如黎巴嫩的真主党、巴勒斯坦的哈马斯等相继成立，伊斯兰极端主义分子在各地策划的暴力和流血事件频繁出现，而汽车炸弹、人体炸弹等自杀性爆炸恐怖活动更是令人谈虎色变。

在20世纪90年代，伊斯兰各国政府对恐怖分子的严厉打击和镇压，特别是国际联合反对恐怖分子的措施，使恐怖活动有所减少，但恐怖分子并未罢手。1991年底，阿尔及利亚军方为阻止在选举中获胜的伊斯兰拯救阵线掌权，宣布取消选举，接管政权。伊斯兰拯救阵线中的激进分子转向从事暴力和恐怖活动，反对军事管理当局。伊斯兰救国军、伊斯兰武装集团等恐怖组织，不仅与当局发生武装冲突，策划针对外国使馆、商务机构及游客的恐怖活动，而且还派遣成员去欧洲从事爆炸、劫机等恐怖活动。在埃及，穆巴拉克总统严厉镇压多起恐怖事件的策划者，但在1995年赴埃塞俄比亚出席非洲首脑会议途中，遭恐怖分子武装袭击。在以色列占领区的约旦河两岸和加沙地区，以及黎巴嫩南部，恐怖活动在阿以双方不断冲突的同时接连发生。在伊斯兰世界的边缘地区，从科索沃、波黑、车臣到菲律宾，因地区和民族的激烈冲突，由极端分子从事的恐怖活动同样有所发展。值得注意的是，由伊斯兰极端分子策划的、直接针对美国的恐怖活动从数量到规模都有急剧上升，打击目标也从美国国外扩展到美国国内。1993年，伊斯兰极端主义分子拉赫曼策划了纽约世界贸易中心的爆炸事件。1998年8月美国驻肯尼亚和坦桑尼亚两国首都的大使馆几乎同时遭到威力巨大的汽车炸弹攻击。此次事件显示，一系列攻击美国的恐怖活动背后，隐藏一个组织严密的国际性恐怖组织，由沙特富商奥萨玛·本·拉登控制。但对于本·拉登及其恐怖组织，直至2001年9月11日袭击纽约国贸中心和华盛顿五角大楼的事件之后，人们才真正看清其真面目。伊斯兰极端主义分子策划的恐怖活动令举世皆惊，但远远还没有结束。

应当指出，伊斯兰教的基本教诲和教法原则要求穆斯林行事处世时宽厚仁慈，反对滥施暴力，对无辜平民的伤害行为是教法禁止的。那些以伊斯兰教名义搞恐怖活动的人，不可能在《古兰经》中找到依据。打着宗教旗号的恐怖主义具有极大的欺骗性和迷惑性，但在事实上却违背和损害人民的利益，如在巴勒斯坦，它不断地破坏和平进程。如果相应的社会政治矛盾、群众的经济利益得到解决，极端分子的恐怖活动就会失去民心，如在阿尔及利亚所发生的那样。还必须指出，打着宗教旗号的极端分子，是在宗教的名义下犯下种种罪行。他们的目的是政治，不是宗教。可以说他们在利用宗教、曲解宗教的同时，又在损害宗教、破坏宗教。尽管以伊斯兰为名义的极端主义与恐怖主义几乎相伴而生，但仍应将作为宗教的伊斯兰教及宗教界，与被极端主义曲解的教义及恐怖组织区分开来，因此伊斯兰复兴运动或原教旨主义不等于伊斯兰教，而伊斯兰教极端主义也不等于伊斯兰复兴主义，热衷于搞恐怖活动的毕竟只是极少数人。

3. 伊斯兰因素分析

伊斯兰极端主义分子策划的恐怖活动，就其实质而言是一种激进的政治行动而与宗教无涉。但就其外在表现而言，被视为带有强烈的宗教色彩。这不是因为他们的穆斯林身份，而是他们打着伊斯兰教的旗号。还因为他们生活的伊斯兰世界，既有传统文化的熏陶，也有当代伊斯兰复兴主义或原教旨主义的冲击。一般说来，他们就是从原教旨主义的政治行动主义走向极端主义的，就此而言，他们的观念和行动还是带有一丝不易完全割断的关联，或有着一些伊斯兰因素。这种伊斯兰因素至少体现在以下几方面：

第一，伊斯兰教"主权在真主"、"教法至上"等观念的极端化解释，使他们可以否认现世的政治和法律权威，蔑视世俗的道德和社会规范，为他们的恐怖活动取得合法性依据，戴上神圣的光环，从而产生炫耀的光彩，萌生替天行道、伸张正义的使命感。伊斯兰各国的现代化进程都尚处于蹒跚学步阶段，民众的政治参与度很低。政府的镇压和逮捕，使极端分子往往处于政治斗争的前列。由于各国普遍存在政治腐败、贫富悬殊、经济停滞、教育落后等问题,从而使他们对现实世俗社会强烈不满而有隔离感。为追求建立伊斯兰秩序、伊斯兰社会和伊斯兰国家而摧毁现有的秩序和社会。只有借助宗教才能为他们提供这样的精神力量。

第二,伊斯兰复兴主义或原教旨主义演绎的宗教化意识形态,为他们提供一整套的政治理想、价值观念和信仰体系,使他们有了现成的武器去批判和否定现实社会及其世俗化、现代化发展,而对振兴道德,重建社会的政治目的抱有非同寻常的偏执性和不可妥协性。这使它不仅对下层民众而且也对青年知识分子产生感染力,使他们从批判的武器转向武器的批判,从伊斯兰原教旨主义走向伊斯兰极端主义。因此,在提倡暴力、从事恐怖活动的伊斯兰极端主义分子中,大多数骨干和活跃分子都受过良好的教育,其中不乏受过现代西方教育的技术人员。一位埃及专家在对埃及的一些伊斯兰极端主义组织调查后说:"这些战斗的伊斯兰团体成员的典型社会背景,可以概括为年轻,来自农村或小镇,出身于中产阶级或下层家庭,具有获得很高成就的动机,一般都受过科学或工程学教育,通常都有稳定的家庭。"接着他评论说:"社会科学研究时常断定,激进宗教运动所吸引的成员一定是来自那些被异化的、边缘性的或心理不正常的人群。我们所调查过的大部分人是属于模范的埃及青年。"① 这与现代演绎的宗教意识形态的影响有关。

第三,宗教政治化、政治宗教化的趋向,使极端分子可以将伊斯兰教所体现的道义权威和精神力量,适应其深刻的心理和社会需要。信仰纽带、教胞情谊、宗教情感都进入政治领域,使恐怖组织内部有了认同和忠诚,在社会上获得模糊的同情和支持,而恐怖分子个人则将自杀性爆炸视为舍生取义、杀身成仁,是神圣的"殉教"行为,通向天国与真主同在的捷径,从而能在现场视死如归,从容应对,以宗教的名义从事恐怖活动,使其显得特别残忍惨烈。其中尤以含笑执行自杀性爆炸的袭击活动最为典型,

---

① 埃斯波西托:《伊斯兰威胁——神话还是现实?》,社会科学文献出版社,1999,第178页。

充分显示宗教极端主义对于恐怖活动的巨大内在推动力。伊斯兰极端主义分子宣扬,"宣道、圣战和殉教"是斗争的三阶段。恐怖主义"是条血路,殉难的路"。看来,极端化的宗教情感会在残酷的斗争中变得愈来愈激烈,越来越重要,成为支持恐怖活动的精神力量。

第四,伊斯兰教在历史发展中形成一整套特有的词语和概念,为穆斯林所普遍接受并具有持久不衰的影响。18世纪以后,这套词语和概念所象征的宗教意义和价值取向,是要尽力匡正传统社会崩坏的平衡,并对外部的冲击和挑战作出反应。由于宗教词语和概念的模糊性和多义性,使其可以为不同的政治需要作出不同的解释,当然也可以为极端主义所用。它既可以被改造为否定现实的政治性意识形态,也可以为斗争目标描绘理想社会的蓝图。其中所包含的认同的纽带,忠诚的象征、通俗的理论、权威的标准、行为的动机等合法性依据,更为恐怖主义所适用。如"圣战"、"殉教"、"协商"、"公议"、"抉择"、"蒙昧"、"恶魔"等,在近代以来的伊斯兰世界日益凸显,更为激进或极端的伊斯组织动员和组织民众时所习用。这大约是伊斯兰教常被误认为支持暴力或好战的原因之一。

以上所述均为一些浅层次的伊斯兰因素,如果结合外部或国际环境来看,恐怖活动在伊斯兰世界异常活跃自有其深层次的原因。简单说来,有以下几点。

第一,伊斯兰世界各国的现代化进程普遍受挫和传统社会向现代社会急剧转变所带来的心灵困惑和社会失衡,使部分民众对东西方发展模式感到失望,是回归传统走向极端的社会原因。当代伊斯兰复兴运动就是对此作出的回应。他们认为,当今伊斯兰世界的衰败,原因是背离伊斯兰教的正道,解救的办法是个人和社会回归伊斯兰教。政治上就是重新实施伊斯兰教法,即以伊斯兰教为指导,实施正义,重建社会,重现昔日的强盛和荣耀。激进或极端的派别进而要求刻不容缓和义不容辞地履行真主的命令,反对支持现有世俗政权和偏袒以色列的西方,进而由极端主义走向恐怖主义。

第二，伊斯兰教和伊斯兰文明辉煌的历史成就，使得在西方霸权影响下寻找出路以图自强的各穆斯林民族，培育出一种将历史成就与未来发展相结合的意识。他们从历史的榜样和原旨教义中汲取力量，希望在探索解决现实问题的道路时有助于他们的变革和转换。但是，伊斯兰复兴或原教旨主义在对现实作出否定的回应后，还不能提出一个建设未来的完美方案。而殖民主义和帝国主义留下的屈辱感，却无法轻易抹去。因此，"对西方数世纪之久的霸权的记忆，伴之以继续对西方的依附，留下了一道深深的伤痕和愤恨，很容易成为对社会失败的一种托词和穆斯林政治中的导火线"。[①] 在回顾历史时常常浮现屈辱的记忆，探索前进的道路时又始终看不到前景，部分人会因此陷入绝望。绝望是产生恐怖主义的酵母。

第三，阿以冲突久拖不决，阿拉伯人屡战屡败，严重伤害了穆斯林的宗教和民族感情，从而成为伊斯兰极端主义和恐怖主义的温床之一。因为现实往往比理论复杂。区分侵略与自卫、抵抗与恐怖主义，经常取决于一个人站在哪里。黎巴嫩南部的以色列"安全区"的"维和部队"的士兵，在许多黎巴嫩人和阿拉伯人眼里是"占领军"；哈马斯在约旦河西岸和加沙地带被一些人视为抵抗战争的行为，在大部分以色列人看来却是恐怖主义者的恐怖行为。一方面美国政府拒绝向英国政府多次提出的希望美国制止爱尔兰籍美国人的卷入和停止对爱尔兰共和军的支持的请求让步，因为后者被英国政府指控为恐怖组织而非抵抗运动或自由运动；另一方面，美国确实向以色列人和美国犹太组织希望美国采取行动阻止对"激进的伊斯兰原教主义"组织提供类似的支持的请求让步。这种情况的复杂性又因为这一倾向而变得更加混乱不堪：人们总是把那些当权者看做合法的，不论他们是否是专制的和压迫的。政府的代理人（警察、军队和保安部队）可以使用"合法的"力量，而武装的反对派团体则经常被描述为从事暴力和恐怖

[①] 埃斯波西托：《伊斯兰威胁——神话还是现实？》，社会科学文献出版社，1999，第254页。

活动的极端分子或游击队组织。问题在于：什么是极端组织？什么是恐怖主义？结论经常取决于一个人站在哪里。[①] 由于立场不同而产生双重标准的问题，在阿以冲突中更为突出。在争取民族解放和权益的号召下，许多人受此刺激而参加极端组织和成为恐怖分子，也因此结下对美国和以色列的仇恨。因此，有人认为，阿以冲突能否公正合理解决，是事关中东能否持久和平、恐怖主义能否有效遏制乃至消失的关键。否则，纵使采取最严厉的镇压及反恐怖国际合作，也断难从根源上彻底铲除恐怖主义。

第四，大国对恐怖主义采取双重标准和实用主义政策，纵容某些恐怖行为和恐怖分子，造成养虎遗患的恶果。最典型的事例见于阿富汗战争。为反对苏联军队入侵阿富汗，美国出资建立军事训练营地，培训大批反苏游击战士，有的专门从事恐怖活动。与此同时，本·拉登家族和沙特费萨尔亲王共同设立"伊斯兰拯救基金会"，由本·拉登掌管，他本人接受过美国中央情报局的训练。基金会以巴基斯坦的白沙瓦为基地，招募数千名阿拉伯志愿者参加抗苏战争。苏联撤军后，这批阿富汗阿拉伯人成为雇佣军或职业杀手，同时也是伊斯兰极端主义者。海湾战争爆发后，本·拉登认为，美国的入侵构成对伊斯兰世界的威胁，遂于1990年8月成立"全世界伊斯兰阵线"。以这批阿富汗阿拉伯人为基础，他在各伊斯兰国家，收编各种激进的极端组织，设立基地培训恐怖分子，壮大"圣战者"队伍。从车臣到菲律宾，他到处支持穆斯林民族分离主义，策划武装恐怖活动，组织国际恐怖活动网络。1998年2月，他在白沙瓦成立"反犹太人和反十字军东征者（基督教徒）伊斯兰圣战阵线"。该组织在其发布的第一号伊斯兰教规中明确提出："我们呼吁所有穆斯林、所有愿意服从真主命令的虔诚的教徒们，随时随地杀死和抢劫美国人。"这样，国际恐怖主义活动从此有了质的变化。这种组织拥有雄厚资金、高新技术和先进武器，其成员分布世界各地，内部有严格纪律、精密分工、周详计划、科学

---

① 埃斯波西托：《伊斯兰威胁——神话还是现实？》，社会科学文献出版社，1999，第273~274页。

手段和狂热信仰。为达到其政治战略目的而采用各种形式的恐怖手段，从而使恐怖活动突发性更强、危害性更大，使得国际反恐怖斗争难度更大，更加防不胜防。美国"9·11"事件就是明证。

最后仍须指出，尽管伊斯兰教对恐怖活动有一些客观的影响，但这并非宗教的影响，事情仍然错综复杂，丝毫不能说明伊斯兰教倾向或支持恐怖活动。而且，仅仅用宗教或民族冲突来解说伊斯兰世界恐怖主义活跃的原因，并不能完全揭示其真相，因为在宗教或民族争执的背后，其实有更关键的因素，那就是政治和经济利益的冲突。

四　邪教恐怖主义

第三类与宗教极端主义相关而需要顺便提一下的，是宗教膜拜团体或伪宗教的恐怖主义。前面引述的"宗教极端型恐怖主义"定义，即"带有明显宗教狂热色彩或打着宗教旗号的新兴教派或膜拜团体的狂热性引发的恐怖主义"，倒是适合于这一类恐怖主义。其中狂热的膜拜团体，打着宗教旗号的新兴教派，有人称之为伪宗教。从政治的角度看，按中国的传统说法，可以称为邪教。为简便起见，我们称邪教恐怖主义。

自20世纪90年代冷战结束后，各种狂热的膜拜团体，或披着宗教外衣的伪宗教组织，在世界各地发展迅速。尽管这些组织形形色色，光怪陆离，但万变不离其宗，都宣扬世界"末日"说，以此作为震慑或控制信徒的精神枷锁。教主通常自称为神或先知，负有救世的使命，引诱或强迫信徒为获救而绝对服从和崇拜教主。教主则故弄玄虚，连哄带骗，聚钱敛财，纵欲渔色，为所欲为。为了防止信徒悔悟和社会可能进行的干预，教主通常以邪说培育信徒的反社会心理，进而与外界处于一种对立和隔绝的状态。同时，教主派亲信购买武器弹药，进行准军事训练，并暗示要用暴力反抗社会或政府的干预。如美国的人民圣殿教，其教主吉姆·琼斯原是一名基督教牧师，1963年因预言美国社会将大崩溃并发生战争，带领一批信徒到旧金山北面的"红杉谷"过公社式集体生活。预言虽未应验，仍吸引众多信徒追随他，至1967年形成人民圣殿教。他的批判资本主义的说道，教内实行的福利制度，使他声名大振，财源滚滚。1975年后，他从先前的上帝代言人，进而改称信徒的"父"，人类的"主"，就是上帝本身，任何人不得违背他的意志。当教内有人叛逃并引起外界批评时，揭露他在圭亚那丛林中购地筑城，自1977年后将信徒迁居该地。1978年美国国会议员利奥·赖安带领记者来调查。当他们准备离去时，琼斯派人用机枪扫射，将他们打死。然后召集全体信徒，宣布"末日"已到，要求全体一起服氰化物自杀，于是11月18日发生了震惊中外的912人集体服毒自杀事件。

又如美国的大卫支派，其教主大卫·考雷什出生于一个离异家庭，自幼笃信宗教。1988年控制大卫支派后，正式声称他就是耶稣。为了替他的纵欲生活辩护，他提出"罪性耶稣"的教义，因为神性的罪人才能更好地拯救凡间的罪人。自1990年始，他就宣传世界"末日"很快来临，他本人终将作为战神清扫大地，然后同一切圣徒一起进入天堂。为此大卫支派不仅储备大量武器和足够几年的食粮，而且对信徒进行军训，以对付"末日"来临时"敌基督"对他们的进攻。当储藏武器、蹂躏妇女等行径被警察得知后，考雷什预感大难临头，并把警察包围他们的驻地看成世界"末日"来临的标志，认为完全符合《启示录》所描绘的魔鬼与天使的最后大决战。1991年2月28日，他们打死接近住地的警察四人，伤十余人。然后，双方对峙51天，4月19日，发生大火焚烧事件，该派信徒86人被烧死，只有9人生还。

邪教的暴力恐怖活动，到目前为止大多是内向的，表现为自杀、自焚和内部谋杀。如太阳圣殿教，其信仰是各种神秘主义、象征主义和末世论的大杂烩。其教主儒雷宣称自己是耶稣降临，是新基督，而世界"末日"到了，加入其教派才能幸免于难。该教把自杀说成是灵魂飞向神圣世界天狼星的旅行，是一种真正的解脱。他们又信奉"火的魔力"，只有通过火焰的洗礼才能穿越时空进入天狼星，因此在集体自杀时都要经火焚烧。为了迎接末日到来，他们疯狂聚敛财产、储备武器以应付不测事件。1993年，儒雷以走私军火、私藏武器等罪名受警方处罚。此后，因扬言要谋杀四名议员和炸毁魁北克电厂而被通缉，儒雷便从加拿大逃往瑞士，躲了起来。自1994～1997年连续发生多起伴随大火的集体死亡事件，74名死者中不乏有身份者。在自杀现场，尸体都呈太阳状圆形排列，并经事先安排的自动引爆点火装置引发的大火焚烧过。但经警方确认，死者中有一些是自杀，有一些则明显是有预谋的他杀。

不过，邪教的暴力恐怖活动有时也有外向的，如人民圣殿教杀害议员赖安及随同调查的记者，大卫支派与警察的对抗等。更严重的是为了证实教主的预言，或显示末世真的已经来临，邪教会有计划有预谋地在社会上搞恐怖活动，造成重大的危害。如1995年，日本奥姆真理教在交通高峰期间，在东京地铁施放"沙林"毒气，造成10人死亡、5000多人中毒的惨重后果。此后，随着警方调查的铺开，奥姆真理教贩卖毒品、杀害教内成员、从俄罗斯购置武器、进行武装训练、研制生化杀伤制品等一系列罪行大白于天下。人们吃惊地发现，奥姆真理教完全是一个滥施暴力的恐怖组织。在美国，1995年为报复美国联邦调查局围攻大卫支派，麦克维制造了震惊世界的俄克拉何马大爆炸，造成169人死亡，400多人受伤。有人将此案归为邪教引发的恐怖事件。

由于邪教的恐怖活动较少政治目的，对社会的危害尚不特别严重而不受重视。但是，由于邪教教主自命为神，信徒受其精神控制而不辨是非，残害生命或危害社会都是"神的旨意"、"末世象征"，信徒都会自愿地赴汤蹈火，狂热而盲目地行使暴力，从而很难预计其行为后果，具有难以想象的危害性。因此，对于这类恐怖主义应予以重视，事先加强调查，严加防范。

（中国社会科学院世界宗教研究所研究员　周燮藩）

第八章
三大战事与恐怖主义

20世纪90年代以来，就在海湾战争结束以后不到两年，世界上最强大的美国接连不断地遭到恐怖袭击，引起举世关注。这些恐怖袭击事件有三大特点：一是恐怖行为的主体都是具有极端主义倾向的秘密宗教组织，如本·拉登的"基地"组织、以阿布杜勒·拉赫曼为精神领袖的埃及圣战组织等；二是恐怖袭击的方式独特，各种骇人听闻的暴力恐怖行为都是以伊斯兰教"圣战"的名义实施的；三是恐怖分子具有相似的背景，犯罪嫌疑人大都来自阿拉伯国家，当年曾参加过阿富汗抗苏战争，并自称为"阿拉伯阿富汗圣战者"。这些现象提示人们，宗教与战争两个因素似乎都与暴力恐怖主义有某种关系。如果沿着这条思路走下去，我们就必须回答两个问题：一个是在暴力恐怖活动多发的中东地区，伊斯兰教广为流行，它与人们所讲的"恐怖主义"是一种什么样的关系；另一个是除两伊战争外，二战后中东地区爆发过三场战事，即中东战争、阿富汗战争和海湾战争，这些战争与恐怖主义又是一种什么样的关系。鉴于以宗教为名义的暴力恐怖活动，一直是与迄今仍对中东政治生活具有深广影响的伊斯兰复兴运动相伴随、相联系，我们的讨论应当从这一运动说起。[1]

---

[1] 吴云贵、周燮藩：《近现代伊斯兰教思潮与运动》，社会科学文献出版社，2000。

一　概念界定与相关背景知识

在宗教学研究领域，当代伊斯兰复兴思潮和复兴运动作为一个重大的前沿课题，早已引起中外学者们的密切关注，研究成果也已达到较高水平，包括对相关概念的界定和使用已经取得许多共识。但在国际政治研究领域，不论在国外还是在中国，涉及这一主题的研究成果都相对较少，相关宗教学术语未能被广泛采纳，人们难免会有某种陌生之感。因此，我们在进入"正题"之前，需要就一些相关概念予以必要的说明，同时就伊斯兰复兴运动的态势略予评述。其实，这些内容对我们深入了解以宗教为名义的恐怖主义是十分必要的，并不是题外之话。

先说什么是伊斯兰原教旨主义。"伊斯兰教旨主义"（Islamic Fundamentalism）一词在从西方进入中国文化语境时，并没有按照基督教词语概念的原意（在基督教传统中，fundamentalism 通常译为"基要主义"）译为"伊斯兰基要主义"，可以说是一个准确的译名。在伊斯兰教传统中，所谓原教旨主义是指正本清源、返璞归真、回归原旨教义的一种思想倾向。伊斯兰原教旨主义于18世纪兴起于阿拉伯半岛，后来被立为沙特国教的瓦哈比派教义是它的初始形态。但瓦哈比派没有现代思想，学术界称之为传统的伊斯兰原教旨主义。现代的伊斯兰原教旨主义产生于对西方殖民主义的宗教回应，从一开始它就是与始自19世纪下半叶的伊斯兰现代改良主义及其后兴起的世俗民族主义相对立。现代伊斯兰原教主义以始建于1928年的埃及穆斯林兄弟会为代表，目前世界各地的原教旨主义派别或在组织上与之保持联系，或在教义思想上受其影响。各国原教旨主义力量的密切联系、广泛合作使之成为一种"世界现象"，所以原教旨主义也是一种泛伊斯兰主义。原教旨主义的代表人物一般都受过现代西方教育，但他们排拒西方的政治意识形态、发展模式和价值理念。原教旨主义势力鼓吹宗教思想政治化、宗教组织政党化，实际上是伊斯兰国家的政治反对派。他们在反对世俗化、西方化的口号下鼓吹社会伊斯兰化，走"伊斯兰发展道路"。原教旨主义的行动口号体现了政治激进主义与文化保守主义相结合，诸如"不要东方，不要西方，只要伊斯兰"、"不要宪法，不要法律，《古兰经》就是一切"、"伊斯兰是解决方案"等口号所揭示的。原教旨主义的主流派反对诉诸暴力，主张开展合法斗争，而它的极端派别则经常以暴力恐怖活动来反对本国政府，反对被其视为"恶魔"的美国和西方大国。

再说什么是宗教极端主义。早在20世纪70年代伊斯兰复兴运动兴起之际，从北非的突尼斯到东南亚的马来西亚，许多伊斯兰国家政府都一再告诫人们要警惕宗教狂热和宗教极端倾向，但它们都未明确提出宗教极端主义概念。"宗教极端主义"一词，最早于20世纪90年代初出现于西方宗教学术著作中，[①]尽管未予界定，但含义是明确的。它所指称的是以宗教名义从事以反政府或反西方为政治目的的暴力恐怖活动，其中也包括对宗教信仰体系所做的极端片面的解释。1998年以后，中国领导人明确表达了反对宗教极端主义、民族分裂主义和国际恐怖主义的原则立场。这里所讲的"宗教极端主义"是一个政治、法律概念，指的是假借宗教名义从事的一切违法犯罪活动。中国学术界尚未就"宗教极端主义"一词作出一致的界定，这里所谈的是作者个人的见解。"宗教极端主义"可以理解为对宗教信仰体系所做的一种谬误、片面的诠释，其本质特征是不合教理、不近人情、偏离"正道"（众所公认的教义思想），是为了实现某种非法的政治目的的工具。尽管宗教极端主义派别也宣称本派对宗教信仰的诠释最为正确，但世界各国的宗教社团对什么是宗教极端主义的行为是明确的，并与之保持距离。

最后谈谈什么是以宗教为名义的恐怖主义。最近美国加州大学出版社出版了一本书，书名叫《神赐恐怖》，书中使用了"宗教恐怖主义"（religious terrorism）一词。这一词语把恐怖主义与以和平为宗旨的人类宗教联系起来，容易使人对宗教产生误解，似乎

---

① J. L. 埃斯波西托：《伊斯兰威胁：神话还是现实?》，社会科学文献出版社，1999，第1页。

不妥。但我们也应当承认，在当今的世界上确实存在着利用宗教从事暴力恐怖活动的现象，这种假借宗教名义进行种种反人道的违法犯罪行为，这里称为以宗教为名义的恐怖主义。使用这一词语概念是基于两点考虑：一是力图在词语规范上把象征着邪恶、野蛮的恐怖主义与作为正义、文明精神象征的宗教区别开来；二是意在借此提醒人们注意以宗教为名义的恐怖主义的复杂性、特殊性。尽管这种恐怖主义只是在形式上与宗教相联系，但它对宗教教义、宗教文化所做的歪曲解释仍有极大的欺骗性。例如，它把穷凶极恶的恐怖主义行为解释为"执行"上帝、真主、神明的"意志"，是对"恶人"的惩罚，就有很大的危害性。由于世界各大宗教都有善恶有报、赏罚分明的说法，它的迷惑、欺骗作用可以说是不言而喻的。又如，目前世界上以伊斯兰教名义从事暴力恐怖活动的宗教极端主义势力，常以对异教徒举行"圣战"的名义进行违法犯罪活动。在他们的歪曲解释下，原本属于正当防卫的"圣战"观念如今已经成为暴力恐怖主义的代名词。在他们那里，"圣战"就是一切，"圣战"可以不问对象，不讲条件，不择手段，不顾后果。但伊斯兰教确有"圣战"之说，而且历史上履行"圣战"义务曾被视为信徒最高的"功德"。可见以宗教为名义的恐怖主义很容易造成思想混乱、是非不分。

二　中东战争与恐怖主义

从1948年到1973年，阿拉伯国家与以色列之间因巴勒斯坦领土归属问题爆发了四次战争，统称为中东战争或阿以战争。这四次战争从引起的后果看，以1967年6月5日爆发的第三次中东战争最为重要。在这场历时6天的战争中，由于以色列采取突然袭击的方式，而埃及、叙利亚等阿拉伯国家缺乏应有的准备，因而遭到惨败。阿拉伯国家在这次战争中丢失了西奈半岛（埃及）、戈兰高地（叙利亚）、约旦河西岸（巴勒斯坦）和耶路撒冷老城（约旦），而以色列方面占领了8.16万平方公里的土地，将其原有的版图扩充了4倍，完全摆脱了以往被阿拉伯国家包围的被动局面。

如今大规模的战事已经成为过去，小规模的流血冲突和暴力恐怖活动从未停止，而中东和平进程却迟迟难以取得进展。从历史的眼光看，我们需要做的一件事情是把今天的暴力恐怖活动与当年那场从根本上改变中东格局的战争联系起来加以反思和评估。也就是说，应当深入研究中东战争对暴力恐怖主义的刺激作用。

1. 中东战争与泛伊斯兰主义的复兴

传统的泛伊斯兰主义于19世纪下半叶兴起于奥斯曼帝国，其动力主要来自以奥斯曼君主（苏丹）为首的封建统治者。泛伊斯兰主义企图以共同的宗教信仰为纽带把帝国境内外的各族穆斯林联合起来，结成反对欧洲列强的统一阵线，在奥斯曼君主的领导下，以"圣战"来打败欧洲列强。泛伊斯兰主义已经成为一种历史现象，但它以宗教文化方式留给后人的政治遗产，一旦时机成熟，还会为各种不同的政治力量所利用。从对后世的影响看，这份政治遗产中有两个东西更为重要。一个是黑白分明、二元对立的宗教思维方式。泛伊斯兰主义总是企图把世界简单地划分为伊斯兰世界与非伊斯兰世界，把人群简单地区分为穆斯林与非穆斯林，非此即彼。另一个是"圣战"高于一切、重于一切的传统宗教观念。按照这种观念，如果一个伊斯兰国家与另一个非伊斯兰国家之间发生战争，那么所有的伊斯兰国家都应当以"圣战"的名义去援助"穆斯林兄弟"。第三次中东战争的结果极大地刺激了阿拉伯穆斯林的宗教感情，为传统的泛伊斯兰主义的复兴提供了历史条件。

前三次中东战争实际上都是阿拉伯民族主义与犹太复国主义之间的较量，而与宗教无关。第三次中东战争以后，情况发生了根本性的转变。由于以色列在战争中占领了被伊斯兰教奉为第三圣地的耶路撒冷老城，此后又发生了焚烧坐落于老城圣殿山上的阿格萨清真寺的严重事件，因而激起了阿拉伯和全世界穆斯林的愤怒，使宗教因素在中东政治中的重要性急剧上升。此外，阿拉伯国家的惨败，似乎向世界证明了阿拉伯民族主义作为一面旗帜不足以战胜犹太复国主义，需要寻找新的力量源泉。在整个阿拉伯世界只有民族与宗教两面旗帜，民族主义力量遭到重创，代之而起的只能是宗教。而在当时的阿拉伯世界，高举宗教旗帜的是以世界伊斯兰教监护人自居的沙特阿拉伯王国，沙特早在1962年就建立了一个泛伊斯兰性质的国际宗教组织伊斯兰世界联盟，与以埃及为首的阿拉伯民族主义集团争雄抗衡。如今看到民族主义力量陷入困境，自然不会放过这一难得的机会。而埃及、叙利亚等战败的阿拉伯国家为了恢复元气、医治战争创伤，也主动向以沙特为首的伊斯兰集团靠拢。鉴于第三次中东战争结束后阿拉伯国家所面临的严峻形势，1969年9月在阿拉伯国家的倡议下，亚、非26个伊斯兰国家的首脑和代表在摩洛哥首都拉巴特举行会议，磋商成立伊斯兰会议组织事宜。1970年3月12日，分别在吉达（沙特阿拉伯）和卡拉奇（巴基斯坦）举行两次伊斯兰国家外长会议，就成立伊斯兰会议组织问题达成协议，并通过了会议组织宪章。1970年5月，即在第三次中东战争结束后不到3年时间，一个具有泛伊斯兰性质的国际政治组织伊斯兰会议组织正式宣告成立。这是二战后伊斯兰教首次介入国际政治领域。

伊斯兰会议组织宪章强调，共同的宗教信仰是联系伊斯兰国家各族穆斯林"强有力的精神纽带"，号召大力促进伊斯兰国家之间的团结互助与合作。宪章还明确规定，会议组织成员国要共同努力保卫圣地，积极支持巴勒斯坦人民恢复合法权利和解放家园的斗争。[①] 此后，该组织通过的历次大会决议中，都包含谴责犹太复国主义、支持巴勒斯坦人民的正义事业和收复圣地耶路撒冷等内容。显然，第三次中东战争重新点燃了世界穆斯林对泛伊斯兰主义的热情，使宗教因民族利益的需要而成为国际政治舞台上一支重要力量。尽管伊斯兰教介入政治事务仅限于国际关系层面，但它的负面效应如同它的正面效应一样，都是难以避免的。因为在人们的传统观念中，泛伊斯兰主义是与对异教徒举行"圣战"的思想密不可分的，而"圣战"是一把双刃剑，对之加以极端片面的解释，完全可以成为恐怖主义的法理道义根据。

[①] 《中国伊斯兰教百科全书》，"伊斯兰会议组织"条目，四川辞书出版社，1994。

这表明恐怖主义的思想文化根源可以是对宗教传统的谬误解释，而这种谬误解释则是特定的政治环境和历史条件造成的，对此应当有一个全面正确的认识。

2. 中东战争与原教旨主义思潮的泛起

第三次中东战争的负面影响以在中东的文化大国、政治大国埃及最为突出。埃及等阿拉伯国家拥有雄厚的人力、物力资源，却在同"弹丸之地"的以色列的军事较量中不堪一击，这对以纳赛尔主义为代表的阿拉伯民族主义是一次致命的重击。失地、丧权、辱国，使埃及和阿拉伯的"一代天骄"纳赛尔总统的威信一落千丈，追究战败的原因和责任使阿拉伯民族主义丧失信誉，埃及社会出现了一场严重的"信仰危机"。就在"六天战争"之后不久，一些右翼的埃及报刊直言不讳地把阿拉伯国家战败的原因归结为"离经叛道"：国家领导人不按"主命"（真主的意志）办事，焉能不败？埃及《祖国》杂志发表的一篇署名文章《战败是转折点》宣称："犹太人忠于自己的宗教信仰因而获胜，我们之所以战败是因为我们对真主的信仰还不够强烈。"[①] 纳赛尔为推卸责任也附和这种以宗教信仰论胜负的荒唐说法，他在向全国发表的广播讲话中承认，是无形的"真主之手"，即天命使阿拉伯国家战败。

今天看来，战败对当时埃及等激进的阿拉伯国家也确实是一个重大的历史转折点，这种转折既是战败的直接后果，又同纳赛尔的过早去世不无关系。转折点的根本标志是纳赛尔主义的终结和伊斯兰原教旨主义思潮在埃及和阿拉伯世界的勃然兴起。1970年纳赛尔总统病逝后，由安瓦尔·萨达特继任埃及总统。从此，埃及的政教关系也步入了一个新阶段，其显著特征是政治领域里"非纳赛尔化"政策的出台，以及宗教领域里原教旨主义思潮的泛滥。为了消除纳赛尔主义的影响以巩固继承的权力，萨达特总统上台后不久便玩起了一种危险的政治制衡游戏：用右翼的穆斯林兄弟会来对付左翼的纳赛尔主义者。他以"纠偏"的名义

---

① R. Hrair Dekmejian, *Islam in Revolution: Fundamentalism in the Arab World*, Syracuse University, 1985, p. 85.

陆续将当年因反政府而被纳赛尔关押入狱的大批兄弟会骨干释放出狱，鼓励他们以学生会、俱乐部、文化团体成员的资格取得合法地位。萨达特"放虎归山"的实用主义政策与充斥埃及社会回归宗教传统的思潮相适应，直接导致伊斯兰原教旨主义的兴起。纳赛尔执政时期，穆斯林兄弟会因图谋刺杀纳赛尔被埃及政府取缔，而叙利亚的穆斯林兄弟会也在1963年被复兴党政府宣布为非法组织，在整个阿拉伯世界几乎不存在有影响的原教旨主义势力。可是在萨达特执政以后，随着埃及穆斯林兄弟会的复出，原教旨主义势力再度获得生机，并在世界各地伊斯兰复兴运动的影响下迅速发展成为一种"国际现象"。各国的原教旨主义势力实际上都是以宗教名义的政治反对派，他们以复兴伊斯兰教社会活力、政治活力的口号向本国政府施压，以便在时机成熟时夺取政权，建立以宗教法规为基础的教权主义国家，其政治含义可谓不言自明。

萨达特总统是一位具有西方政治理念的政治家，他与复出的穆斯林兄弟会组织之间是一种互相利用的关系，而在政治意识形态上则是完全对立的。在其执政初期，萨达特出于政治需要对原教旨主义势力作出许多让步，包括在宪法中规定伊斯兰教为埃及"官方宗教"，宣布伊斯兰教法为国家立法的"主要渊源"之一，由此而取得原教旨主义势力的支持，曾被誉为"信士总统"。但他奉行的"三大政策"有两项政策激起兄弟会的强烈不满。其一，兄弟会强烈反对萨达特政府"亲美远苏"的对外政策，认为美国在阿以冲突中一直采取偏袒以色列的态度，靠美国主持的中东和平进程不可能取得积极成果，只能给阿拉伯穆斯林带来无尽的苦难；其二，兄弟会强烈反对萨达特政府的自由经济和门户开放政策。他们认为埃及社会的种种腐败现象，都是社会愈益世俗化、西方化造成的恶果，向美国和西方开放就是向"恶魔"开放，有百害而无一利。

因中东战争和埃及社会变动而兴起的伊斯兰原教旨主义本身并不等同于恐怖主义，但它同恐怖主义之间也有某种关联。埃及穆斯林兄弟会主流派谴责暴力恐怖活动，主张在现行议会民主体制下进行合法斗争。这是它与主张诉诸暴力恐怖主义的极端派的主要区别。但在宗教政治理念上，包括对埃及政府以及对以美国为首的西方的态度上，温和派与极端派只有"度"的差别。人们注意到，近年来许多恐怖分子在对美国实施"报复"的声明中，总是要历数美国对阿拉伯人民或伊斯兰教所犯下的种种"罪恶"，这些谴责不仅宣泄了极少数施暴的恐怖分子的愤怒，也经常在人数众多的原教旨主义者们那里引起共鸣。这种"思想联系"正反映了当今恐怖主义问题的复杂性。

3. 中东战争与以宗教为名义的暴力恐怖活动

在任何社会中都会出现暴力恐怖活动，因此中东战争与恐怖主义之间似乎没有因果联系。但如果我们所说的"恐怖主义"是指以伊斯兰教为名义的恐怖主义，那么它与中东战争的后果则有内在的逻辑联系，这早已是不争的结论。我们看到，埃及社会矛盾的加剧和暴力恐怖活动的增长趋势都是在第三次中东战争以后出现，甚至连许多西方学者也不否认这一事实。有的学者把社会环境危机、个人身份认同危机、国家政治合法性危机、阶级冲突加剧、对外战争失败、现代化迷失、宗教文化危机等因素视为原教旨主义兴起的根源或诱因，而这些因素中的绝大部分都与战乱的环境和战后埃及政府所施行的内外政策密切相关。如果一定要用一句话来概括二者之间的关系，似乎可以这样说：第三次中东战争的后果导致阿拉伯民族主义的衰落和伊斯兰原教旨主义的复兴，而原教旨主义派别的分化导致宗教极端主义；原教旨主义的极端化就是以宗教为名义的恐怖主义。

以上所讲的只是逻辑分析，下面就让我们用事实来证明所下的判断。

首先，埃及政府对原教旨主义势力所采取的政策。早在伊斯兰复兴运动刚刚在埃及兴起之际，萨达特就明确宣布了一项基本原则：宗教里没有政治，政治里没有宗教。根据这一政教分离的原则，复出的兄弟会组织只能以群众团体的资格从事非政治性的活动，不能升格为政党或以独立政党名义参加议会选举。这项原则规定使兄弟会的活动受到一定的限制，但其成员仍可以变通的方式参与政治事务，如有些成员就以其他政党推举的候选人或独立人士候选人的资格参选，并当选为国会议员。他们当选后仍对政府持严厉的批评态度，并与社会上反政府的势力互相配合、遥相呼应。

其次，兄弟会复出后所采取的基本策略。纳赛尔时期兄弟会的左翼以暴力恐怖活动来反对纳赛尔政府，导致整个组织被取缔，因此复出后的兄弟会领导层在总结以往经验教训的基础上格外珍惜今天这份难得的自由，不再诉诸暴力恐怖主义。他们所采取的一个基本策略是以最有影响力的大专院校为"重点工作对象"，以各种方式广泛吸引高校师生和失业知识青年入会，使兄弟会的人员结构出现了年轻化、知识化的趋势。应当说兄弟会向高校渗透的策略成效显著。据有关资料，到1978年兄弟会成员已在埃及高校学生会选举中取得优势，同年支持兄弟会观点的原教旨主义者在选举中获得60%的席位。另一项统计资料显示，1970年以来全国成立的1000多个伊斯兰教协会中，大部分的领导权已被兄弟会成员所把持。故此，在1977年7月举行的"全国伊斯兰教协会和团体大会"上，原教旨主义观点已成为大会发言的基调和主导倾向。

再次，兄弟会组织成员年轻化、知识化，导致内部派系分化以及由此而引起的暴力恐怖主义倾向的加剧。一方面，兄弟会的主流派通过各种渠道广泛地对埃及政府的内外政策提出批评；另一方面，非主流的极端派和新组建的一些秘密的宗教极端主义组织则愈益更加明显地走上了暴力对抗的道路。这些宗教极端主义组织也就是我们今天所说的恐怖组织。这种情况的出现有诸多复杂原因，但主要是萨达特政府急于实行亲美、亲西方政策造成的。从埃及宗教政治反对派对政府的批评、指责中，可以清晰地看到传统的伊斯兰价值观与西方世俗价值观的剧烈冲突，主要是在以下几个问题上：一是原教旨主义派别在宗教保守势力的支持下，要求全面实施以《古兰经》为基础的、称之为"真主法律"的伊斯兰教法，而萨达特政府所颁布的"穆斯林家庭法改革方案"没有满足这一要求，被反对派视为一部充斥着西方观点的"世俗法律"；二是宗教政治反对派认为1973年埃及和阿拉伯国家发动的

"斋月战争"（第四次中东战争）是一场"政治游戏"，阿拉伯方面在可以取胜的情况下主动议和，是屈服于美国的压力和对巴勒斯坦人民的"无耻背叛"，而埃及政府有自己的立场和策略考虑；三是宗教政治反对派强烈谴责萨达特政府在阿以冲突问题上的软弱立场和错误政策。1977年萨达特不顾国内外强烈反对的耶路撒冷之行，1978年9月萨达特为推进中东和平进程赴美参加戴维营会谈，1979年3月萨达特总统与以色列总理贝京缔结《埃以和约》，这一系列重大的外事决策和行动，都遭到反对派的强烈谴责，使矛盾不断加深。兄弟会发行量高达8万册的《宣教》月刊就以通栏大标题发表文章，谴责萨达特政府"背信弃义"的行为，宣称历史经验表明"与犹太人绝无和平可言"。作者所说的"背信弃义"，是指埃及单方面违反了它与阿拉伯国家达成的对以色列的"三不政策"（不妥协、不谈判、不单独媾和）。1980年以色列总统访问埃及，兄弟会发表声明，要求驱逐以色列外交人员，全体内阁和议会成员集体辞职。1981年斋月期间，以色列多次空袭黎巴嫩南部的巴解组织军事设施和巴勒斯坦难民营，造成巨大平民伤亡。对这一暴行，所有阿拉伯国家都提出了严重抗议，而埃及却无动于衷。为此，兄弟会动员了10万群众在首都开罗阿比丁广场上举行声势浩大的祈祷活动，以示抗议。

以宗教为名义的暴力恐怖活动的加剧，既是埃及宗教政治反对派内部分化的结果，又使埃及的暴力恐怖组织具有宗教组织的一般特点而与其他的恐怖组织相区别。从20世纪70年代后期直到整个90年代，埃及萨达特政府和穆巴拉克政府长期为暴力恐怖活动所困扰，制止暴力恐怖活动以维护社会安定、政治稳定成为两届政府的首要工作。埃及最早兴起的暴力恐怖组织称为"伊斯兰解放组织"（又名"穆罕默德的青年"），系由穆斯林兄弟会分化而出。它于1974年4月发动了一次未遂军事政变，一度攻占开罗军事技术学院，后被政府军队粉碎。其后兴起的另一恐怖组织也曾与兄弟会组织保持联系，称为"赎罪与迁徙组织"（又名"穆斯林集团"），它于1977年7月绑架并杀害了曾任埃及政府宗教基金部长的侯赛因·达哈比。上述两个恐怖组织遭到严厉打击后，其残余势力死灰复燃，后来又成立了规模更大的秘密的"圣战组织"。圣战组织的分支组织于1981年10月6日在光天化日之下，以"惩治叛逆"的名义凶残地刺杀了时任埃及总统的萨达特。圣战组织被宣布为恐怖组织遭到打压后，部分成员后来转移到国外（阿富汗、美国），而留在国内的成员改头换面，以"救出火狱组织"的名义继续从事暴力恐怖活动，令埃及政府防不胜防。

值得注意的是，以伊斯兰教名义进行暴力恐怖活动在阿拉伯世界是一种相当普遍的现象。有关统计资料表明，截止到1985年，阿拉伯国家约有这类暴力恐怖组织91个，仅埃及就有24个。[1] 其中最典型的组织当首推埃及的"圣战组织"，它以三大特点而引人注目。其一，成员来自社会各阶层，包括总统卫士、军队情报员、国家文职公务员、电台和电视台工作人员、高校师生等；其二，在一位精神领袖的领导下，内部有共同的理想、信念和使命。他们从事暴力恐怖活动既不是为了谋财害命，也不是为了报私仇，而是为了使社会恢复正义，为此必须使埃及成为一个真正主持正义的"伊斯兰国家"；其三，以宗教极端主义为暴力恐怖活动的指导思想，他们在刺杀萨达特后秘密散发的一本宣传小册子就是有力的证据。这本小册子宣称当代阿拉伯国家的统治者都是在"帝国主义的餐桌上养大的"，他们早已背叛了伊斯兰教，他们的信条是"十字军主义"或犹太复国主义。因此，用"圣战"来处死这类伊斯兰教的"叛逆"是"为民除害"，也是每一个穆斯林对真主应尽的义务。

上述种种事实表明，中东以伊斯兰教"圣战"为名义的恐怖主义具有深刻的历史根源、文化根源和现实的社会根源。它已经深深地与中东地缘政治、大国争夺的政治现实联系在一起。只要中东和平进展不能取得实质性的进展，也就不可能在中东消除以宗教为名义的恐怖主义，因为宗教不是恐怖主义产生的根源，而只是以极端的形式表达政治不满的工具，尽管这种野蛮的表达形式无助于问题的解决。

---

[1] R. Hrair Dekmejian, *Islam in Revolution*, pp. 179 – 191.

三 阿富汗战争与恐怖主义

关于战争与恐怖主义之间关系的思考,使我们不能不把目光移向中东边缘地区的另一场战争,即中亚阿富汗战争。冷战时期爆发的阿富汗战争,既是阿富汗人民反对苏联军队入侵、捍卫国家主权和领土完整的一场战争,又是美、苏两强为争夺在中亚的战略利益,通过代理人而进行的一场决斗。阿富汗战争是否会留下后遗症以及应当如何来解决战争必然会留下的后遗症,美、苏两个超级大国当时都未予认真考虑,因为冷战时期的战争常常不顾及后果。

阿富汗战争可以分为两个阶段。前10年是阿富汗民族抵抗力量在外力援助下进行的一场反侵略的卫国战争,1989年苏军撤离后的战争先是在民族抵抗力量与亲苏的阿富汗傀儡政权的武装力量之间展开,其后则是抵抗力量各路军阀之间连续不断的内战。从1996年起,在外力支持下的阿富汗塔利班武装力量逐渐在内战中取得优势,攻占了首都喀布尔,控制了全国90%以上的领土,并宣告成立了以塔利班为基础的新政权阿富汗伊斯兰酋长国,得到巴基斯坦、沙特阿拉伯、阿拉伯联合酋长国三国的承认。但塔利班武装与反塔利班的北方联军之间的战事仍时断时续,处于僵持状态。大量事实表明,阿富汗之所以内战不止、政局动荡,不仅是因为阿富汗的民族、宗教、派系矛盾难以解决,而且因为阿富汗问题早已国际化。巴基斯坦、印度、伊朗、前苏联地区中亚五国中的塔吉克斯坦和乌兹别克斯坦以及俄罗斯等周边国家都以各种方式介入了阿富汗内战,希望阿富汗能够最终出现一个于自己的战略利益有利的政权。在某种意义上甚至可以说,阿富汗战乱正是大国干预和地缘政治造成的恶果。

1. 战乱的环境与暴力恐怖主义肆虐

1990年阿富汗抗苏战争宣告胜利后,随着苏军撤出阿富汗战场,美国停止了对阿富汗抵抗力量(阿富汗伊斯兰圣战者"七党联盟")的军事援助,美国中央情报局和美国援助阿富汗的人员也陆续撤出阿富汗。塔利班政权建立以后，鉴于巴基斯坦、沙特阿拉伯等国已经给予外交承认，美国也曾考虑与塔利班政权建立外交关系，并派出一个考察团对阿富汗新政权进行调查和评估。考察结果未予公布，外界不得而知。但据美国新闻媒体披露，考察团得出的结论认为"塔利班内部相当黑暗"，或许这正是美国国务院在最后一分钟改变对塔利班政权的态度的一个根本原因。美国人所说的塔利班政权"相当黑暗"，也不只是美国人自己的看法，凡到过塔利班控制区采访的外国记者也几乎都得出了相似的结论。公正地说，他们所反映的问题是长期战乱的环境造成的，但塔利班政权未能及时有效地医治战争创伤、恢复社会秩序也是一个重要原因。这些问题以四方面最为突出。

第一，毒品走私猖獗。毒品税是塔利班政权的主要税收来源之一。早在1994年阿富汗就超过了东南亚的"金三角"地区，成为世界上最大的毒品生产地，年产量达到3000吨，分别比缅甸和老挝高出500余吨。到塔利班掌权三年后的1999年，据联合国反毒品走私机构宣布的数字，阿富汗鸦片年产量增长到4600吨，占全球鸦片产量的3/4以上，其中96%产自塔利班政权控制区。毒品收入不仅用来购买内战所需要的军火武器，还用来资助中亚某些国家反政府的武装团伙的暴力恐怖活动。

第二，走私贸易盛行。阿富汗是内陆国家，交通不便，陆路贸易是其外贸的基本方式，走私贸易已有很长的历史。1994年塔利班武装兴起后，走私贸易逐年增长，塔利班打的第一仗就是为了保护来自邻国巴基斯坦的一支过境贸易车队。塔利班掌权后的第一年，与巴基斯坦的走私贸易额就从原来的1.28亿美元猛增到2.66亿美元。据世界银行估计，1997年阿富汗的走私贸易额高达25亿美元，占国内生产总值的50%以上。

第三，宗教极端主义泛滥。阿富汗是伊斯兰国家，施行何种宗教政策外界无可厚非。但塔利班掌权后政治上推行激进主义，宗教上推行极端的保守主义，使其即使在伊斯兰国家中也空前孤立，这就不只是一个宗教问题了。塔利班的得势极大地抬高了以毛拉们为主的宗教势力的社会地位，他们文化水平不高，宗教思想守旧，在各地发号施令，实行了一系列愚昧的政策。最突出的事例是歧视和压迫本来就地位不高的妇女，禁止妇女受教育和参加社会工作，强迫已经就业的妇女回到家里服侍丈夫和照顾子女，强制妇女穿统一的"体面"服装，违者不准上街，有时还会被"宗教警察"处以鞭刑。塔利班歧视、压迫妇女的政策与《古兰经》中所提倡的"善待"和"解放"妇女的思想是背道而驰的。此外，塔利班的文化愚民政策也已达到不可思议的地步，塔利班的毛拉们可以在"反对偶像崇拜"的名义下禁止人们看电影、电视和录像带，甚至下令炸毁了举世闻名的巴米扬大佛。

第四，以"圣战"为名支持世界各地的暴力恐怖活动，塔利班控制下的阿富汗实际上已成为国际恐怖主义的中心。这种情况很长一段时间未能引起人们的注意，直到1993年美国纽约世界贸易中心爆炸案在新闻媒体上曝光以后，人们才开始把国际恐怖主义活动与当年阿富汗战争的后遗症联系起来。1996年美国联邦法院在审理此案时意外地发现，参与这次恐怖袭击事件的几个主要犯罪嫌疑人几乎都有相似的背景和动机。他们大都来自阿拉伯国家，接受过恐怖主义训练，是当年参加过阿富汗战争并自称为伊斯兰圣战者的"老兵"。这一发现后来在其他国家反恐怖主义斗争中得到证实，埃及、阿尔及利亚、沙特阿拉伯、也门等国的情报部门和司法部门在侦破、审理多起重大恐怖主义案件时也得出了同样的结论。如埃及圣战组织的精神领袖阿布杜勒·拉赫曼早在20世纪80年代就曾因为参与策划暗杀萨达特总统而受到起诉和通缉，后来设法逃至战乱的阿富汗，其圣战组织也在战乱中发展到300余人，转移到美国后，又因涉嫌世贸中心爆炸案受到起诉。此外，阿尔及利亚的暴力恐怖组织"武装的伊斯兰集团"的骨干分子约有1000人，也大都是当年参加过阿富汗反苏圣战、自称为"阿拉伯阿富汗人"的老兵。这些案情大都发生在90年代初塔利班掌权之前，还不足以把国际恐怖主义与塔利班政权及受其保护的本·拉登的名字联系起来。而在塔利班控制了阿富汗绝大部分领土和1996年本·拉登再度回到阿富汗重操旧业之后，举世震惊的三大国际恐怖主义大案、要案，则同塔利班和本·拉登的"基地"组织有了直接的联系。这三大恐怖袭击事件是：1998年8月美国驻肯尼亚和坦桑尼亚使馆汽车炸弹爆炸案；2000年10月美国军舰"科尔号"在也门首都亚丁港遭到袭击案和2001年发生的"9·11"袭击事件。美国方面认定，这些恐怖袭击事件都是长期在塔利班政权庇护下的本·拉登的"基地"恐怖组织所为。

2. 战争对恐怖主义的刺激作用

以上我们所讲的一些基本情况和事实，只是把恐怖主义与阿富汗的战乱环境和塔利班政权所施行的政策联系起来，这些只是对恐怖主义根源的表面解释。其实，战乱并不是主权国家阿富汗自己造成的，而是外力强加的，而塔利班和本·拉登现象也同样是"战争政治"的产物。因此，还必须挖掘恐怖主义产生的深层次原因，因为这将关涉到谁应当在道义上对恐怖主义承担罪责的问题。

冷战结束后，在新的世界格局下，当年阿富汗战争的两个主角美国和苏联对当年经历的往事都应当有更清醒的认识。苏联解体后，戈尔巴乔夫曾明确表示，当年入侵阿富汗是一项错误的决策。美国高层领导人至今尚未对阿富汗战争讲过一句表示"歉意"的话，但围绕着世贸中心爆炸案，美国学界和政界也发生过一场有趣的争论。有的学者指出，过去美国政府总是把伊朗"输出"革命视为支持恐怖主义，看做对美国国家安全的巨大威胁，但这只是一种意识形态分析，并无事实依据；如今从世贸中心爆炸案我们可以得知，参与策划和实施这一恐怖袭击的埃及圣战组织的许多成员当年都曾在阿富汗营地接受过美国教官的训练，甚至圣战组织从事恐怖活动的国际联络网也是美国情报部门帮助建立的。美国政府对此应当做何解释？对这一问题，美国一位负责东亚事务的助理国务卿表示，美国对外决策的基本原则是"今天就想今天的事情，从来不想明天可能引起的后果"。[①] 这位政府官员承认，美国当年的唯一目标是把苏军赶出阿富汗，为此不惜任何代价。在他看来，美国今天遭到恐怖袭击实际上也是美国为那场战争应

---

① Martin Kramer, *The Islamism Debate*, Tel Aviv University, 1997, p.116.

当付出的"代价"。这实际上是承认恐怖主义是阿富汗战争和美国的政策引出的一个后果。现在就让我们来分析一下美国当年对阿富汗的实用主义政策与恐怖主义之间的关系。

首先，美国及其盟国援助阿富汗的政策极大地刺激了宗教极端主义的滋长。当年在抗苏战争中兴起的阿富汗伊斯兰圣战者联盟（七党联盟），分为民族集团和宗教集团两股力量，而美国及其盟国巴基斯坦和沙特阿拉伯确定的援助政策，是向伊斯兰集团倾斜的政策。这项政策基于三点考虑：一是美国方面认为，伊斯兰集团反苏、反共最坚决，战斗力最强；二是巴基斯坦方面过去与阿富汗有民族冲突和领土纠纷，削弱普什图民族主义符合巴基斯坦的利益，为此只能向宗教集团而非民族集团倾斜；三是沙特阿拉伯是政教合一的国家，素以伊斯兰世界盟主自居，"绿化"（伊斯兰化）中亚是其既定目标，因而也支持向伊斯兰集团倾斜的援助政策。这一政策的一个直接结果是使抵抗运动中的宗教集团获得了数量更多、更先进的武器装备，从而使具有极端伊斯兰原教旨主义倾向的阿富汗伊斯兰党武装民兵成为势力最强的一支力量。这一后果不仅使该派在后来抵抗组织的内战中有了资本，也为该派的散兵游勇日后以支持"圣战"为名在各地进行暴力恐怖活动提供了条件。熟悉阿富汗情况的人都知道，以阿为基地最早从事恐怖活动的势力不是塔利班和本·拉登，而是那些当年得到美国军援最多、自称为阿富汗圣战者的非法武装团伙。

其次，向宗教集团倾斜的政策，为原教旨主义势力借机建立国际网络提供了便利条件。阿富汗宗教集团的三大代表人物（布尔汗努丁·拉巴尼、古尔布丁·希克马蒂尔和拉苏尔·沙亚夫），青年时代都曾在埃及爱资哈尔大学留学，难免在思想上受到埃及穆斯林兄弟会极端派的影响，后来分别成为阿三派穆斯林抵抗力量的主要领导人。他们都急于建立国际联系。美国及其两个盟国向宗教集团倾斜的政策，在国际原教旨主义势力看来无疑是向他们传达了一个"善意支持"的信号。因此，他们在"援助穆斯林兄弟"的口号下，不断向阿富汗渗透，建立了广泛的国际网络与合作机制。其中以巴基斯坦的伊斯兰教促进会、埃及的穆斯林兄弟会和沙特阿拉伯的"赛莱菲耶"组织最为活跃，他们通过宣教布道鼓吹极端的原教旨主义。这些合法的国际宗教组织支持"圣战"的活动，又为非法的宗教组织浑水摸鱼提供了便利。圣战组织成员在刺杀萨达特总统后居然能安全转移到阿富汗，显然是受到了合法宗教组织的保护。此外，在很多情况下民间的宗教组织与官方援助机构是互相配合的，很难将它们完全分开。如今天举世公认的头号恐怖主义分子本·拉登，当年是以沙特为基地的"伊斯兰拯救基金会"的主席，直到1988年仍在援助阿富汗活动中与沙特负责此事的费萨尔·图尔基亲王密切合作。

  再次，对阿富汗伊斯兰圣战者进行军事培训。今天美国等西方国家所谴责的恐怖分子不少都是当年它们在阿富汗战争中大力予以支持的"自由战士"。在这个意义上可以说，正是美国及其盟国的战争政策培植了恐怖主义。为了对阿富汗抵抗组织的民兵进行训练以提高战斗力，美国及其盟国在阿巴边境及抵抗力量控制的安全区，陆续建立了许多训练营地，对圣战者武装人员进行战争技能培训。据有关资料，从1983年开始实施培训计划到1987年战争明显朝着有利于抵抗运动的方向发展，总共约有8万余人按照培训计划完成各科培训。1986～1989年年间，对以自愿者名义来自阿拉伯国家的外籍圣战者的培训被纳入特别培训计划，由美国、英国和巴基斯坦的情报人员组织实施。这些外籍圣战者约有1.5万人，分别来自埃及、沙特阿拉伯、阿尔及利亚、突尼斯、伊拉克、也门、利比亚、约旦等阿拉伯国家。他们都自称为"阿拉伯阿富汗人"，是"圣战"信念最坚定的一支武装力量，由美国中央情报局、英国秘密情报部门和巴基斯坦三军情报局的特工人员充当教官，直接负责对他们的军事培训。这支"特别能战斗"的队伍最初投向了原教旨主义思想最为强烈的阿富汗伊斯兰党的武装力量，塔利班武装在内战中得势后，他们又纷纷倒戈，转向支持塔利班的"圣战事业"。此外，美国中情局和英国特种空军部队还通过它们在沙特阿拉伯和阿曼的军事基地对阿拉伯志愿者进行培训，结业后开赴阿富汗前线，参加抗苏战争。今天美国和西方把国际恐怖主义的猖獗与本·拉登设在阿富汗的"基地"组织联系起来，可谓"事出有因",但不要忘记,许多基地正是当年出于战争需要,由美国及其盟国精心建立起来的训练营地。此外,战斗力很强的本·拉登的055旅的阿拉伯圣战者的许多武装人员,当年也曾在训练营地接受过美国、英国和巴基斯坦教官的培训。如今这支队伍已成为训练有素、反美最坚决的"恐怖大军"。

尽管军事训练在战争年代是必要的,但它的副作用今天看来也十分明显。一是在抗苏战争的特殊环境下进行培训,使以"圣战"观念为核心的宗教极端主义无限膨胀,成为日后进行暴力恐怖活动的思想基础;二是经过专门培训,圣战者的武装人员学会了使用现代武器,掌握了渗透、潜伏、绑架、暗杀、爆破等军事技能,这些技能为他们日后进行暴力恐怖活动提供了条件;三是当年苦心经营多年的训练营地和战时留下的大量军火武器,为今天的暴力恐怖活动提供了物质保证。20世纪90年代初,随着苏军撤出阿富汗,当年经过战争培训的成千上万的阿拉伯圣战者失去了正面之敌,纷纷返回原籍,成为无恶不作的一股祸水。此后在埃及、阿尔及利亚、沙特阿拉伯、也门、约旦等这些当年输送阿拉伯志愿者人数最多的地方,陆续发生了一系列暴力恐怖事件,并且几乎都是这些自称为"阿拉伯阿富汗圣战者"的退役老兵所为。而那些负罪在身、不敢回国或企图在阿富汗谋生的阿拉伯圣战者们,则受雇成为职业恐怖分子。他们以支援"圣战"为名,奉命到世界一些民族、宗教问题比较突出的热点地区进行暴力恐怖活动,插手、干预主权国家内部事务。所以在中亚塔吉克斯坦分裂势力策动的内战中,在乌兹别克斯坦极端原教旨主义势力不断发动的武装叛乱中,在俄罗斯北高加索地区车臣非法武装发动的两次大规模武装暴乱中,以及在民族冲突不断的巴尔干地区的波黑战争和科索沃战争中,人们都可以看到当年这些阿富汗圣战者们的身影。这些早已被主权国家认定为恐怖主义分子的恶势力,之所以未能在美国和西方大国的传媒中曝光,是因为美国和西方出于政治利益需要,在反恐怖斗争中一贯采取"双重标准",将他们视为"自由斗士"予以纵容或变相支持。即使在2001年"9·11"事件发生以后,美国及其西方盟国也仅仅满足于用军事力量来打击塔利班政权和本·拉登团伙，而对自己当年对阿富汗的政策未做过哪怕是一点点象征性的反省和检讨。我们之所以要把恐怖主义与阿富汗战争联系起来，丝毫不意味着恐怖主义是正当的，而是说恐怖主义有其产生的特定历史环境。只有尊重历史，才能真正查清恐怖主义的根源，并采取有效的政策来打击恐怖主义。

四 海湾战争与恐怖主义

1. 海湾战争播下仇恨的种子

海湾战争是冷战终结后世界上爆发的第一场规模最大、影响最为广泛的战争。它也是二战后美国第一次在中东大规模用兵。关于这场战争的原因、性质、过程和结果，中外学者已作过系统的论述，可以说没有多少新的话要说。但由于战争结束之际，恐怖主义对世界和平和人类生存环境的威胁不像今天这样严重，所以讨论海湾战争的著作一般都不大可能有某种预见性，即把某种形态的恐怖主义与海湾战争联系起来。所以我们这里所讨论的一个基本问题，也正是过去研究中几乎是不可避免的一个"疏忽"或"缺失"，即海湾战争与恐怖主义之间的关系问题。这里提出的一个基本观点，是把海湾战争看做以宗教为名义的恐怖活动突然加剧的直接导引。

海湾战争结束以后不久，在海湾地区和世界各地就连续不断地发生了多起针对美国利益的暴力袭击事件，而且一起比一起规模大，后果也更为严重。较早的一起是在1993年2月26日，美国纽约世贸中心突然发生炸弹爆炸，造成6人死亡，1000多人受伤。时隔不到一年，世贸中心附近的地铁站发生爆炸，致使45人受伤。1995年11月13日，美军驻沙特首都利雅得一军事设施遭到袭击，5名美国人死亡。1996年6月25日，美军驻沙特宰赫兰空军基地遭到汽车炸弹袭击，死伤319人。此后仅一个月，1996年7月25日，暴力恐怖主义针对美国驻沙特一兵营发动了恐怖袭击，共有19名美军士兵在这起事件中丧生。1998年8月7日，美国驻肯尼亚和坦桑尼亚使馆几乎在同一时间遭到汽车炸弹袭击，共造成224人死亡，数千人受伤。两年以后，2000年10月12日，美军"科尔号"巡洋舰在也门首都亚丁港加油时遭到袭击，造成17名美军海军士兵丧生。最近的一次恐怖袭击是2001年前发生的举世震惊的"9·11"事件，媒体多有报道，造成的人员伤亡、经济损失巨大，产生的恐怖气氛至今难以完全消除。我们之所以要详尽历数这些针对美国的暴力恐怖袭击事件，是想用提问的方式引起思考：在发生了一系列专门针对美国的袭击事件以后，人们是否可以认为在这些袭击的背后有某种共同的政治动机？这些事件都发生在海湾战争结束以后，人们是否有理由将它们与海湾战争联系起来？关于这些问题，人们可以从海湾战争的后果以及战后美国的对外政策，特别是中东政策中寻找答案。其实，即使许多并不专门研究国际问题的平民百姓，这些年来从每天时事报道中所了解到的美国在对外事务中的霸道作风也会悟出一些道理：美国如此独来独往、不顾后果，会不会在某一天遭到"报应"？虽然他们并不知道美国真的会遭到如此严重的恐怖袭击。

在那场已经过去10年的战争中，有两大问题一再引起人们的思考。一个是海湾战争的性质和起因问题。关于这个问题，世界绝大多数国家和人民可以说是取得了广泛的共识，即伊拉克凭借武力占领和吞并另一个主权国家科威特是一种赤裸裸的侵略战争行为。海湾战争中的另一重大问题，是美国军事干预是否正当合法的问题。伊拉克并没有侵犯美国领土，没有直接侵害美国利益，美国出兵海湾地区同伊拉克军队作战，可以说是"师出无名"，这在国际法上很难讲得通。但二战以后，即使在苏联解体前的冷战时期，美国也经常以各种理由在海外用兵，朝鲜战争、越南战争就是最突出的例子。所以，赞成还是反对美国军事干预的问题，实际上是一个世界是否同意美国在冷战后时期继续扮演"国际警察"角色的问题。在这个问题上，尽管在世界各地都可以听到不同的声音，却无法阻止这个世界上唯一的超级大国在一个直接涉及它的"战略利益"的海湾地区用兵。正义的人们可以用强权政治的话语来批评美国的行为，却无力改变强权政治的现实。更可悲的还在于，冷战结束后以胜利者姿态出现于世界舞台的美国，本来就希望寻找一个机会来表现它的领导世界的角色，而萨达姆·侯赛因恰好在此时为之提供了一个难得的演练机会。因此，老布什总统立即抓住了这个稍纵即逝的机遇，不仅以反伊多国联盟的名义取得政治上的优势，而且以多国部队的完胜把强权政治变成现实。留心的人们一定会注意到，老布什总统在宣布美国决定出兵海湾地区时和海湾战争结束后发表的两次讲话中，都把海湾战争定性为"善"与"恶"的一场决战。在他看来，美国打赢了这场战争，也就标志着美国所代表的"正义力量"战胜了"邪恶势力"，美国也因此证明了它主宰世界的必要性和能力，这也就是美国所说的"建立世界新秩序"的基本含义。

问题在于，在当今的这个世界上，不论美国多么强大，它都很难把自己的意志强加于人而不会遭到任何反对。海湾战争中和海湾战争结束以后，世界各种力量对美国的军事干预都有保留和反对的意见，就是有力的证明。美国出兵海湾地区首先引起阿拉伯联盟的分裂，"阿盟"21个成员国中只有12个国家支持美国的行动，刚刚超过半数。持保留和反对态度的9国认为，伊科战争是阿拉伯国家的内部事务，应当由"阿盟"协调解决，美国和任何外部势力无权干预。已然分裂的"阿盟"当然无力与美国叫板，但其内部的不同声音仍然值得重视。海湾战争也引起当时已有46个成员国的伊斯兰会议组织的意见分歧。这个标榜对外"用一个声音讲话"的国际政治组织，在它的两个成员国之间爆发战争时自然感到无能为力，但也再次对美国用兵问题表现出两种不同的态度。与此同时，萨达姆·侯赛因在被动不利的情况下也开始运用"计谋"来分化反伊联盟，阿拉伯民族主义和伊斯兰教成为他手中的两张王牌。一方面他把伊拉克吞并科威特与以色列非法侵占巴勒斯坦领土问题联系起来，向国际社会提出一揽子解决方案；另一方面，他又大肆制造舆论，企图使人相信海湾战争是伊斯兰教与西方之间一场"文明的冲突"，如同历史上新月与十字的战争一样。因此，世界穆斯林应当联合起来，以"圣战"来挫败以美国为首的西方发动的一场"现代十字军"侵略战争。应当承认，萨达姆的两张王牌没有取胜的希望，但他使美国、阿拉伯国家和伊斯兰国家都感到尴尬。因为尽管阿以战争和伊科战争性质不尽相同，但所遗留的问题却很相似，主持正义就必须反对在处理国际争端中的"双重标准"。海湾战争中的这段插曲使人似乎可以得出这样一个结论：如果有人以美国长期偏袒以色列或在中东地区炫耀武力、称王称霸为理由，用恐怖袭击的方式来"报复"美国的不义行为，人们也许不会感到意外。如果说强权会引起恐怖，那么实施强权者因播下仇恨而遭到报复就是难以避免的。

2. 海湾战争与战争政治

战争是政治的继续。海湾战争中一个特别引人注目的政治现象，我们这里可以称为"伊斯兰战争政治"。这种现象同样是由美国出兵海湾是否是正义问题所引起的。除美国和西方盟国外，阿拉伯国家、伊斯兰国家和自认为代表民意的非政府宗教组织都毫无例外地用伊斯兰教来确证自己对这一重大问题的立场。这种政治宗教化的现象通常不为外界所注意，但它对人们了解恐怖主义何以要采取宗教的形式十分重要。

就在美国决定把"沙漠盾牌行动"改为"沙漠风暴行动"以后不久，海湾舆论以支持或反对美国对伊拉克动武问题各为一方，展开了一场激烈的争论。这一争论有学者描述为"战争法特瓦与法特瓦战争"。"法特瓦"（fatwa）一词，阿拉伯文的原意是"教法意见"或"教令"。中世纪伊斯兰教历史上，凡出现疑惑不解、难以决断的事情，包括战争与和平这样重大的问题，如果在《古兰经》和"圣训"中找不到答案，应当提交权威的宗教学者作出解释，为此而发表的口头或书面的"正式法律见解"或教令，称为"法特瓦"。"教令"尽管不是以国家名义发布，但对信仰虔诚的穆斯林是有约束力的。近代以后，发布"教令"已不常见，但在部分伊斯兰国家仍设有"总穆夫提"职务，其基本职责是根据国家政府的政策需要发布"教令"，从宗教角度帮助政府解释政策。此外，随着原教旨主义思潮的泛起，许多非官方的宗教领袖乃至普通宗教信徒也都自称为真主在大地上的"代治人"，也经常发布具有反政府倾向的"教令"，以动员民众就某些引起不满的问题向政府施压。这样,"教令"便成为以宗教名义表达政治观点的一种工具。由于海湾战争中所有的"教令"都是因为战争问题而发布,而各种"教令"所表达的观点互相冲突,乃有"战争法特瓦与法特瓦战争"之说。

在海湾战争中,伊斯兰国家中支持美国对伊拉克动武的立场以埃及为代表。为此,埃及政府曾通过国家总穆夫提穆罕默德·赛义德·坦塔维发布一项长达57页的"教令",称为"关于海湾危机的伊斯兰判决"。这项教令的英文本后来由埃及驻美使馆散发,以扩大影响。教令用宗教语言论述了伊斯兰教关于战争与和平问题的基本原则,强调和平共处是国际关系的基本准则,一个国家只有在信仰与安全因敌国侵犯而受到严重威胁时才能进行自卫性的战争。教令呼吁伊拉克方面恢复理智、回到正确的立场上来。教令着重讨论和回答了伊斯兰国家是否可以向"非伊斯兰国家"寻求援助的问题,这里指的是沙特阿拉伯的法赫德国王在海湾战争中允许美军进驻沙特领土是否符合伊斯兰教的问题。教令无法从经文中找到根据,证明伊斯兰国家可以向非伊斯兰国家寻求援助,而只好从宗教先知的生平中寻找根据,说明伊斯兰国家在"敌强我弱"的特殊情况下,为了"有效地制止侵略",也可以向非伊斯兰国家寻求军事援助。教令还特别指出,这种做法会冒巨大的风险,但为此而应当受到谴责的是"那个迫使他的邻国召唤外国军队进驻自己领土的人",[①] 即萨达姆·侯赛因。显然,教令认为不论美国对伊拉克动武,还是沙特阿拉伯允许美军进驻本国领土,都是符合伊斯兰教的。这份以"官方教令"著称的文件,强调的是实用主义的原则,出发点是政治利益的需要而不是宗教教条,因而与异教徒的美国结成军事联盟并不构成"离经叛道"。

与"官方教令"唱反调的是自称为代表正义的"民间教令"。其实,民间教令也是在伊拉克官方策划下出台的。1990年12月,伊拉克政府发起召开了一次"国际伊斯兰宗教学者大会",与会者

[①] Muhammad Khalid Masud, Brinkley Messick and David S. Powers, *Islamic Legal Interpretation: Muftis and Their Fatwas*, Harvard University Press, 1996, p. 298.

都是在政治上支持伊拉克的宗教学者，主要来自苏丹、也门、约旦、伊朗、巴勒斯坦等地，其中也包括部分对沙特王室不满的沙特宗教界的知名人士。他们在会后发表的宣言也以"教令"的形式对伊拉克政府的立场表示声援，并指责那些与美国合作、派兵参加多国部队的阿拉伯国家领导人是伊斯兰教的"叛逆"、"十字军国家"的代理人和工具，号召人们用"圣战"和革命来推翻他们。支持伊拉克的宗教学者都是具有极端倾向的原教旨主义者，但如果只从经文的字面意义作出判断，应当承认他们对穆斯林是否可以同异教徒结盟的解释更符合经典原意。《古兰经》（5：51）曾明确告诫穆斯林"不要以犹太教徒和基督徒为盟友。他们各为其同教的盟友。你们中谁以他们为盟友，谁是他们的同教。真主必定不引导不义的民众"。但海湾战争不是宗教战争，现代世界只有教派冲突，而从未听说过大规模的"宗教战争"，所以真主启示的经文帮不了萨达姆·侯赛因的忙。不过，我们这里所说的不是谁对谁错的问题，而是说早在10年前的海湾战争时期，甚至更早，海湾地区就存在着反美情绪。海湾国家都是政治上偏于保守的伊斯兰国家，因而这里的反美情绪几乎都是通过宗教的形式来表达，在战争与和平问题上就更是如此，这也就是"伊斯兰战争政治"的基本含义。

值得注意的是，海湾地区的反美情绪在海湾战争结束后反而有增无减，并进而发展到对本国政府的强烈不满。如在沙特阿拉伯，宗教政治反对派就曾在1992年9月以"劝告备忘录"的形式上书法赫德国王，要求全面实施改革，扩大民主，改变亲美政策。在这份长达45页的"请愿书"上签名的宗教界人士共有107人。由于法赫德国王拒绝了宗教政治反对派的要求，将反对派排除在政治进程之外，并逮捕了反对派人士110人，使矛盾激化。此后连续发生两起针对美军驻沙特的军事设施的袭击事件，一个自称为"阿拉伯半岛伊斯兰变革运动"的组织和一个自称为"海湾猛虎"的组织宣布对这两起爆炸事件负责。他们在随后发表的声明中要求所有的"十字军"撤出阿拉伯领土，结束沙特王室的统治。他们还警告说，如果美国人不尽快离开沙特王国领土，他们将继续采取行动。这两起袭击美国驻军的事件，也就是我们在前面提到的一系列袭击美国事件中较早的两起。

现在事情已经非常清楚：海湾战争后美国之所以不断遭到暴力恐怖袭击，一个根本原因是因为一些虔诚的阿拉伯穆斯林把美国在海湾地区的军事存在视为非法侵略伊斯兰领土的"占领军"，如同当年的十字军一样。沙特宗教政治反对派的头面人物、曾任麦加伊斯兰学院院长的萨法尔·哈瓦利就曾明确表示："如果说伊拉克占领了科威特，那么美国也占领了沙特阿拉伯。所以，真正的敌人不是伊拉克，而是西方。"[1] 哈瓦利是沙特瓦哈比派宗教知识界权威人士之一，他的地位和所受的教育使他只能以和平请愿的方式来表达自己的政见，但他的观点和态度也会影响其他有暴力倾向的人，使之采取恐怖行动。由此人们不难看到反美情绪与暴力恐怖主义之间的因果关系。

3. 恐怖主义与本·拉登现象

如今人们都把针对美国的暴力恐怖袭击与本·拉登的名字联系起来，这方面的报道、传闻很多，人们也无法一一加以核实。但我们只要弄清本·拉登缘何从美国的盟友变成了与美国不共戴天的仇敌，事情也就完全清楚了。阿富汗战争结束后，光荣地完成了"圣战"使命的本·拉登像一位英雄一样回到沙特阿拉伯。1990年海湾战争爆发后，与王室关系密切的本·拉登曾面见沙特国防部部长，出谋献策，表示沙特可以不靠美国军队战胜伊拉克。他的"靠信仰御敌"的建议遭到拒绝后引起强烈不满，为表示抗议，他移居到也门，在那里过了一年的流亡生活。此后本·拉登转移到原教旨主义势力掌权的苏丹，并与沙特国内外的宗教政治反对派建立了联系。1994年他在苏丹首都喀土穆建立了一个"保卫沙里亚协商组织"，其后又公开宣布支持由流亡伦敦的沙特反对派人士组建的一个反政府的人权组织，为此沙特政府于同年4月宣布剥夺本·拉登的沙特公民资格。此后他把反对沙特政府与反对

---

[1] J. L. Esposito, *Political Islam: Revolution, Radicalism or Reform?* Linne Rinner Publishers, 1997, p. 60.

美国"军事占领"的斗争结合起来，他也因此而成为美国的仇敌。1996年客居苏丹的本·拉登，由于苏丹政府遭到美国的压力，被迫离开苏丹，回到阿富汗重操旧业，他设在那里的基地也成为对美国实施一系列恐怖袭击的大本营。本·拉登回到沙特以后的经历清楚表明，正是那场被美国吹得神乎其神的海湾战争，从根本上改变了本·拉登对美国的态度。

现在让我们走进本·拉登的内心世界，看看这个被美国宣布为世界头号恐怖主义分子的人物何以专门要与美国作对。本·拉登家族是沙特阿拉伯颇有资产和权势的名门望族之一，与沙特统治家族关系密切。本·拉登本人受过高等教育，也同样颇有资产，完全可以凭借家族背景和个人的财富过着无忧无虑、上等人的生活。但虔诚的宗教信仰和身体力行的人生态度，使他选择了一种完全不同的生活。在他重新走上"圣战之路"的人生选择中，坚定的宗教信仰和理想再度起到了决定性的作用，这种事例在漫长的伊斯兰教历史上绝非鲜见。他从大力支援阿富汗抗苏圣战转向领导一场反美圣战，起决定性的因素都是他的已被极化和泛化的宗教理念。1997年3月，本·拉登在接受美国有线新闻网记者采访时曾谈到他的理想、信念和使命。他坚信"真主的宗教"必将在他的故乡阿拉伯半岛取胜，阿拉伯人乃至全世界的穆斯林终将像伊斯兰教先知时代一样，严格按照《古兰经》和真主的法则建立一个正义的社会，过一种有德行的生活。为此，必须用正义代替邪恶，用文明代替野蛮，而实现这一宗教理想的手段，则是真主早已指明的伊斯兰圣战之路。现代文明世界可以把他为实践理想而采取的残暴手段谴责为"恐怖主义"，而本·拉登则认为，这些极端主义的手段完全是美国"逼"出来的。这是他思考事物的逻辑。

本·拉登为什么要把矛头对准美国？本·拉登在接受采访时表示，他们之所以要用"圣战"来反对美国，是因为美国政府是"不公正、可耻和残暴的政府"。后来本·拉登在几个恐怖组织联合发表的一篇"圣战檄文"中再次重复了他对美国的谴责。他所讲的"不公正、可耻和残暴"是指与美国相关的三件大事：一是美国在海湾战争中"占领"了伊斯兰教两大圣地和阿拉伯半岛，并以此为基地来侵略伊拉克人民；二是美国政府不顾战争给伊拉克人民带来的苦难，在海湾战争后继续对伊拉克进行狂轰滥炸，造成人道主义灾难；三是美国用战争手段来削弱阿拉伯国家，完全是为了美国和以色列的利益，以转移人们对巴勒斯坦问题的注意力。由此本·拉登得出结论：美国企图像当年的十字军一样征服全世界的穆斯林，消灭伊斯兰教。因此，每一个穆斯林别无选择，只能响应真主的召唤，用圣战来杀死所有的美国人及其盟友，以保卫正义和信仰。为此而采取的一切暴力恐怖主义行动，在本·拉登及其支持者们看来都是正义的，也是反美、反西方的"圣战"的应有之义。本·拉登的说法甚至在美国也得到了证实。不久前美国《新闻周刊》发表的一项民意调查结果显示，大多数接受调查者认为，美国对以色列的态度是导致"9·11"恐怖袭击事件的主要原因。

不论人们是否赞成本·拉登的观点，他作为"圣战"理由提出的三件基本事实是不可否认的，而观点不同是由人们的立场不同所决定的。由此可以看到，海湾战争后针对美国的恐怖袭击不断加剧，其根本原因就在于这一地区的穆斯林民众反美情绪不断升温，而所谓"圣战"或暴力恐怖主义不过是表达这种不满情绪的一个工具。人们可以谴责和反对这种非理智的极端主义行为方式，却无法否认这种残暴行为也是"事出有因"。这个"因"，用现代政治语言来表达，也就是强权政治引起恐怖主义。由此还可以引出另一个结论：本·拉登不是一个人或一个组织，而是一种传统精神象征、一种宗教社会思潮和一种有特定社会基础的极端主义势力。这也正是以宗教极端主义为表现形态的恐怖主义的基本特征。所以，只有铲除恐怖主义的根源，才能最终战胜恐怖主义。反恐怖主义的斗争，可以说是任重而道远。

（中国社会科学院世界宗教研究所研究员　吴云贵）

第九章
谁，为什么从事恐怖主义活动
—— 国外恐怖主义研究综述与启示

"9·11"恐怖事件发生快10年了，尽管国际社会加强合作，重拳反击恐怖主义，但恐怖主义活动并没有销声匿迹，反而频繁发生，如2008年印度孟买发生的恐怖袭击事件，2010年3月莫斯科地铁发生的恶性恐怖爆炸事件，以致人们总是担心是否新一轮恐怖主义活动高潮的到来。"9·11"恐怖事件以来，世界各国学者纷纷对恐怖主义追根溯源，进行了大量的研究，以寻求防止和应对恐怖主义的途径。梳理各国恐怖主义研究领域的成果，无论是以往的研究成果，还是新近的研究成果，对我们认识恐怖主义的过去、今天和发展趋势无疑是非常重要的。

一 国外恐怖主义的研究思路与方法

恐怖主义活动历史久远，今天又成为威胁各国安全的新热点，自然也是国外学术界关注的一个重要领域。由于国外对恐怖主义定义的不同，因而在分析恐怖主义根源时也有很大差异。这种差异既表现在他们研究方法、研究路径的不同，也表现在他们研究结论的不同。总体来看，国外恐怖主义研究涉及众多学科，他们从历史、政治、经济、文化、社会心理学乃至病理学等不同的学科视角，对恐怖主义根源进行了大量的研究和比较分析。

国外对恐怖主义根源的分析主要集中讨论了以下问题：导致恐怖主义产生的政治和社会背景是什么；恐怖主义的动机、目的是什么；

恐怖主义的思想根源与意识形态特征；恐怖主义分子的个人背景和心理特征。通过对这些问题的分析，试图回答以下三个问题：第一，个人或集团为什么采取包括恐怖主义在内的政治暴力，什么样的条件容易引发这种暴力？第二，在同样的条件和背景下，甚至为了同样的目的，为什么一些人或集团选择暴力和恐怖主义，而另一些人则选择其他途径？第三，面临诸多暴力或非暴力手段，为什么选择恐怖主义。

综合国外恐怖主义研究成果，可以发现在以下几个方面他们的看法比较统一。

第一，恐怖主义从根源、动机到目标和手段，没有一个固定的模式。不同时期、不同国家和不同类型的恐怖主义都有不同的根源、背景和动机。例如，当代恐怖主义与19世纪末或20世纪初的恐怖主义不同，欧洲的恐怖主义与中东地区或拉美地区的恐怖主义不同，革命极"左"类型的恐怖主义与极右类型的恐怖主义不同，它们显然有着不同的根源和背景。可以得出这样一个结论：恐怖主义可以发生在任何时期、任何地方以及任何社会政治和经济环境中，它可能产生在经济繁荣时期，也可能产生在经济衰落时期；可能发生在大城市也可以发生在小城市；它可能发生在民族同一的国家，也可能发生在多民族国家。[①] 因此一种恐怖主义产生的原因不能完全用来解释另一类恐怖主义产生的原因。

第二，恐怖主义是一种手段，因为是武装斗争最简单的形式，无论何时何地，只要有冲突存在，就足以促使一些人采用暴力手段。恐怖主义已经被一些人用于社会、宗教、民族等多种目的实现。国外研究认为，在历史的任何时期，所存在的恐怖主义仅仅是现存冲突类型和强度的反映。因此，预测恐怖主义的动机就是预测未来的冲突。恐怖主义是一种暴力工具，是一种可以被任何行为者用来达到它们某种政治和社会目的的工具。因此，在分析和探索恐怖主义的动机和根源时，通常将恐怖主义与战争、暴乱及革命等形式放在一起，将它们看成一个"暴力行为体系"，以寻

---

① Walter Laqueur, *The Age of Terrorism*, London: I. B. Little, Brown and Company, Boston, 1987, pp. 164–167.

求它们的共同根源。① 而且,"作为一种政治工具,无论是压迫者,还是被压迫者都可以使用恐怖手段"。②

第三,无论那种类型的恐怖主义,它们的产生几乎都与"仇恨"、"不满"、"挫折"、"反抗"联系在一起。恐怖主义表现出对现存制度、国家和政府以及其他国家和民族的强烈不满、仇恨与反抗。因此,在寻找恐怖主义的动机和根源时,国内和国际社会存在的压迫、剥削、占领、入侵及不平等、不公正等,被认为是产生恐怖主义最普遍的(尽管不是绝对的)根源,即哪里有压迫,哪里就有反抗。恐怖主义大都拥有他们认为的崇高的、正义的目的。一方面,国外研究大多得出结论,恐怖主义通常发生在"巨大不公正存在的地方",而"幸福和满意的人不会采取残酷的暴力行为"。另一方面,国外研究也试图解释,为什么在"相当自由、公正的社会"也会产生恐怖主义,并把现存社会制度视为"完全不可容忍且应该被摧毁的",③ 为什么一些生活富裕、有良好教育背景的人也加入恐怖主义,甚至成为恐怖主义组织的领导。

国外对恐怖主义根源的研究一般涉及三个相互联系的方面,即:恐怖主义的政治和社会目标、恐怖主义的组织或集团认同以及恐怖主义的个人性格和价值取向。这种多层关系视角的研究,可以比较全面地认识恐怖主义的产生和性质,单独以其中某一种关系来解释恐怖主义都是不充分的。例如,我们不能说具有某一意识形态和政治目标的人或组织就是恐怖主义,也不能说凡是从事恐怖活动的个人都有明确的意识形态信仰或政治目的。国外恐怖主义研究重视对恐怖主义个人与恐怖主义集体关系的研究,试图探索什么样的个人、为什么样的目的、在什么条件下投身恐怖主义组织或从事恐怖主义活动,使自己成为一个恐怖主义分子。

---

① 欧文·沃尔:《恐怖主义与国际关系》,〔美〕威廉·奥尔森等编《国际关系的理论与实践》,王沿等译,中国社会科学出版社,1987,第520页。
② 〔美〕西奥多·A. 哥伦比斯等:《权力与正义》,白希译,华夏出版社,1990,第474页。
③ Walter Laqueur, *The Age of Terrorism*, London: I. B. Little, Brown and Company, Boston, 1987, p. 169.

二 作为政治暴力的恐怖主义

与一般刑事犯罪不同,恐怖主义通常具有鲜明的政治色彩,既有政治目的,又是政治手段。人们为什么要采一系列政治暴力手段,如起义、暴动、战争、革命以及恐怖主义活动,对这一问题的回答几乎都与仇恨、不满、挫折和反抗联结在一起。因此,国外对恐怖主义根源的研究也是对暴力革命根源的研究,一些恐怖主义根源研究借用了有关暴力革命根源的研究成果。

(一) 关于"圈外人"和"暴力圈"的论述

在"9·11"事件发生之前,国外对恐怖主义及其根源已经有了很多研究,这些研究成果对我们更好地认识和理解今天的恐怖主义现象,尤其是认识恐怖主义的性质和根源,仍然是有用的。国外学者认为,恐怖主义一词的来源最早应该被追溯到法国大革命,所以,一谈到恐怖主义,首先将其与革命联系起来。国外研究认为,作为政治工具,恐怖主义和战争一样,其目的涉及权力、地位、资源的分配,涉及推翻现有制度,即实施社会变革或革命,代之以新的制度。压迫、剥削、镇压、不公正及暴政、暴君被认为是引发暴力革命和恐怖的最常见因素,即压迫导致革命,革命者用恐怖手段达到其目的,包括宣传、动员民众,夺取、巩固和维持新政权。旧势力则用恐怖手段反抗革命,维护现有制度,并在革命成功后颠覆新政权。

国外研究认为,当政府更替需要通过暴力来实现的时候,政治暴力的目的就是促成社会变革,而造成根本性社会变化的行为被称为革命。卡尔弗特(Peter Calvert)在《革命理论中的恐怖》[①]一文中,分析了恐怖主义在革命中的应用。在法国革命前,恐怖

---

① Peter Calvert, "Terrorism in the Theory of Revolution," Noel O' Sullivan (ed.), *Terrorism, Ideology, and Revolution*, Brighton, Sussex: Wheatsheaf Books, 1986, pp. 27 – 45.

大都更多地与镇压联系在一起。而在法国革命时期,恐怖被政府用来作为巩固政权和争取支持的手段,作为使革命合法化的手段,被用来根除异己,号召全心全意地支持新政府。这使人们看到,革命中使用暴力不仅是为了推翻政权,而且也是为了维持和巩固政权。因此,在革命中出现了"红色恐怖"和"白色恐怖"。在俄国革命中,这两种恐怖主义就都有发生,即保守力量的"白色恐怖"和它的对立面"红色恐怖",这两者相互对抗,相互争夺。①

相关研究提出,因为政治需要确定"圈外人(out group)"的,对"圈内人"来说,这些"圈外人"要对现存社会秩序所有的错误负责。于是就需要镇压、清除或灭绝圈外人,这便是一些恐怖主义者从事恐怖主义活动的动机和目的。罗伯斯庇尔及早期法国民主党人所认定的圈外人是国王、贵族及牧师,马克思认定的圈外人是资本家,纳粹认定的圈外人是犹太人。而当今革命者所认定的圈外人是资本主义、帝国主义。因此,今天的恐怖主义者很容易认为,为推翻和消除圈外人而从事恐怖主义是自然的,甚至是值得赞赏的。②

研究指出,在最常见的革命冲突形式——暴动或游击战发生之后,恐怖主义便随之产生,它要么是广泛的革命战争的伴生物,要么是以内部对抗的形式出现。③ 恐怖主义还被认为是革命失败后的选择。恐怖主义被认为是革命者虚弱的表现。革命者在没有得到群众运动广泛支持的情况下,企图用孤立的暴力行为来实现巨大的变革,或当群众运动失败后革命者仍想实现变革,恐怖主义便成为通常采取的手段。例如,俄国革命者在用宣传手段和组织手段发动群众失败后,采取了恐怖行动。当代极左恐怖主义组织,如意大利红色旅(Red Brigades),德国的巴德迈因霍夫集团

---

① Noel O'Sullivan (ed.), *Terrorism, Ideology, and Revolution*, Brighton, Sussex: Wheatsheaf Books, 1986, p. 33.
② Noel O'Sullivan (ed.), *Terrorism, Ideology, and Revolution*, Brighton, Sussex: Wheatsheaf Books, 1986, p. 8.
③ 〔美〕理查德·弗莱德曼:《高科技战争》,张力等译,兵器工业出版社,1991,第331页。

(Baader-Meinhof Group)等,同样是由群众运动失败后绝望的残余分子所组成的。①

1848年革命后,卡尔·海因茨(Karl Heinzen)发表了《刺杀》(Murder)一文,被认为是现代恐怖主义哲学的代表作,是早期恐怖主义意识形态最重要的声明。作者根据1848年革命总结道:对民众起义来说,统治当局太强大、太残忍了,不会有任何成功的机会。在这种情况下,革命者必须接受刺杀作为历史进步的主要工具。而且,如果你必须炸毁半个大陆并引发一场大屠杀,你不必有任何犹豫,"任何不愿意为消除百万野蛮人而做出牺牲的人就不是真正的共和党人"。②

依据上述恐怖主义的背景、根源和动机,就有了"革命恐怖主义"类型,③或是人们通常使用的"极'左'恐怖主义"类型。④在涉及系统恐怖主义时,最常提到的是19世纪后期和20世纪初期俄国革命党人反对专制制度的斗争,俄国民意党(Narodnaya Volya)从事的恐怖主义活动被看做现代反政府恐怖主义或职业恐怖主义的典型。在他们看来,恐怖主义是达到推翻旧制度的必要手段。例如,民意党在其纲领中写道:"生机勃勃的运动是扑不灭的,当知识分子被剥夺了为实现自己的理想进行和平斗争的可能性,有被禁止进行任何一种形式的反政府活动的时候,他们不得不采取政府所指出的斗争形式,即恐怖手段",而且,政府的压迫越大,"恐怖行动也就越来越不可避免"。⑤

恐怖主义之所以难以被斩草除根,国外研究大都将此归于循环往复的"暴力圈",即人类历史长期存在着一种暴力—反暴力、革命—反革命、恐怖—反恐怖的"暴力圈"。

---

① 欧文·沃尔:《恐怖主义与国际关系》,〔美〕威廉·奥尔森等编《国际关系的理论与实践》,王沿等译,中国社会科学出版社,1987,第520页。
② Noel O'Sullivan (ed.), *Terrorism, Ideology, and Revolution*, Brighton, Sussex: Wheatsheaf Books, 1986, p.13.
③ 李少军:《国际安全警示录》,金城出版社,1997,第267页。
④ 胡联合:《当代恐怖主义与对策》,东方出版社,2001,第85页。
⑤ 见《民意党恐怖派纲领》,《马列著作编译资料》,人民出版社,1980,第250~256页。

因此，弱者和革命者以恐怖手段来达到推翻政府的目的，恐怖主义也被政府用来镇压革命行动，以维护政权的稳定，维护国家的安全。一些人还得出这样的结论：恐怖主义的理论和实践都来自国家，所有国家都是恐怖主义者，真正的恐怖主义是从国家那里派生出来的。

今天的恐怖与反恐怖在一定程度上同样强化了"暴力圈"的循环。在国内，是政府与反政府恐怖主义的"暴力圈"；在国际上，则是一些国家与另一些被称为"恐怖主义国家"之间存在的"暴力圈"。对伊斯兰世界来说，以色列是国家恐怖主义，美国也是国家恐怖主义。而在美国和西方国家那里，也有一个"恐怖主义国家"名单。相互视为"恐怖主义国家"或"国家恐怖主义"更加剧了国家之间和人民之间的对立，加剧了恐怖—反恐怖的暴力循环。

（二）"挫折—进攻论"和"相对剥夺论"

国外学者广泛采用了社会学、社会经济学及社会心理学的方法来分析恐怖主义的根源和动机，其中最流行的是"挫折—进攻（Frustration-Aggression）论"和"相对剥夺（Relative Deprivation）论"。

早在1939年，J. 多拉德（J. Dollard）和他的同事提出了"挫折—进攻论"，[①] 这一理论很快被大多数社会心理学家和其他社会学家接受，用来分析社会暴力的根源。在这一基础上，又发展了关于暴力和攻击的"相对剥夺论"。根据多拉德的观点，进攻行为总是预示着挫折的存在，挫折总是导致某种形式的进攻。提出"相对剥夺"理论的格尔（T. R. Gurr）认为，暴力总是与人们愤怒的广度和激烈程度相关，暴力冲突的必要条件是相对剥夺，即行为者价值期待和价值能力之间的不一致。他在《人为何造反》[②] 一

---

① J. Dollard, N. E. Miller, O. H. Mowrer and R. R. Sears, *Frustration and Aggression*, New Haven: Yale University Freer, 1939.

② T. R. Gurr, *Why Men Rebel*, Princeton: Princeton University Press, 1970.

书中提出,"价值期待"是指人们相信他们有权得到的生活利益和条件,"价值能力"是人们认为可以得到和保持其利益和条件的能力。詹姆斯·戴维斯(James C. Davies)也提出,革命大都可能发生在这样的情况下:当经历了一个长时期的期望上升、满意上升阶段后,随即出现一个短时期的明显反转,期望与满意之间的距离迅速扩大,并变得无法忍受。如果挫折足以广泛和强烈,并集中于政府,暴力将变成革命。① 另一位作者保罗·威尔金森(Paul Wilkinson)在他关于《社会科学理论与社会暴力》一文中这样描述:第三世界最贫苦的大众还没有准备革命或参与政治,他们每日在为生活而劳作,他们既缺乏能力也缺乏资源组织自己的政党或自己的运动。但另一方面,嫉妒是普遍存在的,即便是在所有人民都享有一定程度繁荣、富裕的社会中,也会有一些人垂涎邻居的财产,或嫉妒他人的知识技能、地位或政治权力。于是就会有挫折感而引起的愤怒,愤怒成为一种动力。②

"相对剥夺"和"挫折—进攻论"被用来解释,当人们认为自己应该是这样,但实际却不是这样时,就会产生挫折感、失落感,进而产生愤怒,投身于暴力和恐怖活动。这两种理论被认为既可以解释下层贫苦人民投身暴力革命的原因,也可以解释一些家境富裕、事业成功人士从事暴力和恐怖主义活动的动机。一些人将德国反犹太人的恐怖主义行为与德国人在《凡尔赛条约》后受到的羞辱以及后来的经济危机联系起来,以说明挫折、羞辱、愤怒是导致暴力和恐怖的原因。

(三) 政治社会制度与恐怖主义

国外研究也探讨了其他一些可能引起政治恐怖主义的因素,认为在某种政治和社会制度和条件下,恐怖主义更容易产生,比

---

① Yonah Alexander, David Carlton and Paul Wilkinson (ed.), *Terrorism: Theory and Practice*, Westview Press/Boulder, Colorado, 1979, p.61.
② Paul Wilkinson, "Social Scientific Theory and Civil Violence," Yonah Alexander, David Carlton and Paul Wilkinson (ed.), *Terrorism: Theory and Practice*, Westview Press/Boulder, Colorado, 1979, p.58.

如"政治无助（Political helplessness）型社会"、"堵塞型社会（Blocked Societies）"以及"缺乏选择（lack of Alternative）型社会"。西方国家学者也将恐怖主义归咎于民主制度的不完善，认为政党、政府和工会组织应该对国内恐怖主义的产生和发展负责，因为他们忽视了年轻人的要求，忽视了社会变革的呼声。[①]

一些研究试图证明，社会存在的压迫、镇压和各种缺陷是引发恐怖主义的条件，相信恐怖主义更多出现在政治不稳定、压迫大、镇压强烈、变革没有其他途径的政治制度和社会环境中。但在对政治控制与恐怖主义之间关系的研究中也发现，情况并不完全如此。恐怖主义也经常发生在和平变革可能性更大的社会。很多研究发现，挫折、失败、痛苦、压迫这类现象几乎在每个社会中都会存在，但在一些情况下，高度控制和压迫并不一定导致暴力反抗和恐怖，而相对轻度的压迫和控制反而产生了更多的暴力和恐怖。

一种看法认为，反抗之所以转化为国内战争是因为政府采取了不当或过度的制裁措施，这种不断加强的强制措施不仅对巩固公共秩序没有保障，还会加剧政治不稳定，导致更多的恐怖主义。这种观点认为，如果民众有望通过现存的制度和机制进行变革，就不会发生暴力和战争。所以，建立最大限度的、最健全的、合法的民主制度是消除暴力和恐怖的关键。一些调查也显示，发达国家更能满足其国民的需求，因而也更稳定。不发达国家对公众中的不满和挫折更多采取进攻性反应，因而更不稳定，更容易产生暴力和恐怖主义。

另一些研究证明，上述结论只能适用于某些国家、某些情况，并不具有普遍意义，一些情况甚至是相反的。一些民主化程度低的国家，越较少受到国内恐怖主义威胁。恐怖主义和革命往往发生在统治者正失去信心，正准备采取三心二意的自由改革措施的

[①] Nehemia Friedland, "Becoming a Terrorist: Social and Individual Antecedents," in Lawrence Howard (ed.), *Terrorism: Roots, Impact, Responses*, New York: Praeger, pp. 87 – 91.

时候，而在镇压措施最完善的时候，恐怖主义并不容易产生。沃特·拉克以西班牙无政府主义为例，认为有关"安全阀"的比喻虽然很流行，但那是建立在对西班牙现代历史错误的理解之上，没有考虑一个显而易见的事实，即：在其他更缓和的政治选择存在的条件下，无政府主义和革命运动更为强烈。西班牙巴斯克恐怖组织的活动发生在它提出的许多自治要求得到满足以后，而且在要求得到满足后，恐怖主义活动非但没有减弱，反而更激烈了。[1] 这类研究试图证明，不能将恐怖主义一概归于社会缺陷和弊端、归于民主制度不健全，因为恐怖主义并不都发生在社会缺陷最严重的时代，也不是在镇压最严厉的时期，而是在自由、民主情况较好或控制放松，和平变革机会更多的时期。

相关研究还显示，最现代化和最落后的社会更稳定，而中等程度的国家则表现出更不稳定性。例如，一项对84个国家的调查表明，较少的压制可能增加不稳定性，高压政策反而增加了稳定性。中等压制则不足以抑制进攻却又足以导致系统的挫折感，这时政治的不稳定程度可能上升。[2] 一些研究甚至指出，更具压制性的政权不但可以免受恐怖主义威胁，而且还有利于发动恐怖主义进攻，威胁更具兼容性的社会。

国外恐怖主义研究指出，恐怖主义根源的多样化和复杂化，给各国政府的反恐怖行动提出了许多难题。面对恐怖主义，如果政府措施不力，可能被恐怖主义认为是政府的无能，这注定会导致政府行动的失败。政府如果不加选择地采取报复行动，将被认为是反应过度，可能招致进一步的恐怖主义活动。但在当今情况下，很少有人认为应该放弃对恐怖主义的打击或向恐怖主义一致。人们相信，当今世界恐怖主义在许多国家只是一小部分人，是一些小组织，并不代表大众多数。在一些情况下，它们可能是国外恐怖组织的一个支流，或者是疯狂的宗教信徒组织，或极端的新

---

[1] Walter Laqueur, *The Age of Terrorism*, London: I. B. Little, Brown and Company, Boston, 1987, p. 155.

[2] Walter Laqueur, *The Age of Terrorism*, London: I. B. Little, Brown and Company, Boston, 1987, pp. 153–155.

纳粹组织。因此，任何民主政府如果想通过寻求一种开明的社会经济改良政策或改革，以达到使其免受这类恐怖主义威胁的目的，这种想法是愚蠢的，没有一个民主政府能梦想与奥姆真理教或新纳粹白人至上这类古怪而危险的世界末日想法达成一致。因此，在分析这类恐怖主义组织的根源时，并不一定与整个社会的政治、经济、社会背景联系在一起。①

综上所述，国内恐怖主义似乎容易发生在政府要进行改革，但条件又不成熟的时候；发生在内部传统的政治制度和意识形态面临外部冲击和挑战的时候；发生在社会四分五裂、人们无所适从的时候。从今天俄罗斯面临的恐怖主义威胁可以看到，与其他国家相比，苏联时期的恐怖主义活动并不明显。但随着苏联的解体，潘多拉盒子被打开，民族、宗教、领土等各种问题随即出现，恐怖主义也日益成为困扰俄罗斯的一个突出问题。究竟是严厉的控制、打击、镇压加剧了恐怖主义活动，还是开放、宽松、民主的环境更容易滋生恐怖主义，对这一问题不能一概而论，因为不同地区、不同类型的恐怖主义，其背景、根源和动机是不同的。

三 文明冲突与恐怖主义

在多数西方人眼中，"9·11"事件是伊斯兰文明与西方文明的冲突，两种文明或两种宗教之间的冲突是国内和国际恐怖主义产生的根源。在一些研究中，"文明冲突"被用来解释为什么恐怖主义频繁发生在中东地区，为什么许多恐怖主义是在宗教，尤其是伊斯兰教名义下进行，而且是针对美国和西方国家的。

西方学者和领导人在谈及针对西方的恐怖主义时，倾向于将伊斯兰教与西方文明对立起来，认为伊斯兰教原教旨主义是产生反西方恐怖主义、国家恐怖主义或宗教恐怖主义的根源。亨廷顿

---

① Max. Taylor and John Horgan (ed.), *The Future of Terrorism*, London: Portland, OR: Frank Cass, 2000, p. 68.

在1993年《外交》季刊上发表了他的著名文章《文明的冲突》，根据他的观点，非西方文明可能会联合起来，构成对西方文明的挑战。他在1996年《文明的冲突与世界秩序的重建》一书中，对这一观点作了进一步的阐述。他认为："由于现代化的激励，全球政治正在沿着文化的界线重构。文化相似的民族和国家走到一起，文化不同的民族和国家则分道扬镳。以意识形态和超级大国关系确定的结盟关系让位于以文化和文明确定的结盟，重新划分的政治界线越来越与种族、宗教、文明等文化界线趋于一致，文化共同体正在取代冷战阵营，文明间的断层线正在成为全球政治冲突的中心线。"[①]

亨廷顿认为，阿富汗战争是"第一场文明之间的战争"，海湾战争是"第二场文明之间的战争"。阿拉伯国家将海湾战争看做十字军和犹太人联合反对"伊斯兰及其文明"的战争。他引用约旦国王侯赛因的话说，这是"一场不仅针对伊拉克，而且针对所有阿拉伯人和穆斯林的战争"。不同文明的冲突可能发生在国家间，也可能发生在非政府集团之间，或发生在一个多民族国家内。这种冲突"可能充满暴力和邪恶，双方都参与屠杀、恐怖主义、奸淫和酷刑"。[②]亨廷顿认为，西方在海湾战争中的胜利使伊斯兰社会"充满强烈的失望、沮丧、屈辱和愤恨"，招致强烈的反美、反西方文明情绪。因此他断定，穆斯林反西方的情绪在增长，伊斯兰被西方视为"核扩散和恐怖主义的根源"。在被美国列为"恐怖主义国家"的名单中，五个是伊斯兰国家。随着伊斯兰极端主义的兴起，伊斯兰与西方国家之间的准战争便不足为奇了。他认为这场准战争在很大程度上是"一场恐怖主义对空军的战争"，"一方采取恐怖主义，另一方采取空中打击、秘密行动和经济制裁"。[③]

---

① 〔美〕塞缪尔·亨廷顿：《文明的冲突与世界秩序的重建》，周琪等译，新华出版社，1998，第129页。
② 〔美〕塞缪尔·亨廷顿：《文明的冲突与世界秩序的重建》，周琪等译，新华出版社，1998，第283页。
③ 〔美〕塞缪尔·亨廷顿：《文明的冲突与世界秩序的重建》，周琪等译，新华出版社，1998，第240页。

"9·11"事件被许多人视为是对"文明冲突论"的验证。"9·11"事件后,基辛格在英国《每日电讯报》9月16日发表文章说,这次灾难足以说明,关于全球化的世界所强调的和谐和价值准则,不适用于恐怖主义的那部分人。因为驱动那些人采取这种行动的动机似乎是极端仇恨西方的价值观念,以致他们的代表人物甚至准备面对死亡,不惜造成无辜平民的大批伤亡,并扬言以一场人类文明冲突的名义,毁灭我们的社会。因此,在"9·11"事件之后,穆斯林是恐怖主义根源之说盛行,西方国家的研究试图论证穆斯林与恐怖主义的关系。在一些西方人看来,对恐怖主义的战争不仅是一场军事上的战争,而且也是一场捍卫西方价值的战争。

尽管人们并不都认同伊斯兰教本身就是恐怖主义的来源,但大多认同这样一个观点,不同宗教之间的冲突由来已久,根深蒂固,非常容易引起仇恨和对抗,因而也是引发恐怖主义的原因。但对于是什么原因导致了不同宗教之间的冲突,则有不同的回答。一些人相信,伊斯兰和穆斯林的好斗和暴力倾向是中东恐怖主义的根源。但这种观点受到穆斯林和伊斯兰世界的强烈抨击。

英国记者詹森在他《战斗的伊斯兰》一书中,对当今伊斯兰与西方世界的冲突进行了分析。他的观点是,伊斯兰教从发端年代开始,便一直处于基督教的政治、文化挑战之下,使两个宗教之间存在误解、恐惧和仇恨。两种宗教之间的十字军战争在双方心灵上留下了无法治愈的伤痕。在欧洲出现了大量反穆斯林的宣传,以致基督教徒在期待同伊斯兰世界的暴力冲突的教育中长大。詹森相信,历史不仅造成了西方对伊斯兰的痛恨,也造成了今天的恐惧,使西方国家相信,是穆斯林伤害了西方的信念、自豪感和财政收入。但他认为,殖民主义统治和殖民教育应对穆斯林与西方世界的冲突负责。西方殖民主义的价值和文化攻势削弱了原有的穆斯林价值基础,使大多数人失去文化根基,造成精神和文化的真空。少数受到西方教育的"幸运儿",他们强烈地反对战斗的伊斯兰,使这些国家内部出现了分裂。尤其在全球化背景下,传统文化和价值受到更猛烈的冲击,更加剧了伊斯兰国家内部不同集团、不同阶层的分化和冲突。因此，西方世界不仅面要临战斗的伊斯兰，也将面临战斗的印度教和战斗的佛教。①

卡利德·杜兰（Khalid Duran）在《中东恐怖主义：特征和动力》一文中，试图论证这样一个事实：伊斯兰本身并不是恐怖主义的来源，也不是一种鼓励暴力、使恐怖主义合法化的宗教，是一些人为其他目的，以伊斯兰教的名义从事恐怖主义活动。该作者还认为，一些穆斯林知道伊斯兰教不提倡恐怖主义，但他们认为这正是伊斯兰教的弱点。在伊斯兰国家看来，美国是恐怖主义国家，以色列是恐怖主义国家，是这两个国家的恐怖主义教会伊斯兰国家采取同样的恐怖行动。美国和以色列先进的军事技术和武器使阿拉伯国家感到自卑和愤怒，相信要想干大事业，就要像以色列的摩萨德那样采取恐怖主义行动。② 今天的穆斯林学者大都不同意用"文明冲突"概念用来解释伊斯兰世界和西方之间的关系。埃及著名历史学家阿卜杜·卡西姆（Quasim Abdu Qasim）博士对"文明冲突论"进行了驳斥。他认为，"文明冲突论"违背了伊斯兰的普世性，在阿拉伯和穆斯林的知识分子看来，恐怖主义是危险的。恐怖主义植根于腐败群体和个人，应归咎于腐败政治和狂热的意识形态，是世界不公正政策的产物，是殖民主义的产物，与伊斯兰传统文化没有任何关系。③

四 意识形态与恐怖主义

意识形态作为一种解释世界和改造世界的思想，带有极大的主观和情感色彩，当其所追求的目标被理想化、扩大化、极端化时，不同意识形态下的政治斗争便会激化，恐怖主义的出现与意

---

① ［英］G. H. 詹森：《战斗的伊斯兰》，高晓译，商务印书馆，1983。
② Khalid Duran, "Middle Eastern Terrorism: Its Characteristics and Driving Forces," in Lawrence Howard (ed.), *Terrorism: Roots, Impact, Responses*, New York: Praeger, 1992, pp. 48-69.
③ Mbaye Lo, "Seeking the Roots of Terrorism: An Islamic Traditional Perspective," *Journal of Religion and Popular Culture*, Vol. 10, Summer 2005.

识形态政治斗争密切相关。"恐怖主义"或"政治恐怖主义"是意识形态政治集团斗争的产物。诺埃尔·奥沙利文（Noel O'Sullivan）在他《恐怖主义，意识形态及民主》一文中指出，如果离开了恐怖主义的意识形态、信仰和生活方式，就不能认识政治恐怖主义。一句话，恐怖主义主要是意识形态政治的产物。[①] 从恐怖主义发展到今天，出现了许多新的变化，恐怖主义的意识形态特征也在发生变化，但这一点仍然是定义和分析恐怖主义的一个重要特征。

恐怖主义研究认为，如果从病理学、心理学角度研究恐怖主义，可以将其统称为一种"妄想狂意识形态"，但恐怖主义作为一种政治现象，仍然要以考虑其政治和意识形态方面的因素为主，这是定义恐怖主义的一个重要标准，是区分恐怖主义与刑事犯罪、有组织犯罪及个人暴力行为的重要标准。

意识形态涉及目的和手段的问题，为实现意识形态的目的，就需要有一定的手段。至今没有一种意识形态或思想体系是以恐怖为手段，又以恐怖为目的的。因此，不应该将恐怖主义作为一种独立的意识形态。意识形态政治的特点是坚信自己的目标是无比崇高的、正义的、美好的，人们应该为此目标而奋斗和献身。另一推论就是：如果目的是正确的、崇高的，那么为实现这一目的可以采取任何手段，包括恐怖手段。选择恐怖作为实现某一集体或集团意识形态政治目的的手段，就形成了"恐怖主义"。"恐怖主义"中的"主义"代表着恐怖活动与信仰、理想、政治目标的联系，是恐怖主义意识形态性、集团性的体现。即：以意识形态目标的正确证明恐怖手段的正确性和必要性，又以这样一种恐怖的手段来达到不同的政治和社会目的。

恐怖主义被作为一种实现不同意识形态政治目的的手段，已经被自由主义者、无政府主义者、民族主义者、共产主义者及不同宗教所采用过。有人声明对恐怖主义行为负责，宣称恐怖行为是正当的，但还没有哪个组织宣称其政治目的就是为了恐怖而制

[①] Noel O' Sullivan (ed.), *Terrorism, Ideology, and Revolution*, Brighton, Sussex: Wheatsheaf Books, 1986, p. 5.

造恐怖。俄国民意党的纲领曾宣称"我们是党的恐怖派",坚信采取恐怖手段是必要的。但他们宣称在信念上是"社会主义者",最终目的是建立社会主义制度。[①] 正因为如此,人们在定义和分析恐怖主义的时候,出现了"革命恐怖主义"、"民族恐怖主义"、"宗教恐怖主义"、"左翼恐怖主义"、"右翼恐怖主义"等概念。

这种划分并不是说民族主义或共产主义,或某一种宗教就是导致恐怖主义的意识形态,这种划分的优点在于展示了恐怖主义的意识形态背景和政治目的。对于一些从事和参与恐怖活动的恐怖主义者来说,他们可能对意识形态怀有真诚的信仰和追求,他们可能是民族主义者、共产主义者或无政府主义者,他们为理想而奋斗、献身。对一些恐怖主义的领导者来说,意识形态除了可能是他们的真心信仰和目的外,也可以是一面旗帜、一种掩护,或者是一种动员民众的工具。

意识形态的特征在于向人们描述一种美好的社会,并为走向这种美好的未来指出一条道路,使人们为此目的而奋斗。恐怖主义是不同意识形态的极端形式,无论是自由主义、民主主义,还是共产主义、社会主义、民族主义,都可能走向极端——恐怖主义,或是恐怖主义活动被披上了这些意识形态的外衣,或是这些意识形态政治家采用了恐怖主义手段。

(一) 民主主义与恐怖主义

民主主义思想是在欧洲流传最广、影响最深的思潮之一,从表面上看,恐怖主义与民主、自由思想没有任何关系,但恐怖主义绝不仅仅发生在中东地区,也不只是发生在专制制度下,或社会主义体制下,在发达的资本主义国家、在民主制度下,同样存在恐怖主义组织。因此,不能简单地将恐怖主义归于一些左翼狂妄者,因为当代恐怖主义已经完全超越了左翼的范围,而且这样做就将恐怖主义与主流民主思想切断联系,使恐怖主义的根源被

[①] 《民意党恐怖派纲领》,《马列著作编译资料》,人民出版社,1980年8月版,第250~256页。

推到欧洲知识和政治世界的边缘。[1]

通过法国革命，人们认识到，人的意志的力量可以彻底改变社会，甚至可以重新塑造人类自己。在法国革命后，现代意识形态政治升起，过去认为不可能的事情，现在看来一切都是可以的。而且，根据"主权在民"的思想，主权来自人民，只有人民授予的权力才是合法的。这意味着"人民主权"可以被任何政府用来证明它的正义，它也可被任何想否认政府的人采用。他们都可以声称自己是人民大众意志的真正代表。这对现代恐怖主义证明自己的正义性提供了解释，所有恐怖主义都说是以人民的名义行动。推翻暴政，追求人民民主、自由的权力，成为天经地义的，可以证明一切暴力和恐怖的合理与合法性。此外，个人自由的思想与个人自治、自我表现联系在一起，这样一来，意识形态政治为恐怖主义打开大门，因为任何人都可以有做任何他想要做的事情。无论多么可怕。[2] 诺埃尔·奥沙利分析了恐怖主义与现代自由—民主思想的传播的密切联系，这有助于我们理解民主思想对恐怖主义出现的影响。后来许多激进思想的出现，包括民族主义，也都与民主思想的传播分不开。

（二）左翼革命思想与恐怖主义

这里主要指主张以推翻旧制度，建立共产主义、社会主义社会为目的的意识形态，包括共产主义、社会主义、无政府主义等。这类理论的特点是揭露现存政治和社会制度的弊端，揭露人民受到的剥削和压迫，认为只有彻底推翻旧制度，才能建立起一种公正、合理、幸福的新制度。在恐怖主义者看来，为了达到这样的革命目的，采取恐怖主义手段是非常必要的，也是合理的。今天依然活动的"左翼恐怖主义"在思想上与传统的革命恐怖主义有相同之处，它们大多形成于20世纪60年代，左翼革命思想影响下

---

[1] Noel O'Sullivan (ed.), *Terrorism, Ideology, and Revolution*, Brighton, Sussex: Wheatsheaf Books, 1986, pp. 6–9.

[2] Noel O'Sullivan (ed.), *Terrorism, Ideology, and Revolution*, Brighton, Sussex: Wheatsheaf Books, 1986, p. 9.

的青年学生成为激进左翼恐怖主义组织的发起人和行动者,如意大利的"红色旅"、德国的"巴德—迈因霍夫集团"、日本的"赤军"、秘鲁的"光辉道路"等。

这些组织大多宣称以推翻帝国主义和资本主义制度为目的。例如日本"赤军"的目标是通过世界无产阶级革命,消灭日本帝国主义,建立"共产主义的日本人民共和国"。[①] 他的一位成员被逮捕后在供词中说:"我的职业是'赤军'战士。战争就是要屠杀和破坏。……我们相信屠杀是不可避免的。作为实现世界革命的手段,我们必须创造世界'赤军'。"[②] 成立于1979年的法国"直接行动(Action Derecte)",他们试图通过恐怖主义活动,以动员群众,宣传其纲领的作用,最终目的是推翻资产阶级和帝国主义统治,建立无产阶级专政。其领导宣称:"在巴黎我们将要以具体实践行动,来清洗美帝国主义和西欧资本主义的腐化,再创造另一个巴黎公社。"

可以看出,他们的动机、手段和最终目的与俄国民意党这类早期"革命恐怖主义"类型有很多相似之处。今天,这类恐怖主义组织的影响和势力已经很小了,它们受到政府的严厉打击,又没有得到人民的支持和同情。但这类恐怖组织并还没有销声匿迹,尤其在西方发达国家,仍然有发展和活动的条件。而且,在全球化背景下,这类组织的活动也更具有"全球化"的可能。例如1985年德国、法国、意大利、比利时等国家的恐怖组织曾联合起来,成立了一个"西欧政治军事联合阵线",宣称这是一个"无产阶级斗争的国际组织",要在欧洲开战游击运动,以动摇"腐朽的帝国主义制度"。

(三)种族主义、民族主义与恐怖主义

民族主义作为一种意识形态具有广泛的、持久的影响,它有积极进步的一面,也有消极的、破坏性的一面。它的信念是每个

---

① 胡联合:《当代恐怖主义与对策》,东方出版社,2001年10月版,第80页。
② 《世界各国反恐怖纪实》,四川人民出版社,1995,第43页。

民族都享受独立、公正、平等、自由、自决等权利。因此,在一些人看来,反抗异族入侵、统治和压迫,争取民族独立的斗争,无论采取何种手段,都是正义的斗争。与其他意识形态相同,民族主义也试图使人们相信,它所追求的目标是崇高的、神圣的,是值得为此作出牺牲的。其极端和狭隘的一面就导致了沙文主义、种族主义、法西斯主义和分裂主义,是导致众多国际和国内冲突的根源,也产生了为民族独立而献身恐怖主义。

尽管最早的这类恐怖主义活动被追溯到公元1世纪犹太族狂热分子对罗马人实行的恐怖手段,但民主和民族主义思潮的传播对"民族类型恐怖主义"的产生具有极大的影响作用,许多这类恐怖主义活动是伴随民族独立和解放运动而产生的,"它们是随着民主和民族主义的兴起而出现的。不公平早已存在,少数民族被压迫,民族失去独立,自治政府成为统治者等。但只有在启蒙思想传播后,在民族主义强大后,以前可以接受的条件变得不可忍受了。"[①]于是,以暴力和恐怖手段实现民族独立、反抗民族压迫也就顺理成章了。

第一次世界大战中和战后,民族主义影响逐渐扩大,一大批民族国家出现,民族自决得到国际法的承认。在20世纪,一些民族在争取民族独立、反对殖民主义和外来统治的斗争中,曾经采取过恐怖行动。今天,"民族分离型"恐怖主义仍然在活动,主要是少数民族试图与主体民族相分离。如英国的"爱尔兰共和军"试图建立独立的北爱尔兰国家,加拿大的"魁北克解放阵线"在为魁北克的独立而斗争,西班牙的"埃塔",即"巴斯克祖国自由",一直在为建立巴斯克人的国家而进行恐怖活动。20世纪90年代以来的俄罗斯,深受这类恐怖主义的威胁,恐怖主义活动在高加索一带十分猖獗,制造了奥塞梯—印古什事件、阿布哈兹事件、纳戈尔塔·卡拉巴赫事件等一系列恐怖主义活动。2010年的莫斯科地铁爆炸恐怖事件再次反映出该国面临的民族分离恐怖主

[①] Walter Laqueur, *The Age of Terrorism*, London, I. B. Little, Brown and Company, Boston, 1987, p. 169.

义威胁之严峻。

另一类是"种族对抗型恐怖主义",也有称之为"种族恐怖主义"、"新法西斯恐怖主义",或将其划分为"极右翼恐怖主义"。这类恐怖主义的特点是宣扬种族至上,视异族、异教为敌人。崇尚法西斯、崇尚暴力。近年来,欧洲新法西斯组织活动十分猖狂,他们以犹太人、移民、难民为打击对象。还有活跃于美国的基督教白人至上运动、基督教爱国运动和各类民兵组织等也属于这类恐怖主义组织,如"亚利桑那爱国者"、"密执安民兵组织"等。他们鼓吹白人至上,对其他种族和宗教进行暴力恐怖活动,宣称要推翻现存制度,建立一个完全由白人组成的新独立国家。美国奥巴马总统被一些人认为是"对白人和白人文化有着根深蒂固仇恨的种族主义者","白人至上"的种族主义分子甚至还策划刺杀奥巴马和袭击更多非洲裔美国人。

(四) 宗教与恐怖主义

与其他意识形态一样,宗教对恐怖主义来说,既有它的真实性,也有它的虚伪性、欺骗性。无论在历史上,还是在今天,以宗教名义或带有宗教色彩的恐怖主义都是恐怖主义中的一大类型。在各类恐怖主义中,尽管他们的宗教信仰不同,宗教性和神秘化因素是普遍的特征,宗教因素是不可忽视的。多数参与恐怖主义的成员都有宗教信仰,视殉难为光荣的事情。一些恐怖主义者是极端非理性、极端狂热的宗教信徒,另一种情况则是宗教名义掩盖下的政治行为或犯罪行为。

最早期的这类恐怖主义有犹太教狂热分子反罗马人统治的恐怖主义活动,有伊斯兰极端分子与十字军基督徒之间的恐怖主义活动。在当今活跃的恐怖组织和恐怖活动中,带有宗教性质的越来越多,这与20世纪末的全球宗教复兴热有关。首先,70年代以来从中东地区展开的伊斯兰复兴运动在亚非地区蓬勃兴起,一些伊斯兰原教旨主义极端分子从事的恐怖主义活动愈演愈烈,西方国家和一些伊斯兰国家之间的关系不断恶化。其次,苏联解体、东欧剧变之后,过去对宗教的约束解除,各种宗教纷纷登场,与民族问题交织在一起,引发了大量冲突和对抗事件。此外,一些人精神空虚,对现代社会不满,对人类未来失望,于是又回到宗教中去寻求解脱。一些神秘的宗教组织也应运而生,其中就有制造恐怖的邪教组织。这使人们看到,"现代宗教恐怖主义的产生并不仅限于伊朗或中东地区,自20世纪80年代以来,宗教恐怖主义的产生几乎涉及世界所有主要地区",[1] 也包括一些小教派和信徒,如日本奥姆真理教、美国基督教爱国者等。

(五) 新意识形态类恐怖主义

新意识形态恐怖主义的出现是当今恐怖主义的一个新现象,这类恐怖主义如"反堕胎恐怖主义"、"保护动物权利恐怖主义"、"生态恐怖主义"、"反全球化恐怖主义"等。一些组织将传统的意识形态与时髦的问题联系起来,使古老的恐怖手段为新的理论思想服务,例如美国的"地球解放阵线(Earth Liberation Front, ELF)"、"动物自由阵线(Animal Liberation Front, ALF)"等组织,这些组织宣扬极端的生态中心主义。根据他们的理论,在自然界中,人类与植物、动物是完全平等的,这种意识形态的逻辑是破坏环境、虐待动物的行为,都是破坏星球的行为,因此应该"摧毁那些摧毁星球的人"。他们对虐待动物的人发出警告,邮寄恐吓信,甚至进行人身攻击。他们也将这些行动与推翻"贪婪的资本主义制度"联系起来。在不断出现的反全球化运动中,也可以发现无政府主义的暴力和恐怖活动。法国的"直接行动"、意大利的"红色旅"在20世纪80年代多次发动对大公司负责人和政府官员的袭击,他们认为,第一次世界大战后的帝国主义已经被"跨国公司帝国主义"取代,因此美国、德国、国际货币基金组织、欧洲共同体等都是工人阶级的敌人。他们主张对跨国公司帝国主义采取游击战。他们劫持市政官员,要求将闲置的私人住宅分给地震中失去住所的人。他们绑架公司经理,条件是放弃解雇工人的计划。

---

[1] Bruce Hoffman, *Inside Terrorism*, New York: Columbia University Press, 1998, p. 87.

上述政治意识形态思想并不直接引起暴力和恐怖主义，如前所说，迄今没有一种意识形态明确将恐怖同时作为手段和目的，但有关恐怖主义与意识形态的研究表明，意识形态形在成恐怖主义的过程中是一个非常重要的因素。

第一，表达和鼓动作用。意识形态可以表达一种集体的不满，揭露受到的压迫和不公正待遇。意识形态对剥夺感、不公正和压迫提出定义，并向外部提出、阐述这种定义。没有意识到的不公正变得更加明显，意识到的不公正变得更加不能忍受，提高甚至创造了人们的期望值和欲望。不仅表达，而且煽动了集体的不满，使更多人认识到采取恐怖行动的必要性。

第二，选择和定义敌人。根据意识形态原则，人们形成对国家、社会和整个世界的看法，形成了对好与坏、美与丑、道德与不道德的意识形态界线。凡是站在意识形态对立面的就是敌人，是合法的打击目标。

第三，证明恐怖主义行动的合法性。既然定义了意识形态上的敌人，那么对敌人采取恐怖手段便是合法的。从意识形态角度看，恐怖主义者试图说明"无辜者"是不存在的。他们选择的目标，无论是官员、商人，还是平民，都不是无辜的。这些人对国家事务负责，对社会负责，是意识形态的敌人，因此也是打击的对象。今天的恐怖主义很容易认为，为了意识形态目的而使用恐怖主义是自然的，甚至是值得赞赏的。例如意大利的"红色旅"多次袭击政府官员的膝盖，在他们看来，政府官员是为政府权力机构工作的，他们的瘫痪象征着反动政权的瘫痪。抢劫银行的行为则是"剥夺剥夺者"。

第四，意识形态的凝聚作用。一些集团将自己与某种意识形态联系起来，将意识形态作为动员和宣传的工具，以获取同情和支持。在不同时期它们可以与不同的意识形态政治斗争联系起来，以扩大自己的队伍。例如魁北克激进主义，他们为独立而斗争，起初他们将自己与反殖民主义斗争联系起来，他们也曾与马克思、列宁主义及苏联共产党的反帝国主义意识形态联系起来。有些恐怖主义是自由主义和民族主义的混合，有的则是民族主义与社会主义的混合，或无政府主义与共产主义的结合。一些个人对政治和社会的某些方面不满,如果有一个组织存在,并表达了对制度的不满,无论是那一方面的,就会具有吸引作用。冷战时期,一些对核扩散和军备竞赛不满的和平人士、知识分子、生态主义者,他们被"红色旅"吸引过去,加入了他们的活动。一些无政府主义好斗分子、游手好闲者、精神空虚者也会被某种冠冕堂皇的意识形态恐怖组织吸引过去。

第五,意识形态的掩护作用。如前面提到的那样,一方面,意识形态和宗教可以用来作为国家之间、民族之间以及不同集团之间争权夺利的掩护。另一方面,意识形态还被一些犯罪集团用来作为掩护,他们与反政府组织或其恐怖组织联手,打着民族独立、解放全人类或宗教教义的旗号,从事恐怖活动和犯罪活动。

意识形态可以将个人不满要转化为集体不满,将个人之间的仇恨转化为集团之间的仇恨,将个人的暴力、狂热倾向与集团的冲突结合,从思想上"装备那些好战的少数人以多数人的名义去行动",此时,个人的恐怖活动便成为系统的、有组织的、与意识形态政治目标相关的恐怖主义。如果没有这样的转化过程,个人不满只能导致单独的个人暴力或恐怖活动,称不上恐怖主义。

五 恐怖主义的国际根源分析

无论国际恐怖主义还是国内恐怖主义,其形成和发展都会受国际因素的影响,尤其是当今全球化的时代。恐怖主义研究也都关注到了这一点,强调恐怖主义的产生和发展与大国关系、国际秩序、全球环境、地区争夺等诸多因素是相关的。一些非西方国家的学者,更多地把恐怖主义归咎于殖民主义、资本主义、帝国主义和霸权主义的国内外政策。以下是几种比较流行的看法。

美国责任论。"9·11"事件发生后,在美国成为恐怖主义袭击受害者的同时,美国也被认为对国际恐怖主义的泛滥负有责任。许多研究指出,针对美国的恐怖主义与美国的中东政策是分不开的,尤其与美国长期以来对以色列的庇护政策分不开。美国为获得中东的石油和战略利益,与几个"最大的独裁国家"保持密切关系,在阿以问题上采取双重立场,破坏了中东地区的稳定,加剧了阿以冲突。在阿拉伯国家学者的研究中,尤其强调这一点,认为美国长期以来的中东政策是该地区恐怖主义的根源。此外,在一些国家看来,美国作为西方世界的领导,是21世纪帝国主义、资本主义的代表,是当今世界一切罪恶的来源,这使美国成为某些恐怖主义组织的众矢之的。

殖民主义责任论。如前面提到,在对穆斯林和伊斯兰国家恐怖主义的追根溯源研究中,一些研究强调,不能用伊斯兰教来解释中东地区的恐怖主义。20世纪70年代和80年代中东频繁发生的恐怖主义是殖民主义大国人为创造的,殖民主义大国造成了跨越不同集团的人为边界划分,导致了缺乏认同的民族国家之间的内部冲突。伊斯兰国家的研究尤其强调,巴勒斯坦问题是引发中东恐怖主义最重要的因素。

地区霸权争夺论。卡利德·杜兰认为,中东恐怖主义还有另一个原因,即该地区的扩张和争夺主。他认为,该地区缺乏民主,个人之间、国家之间财富分布极端不平衡。如石油丰富的阿拉伯和其他国家,富裕但人口不足的利比亚和贫困但人口过剩的埃及,工业化又人口过多的巴基斯坦和最不发达又人口不足的阿富汗,大伊朗农业、石油资源丰富,而小约旦土地干旱、缺乏石油。所有这些因素导致了一种反抗运动,很容易走向恐怖主义。这些因素使中东地区存在一种霸权渴望,一些国家抱有发挥超越它们国家领土、人口规模比例作用的企图。这种霸权渴望及其意识形态如阿拉伯主义、伊斯兰主义等,所导致的恐怖主义远比巴勒斯坦人争取民族独立所引发的恐怖主义更多。他认为,这也是中东恐怖主义的主要根源。[①]

现代化、全球化罪过论。在对恐怖主义根源和背景的研究中,恐怖主义的全球性根源也得到关注。许多研究强调,全球化、工

[①] Khalid Duran, "Middle Eastern Terrorism: Its Characteristics and Driving Forces," in Lawrence Howard (ed.), *Terrorism: Roots, Impact, Responses*, New York: Praeger, 1992, pp. 48–69.

业化、城市化过程中出现的大规模移民、贫富分化、失业、人口增长、传统价值文化的崩溃等问题，以及其他种种社会弊端，更加剧了人与人之间的疏远，使被遗忘感、挫折感上升。这些都被用来解释19世纪无政府恐怖主义和意大利、土耳其等欧洲国家的恐怖主义产生的背景，也被用来解释今天频繁发生的国内恐怖主义和国际恐怖主义。

一些研究还强调了跨国信息流动对恐怖主义产生的影响。这方面的研究指出，当媒体传播有关革命斗争和恐怖主义活动的时候，很容易为其他有不满情绪的集团或组织提供信息，甚至为恐怖主义提供了道德上和实践上的辩护，为学习和模仿恐怖主义提供了机会。而且，期望值的对比更明显、更强烈了，并日益成为全球性的对比。例如农村和大城市的对比，发展中国家和发达国家的对比，不同种族和民族之间的对比，不同文化和宗教的对比，等等。例如，当一个集团或阶层，看到其他集团和阶层享有的东西，自己没有，就会要求获得同样的东西。在得不到的时候，采取暴力和恐怖行为的可能就会增加。当一个民族看到其他民族获得独立时，就认为自己民族也应该获得独立。在这种欲望得不到满足时，就有可能采取暴力和恐怖手段。一个社会自己可能是倾向非暴力的，但它的成员看到其他地方同样的集团通过政治暴力获得了利益，他们可能看到他们自己使用暴力战术的合理性。这一视角的研究有助于我们理解当今全球化开放社会的恐怖主义。[1]

六 恐怖主义者的个人特征、个人倾向研究

国外学者在探讨恐怖主义根源时，也试图研究参与恐怖主义活动成员的个人因素，包括恐怖主义者的家庭背景、教育背景、年龄、性别及性格特征。但这些研究得出的结论是，这要根据恐怖主义产生

---

[1] Amy Sands Redlick, "The Transnational Flow of Information as a Cause of Terrorism," in Yonah Alexander, David Carlton, and Paul Wilkinson (eds.), *Terrorism: Theory and Practice*, Westview Press/Boulder, Colorado, 1979, pp. 73 – 75.

的历史、政治、社会、文化背景而定。从国外有关恐怖主义个人特征的研究结果看，恐怖主义的个人背景和性格因素很少是相同的。

相关研究发现，青年是恐怖主义者的主要参与人群，这一点被认为是所有恐怖主义运动所具有的"唯一共同特征"，"这一点几乎是无须解释的，最新的行动口号通常难以点燃中年人和老年人的热情之火"。而且，"大胆的袭击行动也需要灵活迅速的反应"。[1] 相关调查表明，恐怖主义者的年龄一般在30岁以下，一些革命者、暴动者或恐怖主义分子，他们在实施行动并献身时都在20岁左右。参与俄国社会革命的成员年龄更低，一些尚未离开学校。一些法国无政府主义成员在被判处死刑的时候也只有20岁左右，拉美游击队成员的年龄也很小。一些成员在成为组织领导人的时候，也还不到30岁。20世纪初，参与德国和意大利恐怖主义活动的成员许多只有10来岁。1904年袭击西班牙总理的青年只有19岁，在萨拉热窝袭击菲迪南大公的青年才20岁。另一个被认为比较一致的结论是：个人恐怖主义者通常来自于那些具有长期恐怖主义历史、文化和人物的地区，如爱尔兰、中东等地区。

卢西恩（Lucien de la Hodde）曾对法国19世纪前半个世纪的恐怖主义、秘密社会的社会构成进行了分析，他认为有几类人容易成为恐怖主义者。第一，从中世纪开始，学生总是恐怖组织的积极参与者，具有反叛的传统。第二，是那些失意者、无能者，如没有委托人的辩护律师、没有病人的医生、没有读者的作家和没有买主的商人。简言之，即受教育者、半受教育者和破落不得志者。他们被认为总是这类秘密组织的骨干。其他如工人阶级、头脑简单者、纯真的轻信者、真正的信徒、永不知足者、政治难民也容易成为恐怖主义者。最后一类是犯罪分子和强盗。[2]

在参与恐怖主义活动的成员中，有许多是受过教育的中产阶级，但也有农民、工人、被赶出家园者，被拒绝者及工会组织。

---

[1] Walter Laqueur, *The Age of Terrorism*, London, I. B. Little, Brown and Company, Boston, 1987, p. 77.

[2] Walter Laqueur, *The Age of Terrorism*, London, I. B. Little, Brown and Company, Boston, 1987, p. 81.

（如美国 1880~1910 年的矿工斗争，西班牙 1890~1936 年的农民斗争）。在民族分离主义类恐怖主义组织中，中产阶级的成分比较弱，大众支持比较强。在革命恐怖主义或左翼恐怖主义者中，家境富裕的中上层子女、受过良好教育的学生和知识分子居多，意识形态特征明显。在右翼恐怖主义当中，受教育程度比较低，多数来自下层人民，意识形态特征不明显。根据一项对 19 世纪 80 年代俄国 365 位被捕革命者的调查，其中 180 位来自贵族，104 人属于中产阶级。拉美国家恐怖组织成员的构成也与之类似，许多来自中上阶层家庭，被称为"受过教育但没有独立手段的人，即学院无产阶级"。20 世纪 80 年代末，德国的一项调查显示，德国恐怖主义中，受教育程度不如以前，更多为商店职员、学徒。[①] 研究认为，在当代恐怖主义组织中，受教育程度低于前辈，学生并不占多数。国外关于恐怖主义个人特征研究的另结论是，就恐怖主义领导人来说，从罗伯斯庇尔到今天的恐怖组织领导人，都有一个主要共同点：恐怖主义领导人大多出身于中产阶级，特别是中上层阶级。[②]

上述恐怖主义研究显示，将恐怖主义归于受害人群是不符合实际的。恐怖主义成员许多来自城市富裕家庭，甚至受过高等教育。费里德兰认为，这些组织成员不能用不公正待遇来解释自己的行为，他们中的多数也不试图证明自己是社会歧视的受害者。他们对受苦受难者的认同，成为他们转向恐怖主义的原因。[③] 那么，在同样的社会条件下，面对同样的政治压力和社会弊端，为什么多数人都没有选择恐怖主义，而少数人选择了恐怖主义。费里德兰认为，只有那些具有"暴力倾向"的人才选择暴力和恐怖手段。作者认为，在一些情况下可以用"个人倾向"或者"个人

[①] Christopher Dobson and Ronald Payne, *War without End*, London: Harrap, 1986, p. 89.
[②] 〔美〕詹姆斯·莫利特，《国际恐怖主义》，美国陆军军事学院编《军事战略》，军事科学院外国军事研究部译，军事科学出版社，1986，第 705 页。
[③] Nehemia Friedland, "Becoming a Terrorist: Social and Individual Antecedents," in Lawrence Howard (ed.), *Terrorism: Roots, Impact, Responses*, New York: Praeger, 1992, pp. 84 – 85.

性格"原因来解释恐怖主义,但在另一些情况下,无须用个人因素来解释恐怖主义。

费里德兰列举了"个人倾向"影响组织采取恐怖主义的三种情况:第一,当激进运动的目的不是某种具体的基本需要或者基本权利,而是一般的意识形态的时候;第二,当意识形态不一致、不现实的时候;第三,当组织缺乏一种唯一的、独立的意识形态的时候。相反,在组织的意识形态、基本权利、目标和需求已经非常明确,而且组织具有很强的凝聚力,组织成员也具有强烈的认同感。在这种情况下,组织及其成员自然转向暴力和恐怖,无须用个人倾向来解释这种集体的、系统的恐怖主义。

一些研究调查试图说明,恐怖主义者与精神抑郁症、精神过度紧张、妄想狂、虐待狂、癫痫症等精神疾病有关,[1] 但并没有得到认同。例如费里德兰相信,政治恐怖主义不是个人行为,也不是由个人精神病、精神错乱等因素驱动的,认为参与政治恐怖主义的是精神不正常的人的看法是错误的。但人们也不否认,用个人心理学或病理学特征来分析恐怖主义行为,对解释恐怖主义是有帮助的。

从恐怖主义的个人动机和意识形态倾向看,也可以区分出不同类型的恐怖主义。

一些恐怖主义分子具有强烈的、明确的意识形态政治目的,有明确的信仰和理想,有一套自己的指导思想和行动纲领。他们试图以自己的思想来解释世界、改变世界,并具有为此目的而奋斗献身的精神,恐怖行动只是被作为实现其目标的一种手段。他们的意识形态可能是无政府主义、自由主义、民族主义或社会主义,也可能是种族主义、生态主义、动物之上主义等。我们经常提到的"革命恐怖主义"、"左翼恐怖主义"、"右翼恐怖主义"属于这一类。一些极端民族主义和宗教性的恐怖主义也可以归于这一类。它们的共同点就是都具有为了他们认为的神圣的、高尚的

---

[1] H. B. Mishra, *Terrorism: Threat to Peace and Harmony*, New Delhi: Authors Press, 1999, p. 24.

理想和目标而献身的精神。在宗教类恐怖主义中，尽管他们的宗教信仰不同，但都将殉难视为光荣的事情，而且将宗教教义与推翻或维护某种社会制度联系在一起。对无神论恐怖主义来说，他们对事业的信仰和追求也有着类似宗教的狂热，相信自己应该为拯救人类、为美好的社会作出牺牲。

这类恐怖主义者大多不属于受压迫最深的那种，他们多受过良好的教育，许多人家庭富裕、生活安逸，甚至来自中上层社会家庭。他们更强调是自我的认同和信仰，他们多是恐怖组织的领导人、策划者和骨干分子。本·拉登可以被划在这一类，他受过良好的教育，拥有丰厚的资产，但他选择了"圣战"，选择了恐怖主义，他要按照《古兰经》建立一种公正、道德的社会，而美国则是邪恶社会，是应该被消灭的。

另一些人投入恐怖主义并没有强烈、明确的政治目的，更多是宗教狂热和盲从。他们在受到某种思想灌输和动员的情况下，成为某种宗教、邪教或政治意识形态集团的忠实信徒，甘愿为其牺牲。这类恐怖分子对组织和信仰的追随有物质利益的需求，也有精神上的需求。他们多来自下层民众，例如从事恐怖活动的伊斯兰极端分子，"泰米尔猛虎组织"的成员等。

对"犯罪型恐怖主义"来说，动机主要是为了物质利益和心理上的满足。他们并无明确的意识形态认同，不为理想和政治目的实现，也没有信徒的虔诚。他们从事恐怖活动带有随意性，受个人性格、情绪影响比较大。失意、挫折、绝望、社会地位低下、好斗、仇恨等各种社会、心理和生理上的因素，都可以用来解释这些人为什么成为恐怖主义分子。例如，他们希望成为世人关注的英雄主义，他们将暴力、破坏视为乐趣，他们一心想报复社会等。这类恐怖主义分子从事的活动最接近刑事犯罪，也被称为"犯罪恐怖主义"，是当今比较活跃的一种恐怖主义类型。

在同一恐怖组织中，各类恐怖主义活动经常是交织在一起的，例如与阿以冲突有关的恐怖行为、泰米尔猛虎组织的恐怖活动等，既有宗教因素，又有民族因素，又有土地和权力的争夺，还有他们各自内部不同派别的政治斗争。一些人为了实现自己的政治野心，打着民族主义、宗教信仰的旗号进行恐怖主义活动，一些武器走私集团、贩毒集团也以某种宗教或意识形态作掩护，从事恐怖主义活动。

对一些恐怖主义分子来说，他们的目标和利益十分清楚，如建立国家、自治、自决、土地、宗教信仰等。他们的目标即可以用意识形态来解释，也可以用利益来解释，如民族利益、国家利益和个人利益。在民族主义的感召下，就会出现为本民族利益铤而走险的恐怖组织和个人。在很多情况下，理想和信念与国家利益、民族利益及个人利益往往混合在一起。对组织者、领导者来说，他们在为自己的政治权力和利益而斗争，同时也代表了部分下层民众对本民族、国家和个人利益的追求。

今天看恐怖主义，无论其根源还是背景，仍将是多样化的。与传统恐怖主义相比，今天的一些恐怖主义在目标、形式和手段上与过去有所不同，呈现出一些新的趋势和特征。

第一，革命类型恐怖主义活动下降，具有强烈革命意识形态政治目的的一些左翼恐怖组织的活动依然存在，也有死灰复燃的时候。但他们的活动只是零散的，不但得不到大众的支持和同情，还受到国内和国际社会的严厉的打击。传统的革命恐怖主义，更多考虑行为的正义性和民众的支持，也考虑恐怖行为对整个事业的后果，考虑其行动的宣传和教育作用。与历史上的革命恐怖主义相比，今天的左翼恐怖主义者不太看重意识形态目标的取得，也不求政府的让步和承认，他们从事恐怖活动的目的主要是发泄和破坏，以证明他们的存在。因此，他们的活动也变得更残酷、更无选择。

第二，宗教和民族混合型恐怖主义增多。随着冷战的结束和苏联的解体，共产主义和资本主义两大意识形态的对抗基本结束，与民族和宗教相关的恐怖主义变得更加突出，尤其是以民族分裂为目标的恐怖主义活动频繁。

第三，犯罪恐怖主义增多。今天，国际社会普遍认为，没有任何理由采取任何形式的恐怖主义。因此，恐怖主义正在成为一种犯罪行为而受到谴责和打击。但这仍然没有完全解决恐怖主义的问题。一种趋势已经引起各国的关注,即带有政治目的的恐怖主义与犯罪集团的联合,另一种是毒品走私、武器走私、黑社会等犯罪集团与恐怖主义组织的联系,导致犯罪集团采取恐怖手段,恐怖组织参与犯罪活动,使追求政治目的、经济利益与犯罪活动之间更难以区分。

第四,非传统新型恐怖主义上升。非传统恐怖主义的意义可以是意识形态上的,也可以是手段和途径上的。在意识形态上,包括前面提到的那些"生态恐怖主义"、"金融恐怖主义"等新意识形态类恐怖主义。其思想和目标与传统恐怖主义是不同的。另一种则是传统恐怖主义与现代高科技手段结合而成的非传统恐怖主义。

"9·11"事件以后,恐怖主义在全球声名狼藉,以无辜者为恐怖袭击对象的恐怖主义成为各国政府和人民打击的对象。根据联合国《消灭国际恐怖主义措施宣言》等一系列文件,一切恐怖主义活动都是不可辩护的犯罪,无论发生在何处,也无论是何人所为。在这一点上,国际社会已经达成共识。但消除恐怖主义远没有这么简单,只要前面讨论的这些形形色色的恐怖主义根源存在,恐怖主义就不会销声匿迹。恐怖主义根源和背景的多样化,以及恐怖主义的意识形态性,使定义恐怖主义变得更加困难,尤其是在对国际恐怖主义的定义和立法方面,导致了双重或多重标准。以至于现在,国际社会无法就恐怖主义形成一个公认的、明确的定义,并为此达成一项全面的反恐怖主义协议。

(中国社会科学院世界经济与政治研究所
研究员　李东燕)

后　记

　　本书是中国学者对国际恐怖主义根源的一种探索，尽管出版已有多年，现在看来里面的基本观点和立场依然经得起时间考验。根据一些读者的建议，笔者与社会科学文献出版社谢寿光社长商定，对书中部分内容略做修订后再版。新加的内容，包括了导读和最后一章（李东燕研究员在原有文本基础上做了大幅增订和修改而成）。这里当然要感谢社会科学文献出版社、谢寿光社长、祝得彬主任及责任编辑宋浩敏同志的大力协助。笔者最想说的是，希望这本书对国际恐怖主义不同侧面的分析，能得到读者的重视与同行的评议，为中国学界对这一全球性问题的不断深入思考作出一份贡献。

王逸舟
2010 年 4 月 18 日于香山陋舍

图书在版编目(CIP)数据

恐怖主义溯源:中国人的视角/王逸舟等著.—修订本.—北京:社会科学文献出版社,2010.7(2016.5重印)
(国际政治论坛)
ISBN 978-7-5097-1552-9

Ⅰ.①恐… Ⅱ.①王… Ⅲ.①恐怖主义-研究-世界②反恐怖活动-研究-世界 Ⅳ.①D588 ②D815.5

中国版本图书馆CIP数据核字(2010)第132852号

· 国际政治论坛 ·

恐怖主义溯源(修订版)
——中国人的视角

著　　者 /	王逸舟 等
出 版 人 /	谢寿光
项目统筹 /	祝得彬
责任编辑 /	宋浩敏
出　　版 /	社会科学文献出版社·当代世界出版分社(010)59367004
	地址:北京市北三环中路甲29号院华龙大厦 邮编:100029
	网址:www.ssap.com.cn
发　　行 /	市场营销中心(010)59367081　59367018
印　　装 /	北京京华虎彩印刷有限公司
规　　格 /	开 本:787mm×1092mm　1/20
	印 张:16.6　字 数:295千字
版　　次 /	2010年7月第2版　2016年5月第4次印刷
书　　号 /	ISBN 978-7-5097-1552-9
定　　价 /	39.00元

本书如有印装质量问题,请与读者服务中心(010-59367028)联系

▲ 版权所有 翻印必究